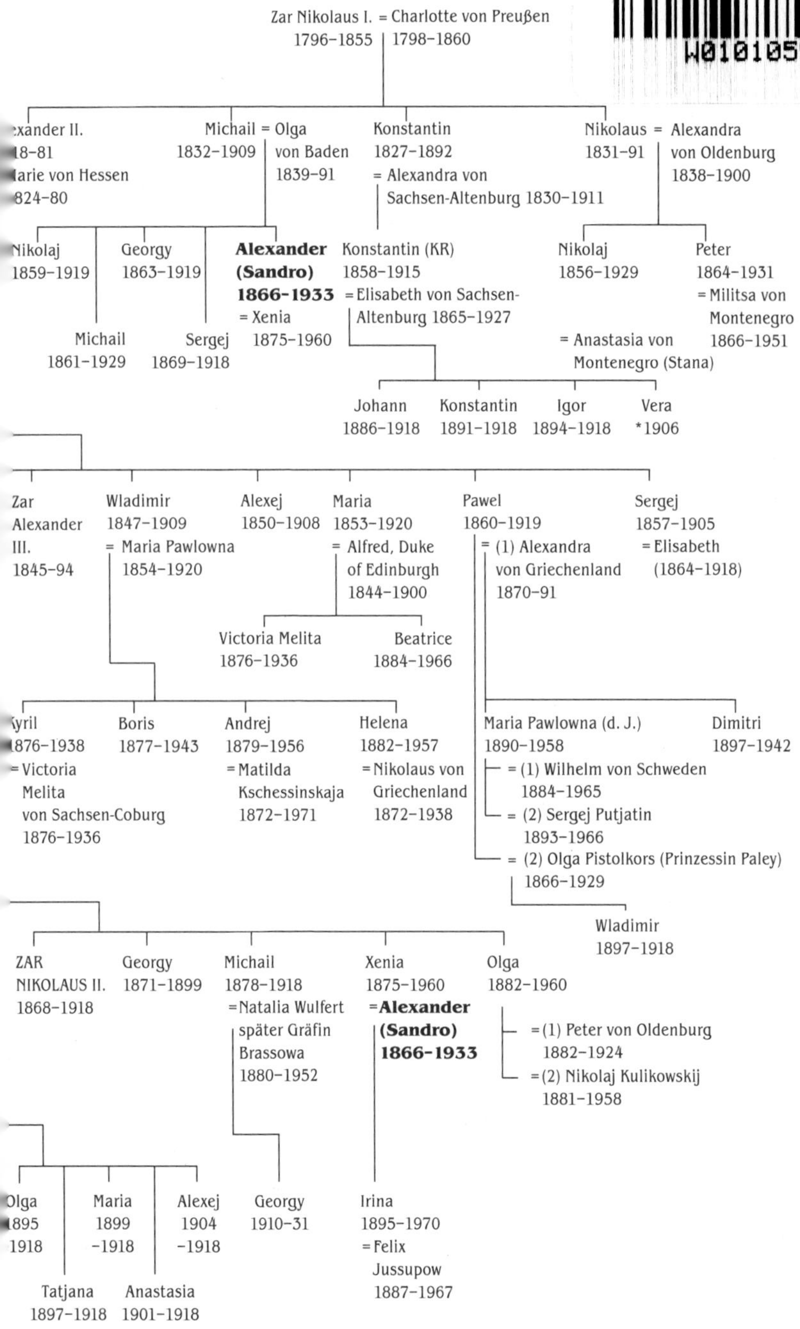

Zar Nikolaus I. = Charlotte von Preußen
1796-1855   1798-1860

```
xander II.          Michail = Olga       Konstantin              Nikolaus = Alexandra
8-81                1832-1909 von Baden   1827-1892               1831-91    von Oldenburg
arie von Hessen               1839-91   = Alexandra von                     1838-1900
824-80                                    Sachsen-Altenburg 1830-1911

Nikolaj    Georgy        Alexander   Konstantin (KR)          Nikolaj           Peter
1859-1919  1863-1919     (Sandro)    1858-1915                1856-1929         1864-1931
                         1866-1933 = Elisabeth von Sachsen-                   = Militsa von
                       = Xenia      Altenburg 1865-1927                         Montenegro
        Michail  Sergej  1875-1960                          = Anastasia von     1866-1951
        1861-1929 1869-1918                                   Montenegro (Stana)

                              Johann      Konstantin   Igor       Vera
                              1886-1918   1891-1918    1894-1918  *1906
```

```
Zar         Wladimir       Alexej       Maria            Pawel                    Sergej
Alexander   1847-1909      1850-1908    1853-1920        1860-1919                1857-1905
III.       = Maria Pawlowna            = Alfred, Duke   = (1) Alexandra          = Elisabeth
1845-94     1854-1920                   of Edinburgh     von Griechenland        (1864-1918)
                                        1844-1900        1870-91

                          Victoria Melita     Beatrice
                          1876-1936           1884-1966
```

```
yril            Boris       Andrej              Helena           Maria Pawlowna (d. J.)             Dimitri
876-1938        1877-1943   1879-1956           1882-1957        1890-1958                          1897-1942
= Victoria                 = Matilda          = Nikolaus von    ┌ = (1) Wilhelm von Schweden
  Melita                    Kschessinskaja     Griechenland    │    1884-1965
  von Sachsen-Coburg        1872-1971          1872-1938       └ = (2) Sergej Putjatin
  1876-1936                                                         1893-1966
                                                                ┌ = (2) Olga Pistolkors (Prinzessin Paley)
                                                                │    1866-1929

                                                                     Wladimir
                                                                     1897-1918
ZAR             Georgy      Michail              Xenia           Olga
NIKOLAUS II.    1871-1899   1878-1918            1875-1960       1882-1960
1868-1918                 = Natalia Wulfert    = Alexander       ┌ = (1) Peter von Oldenburg
                            später Gräfin       (Sandro)         │    1882-1924
                            Brassowa            1866-1933        └ = (2) Nikolaj Kulikowskij
                            1880-1952                                 1881-1958
```

```
Olga    Maria    Alexej    Georgy      Irina
1895    1899     1904      1910-31     1895-1970
1918    -1918    -1918                = Felix
                                        Jussupow
    Tatjana    Anastasia              1887-1967
    1897-1918  1901-1918
```

ALEXANDER VON RUSSLAND
Einst war ich Großfürst

GROSSFÜRST ALEXANDER VON RUSSLAND

ALEXANDER
VON RUSSLAND

Einst war ich Großfürst

Bechtermünz

Titel der amerikanischen Originalausgabe:
Once a Grand Duke

Die Erben des Großfürsten Alexander von Russland konnten nicht ermittelt werden. Der Verlag hat sich redlich bemüht, alle Rechteinhaber ausfindig zu machen. Sollten trotz dieser Bemühungen Rechteinhaber übersehen worden sein, bittet der Verlag um Benachrichtigung.

Genehmigte Lizenzausgabe
für Weltbild Verlag GmbH, Augsburg 2000
Copyright der deutschsprachigen Ausgabe
© 1932 by Paul List Verlag, Leipzig
Ins Deutsche übertragen von Herbert E. Herlitschka
Umschlaggestaltung: Studio Höpfner-Thoma, München
Umschlagmotiv: St. Petersburg, Winterpalast (AKG, Berlin)
Gesamtherstellung: Clausen & Bosse, Leck
Printed in Germany
ISBN 3-8289-6816-3

INHALT

Vorwort zur deutschen Ausgabe			7
Vorwort zur amerikanischen Ausgabe			9
1. Kapitel	Unsere Freunde vom vierzehnten Dezember		11
2.	„	Ein Großfürst wird geboren	19
3.	„	Mein erster Feldzug	37
4.	„	Die Liebe eines Zaren	54
5.	„	Ruhe vor dem Sturm	70
6.	„	Ich werde großjährig	86
7.	„	Weltreise	102
8.	„	Ich gründe ein Heim	125
9.	„	Meine Verwandten	144
10.	„	Geschwundene Millionen	164
11.	„	Nikolaus II.	173
12.	„	Tönerne Götzen	197
13.	„	Mit der Strömung	210
14.	„	Neunzehnhundertfünf	225
15.	„	Irrwege	239
16.	„	Am Vorabend	253
17.	„	Weltkrieg	270
18.	„	Die Rettung	305
19.	„	Die Nachwehen	328
20.	„	Die Religion der Liebe	351

VORWORT ZUR DEUTSCHEN AUSGABE

Unfehlbarkeit des politischen Urteils ist bestenfalls nicht ansteckend, und wenn ich auf meine Lebenszeit zurückblicke, kann ich keinen einzigen unter meinen Zeitgenossen finden, der nicht, mittelbar oder unmittelbar, für das Verbrechen des Jahres 1914 mit verantwortlich ist. Russen und Deutsche, Franzosen und Österreicher, Engländer und Türken – wir alle tragen die Schuld. Niemand, nicht einmal die dickköpfigen Väter der großen Mißgeburt von Versailles, könnte es wagen, verächtlich mit Fingern auf eine bestimmte Nation zu weisen. Das ist eine offenkundige Wahrheit, die tatsächlich wie ein Bumerang auf alle zurücktrifft, die versuchen, ihre überaus wichtige Bedeutung wegzuleugnen. Wir sind dort, wo wir heute im Zustand völliger Erschöpfung stehen, nur darum angelangt, weil die Welt während der letzten vierzehn Jahre durch Erzfeinde offenkundiger Wahrheiten regiert wurde. Es klingt in diesem Jahre des Heils 1932 zweifellos wie ein Gemeinplatz, wenn ich sage, dass es für Europa keine Hoffnung gibt, solange Deutschland und Rußland nicht in ihre frühere Machtstellung wieder eingesetzt sind, – und doch muß ich dies hier aussprechen. Ich bin dazu gezwungen, weil es ein Genf gibt, in dem eine Clique ehemaliger Rechtsanwälte und Zeitungsschreiber untereinander im Ausgraben der Vergangenheit und in plumpen Verdrehungs- und Täuschungskünsten wetteifert.

Auch ich, der Schwager des letzten russischen Zaren, der ich stets in enger Fühlung mit den Plänen der Regierung stand, werde nie erklären können, warum es Krieg zwischen unseren beiden Ländern geben mußte. Es drohte ein Krieg, aber nicht zwischen Deutschland und Rußland. Niemand hatte diesen Gedanken besser zum Ausdruck gebracht als der 1915 verstorbene Graf Witte. Kurz vor seinem Tod rief er während eines Gesprächs mit einem meiner Freunde in St. Petersburg völlig ratlos aus:

„Denken Sie nur, lieber Freund, was sich vielleicht ereignet hätte, wenn ich vor Beginn des Krieges gestorben wäre! Stellen Sie sich vor, wie der Erzengel in die Posaune stößt und ruft: ‚Graf Witte, erstehe!' – Nun, als Politiker vom Scheitel bis zur Sohle hätte ich ihn natürlich nach den neuesten Ereignissen gefragt und so erfahren, dass in Europa Krieg sei. Krieg? Das hätte ich begriffen, denn ich hatte nie an seiner Unvermeidlichkeit gezweifelt. Und hätte er mir weiter erzählt, dass England gegen Deutschland kämpfe, so hätte ich verständnisvoll genickt. Das Verhalten Frankreichs und Belgiens hätte mich nicht überrascht. ‚Kämpft Rußland an Deutschlands Seite?' hätte ich den Erzengel gefragt. ‚Wie? Rußland kämpft für England und gegen Deutschland? Wie sinnlos! Wie unheilvoll widersinnig! Warum kämpft es gegen Deutschland? Versucht es, den deutschen Teil Polens zu erobern?' Der Erzengel hätte mir selbstverständlich erklärt, dass ich im Irrtum sei und dass es den Anschein habe, als wäre Rußland entschlossen, Polen zu befreien ... Lieber Freund, wissen Sie, was ich ihm auf diese erstaunliche Neuigkeit zur Antwort gegeben hätte? Nun, bei allem schuldigen Respekt vor einem Erzengel hätte ich ihm gesagt: ‚Begraben Sie mich sogleich wieder!'"

Diesen Worten Graf Wittes habe ich nichts hinzuzufügen.

New York, August 1932

Alexander, Großfürst von Rußland

VORWORT ZUR AMERIKANISCHEN AUSGABE

Die bewegte Geschichte der letzten fünfzig Jahre des Zarenreiches bildet den Hintergrund dieses Buches, aber nicht seinen Gegenstand.

Beim Zusammenstellen dieser Aufzeichnungen aus dem Leben eines Großfürsten stützte ich mich einzig auf mein Gedächtnis, da alle meine Briefe, Tagebücher und anderen Dokumente teils von mir selbst verbrannt, teils in den Jahren 1917 und 1918 von den Revolutionären in der Krim beschlagnahmt wurden.

Begreiflicherweise beschäftige ich mich ausführlicher mit den Menschen, welche in meinem Leben eine wichtige Rolle spielten: dem Zaren Alexander II., Alexander III. und Nikolaus II., dem letzten Zaren; mit meiner Schwiegermutter, der Kaiserinwitwe Marie von Rußland, meiner Gattin, Großfürstin Xenia, meinen Eltern und Geschwistern. Die andern – Generäle, Minister und Staatsmänner – scheinen reichlich in ihren eigenen Memoiren und in den zahlreichen Werken, die der russischen Revolution gewidmet sind, berücksichtigt.

Ich hege kein Verlangen, Leichenreden zu halten, und war bemüht, mir mein Urteil unbeeinflußt von Voreingenommenheiten und einseitigen Anschauungen zu bilden.

Tatsächlich ist keine Bitterkeit in meinem Herzen zurückgeblieben.

Paris, im Herbst 1931

Alexander, Großfürst von Rußland

Erstes Kapitel

UNSERE FREUNDE VOM VIERZEHNTEN DEZEMBER

Ein hochgewachsener Mann von militärischer Haltung durchschritt den regennassen Hof des kaiserlichen Palastes in Taganrog und trat rasch auf die Straße. Die Schildwache stand stramm, aber der Fremde achtete nicht auf den Gruß. Im nächsten Augenblick verschwand er in der dunklen Novembernacht, die den kleinen südlichen Seehafen in dicke Schwaden gelblichen Nebels hüllte.

„Wer war das?" fragte der schlaftrunkene Korporal, der von seiner Inspektionsrunde zurückkam, den Wachtposten.

„Ich glaube," antwortete der Posten zögernd, „es war Seine Kaiserliche Majestät auf einem frühen Morgenspaziergang."

„Mensch, bist du verrückt? Weißt du nicht, daß Seine Kaiserliche Majestät schwer krank ist? Gestern abend haben die Ärzte alle Hoffnung aufgegeben, und man erwartet sein Ende vor Sonnenaufgang."

„Möglich," antwortete der Posten, „aber kein anderer Mensch hat diese vorgeneigten Schultern. Ich meine, ich sollte das wissen. Hab' ich ihn nicht während der letzten drei Monate täglich gesehn?"

Einige Stunden später erfüllte dumpfes Glockengeläut auf Meilen ringsum die Luft: es verkündete, daß Seine Kaiserliche Majestät, der Zar aller Reußen, der Besieger Napoleons, – daß Alexander I. in Frieden dahingeschieden sei.

Besondere Kuriere wurden sofort entsendet, um die Regierung in St. Petersburg und den Thronerben, den Bruder des verstorbenen Zaren, Großfürsten Konstantin, in Warschau zu verständigen. Dann wurde ein vertrauenswürdiger Offizier berufen und erhielt den Befehl, die kaiserliche Leiche nach der Hauptstadt zu geleiten.

Während der folgenden zehn Tage beobachtete das ganze Volk atemlos einen blassen, erschöpften Mann, der hinter einem versiegelten Sarg hockte und in einem Leichenwagen mit solcher Geschwindigkeit dahinraste, als gälte es einen französischen Reiterangriff. Die Veteranen von Austerlitz, Leipzig und Paris, die längs des weiten Weges stationiert waren, schüttelten zweifelnd die Köpfe und meinten, dies sei ein seltsamer Abschluß für eine Regierung von unübertroffenem Glanz und Ruhm.

„Der dahingeschiedene Herrscher wird nicht feierlich aufgebahrt", teilte nach Erhalt der Depeschen aus Taganrog die Regierung lakonisch mit.

Vergebens versuchten die fremden Gesandten und hohen Hofwürdenträger eine einleuchtende Erklärung für dieses Rätsel zu finden. Jedermann schützte Unwissenheit vor und gab seiner Verwunderung Ausdruck.

Mittlerweile ereignete sich etwas anderes, wodurch aller Augen von dem kaiserlichen Mausoleum weg und auf den Senatsplatz gewendet wurden.

Großfürst Konstantin hatte zugunsten seines Bruders Nikolaus auf den Thron verzichtet. In glücklicher Ehe mit einer bürgerlichen Polin lebend, fühlte er keine Neigung, sein sorgloses Leben in Warschau mit den Wechselfällen eines Herrscherdaseins zu vertauschen. Er bat, ihn zu entschuldigen, und hoffte, man werde seinen Entschluss achten.

Der Brief wurde von dem verblüfften Senat in düsterem Schweigen zur Kenntnis genommen.

Großfürst Nikolaus – sein Name klang wenig bekannt. Gewiß, es waren vier Söhne in der Familie Zar Pauls I., aber wer hätte erwarten sollen, daß der stattliche Alexander kinderlos sterben und der rüstige Konstantin seinem geliebten Rußland diese Überraschung bereiten werde? Einige Jahre jünger als seine Brüder, hatte Großfürst Nikolaus bis zum Dezember 1825 das genau vorgeschriebene Dasein eines für die militärische Karriere Bestimmten geführt, und der Kriegsminister schien der einzige hohe Beamte in St. Petersburg zu sein, der sich ein Bild von den Eigenschaften und Gewohnheiten des neuen Zaren machen konnte.

Ein vorzüglicher Offizier, verläßlich in der Ausführung erhaltener Befehle, hatte er viele Stunden seiner Jugend mit Warten in den Vorsälen hoher militärischer Würdenträger zugebracht. Ein liebenswürdiger Junge von gediegenem Charakter, aber ein reiner Tor, der keine Ahnung von den verwikkelten Regierungsgeschäften hatte, denn er war von seinem Bruder nie aufgefordert worden, den Sitzungen des Reichsrates beizuwohnen. Ein Glück für die Zukunft des Reichs, daß er sich auf das Urteil erfahrener und patriotischer Staatsmänner verlassen konnte. Dieser Gedanke brachte einigen Trost in die Herzen der Minister, als sie dem jugendlichen Herrscher Rußlands gegenübertraten.

Eine gewisse Kühle war bei dieser Begegnung zu bemerken. Vor allem, so erklärte der neue Zar, wünsche er mit eignen Augen den Brief des Großfürsten Konstantin zu sehen. Man müsse auf Intrigen aller Art gefaßt sein, sobald man mit nicht der Armee angehörigen Personen zu tun habe. Er las den Brief sorgfältig und prüfte die Unterschrift. Es schien ihm noch immer unglaublich, dass ein zur Nachfolge auf den russischen Thron Berechtigter dem Befehl des Allmächtigen den Gehorsam verweigerte. Auf jeden Fall hätte sein Bruder Konstantin den verstorbenen Zaren rechtzeitig von seiner Absicht in Kenntnis setzen sollen, damit ihm, Nikolaus, Gelegenheit geboten gewesen wäre, „le métier d'un Empereur" zu erlernen.

Er schloß die Hände zur Faust und stand auf. Groß, hübsch und athletisch gebaut, war er ein Bild vollendeter Männlichkeit.

„Wir werden die Befehle unseres dahingeschiedenen Bruders und die Wünsche des Großfürsten Konstantin erfüllen", schloß er kurz, und die Anwendung der Pluralform entging den Ministern nicht. Dieser junge Mann sprach wie ein Zar. Es mußte sich nur noch erweisen, ob er auch als solcher zu handeln imstande sei. Gelegenheit hierzu bot sich rascher, als man erwartete.

Den nächsten Tag – den 14. Dezember 1825 –, als der neue Zar vor der Armee erschien, um den Treueid entgegenzunehmen, beschloß eine geheime politische Gesellschaft, an deren Spitze junge Adelige standen, die Gelegenheit zu offener Empörung gegen die Dynastie auszunützen.

Auch heute, da ein Jahrhundert vergangen ist, fällt es schwer, sich eine bestimmte Meinung über das Programm der „Dezembermänner" (Dekabristen) zu bilden. Gardeoffiziere, Philosophen und Schriftsteller der vornehmen Klassen beschlossen, gemeinsam zu handeln, nicht weil ihre Bestrebungen gleichartig waren, sondern weil das Gefühl der Verbundenheit mit den Unterdrückten, denen die Französische Revolution Erlösung gebracht hatte, ihnen allen gemeinsam war. In ihren Besprechungen kam nie auch nur der Anschein eines Obereinkommens zur Erörterung, das bestimmt hätte, was am Tage nach dem Sturz des herrschenden Regierungssystems zu geschehen habe. Oberst Pestel, Fürst Trubetzkoj, Fürst Wolkonski und andere gemäßigte Führer des Petersburger Zweiges dieser Gesellschaft träumten davon, den Staat nach den Gesichtspunkten der in England eingeführten konstitutionellen Monarchie aufzubauen. Murawiew und die Theoretiker der Provinzgruppen riefen nach einer Republik im Sinne Robespierres. Vielleicht mit Ausnahme Pestels, eines ernsten Mannes von mathematischer Geistesrichtung, der sich der Mühe unterzog, einen genauen Plan der russischen Konstitution auszuarbeiten, zogen die allermeisten in dieser Organisation vor, ihre Einbildungskraft auf die theatralischen Äußerlichkeiten der Unternehmung zu konzentrieren. Der Dichter Ryliew sah sich in der Rolle Camille Desmoulins Reden an das Volk halten und die Freiheit verkünden. Ein bedauernswerter, aus dem geistigen Gleichgewicht geratener Jüngling, namens Kachowsky, predigte die Notwendigkeit, „das edle Beispiel des Brutus" nachzuahmen.

Unter den zahlreichen jungen Anhängern, die durch die Namen der Abkömmlinge von Rußlands besten Familien angezogen wurden, befanden sich Kuchelbecker und Puschtschin, zwei Schulfreunde des berühmten Dichters Puschkin. Dieser verließ, als er von den bevorstehenden Ereignissen erfuhr, sein Landhaus und machte sich auf die Reise nach St. Petersburg. Da lief vor seinem Gefährt ein aufgescheuchter Hase über den Weg, und der abergläubische Dichter befahl dem Lenker, umzukehren.

Jedenfalls wurde die Geschichte seinen Freunden, den Verschwörern, so von ihm berichtet, aber er schrieb doch ein schönes Gedicht, das er ihrem kühnen Unternehmen widmete.

Obwohl die geheime Gesellschaft bereits im Jahre 1821 gegründet worden war, hatte sich ihre Tätigkeit nur auf hitzige Zusammenkünfte in den Wohnungen Pestels, Ryliews und Bestujew-Rumins beschränkt. In Anbetracht der wohlbekannten Fähigkeit des Russen, sich in endlose Debatten einzulassen, ist es möglich, dass sie sich völlig aus dem Gedanken einer aktiven Betätigung hinausgeredet hätten, wenn nicht der geheimnisvolle Tod Alexanders I. und der Thronverzicht des Großfürsten Konstantin zu einem mächtigen Antrieb für sie geworden wäre. „Jetzt oder nie", erklärte Kachowsky, seine Riesenpistole schwingend. Oberst Pestel zögerte, aber die Mehrzahl war auf der Seite des feurigen Tribunen.

Am Abend des 13. Dezember war man noch immer zu keinem einstimmigen Beschluß gelangt; man begab sich in die Kasernen und verbrachte die Nacht im Gespräch mit den Soldaten der Petersburger Garnison.

Der Plan, wenn von einem solchen gesprochen werden kann, bestand darin, einige Regimenter auf den Senatsplatz hinauszuführen und dem Zaren die Zustimmung zu einigen Verbesserungen der Konstitution abzuringen. Lange vor Tagesanbruch wurde es klar, dass der Versuch mißlungen war. Trotz der vortrefflichen Beredsamkeit der adeligen Sprecher und der langen Zitate aus Rousseaus Schriften verhielten sich die Soldaten zurückhaltend. Die einzige Frage, die von ihnen gestellt wurde, betraf die Bedeutung des Wortes „Konstitution". Meinten die Herren damit etwa die Gemahlin des Großfürsten Konstantin!

„Noch ist es Zeit, alles abzusagen", schlug Pestel vor. „Zu spät", erwiderten seine Genossen. „Die Regierung hat bereits Kenntnis von den Vorgängen. Wir werden sicher gefangengenommen und vor Gericht gestellt. Sterben wir kämpfend!"

Schließlich willigten einige, von beliebten, dem Geheimbund angehörenden Offizieren befehligte Bataillone ein, auszurücken. Ihr Marsch durch die Straßen bis zum Senatsplatz begegnete keinem Widerstand. Der Militärgouverneur von St. Petersburg, General Miloradowitsch, einer der überlebenden Helden von 1812, der in seiner Leidenschaft für dramatische Gestaltung historischer Ereignisse hinter keinem der Dekabristen zurückstand, stellte ein verläßliches Reiterregiment und eine Batterie Geschütze vor dem Senatsgebäude auf und ließ, ohne einzugreifen, die Verschwörer ihr Marschziel erreichen.

Den ganzen Morgen hatte sich ein dichter Nebel von den Ufern der Newa herangewälzt. Als er sich gegen Mittag hob, sah die schaudernde Zuschauermenge die beiden gegnerischen Armeen, durch eine neutrale Zone von kaum hundert Metern getrennt, einander gegenüberstehen.

Es vergingen Minuten, Stunden. Die Soldaten begannen über Hunger zu klagen. Die Führer des Geheimbundes fühlten sich hilflos und elend. Sie waren bereit, ihr Leben zu opfern, aber die Regierung schien nicht gewillt, die Feindseligkeiten zu eröffnen, und ihrerseits wäre es reine Torheit gewesen, die Infanterie gegen vereinigte Reiterei und Artillerie vorgehen zu lassen.

„Das ist eine stehende Revolution", sagte eine Stimme aus dem Hintergrund, und allgemeines Gelächter begrüßte das historische Wort.

Plötzlich verstummte die Menge.

„Der junge Zar, der junge Zar! Seht, dort reitet er neben Miloradowitsch!"

Ungeachtet der Warnungen seiner Berater, die ihm vorstellten, daß er kein Recht habe, sein Leben in Gefahr zu bringen, hatte Zar Nikolaus I. beschlossen, die Angelegenheit persönlich in die Hand zu nehmen. Auf seinem hohen Pferde, an der Spitze einer Gruppe von Offizieren, bot er den Revolutionären ein bequemes Ziel. Sogar ein mittelmäßiger Schütze hätte ihn kaum verfehlen können.

„Majestät", bat der erschrockene Miloradowitsch, „ich flehe Sie an, in den Palast zurückzukehren."

„Ich werde hierbleiben", kam die feste Antwort. „Jemand muß das Leben dieser armen, irre geleiteten Menschen retten."

Da spornte Miloradowitsch seinen berühmten Schimmel und galoppierte nach dem gegenüber liegenden Ende des Platzes. Nicht unähnlich seinem Gebieter, hatte auch er keine Angst vor den russischen Soldaten. Sie würden es nie wagen, auf den Mann zu feuern, der sie gegen die Alte Garde Napoleons geführt hatte.

Vor der Front der Revolutionäre zügelte Miloradowitsch seinen Schimmel und hielt eine seiner eindrucksvollen Reden, wie sie in den Schlachten des Jahres 1812 so manches Regiment angefeuert hatten. Jedes Wort traf. Sie lachten zu seinen Scherzen. Sie strahlten bei vertrauten Anspielungen. Noch einen Augenblick – und sie hätten seinen „brüderlichen Rat eines alten Soldaten" befolgt und wären in die Kasernen zurückgekehrt.

Gerade da erschien eine dunkle Gestalt zwischen ihnen und Miloradowitsch. Blaß, mit wirrem Haar und branntweinduftend feuerte Kachowsky, der sich den ganzen Morgen nicht von seiner Waffe getrennt hatte, aus nächster Nähe. Der goldstrotzende General sank im Sattel zurück.

Ein Tumult entrüsteter Stimmen brach auf beiden Seiten los.

Der Zar biß sich auf die Lippe und warf einen Blick nach der Batterie. Das Echo trug den Donner der Kanonen über die ganze Stadt.

Die stehende Revolution war zu Ende. Dutzende von Soldaten hatten ihr Leben verloren, und vor Mitternacht waren alle Verschwörer gefangengenommen.

„Ich werde meine Freunde vom vierzehnten Dezember nie vergessen", sagte der Zar einige Wochen später, als er die Verurteilung Pestels, Kachowskys, Bestujew-Rumins, Ryliews und Murawiews zum Tode durch den Strang und die der Übrigen zu Zwangsarbeit in Sibirien unterzeichnete.

Und er vergaß sie nie. Auf einer seiner Reisen durch Sibirien erkundigte er sich nach den kleinsten Einzelheiten in der Lebensführung der verbannten Adeligen, der unwissentlichen Vorläufer einer Bewegung, die zweiundneunzig Jahre später ihr Ziel erreichen sollte.

Er hatte auch den Wunsch ausgesprochen, einen Einsiedler namens Fedor Kusmitsch aufzusuchen, und hatte einen langen Umweg gemacht, um die dürftige Holzhütte in der Wildnis zu finden. Die Begegnung hatte keine Zeugen; der Zar blieb über drei Stunden mit dem heiligen Manne allein. In nachdenklicher Stimmung kehrte er zurück. Die Adjutanten glaubten, Tränen in seinen Augen zu bemerken. „Möglich," schrieb einer von ihnen, „daß etwas Wahres an der Legende ist, nach der ein einfacher Soldat in der Kaisergruft zu St. Petersburg ruhen soll; vielleicht verbirgt sich Alexander I. unter der Maske dieses seltsamen Mannes."

Mein verstorbener Bruder, Großfürst Nikolaus Michailowitsch, brachte einige Jahre mit Arbeiten in unserem Familienarchiv zu, um eine Bestätigung dieser erstaunlichen Legende zu finden. Gefühlsmäßig hielt er die Glaubwürdigkeit für möglich, aber die Tagebücher unseres Großvaters, Nikolaus' I., verzeichnen sonderbarerweise nicht einmal die Tatsache des Besuchs bei Fedor Kusmitsch.

Der Wachtposten vor dem kaiserlichen Palast in Taganrog hat vielleicht seine Wahrnehmung unter dem Einfluß der Gerüchte geäußert, die zu Beginn der dreißiger Jahre des neunzehnten Jahrhunderts von der Einbildungskraft des Volkes Besitz ergriffen hatten. Immerhin bleibt es Tatsache, dass die mystischen Neigungen, die Zar Alexander in seinen letzten Regierungsjahren entwickelte, als wirksames Beweismittel von jenen Geschichtsschreibern angeführt werden können, die geneigt sind, eine Identität des Zaren mit dem schweigsamen sibirischen Einsiedler anzunehmen.

Erschöpft durch die fortwährenden Kriege mit Napoleon, gründlich enttäuscht durch die Unaufrichtigkeit seiner deutschen, österreichischen und englischen Verbündeten, liebte es mein kaiserlicher Großonkel, sich monatelang in die ländliche Stille seines Palastes in Taganrog zurückzuziehen, wo er seiner melancholischen, schönen Gattin, die sich niemals über ihre Kinderlosigkeit getröstet hatte, aus der Bibel vorlas. An Schlaflosigkeit leidend, stand er oft mitten in der Nacht auf, um die Bilder einer stürmischen Vergangenheit abzuschütteln, die seinen Geist erfüllten.

Besonders pflegten zwei Szenen seine Erinnerung zu bedrängen: Graf Paalen, der am Morgen des 11. März 1801 in sein Zimmer trat, um ihm die Ermordung seines Vaters, Zar Pauls I., mitzuteilen; Napoleon, der ihn in Tilsit umarmte und versprach, ewigen Frieden in Europa zu halten. Diese beiden hatten ihm seine Jugend geraubt und seine Hände in Blut getaucht.

Immer wieder las er die Worte des Predigers, die er dick mit Bleistift unterstrichen hatte: ‚Ich sah an alles Tun, das unter der Sonne geschieht, und siehe, es war alles eitel und Haschen nach Wind.'

Zweites Kapitel

EIN GROSSFÜRST WIRD GEBOREN

„In der Familie Seiner Kaiserlichen Hoheit kam soeben ein Sohn zur Welt!"

Mit dieser Meldung stürzte am 1. April 1866 ein Adjutant des Großfürsten Michael, des damaligen Statthalters von Kaukasien, in das Dienstzimmer des Kommandanten der Festung Tiflis. „Lassen Sie sofort den kaiserlichen Salut von einhundertundein Kanonenschüssen abgeben!"

„Das hört schon auf, witzig zu sein", antwortete der alte General mit einem düsteren Blick auf den über ihm hängenden Kalender. „Den ganzen Vormittag lang hat man mich schon belästigt. Bringen Sie Ihre Aprilscherze anderswo an, oder ich werde es Seiner Kaiserlichen Hoheit melden."

„Sie scheinen mich nicht zu verstehen, Exzellenz", sagte der Adjutant ungeduldig. „Es ist kein Scherz. Ich komme soeben aus dem Palast und möchte Ihnen raten, den Befehl auszuführen."

Der Kommandant zuckte die Achseln, warf noch einen Blick auf den Kalender und begab sich nach dem Palast, um sich von der Wahrheit zu überzeugen.

Eine halbe Stunde später begannen die Kanonen zu donnern, und eine besondere Proklamation verständigte die aufgeregten Georgier, Armenier, Tataren und Bergbewohner, die auf der Hauptstraße der kaukasischen Hauptstadt umherspazierten, davon, daß der neugeborene Großfürst zu Ehren seines Onkels, des Zaren Alexander I., den Namen Alexander erhalten werde.

Am 2. April 1866, im zarten Alter von vierundzwanzig Stunden, wurde ich Titularoberst des 73. Infanterie-Regiments Krim, Offizier des 4. Gardeschützenbataillons, der Gardehusaren, der Gardeartilleriebrigade und Offizier der kaukasischen Grenadierdivision. Eine prächtige Amme hatte die größte Mühe, den Inhaber all dieser hohen Stellen zu beruhigen.

Den Fußstapfen seines unnachgiebigen Vaters, des Zaren Nikolaus I., folgend, fand es mein Vater ganz natürlich, seine Söhne in einer Atmosphäre von Militarismus, strenger Disziplin und genauester Pflichterfüllung erziehen zu lassen. Als Generalartillerieinspektor und Statthalter einer ungemein reichen, halbasiatischen Provinz, die einige zwanzig Völkerschaften und kriegerische Stämme umfaßte, hatte er wenig für die Spitzfindigkeiten moderner Erziehung übrig.

Meine Mutter, vor ihrer Vermählung Prinzessin Cäcilie von Baden, wurde in einer Zeit großjährig, als Bismarck ganz Deutschland durch seine Predigt von Eisen und Blut in Bann hielt.

Kein Wunder, daß die Freuden meiner sorglosen Kindheit an meinem siebenten Geburtstag ein jähes Ende nahmen. Unter den zahlreichen Geschenken, die mir bei diesem Anlaß beschert wurden, fand ich die Uniform eines Obersten des 73. Infanterie-Regiments Krim und einen Säbel. Ich schrie laut auf vor Entzücken, denn ich dachte, dies bedeute eine Möglichkeit, meine bisherige Kleidung loszuwerden, die aus einem rosa Seidenhemd, weiten Beinkleidern und hohen Stiefeln aus rotem Leder bestand.

Mein Vater lächelte und schüttelte verneinend den Kopf. Gewiß werde man mir manchmal, wenn ich ein braver Junge sei, gestatten, die glitzernde Uniform anzulegen, aber zuerst müsse ich die Ehre verdienen, dieses edle Schwert zu tragen. Noch viele Jahre lang müsse ich eifrig lernen.

Mein Gesicht wurde immer länger, aber das Schlimmste sollte erst kommen. „Von morgen an", erklärte mein Vater, „wirst du mit deinen Brüdern Michael und Georg die Wohnung teilen. Von ihren Erziehern wirst du Befehle entgegennehmen."

Lebt wohl, ihr, meine gütigen Kinderfrauen! Lebt wohl, ihr Feenmärchen, ihr friedlichen Träume! Mein Kopf sank in die Kissen. Ich weinte die ganze Nacht und weigerte mich, die Trostworte des gutherzigen Kosaken Schewtschenko anzuhören. Endlich, als er sah, daß sein Versprechen, mich bestimmt jeden Sonntag zu besuchen, nicht den gewünschten Erfolg hatte, flüsterte er mir in ängstlichem Ton zu: „Denken Sie nur, welche Schande für Sie, wenn Seine Kaiserliche Majestät in einem Armeebefehl erwähnte, dass sein Neffe, Großfürst Alexander, nicht verdient, das dreiundsiebzigste Infanterie-Regiment Krim zu kommandieren, weil er wie ein kleines Mädchen weint!"

Ich sprang aus dem Bett und eilte, mein Gesicht zu waschen. Zu denken, daß ich nahe daran war, meiner Familie in den Augen des kaiserlichen Hofes Schande zu machen!

Ein Ereignis von noch größerer Bedeutung fiel mit meinem siebenten Geburtstag zusammen. Ich glaube, es führte eine Art geistige Morgenröte herbei, denn so stark war die Erschütterung, die meine kindliche Seele erlitt.

Die Tradition der griechisch-orthodoxen Kirche fordert, dass jeder Knabe, ehe er den Weg weltlichen Wissens beschreitet, zu seiner ersten Beichte geführt werde. Der gütige Vater Titow tat sein Möglichstes, um mir diese schwere Prüfung zu erleichtern, aber auch er mußte sich den unnachsichtigen Vorschriften fügen.

Zum erstenmal in meinem Leben erfuhr ich durch den frommen Mann von dem Vorhandensein so vielfältiger Sünden, die alle genau eingeteilt und ausführlich beschrieben waren. Ein Kind von sieben Jahren wurde aufgefordert, seinen Verkehr mit dem Teufel zu gestehen. Der Gott, der zu mir aus dem Geflüster der roten, weißen und blauen Blumen unseres Gartens sprach, hatte plötzlich einem drohenden, unerbittlichen Wesen Platz gemacht.

Meinem entsetzten Blick geflissentlich ausweichend, erzählte mir Vater Titow von der Verdammnis und den Qualen der Hölle, die jedem sicher seien, der versuche, seinen sündigen Zustand zu verheimlichen. Er erhob die Stimme, und ich blickte zitternd auf das Kreuz an seiner Brust, das in den Strahlen der heißen kaukasischen Sonne erglänzte. War es möglich, daß ich unbewußt und ohne es zu wollen, irgendein entsetzliches Verbrechen begangen hatte?

„Kinder stehlen oft kleine Dinge aus dem Besitz ihrer Eltern. Sie meinen es nicht böse, aber die Tat ist eine Sünde."

Nein, ich war ganz gewiß, nie auch nur ein einziges Schokoladenbonbon aus der großen Silberschale auf dem Kaminsims des Eßzimmers genommen zu haben, obwohl ich mehr als einmal in Versuchung gewesen war. Mein Geist wanderte zurück in den vergangenen Sommer, den wir in Italien zugebracht hatten. In Neapel hatte ich, als ich eine Gruppe Obstbäume hinter unserer Villa betrachtete, einen appetitlichen roten Apfel gepflückt, dessen scharfer Duft in mir Heimweh nach dem Kaukasus weckte.

„Vater Titow, kann ich in die Hölle gestürzt werden, weil ich in Neapel einen Apfel gepflückt habe?"

Nun, er sah die Möglichkeit, diese Sünde zu verzeihen, wenn ich verspräche, die grobe Missetat nie wieder zu begehen.

Seine Bereitwilligkeit, zu vermitteln, flößte mir Mut ein. Stotternd, stammelnd und die Worte verschluckend, drückte ich meine Bestürzung über das Bestehen einer Hölle aus.

„Sie sagten doch immer, Vater Titow, wenn Sie mit uns zu Tische saßen, Gott liebe alle Männer, Frauen, Kinder, Tiere und Blumen. Wie konnte er dann zugeben, daß in der Hölle diese entsetzlichen Strafen herrschen? Wie kann er uns zugleich lieben und hassen?"

Jetzt war die Reihe, entsetzt zu sein, an Vater Titow.

„Sag das nie wieder! Das ist Gotteslästerung! Gewiß liebt Gott uns alle; in Gottes Königreich gibt es keinen Hass."

„Und doch, Vater Titow, haben Sie mir soeben von den entsetzlichen Qualen erzählt, die aller Sünder harren. Sie wollen also sagen, dass Gott nur die tugendhaften Menschen liebt und die Sünder nicht?"

Er seufzte tief und legte mir die weiche, weiße Hand auf den Kopf: „Mein lieber Junge, du wirst all das zu seiner Zeit verstehen. Eines Tages, wenn du ein großer Feldherr geworden bist, wirst du mir dankbar sein, daß ich in deiner Seele echt christlichen Geist geweckt habe. Einstweilen befolge nur meinen Rat und stelle keine weiteren Fragen!"

Ich verließ die Kirche in der festen Überzeugung, etwas ungemein Kostbares verloren zu haben, das mir selbst der Zarenthron nicht zu ersetzen vermöchte.

„Hast du von deinen Kinderfrauen Abschied genommen?" fragte mein Vater, als ich seinen Stuhl erkletterte, um ihm den Gutenachtkuß zu geben.

Mir war an gar nichts mehr gelegen. Was konnten mir die Kinderfrauen helfen, wenn wir alle zur Hölle verurteilt waren?

Und von da ab bis zu meinem fünfzehnten Jahr glich meine Erziehung der Ausbildung in einem Regiment. Meine Brüder Nikolaus, Michael, Sergej, Georg und ich selbst, wir lebten wie in einer Kaserne. Wir schliefen in schmalen Eisenbetten; über den Holzlatten war nur die denkbar dünnste Matratze gestattet. Ich erinnere mich, daß ich noch in späteren Jahren, nach meiner Verheiratung, mich nicht an den Luxus eines breiten Bettes mit gedoppelter Matratze und leinenen Bettüchern gewöhnen konnte und befahl, mir meine alte, harte Liegestatt daneben zu stellen.

Jeden Morgen wurden wir um sechs Uhr geweckt. Wir mußten augenblicklich aus dem Bett springen, strenge Strafe folgte jedem Versuch „nur noch fünf Minuten" zu schlafen. In einer Reihe vor den drei Heiligenbildern kniend, verrichteten wir unser Morgengebet, dann nahmen wir ein kaltes Bad. Unser Frühstück bestand aus Tee und Butterbrot. Jede andere Zutat war streng verpönt, um in uns nicht Geschmack an einem üppigen Leben zu wecken.

Der Unterricht in Turnen und Gewehrübungen füllte die nächste Stunde; besonderes Gewicht wurde auf die Bedienung eines im Garten aufgestellten Gebirgsgeschützes gelegt. Sehr häufig erhielten wir den unangesagten Besuch unseres Vaters, der mit kritischen Blicken unsere Fortschritte in artilleristischen Studien überwachte. Im Alter von zehn Jahren wäre ich schon imstande gewesen, an der Beschießung einer großen Stadt mitzuwirken.

Von acht bis elf und von zwei bis sechs Uhr hatten wir zu studieren und unsere Aufgaben zu machen. Gemäß der Etikette des kaiserlichen Hofes durfte kein Großfürst eine private oder öffentliche Schule besuchen; aus diesem Grunde waren wir immer von einer ganzen Schar von Hauslehrern umgeben. Unser auf acht Jahre berechneter Unterrichtsplan umfaßte folgende Gegenstände: Religion (Altes und Neues Testament, Liturgie, Geschichte der griechisch-orthodoxen Kirche und vergleichende Kirchengeschichte), russische Sprache und Literatur, fremde Literaturen, russische Geschichte, Geschichte Europas, Amerikas und der asiatischen Länder, Geographie, Mathematik (Arithmetik, Algebra, Geometrie und Trigonometrie), Naturgeschichte, Französisch, Deutsch, Englisch, Schönschreiben und Musik. Zu alledem wurden wir noch in der Handhabung aller Arten von Feuerwaffen, im Reiten, Fechten und Bajonettkampf ausgebildet. Meine ältesten Brüder, Nikolaus und Michael, mußten dazu noch Latein und Griechisch lernen, aber wir drei jüngsten blieben zum Glück von dieser unsinnigen Qual verschont.

Das Lernen bereitete weder mir noch meinen Brüdern Schwierigkeiten; aber die unnötige Strenge unserer Lehrer schuf uns beträchtliche Bitterkeit. Ohne Zweifel hielten heute liebevolle Eltern eine ungeheure Protestversammlung ab, wenn man ihre Kinder auf die von der kaiserlich russischen Familie gebilligte Art behandelte.

Der kleinste Fehler in der Schreibung eines deutschen Wortes beraubte uns des Nachtisches; die falsche Berechnung des Treffpunktes der beiden unseligen Eisenbahnzüge, die auf alle Mathematiklehrer der ganzen Welt einen geheimnisvollen Zauber auszuüben scheinen, bedeutete für den Schuldigen eine volle Stunde Kniens mit zur Wand gekehrtem Gesicht; die schüchternste Gegenrede verfehlte nie, das Niedersausen des schweren Lineals auf unsere Köpfe oder Handgelenke zu bewirken, ja auch nur der Gedanke an Widersetzlichkeit gegen die Befehle irgendeines Lehrers wurde von einem klatschenden Schlag begleitet.

Von Zeit zu Zeit, wenn uns der Groll in die Kehle stieg, versuchten wir, eine Unabhängigkeitserklärung vorzubringen. Dann wurde unserem Vater gerade vor der Essensstunde ein feierlicher Bericht, in dem die Rädelsführer genannt waren, erstattet, denn die Prügelstrafe zu vollziehen, war sein ausschließliches Vorrecht.

Es wird mir immer ein Rätsel bleiben, dass dieses unsinnige System nicht dazu führte, unseren Geist abzustumpfen und Hass gegen alles, was wir in der Kinderzeit lernen mußten, in uns großzuziehen.

Immerhin muß ich hinzufügen, dass alle Herrscher Europas einig gewesen zu sein scheinen, ihre Söhne in die Erkenntnis künftiger Verantwortlichkeit hineinzuprügeln. Viele Jahre später, als ich mit Kaiser Wilhelm II. Erinnerungen austauschte, lernte ich die vergleichsweise Milde meiner Tifliser Lehrer schätzen; sein Sohn, der deutsche Kronprinz, der damals eine meiner Nichten geheiratet hatte, fügte trocken hinzu, die Menge Prügel, die dem kaiserlichen Vater erteilt wurde, verfehle ausnahmslos, den Lebenspfad des Sohnes weniger hart zu gestalten.

Die Mittags- und Abendmahlzeit, in den meisten Familien genußfrohe Stunden, brachten keine Erleichterung in den strengen Gang unserer Erziehung.

Der Statthalter von Kaukasien hatte den Zaren im Verkehr mit der Millionenbevölkerung Südostrußlands zu vertreten, und wir setzten uns nie mit weniger als dreißig bis vierzig Gästen zu Tisch. Regierungsbeamte aus St. Petersburg, orientalische Herrscher auf dem Wege zu einem Besuch beim Zaren, Kommandanten der entfernteren Militärdistrikte, gesellschaftlich hervorragende Persönlichkeiten mit ihren Gattinnen, Adjutanten und Hofdamen, Offiziere der Leibgarde und eine Schar von Erziehern – sie alle benützten die Gelegenheit, ihre politischen Ansichten zu äußern und irgendeine besondere Gunst zu erbitten.

Wir Kinder mußten uns in acht nehmen und durften nur dann sprechen, wenn wir gefragt wurden. Wie oft, wenn wir fast platzten vor Verlangen, dem Vater von der wundervollen Festung zu erzählen, die wir oben auf dem Hügel hinter dem Palast gebaut hatten, oder von den neuen japanischen Blumen, die der Gärtner gepflanzt hatte, mußten wir schweigen und einem wichtigtuenden General zuhören, der sich über die Torheit der neuesten Unternehmungen Disraelis verbreitete.

Wurden wir von den Gästen angesprochen, was natürlich bloß aus Höflichkeit gegen den mächtigen Statthalter geschah, dann mußten wir unsere Antwort auf die von einer strengen Etikette vorgeschriebenen Äußerungen beschränken.

Fragte eine Dame mit unnatürlich süßem Lächeln auf den Lippen nach meinen Zukunftsplänen, so wußte sie im voraus, dass Großfürst Alexander einen strengen Verweis von seinen Eltern erhielte, falls er etwa die Absicht äußerte, Feuerwehrmann oder Ingenieur zu werden. Für mich lag die Wahl des Berufes zwischen der Kavallerie, die mein Onkel Nikolaus befehligte, der Artillerie, deren Inspizierender mein Vater war, oder der kaiserlichen Flotte, an deren Spitze mein Onkel Konstantin stand.

„Es kann wohl nichts Schöneres für einen Knaben von Ihrem Range geben," sagte dann meist die Dame, „als in die Fußstapfen seines glorreichen Vaters zu treten." Welche vernünftige Antwort hätte ich auf diese Annahme unter dem Kreuzfeuer der zwölf Augenpaare meiner Lehrer geben können, als die würdevollen Worte, die sie mir in den Mund legten?

Mein Bruder Georg ließ sich einst ein Geständnis seiner Neigung zur Porträtmalerei entschlüpfen. Dies wurde mit unheildrohendem Schweigen aller um den Tisch Versammelten aufgenommen, und als der majestätische Turm aus Kirschen- und Vanille-Eiscreme, ohne anzuhalten, an seinem Platz vorbeiglitt, begriff er, welchen Fehler er begangen hatte.

Die Sitzordnung bei Tisch machte es uns Kindern unmöglich, über die Eigenheiten der Gäste zu kichern oder miteinander zu flüstern: es war uns nie gestattet, nebeneinander zu sitzen, stets waren wir zwischen zwei Erwachsene eingekeilt. Mit größter Deutlichkeit wurde uns zu verstehen gegeben, wir hätten uns gegen unsere Tischnachbarn so zu betragen wie der Statthalter selbst. Über schale Witze zu lachen und lebhaftes Interesse an politischen Vorgängen im Ausland zu heucheln, gehörte auch zu unseren Gastfreundschaftspflichten und entwickelte in uns Selbstvertrauen und Geistesgegenwart.

In jeder Minute unseres Daseins sollten wir uns vor Augen halten, daß wir eines Tages in jenes Rußland berufen würden, das hinter der großen Bergkette verborgen lag. Wenn wir dort im Palast unseres regierenden Onkels Besuch machten, wüßten wir jenen Dank, die uns so ausgezeichnete Manieren beigebracht hätten! Andernfalls könnten unsere Vettern mit Fingern auf uns weisen und uns die „wilden Kaukasier" nennen.

Eine Stunde lang nach dem Mittagessen und zwanzig Minuten nach der Abendmahlzeit durften wir in unseres Vaters Arbeitszimmer spielen. Es war ein riesiges Gemach voll kostbarer Perserteppiche und prächtiger kaukasischer Schwerter, Flinten und Pistolen. Die Fenster gingen auf den Golowinski Prospekt (die Hauptstraße von Tiflis) und boten ein unvergeßliches Bild orientalischen Gepränges. Wir wurden nie müde, die hochgewachsenen, dunkelhäutigen Bergbewohner in ihren grauen, braunen und roten Tscherkeskas zu bewundern, die auf prächtigen, feurigen Rossen einherzogen, die Hand am Griff goldener und silberner edelsteinglitzernder Dolche. Da der Statthalter Besucher der verschiedensten Nationalitäten empfing, erkannten wir die schlappen Perser in ihren seidenen Gewändern, abstechend von ihnen die einfach schwarz gekleideten Georgier und die gleichförmigen Uniformen unserer Garden. Armenische Obstverkäufer, düster dreinblickende Tataren auf ihren Mauleseln, gelbhäutige Boccharen, die auf ihre überbelasteten Kamele losbrüllten, boten die Ruhepunkte in dem ewig wechselvollen Bild.

Das Riesenmassiv des Kasbeckgebirges – dessen schneebedeckte Gipfel in einen tiefblauen Himmel ragten – wuchtete über den engen, krummen Straßen, die zu den von rastloser Menschheit brodelnden Marktplätzen führten, und das klangvolle Rauschen des Flusses Kura brachte eine Note friedlicher Harmonie in die Atmosphäre der lärmenden Hauptstadt.

Allzuviel Schönheit der Umgebung unserer ersten Jugend kann dem Charakter eine gewisse Schwermut verleihen; wir aber waren restlos glücklich in den kurzen Pausen zwischen militärischem Drill und der Tretmühle des Unterrichts. Am liebsten wären wir immer in Tiflis geblieben. Für uns brauchte es kein europäisches Rußland zu geben. Unser kaukasischer Lokalpatriotismus ließ uns die goldbetreßten Sendlinge St. Petersburgs mit einer Mischung von Mißtrauen und Verachtung betrachten. Es hätte den Zaren aller Reußen unangenehm überrascht, zu erfahren, daß jeden Mittag von eins bis zwei und jeden Abend von acht bis halb neun seine fünf Neffen im fernen Süden den Plan einer Lostrennung berieten. Zum Glück hielten unsere Erzieher gute Wacht, und gerade in dem Augenblick, als wir dabei waren, die wichtigsten Staatsämter unter uns Fünfen zu verteilen, pflegte uns eine unliebsame Stimme zu ermahnen, dass die unregelmäßigen französischen Zeitwörter im Schulzimmer ihrer Opfer harrten. Schlag neun hatten wir uns in unseren Schlafraum zurückzuziehen; wir schlüpften in unsere langen weißen Nachthemden (Pyjamas waren noch nicht bis Rußland gedrungen) und schliefen sofort ein. Auch dann blieben wir unter strenger Beaufsichtigung. Nicht weniger als fünfmal des Nachts betrat ein Erzieher unseren Schlafraum und warf einen argwöhnischen Blick auf die fünf menschlichen Häuflein unter den Decken.

Kurz vor Mitternacht erwachten wir durch Sporenklirren: es bezeichnete die Ankunft unseres Vaters. Trotz der Ermahnungen unserer Mutter war er der Ansicht, dass künftige Soldaten bei lautestem Lärm schlafen lernen müßten.

„Was sollen sie später tun," meinte er, „wenn sie sich unter heftigem Kanonendonner ein paar Stunden der Ruhe abstehlen müssen?"

Noch sehe ich seine hohe Gestalt vor mir und sein schönes Gesicht, das sich über unsere Betten neigt, während uns eine weite Geste seiner starken Hand segnet. Bevor er uns verließ, murmelte er ein kurzes Gebet, in dem er den Allmächtigen anflehte, ihm zu helfen, damit seine fünf Söhne gute Christen und getreue russische Untertanen würden. Nie bedrängten Zweifel sein rechtgläubiges Gemüt. Er glaubte an jedes Wort der Heiligen Schrift und hielt seine Rechnung mit den himmlischen Mächten in bester Ordnung. Als vollendeter Administrator sah er darauf, daß Gott gegeben wurde, was Gottes war, und erwartete dafür, daß auch dem Kaiser das Seinige gegeben werde.

Vom Standpunkt unserer Eltern und Erzieher betrachtet, wuchsen wir als eine blühende Schar gesunder Kinder auf, aber moderne Wissenschaftler hätten in unseren Gemütern unverkennbare Anzeichen von Hunger nach Liebe entdeckt. Wir selbst litten unter äußerster Vereinsamung. Wir hatten niemand, dem gegenüber wir uns aussprechen konnten. Unsere Stellung hielt uns von anderen Kindern fern, und jeder einzelne von uns war zu stolz, den Brüdern sein Leid zu klagen.

Auch nur der Gedanke, die dringenden Beschäftigungen unseres Vaters durch ein zielloses Gespräch ohne bestimmten Gegenstand zu unterbrechen, wäre uns als eine beinahe verrückte Idee erschienen. Unsere Mutter wandte alle ihre Kraft an die undankbare Aufgabe, schon das leiseste äußerliche Zeichen von Zärtlichkeit oder Zuneigung zu unterdrücken. In frühester Jugend fiel sie den weither geholten Begriffen von spartanischer Erziehung zum Opfer, die damals in Deutschland gepriesen wurden.

Obschon wir uns der Dienerschaft gegenüber durchaus demokratisch verhielten, mußten wir stets bedenken, daß ein Großfürst in Gegenwart Tieferstehender nie auch nur die kleinste Schwäche zeigen durfte. Er mußte immer ein zufriedenes Äußeres zeigen und seine Sorgen unter dem glänzenden Russenhemd aus blauer Seide verbergen.

Dann war noch unsere Schwester Anastasia da. Wir vergötterten das schlanke, dunkelhaarige Mädchen, den ausgesprochenen Liebling unseres Vaters. Aber wenn wir zu ihr sprachen, liebten wir es, die Pose des vielgetreuen Ritters anzunehmen, der stets bereit ist, alle Befehle der „dame sans merci" auszuführen. Ihr zu Füßen legten wir all die Liebe, die sich in Monaten und Jahren eintönigen, militärischen Drills angesammelt hatte. Wir waren sehr eifersüchtig auf sie, und uns tat das Herz weh, als der junge Großherzog von Schwerin nach Tiflis kam, um seine Braut kennenzulernen. Unsere instinktive Abneigung gegen seine elegante Art, die Hacken zusammenzuschlagen, steigerte sich zu Hass, als unser Bruder Nikolaus den wahren Zweck dieses Besuches entdeckte. Die Ankunft des zukünftigen Schwagers raubte uns den einzigen Gegenstand unserer zärtlichen Empfindungen, und wir wendeten uns an die Natur – die stets Gütige, die uns immer Hoffnung eingeflößt hatte.

Da uns im Winter nur eine Stunde Aufenthalt im Freien gestattet war, zählten wir ungeduldig die Tage, die uns vom Frühlingsbeginn trennten. Unsere Sommerferien dauerten sechs Wochen, und wir brachten sie entweder auf Borjom, dem riesengroßen Landbesitz unseres Vaters in der Nähe von

Tiflis, zu oder am Schwarzen Meer, in der Zarenresidenz der Krim.

Immer werde ich dem Scharlachfieber ein freundliches Gedenken bewahren, denn diese Krankheit machte es mir möglich, den glücklichsten Sommer meines Daseins zu erleben. Ich war acht Jahre alt, als ich auf dem Wege nach Borjom erkrankte und besinnungslos dort ankam. Meine Eltern beabsichtigten, von dort zum Besuche des Zaren nach St. Petersburg zu reisen. Die Ärzte stellten sofort Scharlach fest, und so wurde ich unter der Obhut einer Hofdame, eines Adjutanten und zweier Leibärzte zurückgelassen. Sechs vergnügte Wochen lang lag ich zu Bett, wurde von ihnen verhätschelt und fühlte mich als Mittelpunkt der Aufmerksamkeit.

Jeden Nachmittag spielte eine Militärkapelle dicht vor dem Haus meine Lieblingsmelodien. Dutzende von Persönlichkeiten kamen auf der Reise durch den Kaukasus nach Borjom, um dem Sohn des Statthalters ihren Respekt zu bezeigen, und die meisten brachten mir Schachteln mit Konfekt, Spielsachen oder Coopers Indianergeschichten. Meine beiden Ärzte willigten gern ein, „Indianer" zu spielen. Bewaffnet mit des Adjutanten Säbel versuchten sie, die angsterfüllte Hofdame zu skalpieren, die dann ihrer Rolle getreu das furchtlose Bleichgesicht mit den zwei Gewehren „zu Hilfe" rief. Es lehnte in seinen Kissen, zielte auf die Verfolger, und seine Kügelchen trafen sie mitten in die Stirn.

Die Zeit der Rekonvaleszenz brachte eine Reihe Picknicks in den Wäldern und Bergen. Alle Lehrer waren in St. Petersburg, es gab keine Unterrichtsstunden, wir fuhren frühmorgens in einem bequemen Wagen weg, der mit vier kräftigen Gebirgspferden bespannt war. Der Anblick, wie diese kleinen Tiere mit Leichtigkeit auf schlüpfrigen Pfaden die steilsten Hänge erkletterten, benahm einem den Atem. Ihre gymnastischen Leistungen erinnerten mich an einen Vorfall, der sich das Jahr vorher während des Besuches des Schahs von Persien in Tiflis zugetragen hatte. Der orientalische Herrscher, ein kleiner Mann von beträchtlicher Leibesfülle, hatte bei einer Besichtigungsfahrt in den Bergen Angst bekommen und, aus dem Wagen springend, meiner Mutter zugerufen: „Sterben Sie allein!"

Die Tage meines Glücks vergingen mit Beerenpflücken und Dominospiel und mit dem Anhören von Sagen aus dem alten Kaukasus. Ich weinte fast vor Verdruß, als mich der Arzt für völlig gesund erklärte und eine Depesche uns von der bevorstehenden Rückkehr meiner Angehörigen verständigte. Ich wußte, daß mir zum ersten- und letztenmal in meiner Kindheit Gelegenheit zu freundschaftlichem Verkehr mit Erwachsenen geboten worden war, die nichts Ungewöhnliches oder Ungehöriges darin sahen, einem einsamen, ihnen anvertrauten Knaben ein wenig Zuneigung zu zeigen.

Nach Tiflis zurückgekehrt, hörte ich gleichgültig die aufgeregten Erzählungen meiner Brüder an. Sie ließen nicht ab, die Pracht des Kaiserpalastes in St. Petersburg zu bewundern, ich aber hätte meinen Sommer in Borjom nicht gegen alle Kronjuwelen Rußlands eingetauscht.

Das Jahr 1875 bezeichnet einen wichtigen Markstein in der Geschichte meiner Kindheit: Kurz nach Weihnachten wurde mein Bruder Alexis geboren, und ich lernte zwei Personen kennen, die meine Freunde fürs ganze Leben werden sollten.

Meine Eltern gaben sich alle Mühe, um die tatsächlichen Umstände, von denen die Geburt eines Kindes begleitet ist, vor uns zu verheimlichen. Es wurde von uns erwartet, dass wir eine gründliche Kenntnis der modernen Artillerie mit dem Glauben an den Klapperstorch vereinen sollten.

Der Donner von einhundertein Kanonenschüssen verursachte uns kein geringes Erstaunen.

„Der Allmächtige befand es für nötig," erklärte unser militärischer Erzieher, „Ihren Kaiserlichen Hoheiten noch einen Sohn zu schenken."

Am zweiten Tag wurde uns gestattet, das Appartement unserer Mutter zu betreten und unseren Bruder zu sehen. Ganz grundlos lächelten alle und dachten, wir Knaben würden eifersüchtig sein. Meine Brüder sagten gar nichts. Ich war voll Mitgefühl für den Neugeborenen. Um seinetwillen hoffte ich, daß alle unsere Lehrer das Zeitliche gesegnet hätten, bis er herangewachsen wäre. Beim Anblick des runzligen, rötlichen Gesichtchens des Kleinen fühlte ich ausgesprochenes Mitleid.

Die feierliche Taufe fand drei Wochen später statt; vorher wurde eine Monsterparade der Garnison abgehalten. Die Musik spielte, und die Menge schrie Hurra, während der Kleine, auf dem Arm der ältesten Hofdame, begleitet von zahlreichen militärischen und zivilen Würdenträgern, zur Kirche getragen wurde.

Der arme Alexis lag still auf einem seidenen Kissen, in einem langen, weißen Spitzenkleidchen, das blaue Band des Andreaskreuzes – Rußlands höchste Ordensauszeichnung – auf der winzigen Brust. Bei der Berührung mit dem kalten Wasser schrie er gellend auf; dreimal mußte er untergetaucht werden, während der Erzbischof ein besonderes Gebet sprach. Dann wurde er mit demselben Gepränge, mit Musik und Begeisterung, seiner Mutter zurückgebracht. Weder sie noch unser Vater hätte bei der Zeremonie anwesend sein dürfen, denn die griechisch-orthodoxe Kirche erlaubt den Eltern nicht, Zeugen zu sein, wenn ihr Kind dem Allerhöchsten geweiht wird. Dieser uralte Brauch sollte für meinen kleinen Bruder tiefere Bedeutung erlangen. Alexis weilte nur kurze Zeit auf Erden: er starb mit zwanzig Jahren an galoppierender Lungenschwindsucht. Obgleich ich mehr an ihm hing als an allen anderen Mitgliedern meiner Familie, habe ich seinen Tod nie beklagt. Ein prächtiger Junge, offenherzig und voll Aufrichtigkeit, litt er schwer unter der höfischen Atmosphäre.

Dieses Frühjahr verließen wir Tiflis zeitiger als gewöhnlich, um sechs Wochen auf dem Besitze unseres Onkels in der Krim zu verbringen. Im Hafen von Yalta trafen wir den Zaren in Person, der, wie er sagte, neugierig war, den wildesten seiner kaukasischen Neffen kennenzulernen. Dann begaben wir uns nach Livadia, dem wegen seiner prächtigen Gärten berühmten schönen Palast.

Eine lange, prunkvolle Treppenflucht führte unmittelbar zum Schwarzen Meer hinab. Noch am selben Tag hüpfte ich in angeregter Erwartung kommender Freuden über die Marmorstufen, als ich gegen einen lächelnden Knaben meines Alters anrannte, der neben einer Amme, die einen Säugling auf dem Arm trug, heraufkam. Wir maßen einander mit den Blicken. Dann bot er mir die Hand und sagte:

„Ich denke, du bist mein Vetter Sandro. Vergangenes Jahr habe ich dich in St. Petersburg nicht gesehen. Deine Brüder sagten, du seist an Scharlach erkrankt. Kennst du mich nicht? Ich bin dein Vetter Nicki, und das ist meine kleine Schwester Xenia."

Seine freundlichen Augen und sein gefälliges Wesen gewannen mich auf der Stelle. Mein Mißtrauen gegen alle Nordländer wich plötzlich dem heißen Wunsch, der Kamerad dieses einen zu sein. Auch er mußte Zuneigung zu mir gefaßt haben, denn unsere in diesem Augenblick begonnene Freundschaft sollte zweiundvierzig Jahre dauern. Als ältester Sohn des damals nachfolgeberechtigten Alexander Alexandrowitsch sollte er im Jahre 1894 den Thron erben und als letzter Vertreter des Hauses Romanow über das russische Reich herrschen.

Ich war oft mit seiner Politik nicht einverstanden und hätte ihm bessere Einsicht bei der Wahl seiner Räte sowie mehr Festigkeit in manchen seiner Entschlüsse gewünscht. All dies betraf jedoch den Zaren Nikolaus II. und beeinträchtigte nie mein Verhältnis zu „Vetter Nicki". Nichts hätte in meinem Herzen das Bild des freundlichen Jungen im rosafarbenen Hemdchen verändern können, der auf den Marmorstufen der Freitreppe in Livadia die Segelschiffe am Horizont verfolgte und mit den verträumten, merkwürdig geformten Augen der untergehenden Sonne nachsah ... Neunzehn Jahre später heiratete ich seine Schwester Xenia.

Ich trat nun in mein zehntes Lebensjahr und in das dritte Jahr meiner Schulzeit; das bedeutete eine neue Gruppe von Unterrichtsgegenständen und militärischen Übungen, die zu meinem Pensum hinzukam.

Unter Erwachsenen aufgezogen, hörte ich viel von den schweren Verantwortungen, die auf einem Großfürsten lasten, und grübelte daher schon über Fragen, die gewöhnlich einem reiferen Alter vorbehalten bleiben. Sonderbarerweise war meine seelische, geistige und verstandesmäßige Entwicklung der sexuellen um einige Jahre vorausgeeilt. Nicht vor 1882, als meine Eltern ganz nach St. Petersburg übersiedelten, wo ich anfing, die Vorstellungen des Balletts zu besuchen, machte sich diese verwirrende Unruhe bemerkbar. Bis zu diesem Zeitpunkt war ich, vielleicht dank der strengen Disziplin, in Gedanken und Begierden rein geblieben. Das Alte Testament, das so geeignet ist, eines Kindes Einbildungskraft zu reizen, machte mir von einem ganz anderen Gesichtspunkt aus Eindruck. Ohne jede Ahnung von ihrer geschlechtlichen Bedeutung, zerbrach ich mir den Kopf über die rechtliche Seite der Geschichte von Adam und Eva. Ich fand es äußerst ungerecht von Gott, die beiden unschuldigen Menschen aus dem Paradies zu verbannen. Erstens hätte Gott dem Satan befehlen können, sie in Ruhe zu lassen, und zweitens, warum schuf er die heimtückische Frucht, die der Menschheit so viele Leiden verursachte?

Vater Titow, der mich seit dem Tage meiner ersten Beichte mit leisem Argwohn beobachtete, hatte vergebens versucht, das Alte Testament zu verteidigen. Eine Weile ließ er mich gewähren und betete für die Rettung meiner Seele aus dem Abgrund des Unglaubens, endlich aber verlor er die Geduld und drohte mit einem Bericht an meinen Vater. Dieses unwiderlegliche Argument tötete mein Interesse an seinem Unterricht, und ich richtete die Kanonade meiner Fragen gegen die Lehrer der Geographie und Naturgeschichte.

Mit Beginn des Herbstes 1876 wendete sich das Tischgespräch der drohenden Gefahr eines Krieges gegen die Türken zu. Alle anderen Gesprächsstoffe wurden weggefegt, da jedermann bei der Nähe der türkischen Grenze die Notwendigkeit blitzartig raschen Eingreifens der kaukasischen Armee empfand. Besucher aus St. Petersburg gaben uns lebendige Berichte über die Grausamkeiten, die von den Türken in slawischen Staaten verübt wurden, und mehrere Offiziere aus meines Vaters Stab hatten um die Erlaubnis angesucht, als Freiwillige in die bulgarische Armee einzutreten.

Unsere täglichen militärischen Übungen erhielten eine

neue Bedeutung. Wir besprachen, was wir unternehmen würden, falls die Türken versuchen sollten, Tiflis und den Palast anzugreifen. Wir beneideten unseren Bruder Nikolaus um sein Alter. Mit achtzehn Jahren erhielte er sicherlich die Erlaubnis, in die Armee einzutreten und sich mit Ruhm zu bedecken. Von Kindheit auf hatte man uns gelehrt, Krieg sei gleichbedeutend mit Ruhm. Niemand erzählte uns von den Verlusten Rußlands während der Napoleonischen Kriege und des Krimkriegs. Wir kannten die Namen der mit dem St. Georgsorden ausgezeichneten Generale und fühlten uns mächtig ergriffen von den Heldentaten der Verteidiger Sebastopols. Unsere Lehrer und unsere Lehrbücher vergaßen zu erwähnen, daß es den Spitälern an Verbandmaterial gebrach, dass schon allein der Typhus schwere Opfer an Menschenleben forderte. Über den Tod selbst war in unserer Gegenwart nie gesprochen worden. Unsere Herrschervorfahren starben nie: sie schieden in Frieden.

Um diese Zeit wurde in Tiflis ein verwegener Mord verübt. Die beiden Räuber wurden alsbald gefangen, vor ein Kriegsgericht gestellt und zum Galgen verurteilt. Die Hinrichtung fand auf einem erhöhten Schafott nicht weit vom Palast statt. Als wir den Schulraum betraten, sahen wir alle unsere Erzieher in einem Zustand schrecklicher Aufregung zu den Fenstern hinausstarren. Anstatt uns in unsere Zimmer zurückzuschicken, winkten sie uns, ans Fenster zu kommen. Ohne recht zu begreifen, was da geschah, waren wir Zeugen des grausigen Schauspiels.

Dicht gedrängt stand die Menge vor dem Galgen und sah den letzten Vorbereitungen des Henkers zu.

Dann erschienen zwei bleiche Gestalten, die von hinten ihm entgegengestoßen wurden. Einen Augenblick darauf schwangen zwei Paar bestrumpfter Füße in der Luft. Ich schrie auf und wandte mich ab.

„Großfürst Alexander wird nie ein guter Soldat sein", bemerkte trocken unser militärischer Erzieher.

Ich hätte auf ihn losspringen, ihn anschreien, ihn prügeln mögen; ein Ekelgefühl, das mir übel machte, lähmte mich.

Tage vergingen, bevor mich das grauenvolle Bild verließ. Ich ging wie in einem bösen Traum umher und wagte nicht, aus dem Fenster zu sehen, um nicht am Ende die Beiden wieder zu erblicken. Ich lernte meine Aufgaben, beantwortete die mir gestellten Fragen, aber ich konnte meine Gedanken nicht sammeln. Es war, als wäre ein Sturmwind über meine Seele gefahren und hätte nur Trümmer dessen zurückgelassen, was drei Studienjahre aufgebaut hatten.

Drittes Kapitel

MEIN ERSTER FELDZUG

I

Der Monat Januar 1877 brachte die lang erwartete Kriegserklärung Rußlands an die Türkei.

Die Ereignisse von 1877 und 1878 erscheinen heute, nach dreiundfünfzig Jahren, bei eingehender Untersuchung durchaus unbegreiflich: man weiß nicht, ob man sich über die Kurzsichtigkeit Disraelis wundern oder die Arglosigkeit der zaristischen Regierung beklagen soll. Es mag wahr sein, daß wir keine Berechtigung hatten, uns in Balkanangelegenheiten zu mischen; aber andererseits, welche geheimnisvollen Erwägungen bewogen Lord Beaconsfield zu dem Glauben, es sei ratsam, den russischen Bären zu reizen? Ein Wort aus London hätte den von der türkischen Regierung veranstalteten Slawenmassakern ein Ende gemacht, und der oberflächlichste Versuch, die Zukunft vorauszusehen, hätte Downing Street die unheilvollen Folgen enthüllt, irgendwelche Balkanunruhen zu fördern. Wie die Dinge lagen, sah sich Zar Alexander II. tatsächlich verpflichtet, die britische Herausforderung anzunehmen, wenngleich sein gütiges Herz und sein klarer Verstand sich mit aller Macht gegen einen Krieg sträubten.

Fast zwei Jahre hindurch, während des langsamen Vormarsches auf Konstantinopel durch die wilden Balkanprovinzen, stand die russische Armee in Wahrheit in einem unbarmherzigen Kampf gegen das Britische Reich. Die türkischen Soldaten waren ausnahmslos mit den neuesten englischen Gewehren bewaffnet; die Generale des Sultans folgten den Weisungen britischer Strategen; und die britische Flotte erschien gerade in dem Augenblick drohend in den Gewässern des Nahen Ostens, als die Eroberung Konstantinopels nur noch eine Frage weniger Wochen war. Die russischen Diplomaten rechtfertigten wieder einmal ihren Ruf unübertrefflicher Dummheit und rieten Alexander II. zur Annahme der sogenannten „freundschaftlichen Vermittlung" Bismarcks und zur Regelung des russisch-türkischen Konflikts auf einem Kongress in Berlin.

„Der alte Jude, das ist ein Mann!" so sagte Bismarck bewundernd von Disraeli, dem es gelungen war, die russische Delegation so zu bluffen, dass sie die unsinnigsten Friedensbedingungen annahm – Bedingungen, die in der Folge das ihre dazu beitrugen, den Weltkrieg unvermeidlich zu machen. Siebenunddreißig Jahre später mußten Tausende von englischen Soldaten in Gallipoli ihr Leben lassen, weil Disraeli im Jahre 1878 die Dinge für St. Petersburg unangenehm zu gestalten versuchte. Für die russischen Diplomaten jedoch, die, anstatt Disraelis Schachzug mit der sofortigen Veröffentlichung eines russisch-deutschen Bündnisses zu beantworten, eine unsinnige und letzten Endes unheilvolle Entente mit Frankreich und England anbahnten, läßt sich keine Entschuldigung finden.

2

Ich war mittlerweile erst elf Jahre alt geworden und erlebte das Aufregende meines ersten Krieges.

Da mein Vater zum Oberbefehlshaber der russischen Armee ernannt worden war, hatte die friedliche Hauptstadt des Kaukasus über Nacht das kriegerische Äußere eines Hauptquartiers angenommen.

Die mobilisierten Soldaten, welche zu Fuß die Grenzgebirge zwischen dem europäischen Rußland und dem südlichen Kaukasus überschritten hatten – denn damals bestand noch keine direkte Eisenbahnverbindung zwischen Moskau und Tiflis –, wurden täglich in den ausgedehnten Gärten unseres Palastes verköstigt, und ein Notspital wurde in den Sälen des Erdgeschosses in Betrieb gesetzt.

Jeden Morgen begleiteten wir Kinder unseren Vater auf seinen Inspizierungen der neu angekommenen Truppen, atemlos lauschten wir seinen schlichten Ansprachen an die Mannschaft, in denen er die Ursachen des Krieges und die Notwendigkeit raschen Vorgehens zu erklären versuchte.

Dann kam der große Tag: Mein eigenes, das 73. Infanterie-Regiment Krim zog durch Tiflis und wollte auf dem Wege zur Front die Bekanntschaft seines kleinen Obersten machen.

Um sechs Uhr früh stand ich schon vor dem Spiegel, glühend vor Freude über meine glänzende Uniform, die blanken Stiefel, den eindrucksvollen Säbel. Um mich fühlte ich Neid und Feindseligkeit. Meine vier Brüder gönnten mir den Triumph nicht. Sie fluchten ihrem Schicksal, das ihre Regimenter im Norden festhielt. Sie sahen voraus, daß jeder einzelne Sieg unserer Waffen von dem „Unband Sandro" den Heldentaten des 73. Infanterie-Regiments Krim zugeschrieben würde.

„Recht müde sehen sie aus, deine Soldaten", sagte Michael, der durchs Fenster die viertausend Mann betrachtete, die vor dem Palast und die ganze Golowinskistraße entlang Aufstellung genommen hatten.

Ich überhörte die kleinliche Bemerkung. Für mich sahen sie herrlich aus.

Es fiel mir ein, daß ich eine passende Anrede an mein Regiment richten sollte, und ich versuchte, mich an einige theatralische Ausdrücke aus der Geschichte der Napoleonkriege zu erinnern.

„Meine lieben Helden!"

Nein, das klang zu sehr nach einer Übersetzung aus dem Französischen.

„Glorreiche Krieger!"
Oder noch besser: „Meine glorreichen Brüder!"
„Was, um Himmels willen, probst du da?" fragte mein Vater, der eintrat und meine rhetorischen Versuche bemerkte.

„Er will wahrscheinlich sein Regiment begeistern", antwortete Michael, und es bedurfte der starken väterlichen Hand, um die gerechte Empörung des Obersten des Krimregiments zu verhindern.

„Kinder, versucht doch ernsthaft zu sein! Ihr braucht Sandro nicht zu verspotten. Jedenfalls erwartet niemand von ihm eine Ansprache."

Das war eine Enttäuschung.

„Aber Vater, soll ich also nicht zu den Soldaten sprechen?"

„Wünsche ihnen einfach Glück auf den Weg. Das genügt. Und gehen wir jetzt. Aber vergiß nicht: du mußt heiter dreinschauen, und wenn du noch so müde bist!"

Um die Mittagszeit verstand ich den Sinn dieser warnenden Ermahnung. Wir brauchten volle vier Stunden, um die sechzehn Kompanien abzuschreiten; alle bestanden aus gesunden, bärtigen Riesen, denen der sehr junge und sehr selbstbewußte Oberst Spaß machte. Sechzehnmal hintereinander hatte ich zu wiederholen: „Heil der ersten Kompanie! Heil der zweiten Kompanie, usw.", und jedesmal vernahm ich in einem überwältigenden Chor von zweihundertfünfzig Stimmen einen Wunsch für mein Wohlergehen. Es war mir fast unmöglich, den langen Schritten meines Vaters nachzukommen, der noch um Kopfeslänge über die wegen ihrer Größe ausgesuchten Soldaten hinausragte. Nie mehr in meinem Leben fühlte ich mich so erschöpft und doch zu gleicher Zeit so glücklich.

„Ich würde dir empfehlen, ein wenig zu ruhen", meinte die Mutter, als wir in den Palast zurückkamen.

An Ruhe auch nur zu denken, während meine viertausend Soldaten auf dem Weg zum Schlachtfeld waren! Ich begab mich geradeswegs zu der großen Reliefkarte des Kaukasus, die an der Wand hing, und begann die Marschroute meines Regiments einzuzeichnen.

„Noch nie habe ich jemand so mit den Sporen rasseln hören", rief mein Bruder Michael aus und verließ äußerst verärgert das Zimmer. Obwohl ich um drei Jahre jünger war, hatte ich ihn den letzten Winter um dreieinhalb Zentimeter an Größe überholt, und das kränkte ihn sehr.

3

Eine Woche darauf ging unser Vater an die Front. Wir beneideten ihn und konnten den Schmerz unserer schluchzenden Mutter nicht nachempfinden. Wir waren so stolz, ihn in der eigens gebauten Kutsche Platz nehmen zu sehen. Vier Pferde zogen den Wagen, sechs Kosaken galoppierten hinterher, drei voran. Einer trug das Banner des Statthalters, ein griechisches Kreuz auf weißem Grund in einer Umrahmung von orangegelben und schwarzen Streifen und quer darüber die Inschrift „Gott schütze und bewahre!" in schwerer Goldstickerei; ein massives Bronzekreuz war an der Stangenspitze befestigt. Dann folgten zahllose Wagen mit Generälen und Mitgliedern des Stabes, begleitet von einer Schwadron Gardekosaken. Die feierlichen Klänge der russischen Nationalhymne und die frenetischen Hurrarufe der Bevölkerung schufen eine kriegerische Stimmung. An eine Rückkehr zu dem Einerlei der täglichen Unterrichtsstunden war nicht zu denken. Wir wollten vom Krieg reden. Wir besprachen die Möglichkeit, daß der Krieg mehrere Jahre währen könnte und wir alle Gelegenheit hätten, uns unserem Vater anzuschließen.

Jeder Morgen brachte aufregende Neuigkeiten.

Die kaukasische Armee eroberte eine türkische Festung.

Die Donauarmee, von unserem Onkel Nikolaus befehligt, setzte über den Strom und ging in der Richtung gegen Plewna vor, wo die erbittertsten Schlachten des Krieges geliefert werden sollten.

Der Zar besuchte das Hauptquartier und teilte Auszeichnungen an viele uns wohlbekannte Offiziere aus.

Die ersten türkischen Gefangenen trafen in Tiflis ein.

Die Namen einiger Stabsoffiziere meines Vaters, besonders der des Generals Loris-Melikow, waren in aller Mund.
Es war aufregend, zu denken, daß alle diese guten Freunde jetzt plötzlich große Nationalhelden geworden waren. Eine Freude war die Abreise unseres militärischen Erziehers, der kurz nach der Kriegserklärung zu den Fahnen gerufen wurde, worauf die unnachsichtige Strenge unserer Erziehung merklich nachließ. So abscheulich es auch klingen mag, ich wünschte doch, eine hilfreiche türkische Kugel werde es uns ersparen, den grimmigen Menschen je wiederzusehn. Zum Glück für meine künftige Gewissensruhe kam er unversehrt und reich mit Auszeichnungen bedeckt zurück; allerdings wurde da seine Stelle im Palast schon von einem milder veranlagten Erzieher eingenommen.
Ein regelmäßiger, eigener Botendienst zwischen dem Palast und dem Hauptquartier meines Vaters in Alexandropol hielt uns in steter Fühlung mit den neuesten Ereignissen an der Front. Das Eintreffen des täglichen Heeresberichts war das Zeichen, zur Reliefkarte zu eilen und die Fähnchen, die unsere Stellungen anzeigten, umzustecken. Der Bericht sparte nicht mit grellen Farben bei der Beschreibung der Taten unserer Armee; er nannte meist die Anzahl der gefallenen, verwundeten und gefangenen Türken – und diese Ziffern klangen wie Musik in unseren Ohren. Viele Jahre später, als Befehlshaber der russischen Luftflotte im Weltkrieg, lernte ich den eigentümlichen Mechanismus kennen, der bei der Verfertigung von Kriegsberichten zur Anwendung gelangt, und ich hätte gern die Leichtgläubigkeit des elfjährigen Enthusiasten wieder erweckt, der mit glänzenden Augen das Vorrücken der russischen Armee in der Türkei verfolgte, ohne sich über die Menschenopfer klar zu werden, die dabei gefordert wurden. In den Jahren 1914–1917 erfuhr ich, daß die „schweren Verluste eines in fluchtartigem Rückzuge" befindlichen Feindes unweigerlich von noch viel schwereren Verlusten unserer „glorreich vordringenden Truppen" begleitet sind. Nichts wird wohl je den Wortschatz von Beschönigungen ändern, über den die Herausgeber militärischer Be-

richte verfügen, noch ihre gemeine Gewohnheit, sich am Anblick der Leichen in den eroberten Schützengräben zu weiden. Es muß im Gegenteil festgestellt werden, daß die Ethik der Kriegführung sich in den letzten vierzig Jahren bedeutend verschlechtert hat. Sogar der recht dünne Firnis von Ritterlichkeit, den man in den Jahren 1877 und 1878 noch wahrnehmen konnte, hatte einer Bandenkriegführung Platz gemacht, als die stolze Menschheit vierhunderttausend ihrer Söhne im Umkreis der Stadt Verdun begrub. Las ich die Berichte über die schmachvollen Zustände in den Kriegsgefangenenlagern des Weltkriegs, dann erinnerte ich mich immer der erfreulichen Anteilnahme und Rücksicht, mit der wir die türkischen Gefangenen im Jahre 1877 behandelten. Alexander II. hielt es für ratsam, Osman Pascha, dem berühmten Befehlshaber der türkischen Festung Plewna, eine persönliche Audienz zu gewähren; er gab ihm den Säbel zurück und lobte seinen Mut und sein militärisches Genie mit den höchsten Ausdrücken der Anerkennung. So war es in den Tagen vor dem Hohen Tribunal im Haag.

4

Die verhältnismäßig große Freiheit, deren sich die Söhne des Statthalters während seines langen Aufenthalts an der Front erfreuten, gab uns jetzt Gelegenheit, uns unter die verschiedenen Klassen der Tifliser Bevölkerung zu mischen und die wahre Natur der sozialen Schichtung kennenzulernen.

Bei unseren Besuchen in den Spitälern und auch auf der Straße sahen wir uns der krassesten Armut gegenüber. Wir bemerkten das Elend, die Leiden und Entbehrungen, die sich in der Nachbarschaft des Palastes verbargen. Wir hörten Lebensgeschichten, die einen Umsturz aller unserer früheren Pläne und Absichten herbeiführten. Ich schämte mich, ein blaues Seidenhemd und rotlederne Stiefel zu tragen, in Gegenwart von Knaben meines Alters, deren Hemd zerrissen und deren Füße bloß und geschwollen waren. Manche von ihnen klagten über Hunger; alle aber fluchten dem Krieg, der ihnen den Vater geraubt hatte. Wir sprachen darüber zu unseren Erziehern; wir verlangten Mittel, um diesen blassen Jungen zu helfen. Wir erhielten keine Antwort, aber bald darauf wurden neuerdings unsere Spaziergänge auf den Park des Palastes beschränkt, jedoch verfehlte diese Maßregel, die Tätigkeit unseres erwachten Verständnisses einzudämmen. Die Welt war ein ganz anderer Ort geworden, als sie es bisher gewesen war.

„Für euch ist es leicht, ihr Söhne eines Großfürsten", sagte einer unserer neuen Bekannten, „ihr habt alles, ihr lebt in Üppigkeit."

Der seltsame Ausspruch blieb uns in Erinnerung, und wir fragten uns verwundert: Was ist Üppigkeit? Konnte es sein, dass andere nichts hatten, während wir alles besaßen?

Ein Wachtposten stand vor unserm Palast, ein hübscher, freundlicher, junger Mensch, der uns jeden Morgen mit einem breiten Lächeln begrüßte, das einigermaßen im Widerspruch zu der dienstlichen Handlung des Präsentierens stand. Wir gewöhnten uns an ihn, und als er plötzlich verschwand, stellten wir Vermutungen darüber an, ob er wohl an die Front abgegangen sei. Während des Mittagessens hörten wir zufällig ein Gespräch der beiden Adjutanten. Der junge Wachtposten hatte Selbstmord begangen. Ein Brief aus seinem Heimatdorf, der den Tod seiner Frau mitteilte, bot die einzige Erklärung seiner Verzweiflungstat. „Sie wissen, wie diese Bauernjungen sind," sagte der ältere Adjutant, „sie wollen immer dem Leichenbegängnis ihrer Angehörigen beiwohnen, und wenn man ihnen keinen Urlaub dazu gibt, nehmen sie es sich schrecklich zu Herzen."

Das war alles. Weiter wurde nichts über den lächelnden Soldaten gesagt, der im fernen Tiflis auf Posten stand und die Tage zählte, die ihn von der Wiedervereinigung mit seiner Frau trennten; aber der eine Todesfall machte mehr Eindruck auf mich als das tägliche Sterben Tausender von Türken und Russen in den Armeeberichten. Immer und immer wieder suchte ich die Stelle auf, wo er jeden Morgen auf Posten gestanden hatte. Sein Nachfolger, ein ältlicher Veteran, der mehrere Auszeichnungen auf der Brust trug, sah mich verwundert an. Er schaute auf seine Stiefel, zählte seine Knöpfe nach und glaubte, es sei irgend etwas an ihm nicht in Ordnung, weil ihm der junge Großfürst soviel Aufmerksamkeit zuwendete. Ich hätte ihn gern angesprochen und ihn gefragt, wann er seine Frau zum letztenmal gesehen habe. Ich wußte wohl, man dürfe eine Schildwache nicht anreden, und so stellte ich mich denn vor ihn hin, und wir versuchten, einer des anderen Gedanken zu lesen. Ich forschte nach Kummer, er suchte zu erraten, ob ihm vielleicht ein Knopf fehle. Ich weiß ganz sicher, wenn ich jetzt plötzlich nach Tiflis käme, ich fände leicht die Stelle, wo sich ein russischer Bauernjunge im Jahre 1878 über den Tod seines Weibes kränkte.

5

Der Friede wurde im Sommer 1878 unterzeichnet. Den darauffolgenden Herbst reisten wir nach St. Petersburg, um der Vermählung meiner Schwester Anastasia mit Friedrich, Großherzog von Mecklenburg-Schwerin, beizuwohnen.

Da es für mich die erste Reise nach Europäisch-Rußland war, benahm ich mich natürlich viel aufgeregter als die anderen Reiseteilnehmer. Ich klebte am Abteilfenster und betrachtete die endlose Ansicht der Ebenen Rußlands, die auf ein bei den schneebedeckten Bergen und tosenden Strömen des Kaukasus aufgewachsenes Kind eintönig und traurig wirken mußten. Das fremde Land gefiel mir nicht, ich wollte es nicht als Heimat anerkennen. Die demütigen Mienen der Bauern, die Ärmlichkeit der Dörfer, die staubigen Städte – vierundzwanzig Stunden, nachdem wir aus Wladikawkas abgedampft waren (bis wohin uns der Wagen gebracht hatte), wünschte ich mich zurück nach Tiflis Meine Enttäuschung entging dem Vater nicht.

„Beurteile Rußland nicht nach dem Aussehen seiner Provinzen," bemerkte er wie entschuldigend, „warte, bis du Moskau mit seinen sechzehnhundert Kirchen und St. Petersburg mit seinen Palästen siehst!"

Ich seufzte tief. Ich hatte so viel über die Kathedralen des Kreml und über den Luxus des kaiserlichen Hofs gehört, daß ich im voraus wußte, es werde mir nichts gefallen.

In Moskau sollten wir nur gerade lange genug bleiben, um am Altar des wundertätigen Ikon der Jungfrau Maria von Iweria zu beten und die Heiligengräber im Kreml zu besuchen, – denn dies gehört gewissermaßen zu den amtlichen Pflichten aller Mitglieder der kaiserlichen Familie bei einer Reise durch die alte Hauptstadt Rußlands.

Die Iwerskaja-Kapelle – ein morsches, altes Gebäude – war von einer dichtgedrängten Menge erfüllt, die den mächtigen Statthalter sehen wollte. Der beklemmende Geruch brennender Kerzen und die quiekende Stimme des Priesters, der ein kurzes Tedeum sprach, brachten mich um die Gefühle, die der Anblick des wundertätigen Ikon hätte auslösen sollen. Ich konnte nicht glauben, daß Gott eine solche Umgebung auserwähle, um sich seinen Kindern zu offenbaren. Es war nichts wahrhaft Christliches an dem ganzen Vorgang, er erinnerte vielmehr an eine Art düsteren Heidentums. Ich mußte aus Furcht vor Strafe vorgeben, zu beten, aber ich wußte, daß mein Gott, der Gott der goldnen Felder, der Urwälder und der rauschenden Wasserfälle, sicherlich nie in die Iwerskaja-Kapelle komme.

Dann fuhren wir zum Kreml und mußten die bräunlichen Stirnen zahlreicher Heiliger küssen, die, in prächtige Goldstoffe gehüllt, in silbernen Särgen lagen. Ein ältlicher Mönch in schwarzer Kutte geleitete uns von Sarg zu Sarg, hob die Deckel und wies uns genau die Stelle, die wir küssen sollten. Mein Kopf begann zu schmerzen. Noch einen Augenblick in dieser Stickluft, und ich wäre in Ohnmacht gefallen.

Ich möchte nicht als Gotteslästerer gelten, und ich versuche auch nicht, die fanatischen Anhänger der griechisch-orthodoxen Kirche zu verletzen; ich erzähle die Episode nur, um den schrecklichen Eindruck zu schildern, den diese mittelalterliche Zeremonie in der Seele eines Knaben hinterließ, der nach einer Religion der Liebe und Schönheit dürstete. Seit meinem ersten Besuch in Moskau und während der folgenden vierzig Jahre, die ich in Rußland zubrachte, muß ich die Schädel dieser Heiligen wohl viele hundertmal geküßt haben. Jedesmal litt ich empfindlich, und nie erlebte ich dabei auch nur eine Spur religiöser Ekstase. Heute, im Alter von fünfundsechzig Jahren, bin ich noch fest davon überzeugt, daß Gott nicht auf diese dem Christentum von den Heiden hinterlassene Art verehrt werden sollte.

Die sechshundert Kilometer zwischen Moskau und St. Petersburg waren streng militärisch bewacht. Die ganze Strecke entlang sahen wir Bajonette und Uniformen, und nachts erhellten Tausende von Lagerfeuern die Straßen. Erst meinten wir, es sei dies zu Ehren unseres Vaters, dann aber erfuhren wir, dass der Zar demnächst Moskau zu besuchen beabsichtige und außerordentliche Maßregeln ergriffen worden waren, um seinen Zug gegen Attentate der Revolutionäre zu sichern. Diese Enthüllung berührte uns alle sehr peinlich. Es stand schlecht, wenn der Zar aller Reußen auf jedem Zollbreit des Wegs zwischen seinen beiden Hauptstädten bewacht werden mußte. Wo waren die Tage seines Vaters Nikolaus' I., der tatsächlich fast unbegleitet durch die einsamsten Provinzen seines Reiches fuhr! Unser Vater sah besorgt drein und konnte seine Unruhe nicht verbergen.

Zufällig traf der Morgen unserer Ankunft in St. Petersburg mit dem Beginn einer Periode dicker „Erbssuppen"-Nebel zusammen, die sogar einen Londoner zur Verzweiflung gebracht hätten. Im ganzen Palast brannten Lampen und Kerzen. Zu Mittag wurde es so dunkel, dass ich die Decke meines Zimmers nicht mehr sehen konnte.

„Ihr Zimmer ist besonders schön gelegen", erklärte mein Erzieher. „Wenn sich der Nebel hebt, sehen Sie gerade gegenüber die Peter- und Pauls-Festung, in der alle Zaren begraben liegen."

Ich verlor den Mut. Es war schlimm genug, monatelang in dieser dunkeln Stadt bleiben zu müssen – aber in der Nachbarschaft der Toten zu leben! Tränen kamen mir in die Augen. Wie haßte ich St. Petersburg an jenem Morgen! Im Grunde habe ich es mein Leben lang gehaßt. Ergreift mich

Sehnsucht nach Rußland, dann wünsche ich mir, den Kaukasus und die Krim wiederzusehen, aber ich hoffe aufrichtig, meine Augen werden nie mehr die alte oder die neue Hauptstadt meiner Väter erblicken.

Ich erinnere mich, auch mit meinen Eltern darüber gesprochen zu haben. So sehr sie St. Petersburg liebten, wo sie die ersten glücklichen Jahre ihrer Ehe verbracht hatten, so konnten sie mich nicht tadeln, weil ich dem Kaukasus treu blieb. Sie gaben zu, daß dort Harmonie und Zufriedenheit herrschten, während es hier nach drohenden Tragödien und ständiger Sorge aussah.

6

Alle vielköpfigen Familien leiden unter den Übergriffen der ehrgeizigen männlichen Mitglieder, und die russische Zarenfamilie bildete keine Ausnahme von dieser bitteren Regel.

Zur Zeit meines ersten Aufenthalts in St. Petersburg – im Herbst des Jahres 1879 – umfaßte die Familie fast vierzig junge Männer, die unter der Oberhoheit Alexanders II. standen.

Der Zar selbst hatte fünf Söhne: Alexander (der spätere Zar Alexander III.), Wladimir, Alexis, Sergej und Paul.

Sein Bruder Michael (mein Vater) hatte sechs Söhne: Nikolaus (gewöhnlich Nikolaus Michailowitsch genannt, um ihn von den zahlreichen gleichnamigen Familienmitgliedern zu unterscheiden), Michael Michailowitsch, Georg Michailowitsch, ich, Sergej Michailowitsch und mein kleiner Bruder Alexis.

Sein zweiter Bruder Nikolaus Nikolajewitsch hatte zwei Söhne: Nikolascha (Nikolaus Nikolajewitsch der Jüngere), der im Jahre 1914 Oberbefehlshaber der russischen Armeen wurde, und Peter.

Ein dritter Bruder des Zaren, Konstantin, hatte vier Söhne: Konstantin Konstantinowitsch, Dimitri Konstantinowitsch, Nikolaus Konstantinowitsch und Wjatscheslaus.

Die beiden ältesten Söhne des Zaren waren Alexander (der Thronfolger) und Wladimir; in früher Jugend verheiratet, hatte jeder schon drei Söhne: Nicki (der zukünftige Zar Nikolaus II.), Georg Alexandrowitsch (Georgi) und Michael Alexandrowitsch, aus der Ehe des Thronfolgers mit der dänischen Prinzessin Dagmar, und Cyrill, Boris und Andreas, die Söhne des Großfürsten Wladimir, das jüngste männliche Dreigespann der kaiserlichen Familie.

Natürlich mit Ausnahme des Thronfolgers und seiner drei Söhne, deren Zukunftsgedanken sich auf den Thron richteten, erwarteten alle diese jungen Romanows, in der Armee Karriere zu machen, und jeder fürchtete den scharfen Wettbewerb seiner eigenen Vettern. Daraus entstanden verschiedene „Parteien" in der Familie, und selbst die nahe Verwandtschaft zwischen uns vermochte gewisse Feindseligkeiten nicht zu verhindern. Wir, die Kaukasier, waren geneigt, uns abseits zu halten von der Mehrzahl der Nordländer, und wir beschuldigten sie eines lächerlichen Hochmuts. Sie argwöhnten, wir seien von seiten unseres kaiserlichen Onkels bevorzugt. Wir fünf wiederum hatten unsere Lieblinge und unsere „bêtes noires". Wir alle liebten Nicki und Georgi und mißtrauten Nikolascha. Die Fehde zwischen meinem ältesten Bruder Nikolaus Michailowitsch und dem zukünftigen Oberbefehlshaber der russischen Streitkräfte ist auf ihre erste Begegnung zurückzuführen, als keiner noch das zwanzigste Jahr erreicht hatte. Sie war die Ursache einer scharfen Dissonanz in den Beziehungen der jüngeren Familienmitglieder: man mußte sich entscheiden, ob man dem hochgewachsenen Nikolascha Gefolgschaft leisten oder seine Sympathien dem gelehrten Nikolaus Michailowitsch zuwenden wollte.

Obgleich ich in St. Petersburg ein völliger Neuling war, hatte ich schon aus der Ferne den „Feind" meines Bruders streng verurteilt, lange vor unserer tatsächlichen Begegnung im Jahre 1879. Als ich ihn zum erstenmal im Leben bei einem sonntäglichen Familiendiner traf, fand ich keinen Grund, meine Ansicht zu ändern.

Da saßen sie alle, meine Anverwandten, an der langen, von Goldgeschirr und Kristallglas funkelnden Tafel. Der Zar, in dessen sanften, großen Augen sich deutlich die Güte seines liebenswürdigen Charakters ausdrückte; der Thronfolger, finster und herrisch, den die Wucht seines massigen Körpers älter aussehen machte, als seinen vierunddreißig Jahren zukam; Großfürst Wladimir, ein Ästhet, aber ein Grobian; Großfürst Alexis, der anerkannte „schöne Mann" der kaiserlichen Familie und das Ideal der „Schönen von Washington", wohin er regelmäßig zu fahren pflegte; Großfürst Sergej, stutzerhaft, unnahbar, Langeweile und Geringschätzung in den jugendlichen Zügen ausgeprägt; Großfürst Paul, der hübscheste von den Zarensöhnen und bei weitem der „demokratischste".

Die vier „Konstantinowitsche" scharten sich um ihren Vater, den Großfürsten Konstantin, der wegen seiner freisinnigen politischen Überzeugungen bei den Erzkonservativen der Familie sehr unbeliebt war.

Und dann unser „Feind Nikolascha"! Der größte Mann im Winterpalast, und das wollte etwas bedeuten in der kaiserlichen Familie, in der hundertfünfundachtzig Zentimeter den Durchschnitt darstellten. Er muß wohl gut zwei Meter gemessen haben, denn sogar mein Vater sah beträchtlich kleiner aus. Während der ganzen Mahlzeit behielt Nikolascha eine so aufrechte Haltung bei, daß ich jeden Augenblick erwartete, die Klänge der Nationalhymne zu vernehmen. Von Zeit zu Zeit schoß er einen kühlen Blick zu den Kaukasiern hinüber, schlug aber rasch die Augen nieder, als er einem wahren Salvenfeuer frostiger Blicke begegnete.

Als das Diner zu Ende ging, war ich mir über mein Verhalten im klaren: ich beschloß, meine während der Sommersejours in der Krim begonnene Freundschaft mit Nicki und Georgi zu befestigen, und war geneigt, auch die Großfürsten Paul und Dimitri Konstantinowitsch als Spielgenossen aufzunehmen. Was alle übrigen betraf, so wollte ich mich von ihnen so fern halten, als es die Regeln der Etikette und der Höflichkeit nur gestatteten. Beim Anblick der stolzen Züge meines Vetters wurde mir klar, daß es nur eine Wahl gab zwischen Beliebtheit oder dem Verharren in meinem eigenen Charakter. Und so geschah es, daß ich nicht nur im Herbst des Jahres 1879, sondern im Lauf meines ganzen Lebens in

Rußland sehr wenig mit den Mitgliedern der kaiserlichen Familie zu tun hatte, ausgenommen mit Nicki, seinen Schwestern und mit meinen eigenen Brüdern. Der arme Georgi starb im Jahre 1899 in meinem Haus in Borjom an galoppierender Lungenschwindsucht. Großfürst Paul (der Vater der Großfürstin Marie) ging im Jahre 1902 eine morganatische Verbindung ein und mußte Rußland verlassen; was Dimitri Konstantinowitsch betrifft, so entwickelte er schon in früher Jugend einige ganz besondere Neigungen – beschränkte sich auf Pferde und militärische Dinge, was unserem engeren Verkehr nicht förderlich war, sonst aber unserer guten Freundschaft keinen Abbruch tat.

Ein Romanschreiber mit der Begabung Zolas, der jahrelange Vorstudien nicht scheute, könnte dereinst die Geschichte der späten Romanow zum Gegenstand einer Reihe epischer Darstellungen machen, die ebenso viele Bände ergäbe wie die Rougon-Macquarts. Väter und Söhne, Vettern und Brüder, Onkel und Neffen – wir waren alle verschieden an Charakter, Neigungen und Interessen, und es erscheint kaum glaublich, dass nur vierzig kurze Jahre und zwei Regierungsepochen zwischen dem Tode des Eisernen Herrschers Europas, Zar Nikolaus' I., und der Thronbesteigung seines unglücklichen Urgroßenkels liegen, des letzten Zaren aller Reußen: Nikolaus' II.

7

Die Vermählung meiner Schwester Anastasia bedeutete gewissermaßen das Auseinandergehen unserer Familie. Meine drei älteren Brüder waren im Begriff, den Dienst in der Garde anzutreten, und auch über meine Zukunft sollte entschieden werden. Jedenfalls war es klar, daß unsere Trennung bevorstand. Anastasia war die erste, die ihr eigenes Leben begann. Groß, schlank und dunkelhaarig, bot sie ein auffallendes Bild, als sie in dem schweren Kleid aus Silberbrokat – dem traditionellen Brautkleid der Großfürstinnen – an der Spitze eines langen Zuges, unter Teilnahme der Vertreter aller regierenden Fürstenhäuser Europas, vom Zaren durch die langen Säle des Winterpalastes zu der anschließenden Kapelle geleitet wurde. Unmittelbar nach der ersten Trauung, die nach dem Ritus der griechisch-orthodoxen Kirche vollzogen wurde, fand im Innern des Palastes eine zweite, durch den protestantischen Geistlichen, statt. Auf diese Weise waren sowohl der russische Zar als der deutsche Kaiser zufriedengestellt, und ihre Anverwandten, Großfürstin Anastasia von Rußland und Großherzog Friedrich von Mecklenburg-Schwerin, wurden binnen vierzig Minuten zweimal getraut.

Nach der zweiten Trauungszeremonie wurde ein Frühstück im Familienkreis serviert, und ein festliches Diner beschloß das Programm dieses Tages. Der nächste Morgen war für den Empfang der fremden Gesandten und der Hofwürdenträger bestimmt, dann mußte an einem weiteren Familiendiner teilgenommen werden. Erst am Abend des zweiten Tages wurde den Neuvermählten gestattet, den Extrazug zu besteigen, der sie nach Deutschland bringen sollte.

Das Pfeifensignal ertönte, die Wache leistete die Ehrenbezeigung, und wir verloren unsere Anastasia. Meine Mutter brach in Tränen aus, mein Vater zerrte nervös an seinen Handschuhen. Das herzlose Gesetz, das die Mitglieder des russischen Kaiserhauses dazu zwang, Fremde aus regierenden Häusern zu ehelichen, hatte sich in unserer Familie sein erstes Opfer geholt: seine Tyrannei dauerte bis in das Jahr 1894, in dem ich seine Gültigkeit durch meine Vermählung mit Großfürstin Xenia, der Tochter meines Vetters, Alexanders III., durchbrach.

Das Scheiden Anastasias bewog meine Mutter dazu, im nächsten Frühling ins Ausland zu reisen. Offiziell mit der Absicht, ihre Söhne dem Bruder, Großherzog von Baden, vorzustellen; inoffiziell sehnte sie sich nach einem Wiedersehen mit ihrem Lieblingskind. Das bedeutete für uns eine viermonatige Trennung durch Tausende von Meilen von unserem Kaukasus. Ich versuchte alle möglichen Schliche, um die Erlaubnis zur Rückkehr nach Tiflis zu erhalten, aber unsere Eltern waren nicht gewohnt, unsere Ansicht einzuholen. So kam ich im Sommer des Jahres 1880 zum erstenmal mit den Vertretern einer Nation zusammen, die in Zukunft eine so große Bedeutung in meinem Leben erhalten sollte. Zwei hübsche Amerikanerinnen spielten unweit des großherzoglichen Palastes im Park Tennis. Ich verlor mein Herz an beide, konnte aber nicht entscheiden, welche mir besser gefiel. Das hatte jedoch keinen Einfluß auf unsere Beziehungen, denn es war mir streng untersagt, überhaupt mit Amerikanern zu sprechen, und ein Adjutant des Großherzogs überwachte aus nächster Nähe jeden meiner Schritte. Die Mädchen bemerkten meine bewundernden Blicke, und da sie nichts von dem grausamen Verbot meiner Mutter wußten, hielten sie mich für allzu schüchtern oder dumm – oder beides. Sooft ein hartumstrittenes Spiel zu Ende gespielt war, rasteten sie auf einer Bank in der Nähe meines Standplatzes. Mit Bühnengeflüster tauschten sie Bemerkungen aus, die mein männliches Selbstgefühl verletzten.

„Was hat nur der Junge?" fragte wohl das größere Mädchen. „Ist es möglich, dass er taubstumm ist? Sollten wir vielleicht die Taubstummensprache erlernen?"

Ich wünschte sehnlich, der verdammte Adjutant ließe mich nur ein paar Minuten allein, damit ich den entzückenden Geschöpfen zeigen könnte, wie stumm ich war, aber deutsche Offiziere sind gewohnt, Befehle wörtlich auszuführen: er hätte, wenn nötig, achtundvierzig Stunden ohne Unterbrechung neben mir gestanden. Sogar meine schüchternen Versuche zu lächeln, wurden im Palast bekannt und von meinen Brüdern wie auch von Prinz Max von Baden, dem zukünftigen Reichskanzler, zum Anlaß mitleidlosen Spotts genommen. Unter meinem Kopfkissen fand ich kleine Billetts, die Michael und Georg geschrieben und mit „Deine Dich liebenden Amerikanerinnen" unterzeichnet hatten. Kleine amerikanische Flaggen wurden mir hinten in den Rock gesteckt, oder bei meinem Erscheinen im Salon wurden von meinen Quälgeistern ein paar Takte eines bekannten amerikanischen Marsches auf dem Klavier gespielt. Nach einigen Wochen schweigenden Kampfes gab ich es auf und blieb für den Rest unseres Aufenthalts in Baden-Baden dem Tennisplatz fern.

Zu Beginn des Herbstes kehrten wir nach Tiflis zurück.

Viertes Kapitel

DIE LIEBE EINES ZAREN

I

An einem nebeligen Winterabend des Jahres 1880 erschütterte eine heftige Explosion den Winterpalast in St. Petersburg, zerstörte das Wachlokal der Garde zu ebener Erde und tötete vierzig Offiziere und Soldaten. Dies geschah genau in dem Augenblick, als der Zeremonienmeister an der Schwelle des Speisesaals erschien und dem Herkommen gemäß meldete: „Seine Majestät, der Zar."

Ein kleiner Rechenfehler in der Konstruktion der Höllenmaschine, die ins Untergeschoß gelegt worden war, bewahrte die Privatgemächer des Zaren vor Zerstörung. Lediglich einige Stücke Tafelgeschirr und einige Fensterscheiben gingen in Trümmer.

Eine schleunige Untersuchung ergab das gleichzeitige Verschwinden eines neu aufgenommenen Türstehers. Er gehörte zweifellos zu der revolutionären Partei, die man mit dem Spottnamen „Nihilisten" benannte, weil sie entschlossen waren, alles zum bestehenden Regime Gehörende zu vernichten. Ihre terroristische Tätigkeit hatte zu Beginn der siebziger Jahre eingesetzt und durch das von Alexander II., dem liberalen Herrscher, eingeführte System der Geschworenengerichte für Verbrechen erhöhten Zulauf erhalten. Den Mitgliedern war ein Freispruch fast sicher, und einem jungen Mädchen, Vera Sassulitsch, das im Jahre 1878 auf den Generalgouverneur von St. Petersburg feuerte, bot sich die einzigartige Gelegenheit, den Präsidenten des Gerichtshofes eine flammende Rede zu ihrer Verteidigung halten zu hören.

Schriftsteller, Studenten, Ärzte, Advokaten, Bankiers, Kaufleute und hohe Beamte schienen gleicherweise auf die Errichtung einer Republik in einem Land erpicht, das erst neunzehn Jahre vorher seine Leibeigenen freigelassen hatte. Achtzig Prozent der Nation waren noch Analphabeten, und doch verlangten die Intelligenzkreise die sofortige Gewährung des allgemeinen Wahlrechts und die Einberufung eines Parlaments mit ausgedehnten Befugnissen. Die vom Thron gezeigte Bereitwilligkeit zu Zugeständnissen reizte die Begehrlichkeit von Leuten, die gern Ministerpräsident geworden wären, während die Schwäche der Polizei die ungestörte Entwicklung der kühnsten revolutionären Pläne begünstigte.

Der Gedanke an Herrschermord lag in der Luft. Keiner hat das so gefühlt wie Dostojewski, in dessen Werken man heute wahrhaftig eine Prophezeiung des bolschewistischen Umsturzes sehen könnte. Kurz vor seinem frühen Tod, im Januar 1881, äußerte er im Ton erstaunlicher Aufrichtigkeit in einem Gespräch mit dem berühmten russischen Redakteur Suworin:

„Sie scheinen zu glauben, dass sehr viel Hellseherei in meinem letzten Roman ‚Die Brüder Karamasow' liegt. Warten Sie die Fortsetzung ab. Ich arbeite daran. Ich lasse Alioscha Karamasow aus der geistlichen Abgeschiedenheit des Klosters hinaustreten und sich den Nihilisten anschließen. Mein reiner Alioscha wird den Zaren ermorden!"

2

Die Nachricht von den tragischen Ereignissen im Winterpalast bestimmte meinen Vater, nach St. Petersburg zu gehen. Er konnte es nicht ertragen, zweitausend Kilometer weit von seinem geliebten kaiserlichen Bruder zu leben, und man sagte uns, wir sollten uns darauf vorbereiten, den kommenden Winter im Norden zu verbringen.

Eine düstere Stimmung hing gleich einer Wolke über dem ganzen Land. Die gekünstelte gute Laune der zahlreichen Generäle, die uns auf den größeren Stationen unserer Reise begrüßten, konnte ihre Sorgen nicht verhüllen. Jedermann war davon überzeugt, daß es dem Zaren nicht mehr lange gelingen werde, sich den fortwährenden Angriffen auf sein Leben zu entziehen, wenn nicht eine festere Hand das Steuer des schwankenden Staatsschiffs ergriffe. Die im Staatsdienst Ergrauten hätten gewünscht, meinen Vater mit der Regierung betraut zu sehen, weil seine echte Soldatenart in ganz Rußland bekannt und beliebt war.

Nur wenige Leute vergegenwärtigten sich, dass auch die einflußreichsten Mitglieder der kaiserlichen Familie zu dieser Zeit mit der Macht einer Frau, einer Fremden in ihrer Mitte, rechnen mußten. Wir Kinder hörten erst am Vorabend unserer Ankunft von ihr, als uns auf der Fahrt mit dem kaiserlichen Hofzuge befohlen wurde, im Salonwagen zu erscheinen.

Wir bemerkten sofort, dass zwischen unseren Eltern eine erregte Unterredung stattgefunden hatte. Das Gesicht der Mutter war gerötet und fleckig, Vater paffte an einer langen, dunklen Zigarre, was er sich selten in ihrer Gegenwart gestattete.

„Hört, Jungens," sagte der Vater, während er nervös an dem Großkreuz des St. Georgsordens zerrte, das er für die Eroberung Westkaukasiens erhalten hatte und stets an dem hohen Kragen seines Rockes trug, „ich habe euch etwas zu sagen, bevor wir nach St. Petersburg kommen. Ihr werdet beim ersten Diner im Palast die neue Kaiserin von Rußland zu begrüßen haben."

„Sie ist noch nicht Kaiserin", unterbrach meine Mutter. „Vergiß nicht, daß die wahre Kaiserin Rußlands erst vor zehn Monaten starb!"

Vater sprang auf und stand aufrecht, seine fast zwei Meter hohe Gestalt überragte uns gebieterisch.

„Ich bitte, mich ausreden zu lassen!" sagte er scharf und erhob seine tiefe Stimme. „Wir sind alle getreue Untertanen des Zaren. Wir haben nicht das geringste Recht, seine Entschlüsse zu bekritteln. Ein Großfürst hat seine Befehle ebenso willig hinzunehmen wie ein einfacher Soldat. Wie ich euch eben mitteilen wollte, ihr Jungen, hat es eurem kaiserlichen Onkel beliebt, Prinzessin Dolgoruki zu ehelichen. Er hat ihr den Titel einer Fürstin Jurjewskaja verliehen, der so lange anzuwenden ist, bis die Hoftrauer um eure verstorbene Tante, Kaiserin Marie, endet. Dann wird Fürstin Jurjewskaja zur Kaiserin von Rußland gekrönt werden. Aber schon heute wird von euch erwartet, dass ihr ihr die Hand küßt und alle anderen Vorschriften des Hofzeremoniells befolgt. Aus dieser zweiten Ehe des Zaren sind auch drei Kinder da. Ein Knabe und zwei Mädchen. Sie sind natürlich eure Vettern. Seid freundlich zu ihnen!"

„Je pense que vous allez un peu fort quand meme", bemerkte meine Mutter, sich mühsam beherrschend.

Wir fünf Knaben sahen einander an. Ich erinnerte mich, dass uns während unseres früheren Aufenthalts in St. Petersburg untersagt gewesen war, einen ausgedehnten Flügel des Winterpalastes zu betreten, in dem eine schöne Dame mit einigen kleinen Kindern wohnte.

„Wie alt sind unsere neuen Vettern?" fragte plötzlich mein Bruder Sergej, der schon im Alter von elf Jahren die Neigung besaß, alle erreichbaren Einzelheiten zu sammeln.

Die Frage paßte unserm Vater nicht. Er sah verärgert aus.

„Der Junge ist sieben, die Mädchen sechs und vier Jahre alt", sagte er trocken.

„Wie ist's möglich ..." begann Sergej, Vater aber erhob die Hand:

„Genug, ihr Jungen. Ihr könnt in euren Wagen zurückgehn."

Den Rest der Reise verbrachten wir im Gespräch über die geheimnisvollen Vorgänge im Winterpalast. Wir kamen zu der Ansicht, dass Vater sich gewiß geirrt hatte, die Ehe des Zaren mit Fürstin Jurjewskaja mußte vor viel mehr als zehn Monaten geschlossen worden sein. Aber dann sah es wieder so aus, als hätte er zwei Gattinnen zugleich gehabt. Viel später erst wurde mir die wirkliche Bedeutung der mütterlichen Besorgnis klar. Sie war entsetzt, dass ihren unverdorbenen Kindern ein schlechtes Beispiel gegeben würde. Das unselige Wort „Mätresse" war bis dahin aus unserem Wortschatz verbannt gewesen.

3

Sogar der unerschütterliche Zeremonienmeister war sichtlich verlegen, als am nächsten Sonntagabend die Mitglieder der kaiserlichen Familie sich im Winterpalast um den Eßtisch versammelten, bereit, unbarmherzig über „dies entsetzliche Weib" Gericht zu halten. Seine Stimme drückte ernste Mißbilligung aus, als er den Stab mit dem Elfenbeingriff dreimal auf den Fußboden stieß und ankündigte:

„Seine Majestät der Zar und Fürstin Jurjewskaja."

In deutlichem Abscheu wandte meine Mutter den Kopf weg. Meine zukünftige Schwiegermutter, damals Gattin des Thronfolgers, Großfürsten Alexander Alexandrowitsch, senkte den Blick. Ihr selbst war nicht so viel daran gelegen, aber sie dachte an ihre Schwester Alexandra, die Gattin des Prinzen von Wales. Was werde die alte Königin Viktoria sagen, wenn sie von diesem Skandal erführe? ...

Der Zar trat rasch ein, eine auffallend schöne Frau am Arm. Er nickte meinem Vater fröhlich zu, dann maß er die stattliche Figur des Thronfolgers mit Blicken. Er zählte auf die Treue des einen, gab sich aber über die Gesinnung des anderen keiner Täuschung hin. Fürstin Jurjewskaja dankte freundlich für die förmlichen Hofknickse der Großfürstinnen und nahm in dem Stuhl der Kaiserin Maria Alexandrowna Platz! Neugierig ließ ich meinen Blick unausgesetzt auf ihr ruhen. Mir gefiel der melancholische Ausdruck ihres schönen Gesichts und der Glanz ihres reichen Blondhaars. Sie war sichtlich nervös. Oft wendete sie sich dem Zaren zu, der sanft ihre Hand streichelte. Sicherlich wäre es ihr gelungen, die Männer für sich zu gewinnen, wären sie nicht von ihren Frauen beobachtet worden. Ihre Versuche, an dem allgemeinen Gespräch teilzunehmen, wurden mit höflichem Schweigen beantwortet. Sie tat mir leid, und ich konnte nicht verstehen, warum sie verfemt war, weil sie einen so hübschen, gütigen und fröhlichen Mann liebte, der zufällig Zar von Rußland war.

Das lange Zusammenleben hatte ihre gegenseitige Neigung

nicht im mindesten abgekühlt. Mit vierundsechzig Jahren benahm sich Alexander II. wie ein Achtzehnjähriger. Er flüsterte aufmunternde Worte in ihr kleines Ohr; er fragte, wie ihr der Wein schmecke; er stimmte allem zu, was sie sagte; er lud alle seine Anverwandten mit freundlichem Lächeln ein, sein idyllisches Glück mitzugenießen; er scherzte mit mir und meinen Brüdern, offenbar erfreut, daß zumindest die Jugend Zuneigung zu der armen Fürstin faßte.

Am Ende der Mahlzeit brachte die Erzieherin die drei Kinder herein.

„Ah, da ist mein Gogo!" rief der Zar stolz, hob den lebhaften Jungen in die Höhe und setzte ihn auf seine Schulter. „Sag, Gogo, wie lautet dein voller Name?"

„Ich heiße Prinz Georg Alexandrowitsch Jurjewski", antwortete Gogo und begann mit beiden kleinen Händen in den Bartkoteletten des Kaisers zu wühlen.

„Schön, es freut uns alle, dich kennenzulernen, Prinz Jurjewski. Aber sag einmal, Prinz, möchtest du ein Großfürst werden?"

„Bitte, Sascha, nicht!" sagte die Fürstin nervös. Die scherzhafte Anspielung auf die Möglichkeit der Legitimierung ihrer morganatischen Kinder ließ sie erröten. Zum erstenmal während des Abends vergaß sie die Regeln der Etikette und sprach den Gatten mit seinem Kosenamen an.

Zum Glück war Gogo zu sehr davon in Anspruch genommen, den Barbier Seiner Majestät zu spielen, um die Vorteile eines glänzenden kaiserlichen Titels zu erwägen, und der Zar bestand nicht weiter auf einer Antwort. Doch wurde es klar, dass Alexander II. auf seine ruhige, unauffällige Art gesonnen war, die Verdrossenheit der entrüsteten Großfürstinnen zu ignorieren, denn sogar bei dieser ersten Familienzusammenkunft war er hauptsächlich bestrebt, seinen kleinen Kindern einen frohen Sonntag zu bereiten. Nach der Tafel gab ein italienischer Zauberkünstler eine Vorstellung, und dann wurden die jüngeren Gäste von Gogo in den anstoßenden Salon geführt, wo er seine Geschicklichkeit im Radfahren und, auf einem Teppich sitzend, im Hinabgleiten über die „russischen

Berge" zeigte. Der Kleine wollte mit jedermann Freundschaft schließen, besonders mit meinem Vetter Nicki, dem es offenbar riesigen Spaß machte, mit dreizehn Jahren einen siebenjährigen Onkel erhalten zu haben.

Auf dem Rückweg aus dem Winterpalast waren wir Zeugen eines neuerlichen, hoffnungslosen Meinungsstreites zwischen unseren Eltern.

„Was du auch sagen und tun magst," erklärte unsere Mutter, „ich werde diese Abenteurerin und Intrigantin nie anerkennen. Ich hasse sie. Sie ist verächtlich. Sich vorzustellen, dass sie die Frechheit hat, deinen Bruder in Gegenwart aller Mitglieder der kaiserlichen Familie mit ‚Sascha' anzureden!"

Vater seufzte und schüttelte dann verzweifelt den Kopf. „Du willst noch immer nicht begreifen, meine Liebe," erwiderte er ganz sanft, „daß sie, gleichgültig, ob gut, böse oder keins von beiden, dem Zaren angetraut ist. Seit wann ist es einer Frau verboten, in der Öffentlichkeit ihres Mannes Vornamen auszusprechen? Redest du mich je mit ‚Kaiserliche Hoheit' an?"

„Wie kannst du nur einen so albernen Vergleich ziehen!" Tränen kamen in die Augen unserer Mutter. „Ich habe keine Familie zerstört. Ich heiratete dich mit voller Zustimmung deiner und meiner Familie. Ich schmiede keine Ränke zur Vernichtung des Reiches."

Jetzt war die Reihe an meinem Vater, zornig zu werden: „Ich verbiete dir ausdrücklich" – und er legte Nachdruck auf jedes Wort –, „solchen elenden Klatsch zu wiederholen. Die künftige Kaiserin von Rußland ist von dir wie von allen anderen Mitgliedern der kaiserlichen Familie, einschließlich des Thronfolgers und seiner Gattin, mit Höflichkeit zu behandeln. Damit ist die Sache ein für allemal erledigt."

Niemand aber hätte in jenem Winter 1880/81 vermocht, diesen aufregenden Gesprächsgegenstand als erledigt zu betrachten. Die Mitglieder des kaiserlichen Hauses und die ehrwürdigen Führer der Gesellschaft St. Petersburgs beschuldigten die Fürstin Jurjewskaja offen, ihren Günstling, General

Loris-Melikow, mit Diktatorgewalt ausrüsten und grundlegende Änderungen in der Verfassung bewirken zu wollen.

Wie immer waren besonders die Frauen unerbittlich in ihren Anklagen gegen Gogos Mutter. Geleitet von verletzter Eitelkeit und blind vor bitterer Eifersucht, eilten sie von Haus zu Haus, wiederholten die wildesten Gerüchte und streuten die giftigsten Verleumdungen aus. Was half es, daß Fürstin Jurjewskaja aus der altberühmten Familie der Dolgoruki stammte, die ihre Herkunft in direkter Linie von Rurik, dem Eroberer Skandinaviens, ableitet! Es machte ihre Stellung eher noch unsicherer, denn die unersättlichen Klatschbasen verweilten mit Genuss bei den phantastischen Geschichten von einer angeblichen Fehde zwischen den Romanow und den Dolgoruki. Man sprach von einem bäuerlichen Propheten, der vor zweihundert Jahren jedem Romanow jähen Tod vorausgesagt habe, der eine Dolgoruki heirate. Man führte das tragische Ende Zar Peters II. an, um den verrückten Aberglauben zu bekräftigen. War er nicht an dem für die Vermählung mit der jungen Prinzessin Natalie Dolgoruki bestimmten Tag gestorben? War es nicht bezeichnend, daß es den besten Ärzten nicht gelang, den einzigen Sohn Peters des Großen zu retten?

Unser Hausarzt bemühte sich vergeblich, die abergläubischen Schandmäuler zu belehren, dass die medizinische Wissenschaft des 18. Jahrhunderts kein Mittel zur Bekämpfung der Blattern kannte und der junge Herrscher daher unter allen Umständen, sogar im Fall einer Verlobung mit dem „glückbringendsten" Mädchen der Welt, verschieden wäre. Die emsigen Schwätzer würdigten seinen gelehrten Eifer, betrieben aber weiter ihren Feldzug. Für sie hätte es einer viel größeren Beredsamkeit bedurft als der seinen, um zu erklären, wieso der Ausbruch nihilistischer Tätigkeit mit dem Beginn des Liebesromans Alexanders II. zeitlich zusammenfiel.

„Lieber Doktor," sagte eine Dame von Rang und weitem Bekanntenkreis, „alle Achtung vor den Wundern der modernen Wissenschaft, aber ich kann wirklich nicht einsehen, wie Männer Ihres Berufs die Nihilisten abhalten könnten, Bomben in der von unserem großen Diktator angegebenen Richtung zu schleudern ..."

Diese Bemerkung bezog sich auf General Loris-Melikow, dessen versöhnliche Politik einen Sturm der Entrüstung in den Reihen der stellenlosen Staatsmänner und der unerkannten Retter des Vaterlandes erweckt hatte. Seine auffallende Karriere bildete einen unerschöpflichen Gesprächsgegenstand für elegante Teegesellschaften. Ein tapferer Armeekommandant und Generalstäbler meines Vaters im Russisch-Türkischen Krieg 1877–1878, wurde er jetzt durch geflüsterten Klatsch als der „Mann Freitag" der Fürstin Jurjewskaja hingestellt. Auf einen Posten berufen, der an Wichtigkeit dem des Premierministers von England gleichkam, erfreute er sich des unbegrenzten Vertrauens des Zaren, aber gerade seine große Zuneigung zu dem Herrscher hemmte ihn im Handeln. Im harten Kampf mit den Mächten der Anarchie schwebte ihm ständig das rührende Bild des Liebespaares im Winterpalast vor und schien ihn um längere Dauer dieses kurzen Glückes anzuflehen. Die Redensart von dem Manne, der wohl den besseren Weg kennt, es jedoch vorzieht, den schlechteren zu gehen, hätte vortrefflich auf diesen ehrenwerten Soldaten gepaßt. Nach langem Zögern entschloß er sich, den Rat einer verliebten Frau zu befolgen und den Nihilisten einen Ölzweig hinzuhalten. Das hinwieder beschleunigte die Katastrophe. Die Revolutionäre – ein kleiner Bruchteil der Bevölkerung der größeren Städte – verdoppelten ihre Forderungen und drohten mit offenem Aufruhr. Die getreuen Stützen des Throns zuckten verzagt die Achseln und traten beiseite. Das Volk – einhundertzwanzig Millionen Bauern, über das ganze Reich verstreut – sagte, die Grundbesitzer hätten einen armenischen General gedungen, um den russischen Zaren zu ermorden, weil er die Leibeigenen befreite! Eine überraschende Schlußfolgerung, aber logisch, wenn man bedenkt, dass außerhalb St. Petersburgs, Moskaus und eines halben Dutzends Provinzstädten, in denen Tageszeitungen erschienen, das ganze Reich vom Hörensagen lebte und der Stangentelegraph den einzigen Weg für die Verbreitung politischer Nachrichten darstellte. Ein wohlbekannter Anführer der radikalen Intelligenz, Feodor Roditschew, schrieb in seinen Erinnerungen, daß jedesmal, wenn die Nihilisten der Hauptstadt einen hohen Beamten ermordeten, die Bauern mit dem Niederbrennen eines Gutshofes antworteten, dessen Eigentümer revolutionärer Gesinnung verdächtig war.

Einem zynischen Herrscher wäre es leicht gefallen, diese eigenartige Einstellung der Bauern zum Zwecke der Aufrechterhaltung der absoluten Monarchie auszunützen, aber die Absolventen der kaiserlichen Militärakademie waren nie in der höheren Kunst zynischen Regierens unterrichtet worden. Am Neujahrsabend 1881 legte Loris-Melikow auf den Arbeitstisch des Zaren ein Exposé gründlicher Reformen, das die meisten seiner Leitgedanken den Verfassungen Englands und Frankreichs entlehnte.

5

Für den Monat Januar war eine Reihe von Festlichkeiten geplant. Die lange Krankheit der verstorbenen Kaiserin und die unbestimmte Stellung der Fürstin Jurjewskaja hatte den Hof mehrere Jahre aller Vergnügungen beraubt, so daß der Zar nun einen prächtigen Hofball anordnete.

Die riesigen Säle des Winterpalastes, so hoch, daß man die Decke kaum sehen konnte, wurden mit Orchideen und anderen Tropenpflanzen aus den kaiserlichen Glashäusern ausgeschmückt; endlose Reihen von Palmen wurden auf der Hauptstiege und in den spiegelgeschmückten Gängen aufgestellt. Achthundert Hofbedienstete arbeiteten zwei Wochen, um alles herzurichten, während die Hoflieferanten die größten Anstrengungen machten, das Beste an Erfrischungen und verschiedenen Delikatessen zu bieten.

Der Schluß des Trauerjahres gab Großfürstinnen und Damen der Hofkreise Gelegenheit, sich im Schmuck ihrer unschätzbaren Diamantendiademe, Perlenhalsbänder, Smaragdarmbänder, Saphirbroschen und Rubinringe zu zeigen, die im Glanze der Riesenkronleuchter funkelten; als eindrucksvolle

Folie dienten die glitzernden Uniformen der fremden Gesandten, des Hofstaats, der Gardeoffiziere und der anwesenden orientalischen Fürsten.

Oft habe ich mich gefragt, was wohl aus all den kostbaren Juwelen geworden sein mag. Ruhen sie in den dunklen Stahlkammern der Großhändler in Amsterdam, London oder Paris, oder werde ich eines Tages die berühmten Saphire meiner Mutter an den Armen einer freundlichen Gastgeberin in New Yorks Park Avenue bewundern? Ich frage mich auch, ob irgend jemand unter den etwa zweitausend Anwesenden in jener Januarnacht im Winterpalast in St. Petersburg voraussehen konnte, dass mein Vetter Nicki, der mich damals am Ärmel zupfte, damit ich mit ihm einen wirklichen Schah von Persien bewundere, siebenunddreißig Jahre später in einem Keller in Sibirien erschossen werden wurde.

Ich durfte meine Uniform eines Obersten des 73. Infanterie-Regiments Krim anlegen, und so stolzierte ich an den riesengroßen Gardekavalleristen vorbei, die mit ihren hohen, adlergeschmückten Helmen an den Saaltüren Wache standen. Den ganzen Abend hielt ich mich möglichst fern von meinen Eltern, damit keine ernüchternde Bemerkung meine Eindrücke von Großartigkeit zerstöre.

Der Einzug des Zaren und der Fürstin Jurjewskaja, gefolgt von den älteren Großfürsten und den Hofwürdenträgern, war das Zeichen zum Beginn des Balles. Nach den Regeln der Etikette begann er mit einer Polonaise, die der Zar mit der Gattin des Thronfolgers führte – ein Zugeständnis, zu dem er sich in allerletzter Minute herbeigelassen hatte; die Großfürsten folgten nach ihrer Rangordnung. Da nicht genug Großfürstinnen zugegen waren, um mit den jüngeren Familienmitgliedern einzuziehen, mußte ich mit einer ältlichen Hofdame tanzen, die sich noch an die Kindheit meines Vaters erinnerte.

Unsere Prozession – denn die Polonaise war kein Tanz in der modernen Bedeutung des Wortes – mußte alle Säle durchziehen, und ihr Eintritt wurde überall durch sechs vorausschreitende Hofmarschälle angekündigt. Dreimal machten wir die Runde im Palast. Dann begann der Tanz in allen Sälen, bei dem die Etikette nur Quadrille, Walzer und Mazurka zuließ.

Schlag Mitternacht hörte der Tanz auf, und der Zar führte den Zug in derselben Reihenfolge wie zu Beginn an die Tische zum Souper. Man war allgemein gespannt zu sehen, ob Fürstin Jurjewskaja an einem Tisch Platz nehmen oder ob sie wirklich, gemäß der Tradition, die dem Herrscherpaar vorschrieb, als Gastgeber von Tisch zu Tisch zu gehen und mit den Gästen zu sprechen, den Zar begleiten werde. Zum größten Erstaunen meiner Tanzpartnerin begleitete sie ihn auf seinem Rundgang, aber es zuckte um ihren Mund, und ihre Lippen blieben fest geschlossen.

Jedermann bemerkte, dass General Loris-Melikow häufig den Saal verließ. Sooft er zurückkehrte, näherte er sich dem Zaren und sagte ihm ein paar Worte; zweifellos waren sie ein Bericht über die außergewöhnlichen Sicherheitsvorkehrungen aus Anlaß des Festes. Ihr Gespräch wurde übertönt von einem Chor der besten Sänger der kaiserlichen Oper, die mit ihrem Programm äußerst schwermütiger, wenn auch schöner Gesänge die schon gespannte Stimmung des Abends noch verdüsterten. Ich habe übrigens nie von einem russischen Komponisten gehört, der heitere Musik schrieb. Was immer der wirkliche, bleibende Wert französischer „chansons d'amour" oder amerikanischer Jazzmusik sein mag, in diesen düsteren Ballsaal hätten sie gewiß eine wünschenswerte optimistische Note gebracht. So aber gelang es den drohenden Baßstimmen und den klagenden Sopranen, das freundliche Lächeln aus des Zaren Antlitz zu vertreiben. Mit äußerster Willensanspannung versuchte er, liebenswürdig mit seinen Gästen zu sein, niemand aber konnte sich über die Stimmung seiner Gefährtin täuschen. Sie wußte sich gehaßt. Es fehlte ihr an Kraft, den Kampf gegen die grausame Welt weiterzuführen, die ihr den Erfolg neidete. Am liebsten hätte sie ein Ende gemacht, um jeden Preis. Ja, sie hätte eine Ausrufung der Republik begrüßt, um mit ihrem Sascha und ihren Kindern in Ruhe gelassen zu werden.

Gleich nach dem Souper verließ das kaiserliche Paar den

Saal und hob so die Regeln der Etikette auf. Der Tanz herrschte unbeschränkt, aber meine alte Hofdame war eingeschlafen. Ich durchstreifte die halbgeleerten Säle, um mich mit einem früheren Adjutanten meines Vaters, der eben aus Tiflis angekommen war, auszusprechen. Wie sehnte ich mich nach Nachrichten aus dem lieben, alten Kaukasus, wo man friedlich, ohne Angst vor Straßenlärm schlummerte! Ein zweimonatiger Aufenthalt in St. Petersburg ließ mich bereits bei jedem verdächtigen Geräusch eine Explosion vermuten.

6

Es wäre nur ein schwacher Vergleich, wollte ich sagen, dass wir wie in einer belagerten Festung lebten. Denn im Krieg kennt man Freund und Feind. Wir aber kannten sie nicht. Der Diener, der das Frühstück servierte, konnte, ohne dass wir es wußten, im Dienste der Nihilisten stehen. Seit der Explosion im November war jeder Lakai, der den Ofen reinigte, möglicherweise ein Nihilist, der eine Höllenmaschine hereintrug.

Die ungeheure räumliche Ausbreitung der Stadt St. Petersburg machte es der Polizei unmöglich, für die Sicherheit der Mitglieder der kaiserlichen Familie außerhalb der Mauern des Palastes die Verantwortung zu übernehmen. Die Großfürsten ersuchten den Zaren, seine Residenz in den viel kleineren Palast in dem besser zu schützenden Vorort Gatschina zu verlegen. Aber der sorglose Alexander hatte den ganzen Mut seines strengen Vaters Nikolaus geerbt. Er weigerte sich, die Hauptstadt zu verlassen, und willigte nicht einmal darein, die gewohnten Wege zu meiden. Er bestand darauf, die täglichen Spazierritte im öffentlichen Park und die sonntägliche Truppenparade der Garde fortzusetzen. Nichts machte meine Mutter ängstlicher als der Gedanke, daß unser Vater den Zaren zu diesen wöchentlichen Paraden begleiten mußte. Er lächelte über ihre Besorgnisse, machte ihr klar, dass die Treue der Gardetruppe nicht in Frage stehe, aber ihr untrüglicher weiblicher Instinkt war stärker als alle Logik.

„Ich fürchte Offiziere und Soldaten nicht," sagte sie dann,

„aber ich habe kein Vertrauen zur Stadtpolizei, besonders nicht an Sonntagen. Es ist weit zum Paradefeld, und jeder Nihilist in der ganzen Stadt kann euch durch die Straßen ziehen sehen. Jedenfalls erlaube ich nicht mehr, daß die Kinder ihr Leben aufs Spiel setzen. Von heute an bleiben sie zu Hause."

Und so geschah es, daß mein Vater am Sonntag, den 1. März 1881, um halb zwei Uhr wie gewöhnlich zur Parade ging, während wir Knaben beschlossen, mit Nicki und seiner Mutter eislaufen zu gehen. Kurz nach drei Uhr sollten wir sie im Winterpalast abholen.

Punkt drei Uhr hörten wir den Knall einer starken Explosion. „Das war sicher eine Bombe," sagte mein Bruder Georg, „der Laut ist nicht zu verkennen." Im selben Augenblick zerschmetterte eine noch viel stärkere Explosion die Fenster unseres Zimmers. Wir drängten auf die Straße, aber unser Erzieher hielt uns zurück.

Da stürzte ein Diener ins Zimmer. „Der Zar ist ermordet", kreischte er atemlos, „und euer Vater auch. Die Leichen werden in den Winterpalast gebracht."

Mutter hörte die Worte und eilte hinaus. Wir geleiteten sie in den wartenden Wagen, der in rasender Fahrt zum Winterpalast jagte. Unterwegs überholten wir das Garderegiment Preobraschenski, das mit aufgepflanztem Bajonett im Sturmschritt in dieselbe Richtung strebte.

Tausende umstanden bereits den Palast. Frauen schluchzten hysterisch. Wir betraten das Gebäude durch einen Nebeneingang. Unnötig, nach dem Weg zu fragen – große dunkle Blutflecke wiesen ihn über die Marmorstufen der Stiege und den Korridor entlang zum Arbeitszimmer des Zaren. An der Tür stand unser Vater und erteilte einer Gruppe Beamter seine Befehle. Er fing Mutter in seinen Armen auf; sie war bei seinem Anblick in Ohnmacht gesunken.

Auf einem Ruhebett neben dem Schreibtisch lag der Zar. Er war bewußtlos. Drei Ärzte machten sich um ihn zu schaffen, aber die Wissenschaft war offenbar machtlos. Es war nur mehr eine Frage von Minuten. Der Anblick war grauenvoll, der rechte Fuß war völlig abgerissen, der linke zerschmettert, zahllose Wunden bedeckten Kopf und Gesicht. Ein Auge war geschlossen, das andere starr geöffnet.

Jeden Augenblick erschienen neue Mitglieder der kaiserlichen Familie. Das Zimmer wurde gedrängt voll. Ich klammerte mich an den Arm Nickis, der in seinem blauen Matrosenanzug totenblaß dastand. Seine Mutter, vor Schrecken wie versteinert, hielt noch ein Paar Schlittschuhe in der zitternden Hand. Ich erkannte den Thronfolger an seinen breiten Schultern. Er stand am Fenster und blickte hinaus.

Da stürzte Fürstin Jurjewskaja halb angekleidet herein. Irgend etwas oder irgendein Übereifriger hatte sie aufgehalten. Sie fiel auf das Ruhebett, über den Körper des Zaren hin, bedeckte seine Hände mit Küssen und rief: „Sascha, Sascha!" Es war unerträglich. Die Großfürstinnen begannen laut zu schluchzen.

Der Todeskampf dauerte drei Viertelstunden. Jede Einzelheit der Szene blieb den Augenzeugen unauslöschlich im Gedächtnis. Heute bin ich der einzig Überlebende, alle anderen sind tot, neun von ihnen wurden siebenunddreißig Jahre darauf von den Bolschewiken erschossen.

Das Zimmer war in überladenem Empirestil eingerichtet, mit einer Menge wertvoller, auf den kleinen Tischen verstreuter Kleinigkeiten und mit zahlreichen Bildern an der Wand. An der Tür hing ein vergrößertes Lichtbild meiner drei Brüder Nikolaus, Georg, Michael und meiner selbst, wie wir im Garten von Tiflis das Gebirgsgeschütz bedienten. Der Anblick zerriß mir fast das Herz.

„Ruhig, mein Junge, nur ruhig!" flüsterte mir der Thronfolger zu und legte mir die Hand auf die Schulter.

Jetzt erschien der Polizeipräsident und berichtete. Die erste Bombe tötete zwei Passanten und verwundete einen Kosakenoffizier, den man wegen der Ähnlichkeit der Uniform für meinen Vater gehalten hatte. Der Zar war unverwundet geblieben, sprang aus dem Wagen, trotzdem ihn der Kutscher bat, den Gehsteig zu verlassen und nach dem Palast zu fahren. Aber er bestand darauf, dem Verwundeten persönlich Hilfe zu leisten. Da warf ein an der Straßenecke stehender Mann die zweite, verhängnisvolle Bombe, kaum eine Minute ehe mein Vater an der Stelle erschien. Ein Besuch bei der Großfürstin Katharina, die ihn etwas länger aufhielt, hatte sein Leben gerettet.

„Ich bitte um Ruhe," sagte eine heisere Stimme, „das Ende naht."

Wir näherten uns dem Ruhebett. Das ausdruckslose Auge starrte noch immer geradeaus. Der erste Leibarzt, der des Zaren Puls fühlte, nickte und ließ die blutbedeckte Hand sinken.

„Seine Majestät ist verschieden", meldete er laut. Die Fürstin Jurjewskaja tat einen Schrei und fiel zu Boden wie ein vom Blitz getroffener Baum. Ihr weiß-rosa Morgenkleid war blutgetränkt.

Alle sanken bebend auf die Knie. Zu meiner Rechten erblickte ich den neuen Herrscher des russischen Reiches. Schon war eine seltsame Veränderung mit ihm vorgegangen. Ich konnte mir nicht vorstellen, daß dies derselbe Großfürst Alexander Alexandrowitsch sei, der es liebte, die kleinen Freunde seines Sohnes Nicki dadurch in Erstaunen zu versetzen, dass er ein Pack Spielkarten durchriß oder einen eisernen Feuerhaken zu Knoten zusammenbog. In kaum fünf Minuten hatte er sich zu einer neuen Persönlichkeit entwickelt. Etwas Größeres als die bloße Vergegenwärtigung seiner kaiserlichen Pflichten hatte seine wuchtige Gestalt verändert. Eine Art heiliger Entschlossenheit erschien mit einemmal in seinen kalten, scharfen Augen. Er erhob sich, und seine Verwandten nahmen eine ehrerbietige Haltung an.

„Haben Eure Majestät Befehle für mich?" fragte der Polizeikommandant, der mittlerweile um einige Zoll kleiner geworden schien.

„Befehle?" erwiderte Alexander III. „Gewiß. Die Polizei hat offenbar den Kopf verloren. Die Armee wird sich zum Herrn der Lage machen. Ich werde sofort im Anitschkow-Palast einen Ministerrat abhalten."

Er winkte seiner Gattin, und sie verließen zusammen das Zimmer, ihre zarte Figur ließ seine Gestalt noch mächtiger erscheinen.

Die vor dem Palast versammelte Menge brach in gewaltiges Hochrufen aus. Kein Romanow kam je der volkstümlichen Vorstellung von einem Zaren so nahe wie dieser bärtige Riese mit den Schultern eines Herkules.

An die Fensterscheiben gepreßt, beobachteten wir, wie er mit langen Schritten zum Wagen ging, während seine Gattin eilig hinterhertrippelte. Einen Augenblick stand er am Randstein still und grüßte die Menge. Dann fuhr er davon, begleitet von einem ganzen Regiment Donkosaken, die in Gefechtsformation dahingaloppierten; ihre Lanzen funkelten hell in den letzten Strahlen eines blutroten Frühlingssonnenuntergangs.

Zwei Gardeoffiziere trugen die Fürstin Jurjewskaja in ihre Appartements, und die Ärzte gingen daran, die gräßlichen Wunden der kaiserlichen Leiche zu verbinden.

Gogo weinte in qualvoller Verstörtheit.

Fünftes Kapitel

RUHE VOR DEM STURM

I

Flackernde hohe Wachskerzen. Psalmodierende Priester. Vielstimmiger Gesang eines Riesenchors. Kahlköpfe knieender Generäle. Die tränenüberströmten Gesichter der Großfürstinnen. Leises Flüstern besorgter Höflinge. Aller Augen sind auf die zwei Monarchen gerichtet: auf den toten im Sarg, dessen von Wunden entstelltes Antlitz Friede und Vollendung kündet – und auf den lebenden, der neben ihm steht, kraftvoll, majestätisch, seinen Kummer niederkämpft und keine Furcht kennt.

Eine Woche lang wohnten wir zweimal des Tages dem Gottesdienst im Winterpalast bei. Am Morgen des achten Tages wurden die sterblichen Überreste in die Peter- und Pauls-Festung gebracht. Noch einmal wollte das Volk den Befreier-zaren sehen, daher mußte der längste Weg gewählt werden, damit der Leichenzug die Hauptstraßen der Stadt durchschritte.

Wir waren erschöpft. Unsere Nerven waren überspannt. Physische Ermüdung, gepaart mit Sorge, versetzte alle in einen an Hysterie grenzenden Zustand. Nachts saßen wir in unseren Betten, grübelten über die Katastrophe des vergangenen Sonntags und fragten uns, was wohl als nächstes geschehen werde. Das Bild des Mannes, der sich über einen verwundeten Kosaken neigte und so die nachfolgende Bombe herausforderte, wollte uns nicht aus dem Sinn. Wir wußten, daß mit ihm nicht nur ein liebevoller Onkel und ein tapferer Zar dahingegangen war: etwas unendlich Größeres war für immer der Vergangenheit anheimgefallen. Das idyllische Rußland, das Land des regierenden Väterchens und der gehorsamen Söhne, hatte am 1. März 1881 aufgehört zu sein. Nie mehr konnte ein russischer Zar mit unbegrenztem Vertrauen seiner Untertanen gedenken; nie mehr den Regierungsgeschäften seine ungestörte Aufmerksamkeit widmen. Romantische Überlieferungen der Vergangenheit und sentimentale Begriffe von Herrscherpflichten folgten Alexander II. mit in das Grab in der Peter- und Pauls-Feste. Auch sie hatten bei der Explosion an jenem tragischen Sonntag die Todeswunde erhalten. Niemand hätte leugnen können, daß die Zukunft des Reiches, ja vielleicht die der ganzen Welt, von dem Ausgang des bevorstehenden Kampfes zwischen dem neuen Zar Rußlands und den rasch wachsenden Mächten der Vernichtung abhinge.

2

Glücklicherweise besaß Alexander III. alle Eigenschaften eines großen Reichsverwalters. Überzeugter Anhänger einer Politik des gesunden, nationalen Egoismus, forderte er strengste Disziplin, und als ausgesprochener Skeptiker bestieg er den Thron ohne irgendwelche Illusionen. Lange genug hatte er das Schauspiel des Hoflebens an sich vorbeiziehen sehen, um Verachtung für die Mitarbeiter seines Vaters zu empfinden, während seine Kenntnis der Herrscher des zeitgenössischen Europa ihn mit wohlbegründetem Mißtrauen gegen ihre Absichten erfüllte. Er schrieb die Mehrzahl der Übel Rußlands dem unverantwortlichen Liberalismus zu, der in unseren inneren Angelegenheiten herrschte, wie auch der dumm verstockten Neigung, den fremden Mächten übermäßig entgegen zu kommen, einer Neigung, von der die Schritte unserer Diplomaten nicht unbeeinflußt blieben.

Vierundzwanzig Stunden nach dem Leichenbegängnis seines Vaters kündigte er eine lange Reihe rascher Reformen an. Die Veränderung sollte sich auf alles und alle erstrecken, auf Minister, Gesandte, Methoden, Anschauungsweisen. Er begann mit der Entfernung des Generals Loris-Melikow und aller anderen Mitglieder seines Kabinetts. Ihre Nachfolger wählte er außerhalb der Reihen der Höflinge, was sofort Eifersüchtelei in der müßigen Klatschgesellschaft St. Petersburgs wachrief.

„Die Tage der finstersten Reaktion sind gekommen", klagten die trostlosen Führer einer erträumten Republik, aber das Vorleben der neuen Minister strafte diese voreingenommene Ansicht Lügen. Fürst Khilkow, dem die Verwaltung der Eisenbahnen und Straßen anvertraut wurde, hatte seine abenteuerliche Jugendzeit in den Vereinigten Staaten als Tagelöhner in den Bergwerken Pennsylvaniens, verbracht. Professor Wischnegradski genoß internationale Anerkennung für die Originalität seiner wirtschaftlichen Theorien; seiner Klugheit gelang es, die russischen Finanzen wieder auf die Höhe zu bringen; auch trug er in ausgedehntem Maße zur Industrialisierung unseres Ackerbaustaates bei. General Wanowski, der berühmte Held des Russisch-Türkischen Kriegs, übernahm das Heerwesen. Admiral Schestakow, wegen seiner bitteren Kritik an den Einrichtungen unserer Flotte von Alexander II. ausgewiesen, wurde aus Paris zurückberufen und zum Marineminister ernannt. Graf Tolstoi, der neue Innenminister, war der erste russische Verwaltungsbeamte, der die Sorge für das Wohlergehen des Bauernstandes als wichtigste Sorge der kaiserlichen Regierung anerkannte. Sergej Witte, ehemals einfacher Beamter der Südwestbahn und nachmals Ministerpräsident Rußlands, verdankte seinen meteorgleichen Aufstieg ebenfalls dem Weitblick Alexanders III., der, das unbezweifelbare Genie des linkischen, hageren Provinzlers erkennend, ihn zum Unterstaatssekretär ernannte.

Die Berufung des Grafen de Giers, eines liebenswürdigen Herrn, der wegen seines Mangels an Initiative bekannt war, auf den Posten des Ministers für Auswärtige Angelegenheiten verursachte im In- und Auslande ein gewisses Erstaunen. Der Zar lachte sich ins Fäustchen. Am liebsten wäre er sein eigner Minister des Äußeren gewesen, aber da er einmal einen Strohmann im Auswärtigen Amt haben mußte, entschloß er sich zur Wahl eines treuen Beamten, der die Ideen seines Herrn verläßlich zur Ausführung brächte und des Zaren manchmal etwas knappe Ausdrucksweise in die Formeln des höflich-korrekten Kanzleistils kleiden könnte. Die Geschichte der folgenden dreizehn Jahre beweist die Klugheit dieser Wahl. Kein „glänzender, internationaler Geist" und kein „Liebling aller europäischen Hauptstädte" hätte den ängstlichen de Giers in der gewissenhaften Ausführung der kaiserlichen Befehle übertreffen können. Zum erstenmal seit Jahrhunderten verfolgte Rußland eine scharfumrissene internationale Politik.

Als die Regierung gebildet und das Programm ausgearbeitet war, wendete sich Alexander III. zunächst der beunruhigenden Aufgabe zu, für die Sicherheit der kaiserlichen Familie zu sorgen. Er löste sie auf die einzig logische Weise durch Verlegung der Residenz in den Palast in Gatschina. Sein Stolz war verletzt: „Daran zu denken, daß ich den Geschützen der Türken standhielt und mich nun vor diesen Schweinehunden verkriechen soll!" rief er wütend aus. Doch er war sich darüber klar, dass Rußland sich kaum den Verlust zweier Zaren in einem Jahr leisten könnte. Was seine Arbeit betraf, so zog er großen Vorteil aus der Entfernung Gatschinas von St. Petersburg. Sie verschaffte ihm ein Alibi für die Abwälzung eines Teiles seiner zahllosen gesellschaftlichen Verpflichtungen und hinderte seine Anverwandten an allzu häufigen Besuchen. Die Familienzusammenkünfte langweilten ihn. Er fand es unsäglich läppisch, einen so großen Teil seiner kostbaren Zeit in bedeutungslosen Gesprächen mit seinen Onkeln, Vettern und Brüdern hinzubringen. Er hatte nichts gegen die Jugendlichen – Sergej und ich besuchten Nicki und Georgi fast täglich –, aber er brachte keine Geduld für die endlosen Anliegen der Erwachsenen auf. Während seiner Regierungszeit wurde der kaiserliche Palast zu dem, was er sein soll: zur Wohnstätte des fleißigsten Mannes in Rußland.

3

Dank der britischen Regierung fand Alexander III. bald Gelegenheit, eine Probe der Unerschütterlichkeit seiner internationalen Politik zu geben. Kaum ein Jahr nach seiner Thronbesteigung ereignete sich ein ernster Zwischenfall an der russisch-afghanischen Grenze: Unter dem Einfluß Englands, das unsere Fortschritte in Turkestan mit Besorgnis verfolgte, brachen die Afghanen in der Nachbarschaft der Feste Kuschka in unser Gebiet ein. General Komarow, Befehlshaber jenes Militärdistrikts, telegraphierte an den Zaren und bat um Weisungen. „Jagen Sie sie zurück und verhauen Sie sie tüchtig", war die Antwort aus Gatschina. Die Afghanen wurden in die Flucht geschlagen und einige Meilen weit über die Grenze verfolgt. Gern hätten unsere Kosaken die Gruppe der englischen Instruktionsoffiziere gefangengenommen, die jedoch infolge ihrer besseren Pferde zu entkommen vermochten.

Die Regierung Ihrer Britischen Majestät legte einen „sehr energischen Protest" ein und verlangte „Entschuldigungen". „Wir werden nichts dergleichen tun", sagte Alexander III., „und ich werde vielmehr dem General Komarow eine Auszeichnung verleihen. Niemandem ist es erlaubt, in unser Gebiet einzubrechen."

De Giers erbebte.

„Halten sich Eure Majestät vor Augen, dass dies Krieg mit England bedeuten kann?"

„Jawohl."

Aus London kam eine zweite drohende Note. Diesmal befahl der Zar die Mobilisierung der baltischen Flotte. Eine Geste höchsten Muts, wenn man in Betracht zieht, dass Englands Seemacht der unseren mindestens fünfmal überlegen war. Einige Wochen vergingen. London wurde merkwürdig schweigsam und schlug endlich die Einsetzung einer Sonderkommission zur Regelung der russisch-afghanischen Frage vor.

Europa fing an, mit anderen Augen nach Gatschina zu blicken. Der junge russische Zar war offenbar eine Persönlichkeit, mit der man rechnen mußte.

Die zweite Herausforderung kam von seiten Österreichs. Die Regierung in Wien machte Einwendungen geltend gegen „die fortwährende Einmengung in die Einflußsphäre der Doppelmonarchie", und der österreichische Gesandte versuchte, Alexander III. mit Kriegsdrohungen zu schrecken. Bei einem Galadiner im Palast, dem Zaren gegenübersitzend, begann er die lästige Balkanfrage zu erörtern. Der Gastgeber ignorierte seine Bemerkungen. Der Gesandte erhitzte sich. Er sagte etwas von der Möglichkeit, daß Österreich zwei bis drei Armeekorps mobilisieren werde. Ohne seine gewohnte, halb spöttische Miene zu verändern, ergriff Alexander III. eine silberne Gabel, bog sie zu einem Klumpen zusammen und warf sie dem Gesandten hin.

„So werde ich es mit Ihren zwei bis drei Armeekorps machen", versetzte er ruhig.

„Wir haben nur zwei Verbündete auf der Welt", sagte er wiederholt zu seinen Ministern, „unsere Armee und unsere Flotte. Alle andern können sich jeden Augenblick gegen uns wenden."

Er drückte diese zynische Überzeugung in äußerst auffälliger Art anläßlich eines Diners zu Ehren des Fürsten Nikolaus von Montenegro aus, bei dem alle fremden Gesandten anwesend waren. Als er sein Glas erhob, um auf die Gesundheit seines Gastes zu trinken, fand er es für angebracht, den Trinkspruch in folgende Worte zu kleiden: „Ich trinke auf das

Wohl meines Freundes Nikolaus von Montenegro, des einzigen aufrichtigen und treuen Freundes, den Rußland außerhalb seiner Grenzen besitzt."

De Giers sperrte den Mund auf. Die Gesandten erbleichten. Die Londoner Times sprach am nächsten Tage von einer „höchst befremdenden Rede des russischen Zaren, die alles Herkommen im Verkehr befreundeter Nationen über den Haufen werfe".

Während Europa noch über die Folgen des Zwischenfalls von Kuschka beriet, trat der Zar mit einer neuen Erklärung hervor, die bei der Regierung Ihrer Britischen Majestät Zweifel an der Echtheit der von ihrem Botschafter in St. Petersburg erhaltenen Depeschen erweckte. Die Bestimmungen des schmählichen Friedensvertrags von 1855, der Rußland das Halten einer Kriegsflotte im Schwarzen Meer untersagte, außer acht lassend, entschloß sich Alexander III., einige moderne Kreuzer in demselben Hafen von Sebastopol vom Stapel zu lassen, in dem die siegreichen Alliierten unser Land während des Krimkriegs gedemütigt hatten. Er hatte dafür einen ungemein günstigen Augenblick gewählt, da, vielleicht mit Ausnahme Englands, alle europäischen Staaten abgeneigt waren, das russische Reich zu bedrohen. Frankreich war erbittert gegen England wegen dessen ablehnender Haltung im Kriege 1870/71; die Türkei gedachte der im Kriege 1877/78 erhaltenen Lektion; Österreich wurde durch Bismarck in Schach gehalten, der von einem deutsch-russischen Bündnis träumte. Der Plan des Eisernen Kanzlers wäre ohne Zweifel verwirklicht worden, hätte Alexander III. nicht eine heftige Abneigung gegen den jungen Kaiser gehegt.

Jene von uns, die auch den Zusammenbruch von 1914 erlebten, werden natürlich geneigt sein, Alexander III. den Vorwurf zu machen, dass seine persönlichen Gefühle über einen so hoch entwickelten Sinn für praktische Politik den Sieg davontrugen: wie konnte es geschehen, daß dieser wackere Vorkämpfer des gesunden Menschenverstandes die deutschen Anträge zurückwies und den gefahrvollen Vertrag mit Frankreich abschloß? Die Erklärung ist einfach. Er rechnete nicht mit den Fehlgriffen seines Nachfolgers, konnte nicht voraussehen, dass sich sein Land im japanischen Krieg und in der erstickten Revolution von 1905 verbluten werde, und überschätzte so unsere militärischen Kräfte. Er glaubte der Sache eines ständigen europäischen Friedens besser zu dienen, wenn er der französischen Republik moralische Unterstützung angedeihen ließ und Deutschland dadurch vor dem Versuch einer Wiederholung des Abenteuers von 1870 warnte. Die Möglichkeit, daß Frankreich in den erbitterten englisch-deutschen Kampf um den Welthandel hineingezogen würde, kam ihm nie zum Bewusstsein. Hätte er länger gelebt, er hätte mit Entrüstung den in Frankreich und England 1914 für Rußland aufgebrachten Vergleich mit einer Dampfwalze zurückgewiesen.

Er bedurfte des Friedens, eines Jahrhunderts ungestörten Friedens. Nichts als ein offener Angriff gegen Rußland hätte ihn bewegen können, an einem Krieg teilzunehmen, denn die Erfahrungen des 19. Jahrhunderts hatten ihn belehrt, daß wir es stets bereuen mußten, uns auf dieser oder jener Seite an den berufsmäßigen Hahnenkämpfen Europas beteiligt zu haben. Sein Großonkel Alexander I. rettete Europa vor Napoleon, mit dem Ergebnis, daß an unseren Grenzen die mächtigen Staaten Deutschland und Österreich durch seine Beihilfe geschaffen wurden. Sein Großvater Nikolaus I. schickte im Jahre 1848 eine Armee nach Ungarn, um den Thron der Habsburger gegen die Angriffe der Revolutionäre zu schützen; er wurde dadurch belohnt, daß der „dankbare" Kaiser Franz Joseph im Jahre 1854 den Sebastopol belagernden Alliierten den Rücken deckte. Sein Vater Alexander II. hielt das dem Kaiser Wilhelm gegebene Wort und blieb im Jahre 1870 neutral, und acht Jahre darauf brachte uns Bismarck um die Früchte unseres Sieges über die Türken.

Franzosen, Engländer, Deutsche, Österreicher – alle glichen einander in ihren immer wiederkehrenden Bemühungen, Rußland als Waffe für ihre egoistischen Kämpfe auszunützen. Alexander III. verabscheute ganz Europa. Stets gerüstet, um Herausforderungen anzunehmen, machte er es unfehlbar klar, dass Rußland nur an dem interessiert war, was das Wohlergehen der 150 Millionen Russen berührte.

4

Die sechsundzwanzig Monate zwischen der Ermordung Alexanders II. und der Krönung Alexanders III. kennzeichnen sich durch einen unglaublichen Fortschritt in der inneren Lage Rußlands. Der herrliche Autokrat von Gatschina hatte der Revolution einen schweren Schlag versetzt. Die Mehrzahl der Nihilisten war gefangengenommen und abgeurteilt worden; die übrigen hielten sich verborgen oder flohen ins Ausland. „Eine neue Hoffnung für die Bauern", verkündet von den Stufen des Throns, bedeutete von seiten des Zaren das Verständnis für die Notwendigkeit, die Kluft zwischen Palast und Volk zu überbrücken. Die im Jahre 1882 geschaffene Einrichtung der „Dorfrichter" (Zemski Natschalnik) füllte die durch das Manifest des Befreier-Zaren offen gelassene Lücke. In ihrer Eigenschaft als amtliche Vertreter der Regierung nahmen diese Beamten eine wichtige Stelle im Leben des Dorfes ein. Sie erteilten Rat in Fragen des Landbaus, wirkten als Rechtsbeistände, gaben Auskunft über die unentgeltliche Landverteilung an freiwillige Auswanderer nach Sibirien und Turkestan, sie halfen den Bauern bei Aufnahme von Darlehen und bei Verwertung ihrer Erzeugnisse; das Wichtigste aber war ihre Wirksamkeit bei der Ausrottung des unbewußten Anarchismus, der während Jahrhunderten durch tatarische Bedrücker und moskowitische Steuereinnehmer in den Dörfern Rußlands gezüchtet worden war. Um die Klugheit besonders dieser Reform Alexanders III. zu würdigen, muß man sich vor Augen halten, dass die russischen Bauern den Zaren liebten, den Staat jedoch haßten. In Unkenntnis der dem Staate zukommenden lebenswichtigen Funktionen erblickten sie in ihm ein Ungeheuer, das alles an sich riß, ohne dafür etwas zu geben. Der Staat verlangte Rekruten, erpreßte Steuern, hämmerte die endlose Liste seiner Verbote ein, aber nie gab er die geringste Förderung. Solange sie Leibeigene waren, fühlten sie, dass der Grundherr, wenn auch noch so hart, sie vor dem Zugriff des Staates schützte; als sie im Jahre 1861 die Freiheit erlangten, ging ihnen das Recht verloren, die Hilfe ihrer Herren in Anspruch zu nehmen, und sie wurden leicht die Beute geschwätziger Aufwiegler, die ihnen das Nahen eines goldnen Zeitalters ohne Staat versprachen. Natürlich wurde den Dorfrichtern anfangs mit feindseligem Gemunkel und argwöhnischen Blicken begegnet. Die allgemeine Meinung ließ es sich nicht nehmen, daß der Staat „Spione" entsendet habe. Die Aufgabe der neuen Beamten erwies sich als ungemein schwierig; sie erforderte Takt und Diplomatie. Zoll für Zoll mußte das Vertrauen der Landbevölkerung gewonnen werden.

Alexander III. zeigte lebhaftes Interesse für die Fortschritte seiner „Gesandten am Hofe Ihrer Majestäten, der Bauern"; er hatte die Absicht, nach Erprobung ihrer Tätigkeit eine zweite Reform folgen zu lassen, die den Bauern die Vergrößerung ihres mageren Landbesitzes ermöglichen sollte. Es war ein Unglück, dass sein vorzeitiger Tod die Verwirklichung seiner Lieblingsidee, der Schaffung eines starken, wohlhabenden Bauernstandes, verhinderte, obgleich schon das Wirken der Dorfrichter dem Staat einen wichtigen Dienst leistete und ihre Unbeliebtheit bei den Revolutionären ein Beweis ihrer Nützlichkeit war. Bei seiner Krönung, am 15. Mai 1883, forderte der Zar die Abordnung der Bauern auf, ihre unumwundene Meinung über die Einrichtung des Dorfrichteramtes auszusprechen. Ob alt oder jung – es waren an die zehntausend Dorfbewohner aus allen Teilen Rußlands – äußerten sie einstimmig ihre Zufriedenheit mit den freundlichen „Tschinownik" und die Hoffnung, dass man ihnen größere richterliche Gewalt verleihen werde.

5

Keine Skizze der Regierung Alexanders III. könnte getreulich den neuen, stolzen „imperialistischen Geist" schildern, der das Rußland der achtziger Jahre kennzeichnete, ohne die

Krönung des Jahres 1883 zu beschreiben. Die ausländischen Gäste der unvergeßlichen Woche des 10.–17. Mai nahmen aus Moskau den zwingenden Eindruck mit, Weltgeschichte im Entstehen gesehen zu haben. Es war, als enthüllte das neue Rußland mit all seinen unglaublichen Möglichkeiten in der alten Hauptstadt der ersten Romanow plötzlich sein Antlitz.

Schon in den letzten Apriltagen wurde die Bevölkerung der Stadt durch den Zustrom Tausender von Gästen aus der Provinz und aus dem Ausland fast verdreifacht. Zu jeder Tagesstunde kamen Sonderzüge an und brachten die gekrönten Häupter Europas, die Mitglieder der verschiedenen Herrscherfamilien und die Vertreter fremder Regierungen. Der Minister des kaiserlichen Hofes, an die Spitze des Empfangskomitees berufen, fand nicht Zeit zum Essen und Schlafen, während er von einem Bahnhof zum andern eilte, die allerletzten Vorbereitungen überwachte und den Erfordernissen einer komplizierten Etikette Genüge tat. Mitglieder regierender Häuser beanspruchten den Empfang durch Gleichgestellte, was für uns Großfürsten die Verpflichtung bedeutete, unsere ganze Zeit zu ihrer Verfügung zu halten. Auf mich entfielen Erzherzog Albrecht von Österreich und seine bemerkenswert schöne Gemahlin Maria Theresia. Wir wurden sogleich Freunde, wenn es auch ermüdend für mich war, ihnen Führer zu sein und während des Besuches von Kirchen, Museen, historischen Gebäuden und der Heiligenreliquien des Kreml endlos Erklärungen zu liefern. Doch muß ich mich der wenig beneidenswerten Pflicht ziemlich gut entledigt haben, denn am Schluß der Feierlichkeiten sprachen sie den Wunsch aus, St. Petersburg zu besuchen, und baten den Zaren um das Vergnügen meiner Begleitung.

Das lange Programm der Festlichkeiten wurde durch einen feierlichen Einzug in Moskau eingeleitet. Den 12. Mai, um halb neun Uhr morgens, erschienen die russischen Großfürsten und die fremden Fürstlichkeiten zu Pferd vor dem Troitzky-Palast, um den Zaren nach dem Kreml zu geleiten. Punkt zehn Uhr trat Alexander III. aus seinen Privatgemächern, stieg zu Pferd und gab das Zeichen zum Aufbruch. Er ritt ganz allein uns voraus, nur eine Schwadron berittener Garde bildete die Vorhut und kündete den Spalier bildenden Truppen und der Zivilbevölkerung sein Nahen an. Eine lange Reihe vergoldeter Karossen folgte unserer Kavalkade, in der ersten saßen Zarin Maria mit ihrem achtjährigen Töchterchen Xenia und Königin Olga von Griechenland, die anderen waren für die russischen Großfürstinnen, für Prinzessinnen aus königlichem Geblüt und ältere Hofdamen bestimmt.

Donnernde Hurrarufe begleiteten uns auf dem ganzen Weg bis zur Iwerskajakapelle, wo der Zar vom Pferd stieg und zusammen mit der Zarin eintrat, um ein kurzes Gebet vor dem Altar des wundertätigen Marienbildes zu sprechen. Wir zogen in den Kreml durch das Erlösertor (Spaskija Worota) ein und ritten geradewegs zur Erzengelkathedrale. Ein durch den Metropoliten von Moskau zelebriertes Tedeum, gesungen von den Mitgliedern der kaiserlichen Oper, beschloß die offizielle Feier des Tages. Der Nachmittag des 12. und der ganze 13. und 14. Mai waren mit Besuchen und Gegenbesuchen der Zarenfamilie und der auswärtigen Fürstlichkeiten, sowie mit allen Arten von Unterhaltungen zu deren Ehren ausgefüllt. Der 15. Mai begann mit einem Kaisersalut von einhundertundein Kanonenschüssen. Wieder versammelten wir uns um halb zehn vormittags im großen Saal des Palasts. Diesmal boten wir eine farbenprächtige Gruppe, da sämtliche Großfürsten und fremden Fürstlichkeiten die Uniform ihres Inhaberregiments angelegt hatten. Mir ist besonders Herzog Alfred von Edinburg, der jüngere Sohn der Königin Viktoria, erinnerlich, der in der Gala eines Admirals der britischen Flotte hervorstach. Die russischen Großfürsten hatten für diese Gelegenheit die brillantengeschmückten Ketten des Andreasordens angelegt, an denen ein Riesendoppeladler aus Diamanten hing. Die Großfürstinnen, die Prinzessinnen von England, Deutschland, Österreich, Dänemark und Griechenland, wie auch die Holdamen, trugen die größte Menge glitzernder Juwelen zur Schau, die ich oder sonst jemand je vor oder nach dem 15. Mai 1883 auf einmal zu Gesicht bekam.

Ein ungebrochenes, fast mystisches Schweigen füllte die wenigen Minuten, die wir auf das Herrscherpaar zu warten hatten. Wir fühlten uns überwältigt durch die tiefe, religiöse Bedeutung der bevorstehenden Zeremonie und begriffen, daß alle Worte falsch geklungen hätten an diesem Tag, da dem russischen Zaren seine autokratischen Rechte von der Hand Gottes verliehen werden sollten. Ohne Zweifel wird mancher flammende Republikaner über diesen letzten Satz höhnisch die Nase rümpfen – aber andrerseits haben die zahlreichen Szenen der sogenannten „Zustimmung des Volks", deren Augenzeuge ich in Frankreich und in den Vereinigten Staaten war, mich die Aufrichtigkeit der Demokratie und den Wert der Volksmeinung bezweifeln gelehrt.

Der Zar und die Zarin erschienen mit dem Glockenschlag zehn. An die angenehme Einfachheit seines Lebens in Gatschina gewöhnt, zeigte der Zar deutlich seinen Verdruß über den ihn umgebenden Pomp. „Ich weiß, daß es meine Pflicht ist", sagte seine Miene, „aber ich möchte keinen Zweifel darüber lassen, daß mir desto wohler sein wird, je eher es vorbei ist."

Der Zarin hingegen machte das Ganze das größte Vergnügen. Sie freute sich, Verwandte wiederzusehen. Sie liebte es, im Mittelpunkt festlicher Veranstaltungen zu stehen. Klein und zart neben der Riesengestalt des Zaren, hatte sie für jeden im Saal ein strahlendes Lächeln. Mit Kronjuwelen bedeckt wie eine orientalische Gottheit, durchschritt sie trippelnd die Säle, während vier Hofpagen ihre lange, mit Hermelin besäumte Goldbrokatschleppe trugen. Nach dem hergebrachten „baisemain" (alle Anwesenden mußten ihr die Hand küssen) – ihr Gemahl stand mitten im Saal und beobachtete mit gefurchten Brauen die Szene – meldete der erste Hofmarschall, daß alles bereit sei. Der Zar bot der Zarin den Arm, und der Zug bewegte sich hinaus durch die mit Hofwürdenträgern, Gesandten, Ministern und Generaladjutanten gefüllten Säle.

Wie es das Hofzeremoniell vorschrieb, erschien das Herrscherpaar im Torbogen des „Krasnoje Kriltzo" (des Roten

Tors – rot bedeutet im Altrussischen festlich) und grüßte nach alter Sitte mit dreimaliger Verneigung die in den großen Höfen des Kreml dichtgedrängte Volksmenge. Betäubende Hochrufe schollen ihm entgegen. Es war der packendste Augenblick der ganzen Krönungszeremonie und erweckte Erinnerungen an die früheren Zaren: seit Iwan III. (im 15. Jahrhundert) hatten alle Beherrscher Rußlands ihre innige Verbundenheit mit ihren Untertanen durch die drei Verbeugungen auf den Stufen des Krasnoje Kriltzo bekundet.

Nun gelangten wir an die Stufen eines eigens aus Holz errichteten, mit roten Teppichen belegten Pfades, der in die Uspenski- (Himmelfahrts-) Kathedrale führte. Von meinem Standplatz aus konnte ich die Kroninsignien Rußlands sehen, die an der Spitze des Zuges von den höchsten Beamten des Staates einhergetragen wurden: die Standarte, das Schwert, den Reichsapfel, den Schild und die prächtige Zarenkrone.

Acht Generaladjutanten hielten einen rotgoldenen Baldachin über den Zaren, acht Kämmerer einen ähnlichen über die Zarin. Die beiden Feldmarschälle Rußlands – mein Vater und mein Onkel Nikolaus – gingen unmittelbar hinter dem Zaren, während die anderen Mitglieder der kaiserlichen Familie und die fremden Fürstlichkeiten der Zarin folgten.

Die Grenadiere der Palastwache bildeten in ihren Uniformen des Jahres 1812 Spalier und präsentierten das Gewehr. Die große Glocke des Kreml schlug einmal an. Im nächsten Augenblick fielen die Glocken der sechzehnhundert Kirchen Moskaus mit ihrem freudigen Geläut ein, und die ersten Takte der Nationalhymne gaben fünfhundert Sängern das Zeichen zum Beginn. Hinabschauend auf das Meer winkender Hände und entblößter Häupter sah ich Tränen in vielen Augen glänzen. Ich machte den Versuch, niederzukämpfen, was in mir aufstieg, aber vergebens. Der Russe trug den Sieg über den Kaukasier davon.

Drei Metropoliten und einige Dutzend Bischöfe erwarteten das Herrscherpaar am Tor der Kathedrale und geleiteten es zu den beiden erhöht aufgestellten Thronsesseln. Eine geräumige Loge zur Rechten war für die Mitglieder der kaiserlichen Familie und der europäischen Herrscherhäuser reserviert. Die Hofwürdenträger, die Generaladjutanten, die Minister der Krone und die auswärtigen Gesandten fanden in der Loge zur Linken Platz.

Ungeduldig folgte ich dem ziemlich langen Gottesdienst, den Seine Gnaden, Metropolit Isidor von St. Petersburg, der älteste geistliche Würdenträger Rußlands, zelebrierte, und wartete aufgeregt auf den Höhepunkt der Ereignisse.

Mir schien es Stunden zu währen, bis endlich der höchste Priester des Reichs die Krone Rußlands von dem rotsamtenen Kissen nahm und sie dem Zaren reichte. Alexander setzte sie sich mit eignen Händen aufs Haupt, dann nahm er die zweite Krone, die der Zarin, und krönte die vor ihm Kniende mit ihr, hiermit symbolisch den Unterschied zwischen dem göttlichen Ursprung seiner Macht und der menschlichen Herkunft ihrer Vorrechte zum Ausdruck bringend. Die Zarin erhob sich, und beide wendeten sich unserer Loge zu, ein Bild der vollendeten Verbindung ernster Majestät und anmutiger Schönheit.

Nun trat der Zar an das Mitteltor des Ikonostas (des mit Ikonen geschmückten Gitters, das den Altar griechischer Kirchen vom Schiff trennt) und bereitete sich, die Kommunion zu empfangen. Als anerkanntes Haupt der russischen Kirche nahm er den Kelch aus der Hand des Metropoliten entgegen. Nach ihm wurde der Zarin die Kommunion gereicht, und damit war die Krönungszeremonie zu Ende.

Unser Zug kehrte in derselben Ordnung wie früher in den Palast zurück. Wieder ertönte der Kaisersalut, wieder läuteten die Kirchenglocken, und das Volk zeigte noch größere Begeisterung beim Anblick der Kronen, die das Herrscherpaar jetzt trug. Als man am Krasnoje Kriltzo vorbeikam, vollzogen Zar und Zarin zum andernmal die drei traditionellen Verbeugungen und begaben sich hierauf in den ältesten Teil des Palasts, wo sie in einem Raum, der den Namen „Granovitaj Palata" führt, auf einem erhöhten Podium sitzend und bedient von den ältesten Hofwürdenträgern, allein ihre Mahlzeit einnahmen.

Die letzten drei Tage der Krönungsfeierlichkeiten hinterließen in mir die Erinnerung an einen erschöpfenden Freudentaumel. Ihrem altbekannten Rufe der Gastlichkeit getreu, hatte die Stadt Moskau Festlichkeiten von riesigem Ausmaß veranstaltet. Wir tanzten auf einem Ball, den die Adelsgesellschaft Moskaus gab; wir nahmen mit achttausend Gästen an dem Balle teil, zu dem der kaiserliche Hof im Kreml einlud. Wir aßen Frühstücke im Rathaus, Staatsbankette und Kameradschaftsessen in Offiziersmessen. Wir fuhren durch die mit Musik und Gesang erfüllten Straßen. Wir waren Zeugen der Verteilung von Geschenken an 500 000 Arbeiter und Landleute am Kodinkafeld. Wir taten den Talenten des wegen seiner Fischgerichte berühmten Kochs des Metropoliten alle Ehre an. Wir empfingen Abordnungen, wir wohnten täglich zwei Vorstellungen des kaiserlichen Balletts bei, wir geleiteten die fremden Fürstlichkeiten zu ihren Eisenbahnzügen, – Gäste und Gastgeber schliefen dabei schon fast im Stehen ein.

Am 18. Mai reiste der Zar zu kurzer Erholung in seine Moskauer Sommerresidenz „Neskuschno" ab, die am Ufer der Moskwa, meilenweit umgeben von einem Jahrhunderte alten Park, stand. In dem hohen, taunassen Gras liegend, den zu unseren Häupten singenden Nachtigallen lauschend, besprachen wir vier – Nicki, Georgi, Sergej und ich – nach jeder Richtung das neue und fesselnde Gefühl der Sicherheit, das während der Krönungswoche über uns gekommen war.

„Denkt nur, welch großes Reich Rußland geworden sein wird, bis wir Nicki zur Himmelfahrtskathedrale geleiten werden!" sagte Sergej träumerisch.

Und Nicki lächelte sein gewohntes zartes, scheues, ein wenig trauriges Lächeln.

Sechstes Kapitel

ICH WERDE GROSSJÄHRIG

I

Im Alter von zehn Jahren begann ich mich um meine Zukunft zu sorgen.

„Was mich betrifft, so möchte ich natürlich am liebsten gute Artilleristen aus meinen Söhnen machen", pflegte mein Vater zu sagen, sooft ich von meinen verschiedenen Plänen sprach, „aber ihr müßt schließlich euer eigenes Leben leben."

Das klang herrlich. In Wirklichkeit war damit nur gemeint, dass mir bei Verleihung des Offizierspatentes die Wahl zwischen einigen „standesgemäßen" Garderegimentern gestattet würde. Schon die bloße Vorstellung, daß einer ihrer Söhne Ehrgeiz für eine andere als die militärische Laufbahn hege, wäre meinen Eltern entschieden ketzerisch erschienen. Das Haus Romanow erwartete von seinen Mitgliedern, daß sie irgendeine Uniform trügen, und kümmerte sich wenig um persönliche Vorliebe oder Herzenswünsche.

Der Gedanke, in die Marine einzutreten, war zum erstenmal um das Jahr 1878 an meinem umwölkten Horizont aufgetaucht, als wir durch eine Art glückliches Mißverständnis in der Person des Leutnants Zeleny einen heiteren und umgänglichen Erzieher bekamen. Völlig unfähig, Lektionen zu erteilen und ein saures Gesicht zu machen, war er weiches Wachs in unsern Händen, und so brachten wir die sonst so düsteren Schulstunden mit dem Anhören seiner lebhaft gefärbten Beschreibung des prächtigen Lebens zu, das die rauhen Seeleute der Marine führten. Wollte man diesem phantasievollen Seemann glauben, so eilte die kaiserliche Flotte ohne Unterlaß von einem glanzvollen Abenteuer zum andern und den Jüngling erwartete an Bord eines Kriegsschiffs ein Leben voll packender Ereignisse.

„Nun hört einmal zu", begann er dann, „es war einmal in Schanghai ..."

Weiter kam er nicht, denn sein wohlgenährter Körper erbebte in einem Anfall von Lachen. Als er endlich so weit zu sich gekommen war, um zu erklären, was eigentlich in Schanghai geschehen war, wälzten wir uns am Boden in hysterischem Gekicher über den Anblick der Lachtränen auf seinem sonnverbrannten Gesicht.

Zelenys ansteckende Heiterkeit bestimmte meine Wahl. Ich träumte von geheimnisvollen Frauen, die in Rikschas durch die engen Straßen Schanghais fuhren. Ich sehnte mich nach dem phantastischen Anblick fanatischer Hindus, die in das heilige Gewässer des Ganges tauchten. Ich wollte wilden Elefanten begegnen, die durch Ceylons Dschungeln streiften. Mein Plan war gefaßt. Ich wollte Seemann werden.

„Seemann? Mein Sohn ein Seemann?" Meine Mutter sah mich entsetzt an. „Du bist noch ein Kind. Du weißt nicht, was du willst. Vater wird es nie erlauben."

Vater runzelte die Stirn. Die Marine sagte ihm nicht im geringsten zu. Die beiden Mitglieder der kaiserlichen Familie, die je in der Marine gedient hatten, standen nicht hoch in seiner Achtung. Sein Bruder Konstantin galt als „gefährlich radikal". Sein Neffe Alexis lief zu sehr den Weibern nach. Es änderte nichts, daß die Marine wenig zu tun hatte mit der Entwicklung der politischen Ansichten Konstantins und den romantischen Neigungen Alexis'. Meine Eltern hofften nur zu Gott, dass ihr Sohn keinem dieser beiden übelbeleumundeten Verwandten ähnlich würde.

Die Haltung meiner Eltern vermochte meinen Entschluß nicht zum Wanken zu bringen. In meinem Charakter war stets ein Schuß Eigensinn. Immer wieder kam ich auf den Gegenstand zurück. Endlich versprachen meine Eltern, die strittige Frage anläßlich des kommenden Herbstaufenthaltes in St. Petersburg ins Reine zu bringen. Sie glaubten, die Pracht des kaiserlichen Palasts und der Glanz der sonntäglichen Paraden würden mein Herz mit Verlangen nach einer glänzenden Uniform erfüllen. Sie übersahen den Nebel, die grauen, trostlosen Tage, die rauhe Luft, die politische Spannung des Augenblicks. St. Petersburg bewirkte, daß ich meine Augen mehr denn je seewärts richtete. Was dem träumerischen Knaben im Kaukasus bloßes Spiel der Phantasie gewesen, wandelte sich im Norden zu einem Schrei nach Erlösung. Und doch zweifle ich, dass mir die Verwirklichung meines Plans gelungen wäre, ohne die unerwartete Unterstützung, die ihm durch den neuen Zaren zuteilwurde. Im Gegensatz zu seinem Vater legte Alexander III. der Flotte große Bedeutung für die Verteidigung des russischen Reichs bei. Mit den Vorbereitungen zur Aufstellung eines großangelegten Flottenbauprogramms beschäftigt, glaubte er, die Tatsache des Eintritts seines Vetters in den Dienst auf einem Kriegsschiff werde der Jugend des Reichs ein gutes Beispiel geben. Sein freundliches Eingreifen rettete mich vor Vergeudung meines Daseins in der Stickluft der Hauptstadt. Ich fühle, daß ich ihm die größten Freuden meiner Laufbahn schulde, und schaudere bei dem Gedanken, wie gefährlich nahe ich der Möglichkeit war, einer jener selbstzufriedenen, wackeren Gardeoffiziere zu werden, die das Leben durch ihre auf die durcheinanderwirbelnden Beine der Ballettmädchen gerichteten Operngläser betrachteten.

2

Logik und Vernunft hätten verlangt, dass ich in die Marineakademie eingetreten wäre. Aber ein Großfürst konnte nicht „mit gewöhnlichen Kindern" verkehren, und so mußte ich meine Studien zu Hause, unter der Aufsicht eines Fachlehrers, des verdrießlichsten, der in ganz Rußland zu finden war, betreiben. Aufgenommen und besoldet, um mich für die Prüfungen vorzubereiten, die durch ein vom Zaren zu wählendes Professorenkollegium abgehalten werden sollten, scheint er von meinen Fähigkeiten nur eine sehr geringe Meinung gehabt zu haben. Vier Jahre hindurch hörte ich ihn mein völliges Versagen prophezeien.

„Nie werden Sie die Prüfungen bestehen", das war der

ständige Refrain meines Erziehers für den Seemannsberuf. Bereitete ich meine Lektion noch so gewissenhaft vor, er schüttelte den Kopf, und sein müder, gequälter Blick verriet seine düsteren Gedanken. Ich saß manchmal Nächte lang und versuchte, mir den Text des Buches Wort für Wort einzuprägen. Sogar dann gab er sich nicht zufrieden: „Sie wiederholen mir Wort für Wort, was andere durch endlose Jahre des Studiums herausgefunden haben, aber Sie verstehen den Sinn nicht."

Das von ihm aufgestellte, vier Jahre umfassende Programm erstreckte sich auf Astronomie, Theorie der Abweichungen der Magnetnadel, Ozeanographie, theoretische und praktische Artillerielehre, Torpedokriegführung, Theorie und Praxis der Schiffbaukunde, Strategie und Taktik zu Land und zur See, Verwaltung und Dienstvorschriften bei Heer und Flotte, Theorie und Praxis der Befestigungslehre, Geschichte der russischen und der fremden Marinen usw. usw.

Meine Professoren, alle ausgezeichnete Fachleute, teilten die Meinung meines grimmigen Erziehers nicht. Dank ihrer Förderung entwickelte ich wirkliches Interesse am Unterricht. Die häuslichen theoretischen Studien waren von Besuchen der Kriegsschiffe und Schiffswerften begleitet. Jeden Sommer brachte ich drei Monate auf einer Kreuzerfahrt in Gesellschaft der Kadetten der Marineakademie zu. Meine Eltern hofften noch immer, die strenge Schiffsdisziplin werde im letzten Augenblick eine Änderung meiner Pläne herbeiführen.

Wie deutlich sehe ich noch den Tag, an dem ich unseren Sommerpalast in Michailowski verließ, um meine Laufbahn als Seeoffizier zu beginnen. Unsere kleine Kapelle war gedrängt voll von Angehörigen, Adjutanten und Dienerschaft, und als mich der Priester am Schluß des Tedeums mit einem Heiligenbild beschenkte, begann meine Mutter zu weinen. Die schönen Worte des Gebets für die auf Wanderung und Seefahrt Begriffenen ließen ihr die Gefahren, die ihren Jungen erwarteten, übertrieben groß erscheinen. „Gehn wir, gehn wir!" sagte mein Vater nervös, und so fuhren wir alle nach dem Hafen Peterhof, von wo mich die Jacht des Prinzen Eugen Leuchtenberg an Bord des Kriegsschiffs „Warjag" bringen sollte. Ich fühlte, wie die Bänder meiner Matrosenmütze meine Wangen umflatterten, ich warf einen bewundernden Blick auf meine weiten schwarzen Beinkleider, und nur gewohnheitsmäßig tauschte ich die letzten Küsse und Umarmungen. Mein Herz war schon weit weg. Die Gesichter meiner Eltern und Geschwister schienen unklar wie in weiter Ferne. Sie schwanden hier an dieser Stelle der Mole von Peterhof aus meinem Leben und sollten nie wieder den alten, wichtigen Platz darin einnehmen. Ich war so vergnügt wie ein Sträfling an seinem letzten Tag im Zuchthaus. Sogar die Anwesenheit meines Erziehers, der mich auf dieser ersten Übungsfahrt begleiten sollte, vermochte nicht, mein Glück zu beeinträchtigen.

Gegen Abend kamen wir in Twermin, einer kleinen Holzhandelsstadt Finnlands, an, wo das Geschwader der Marineakademie vor Anker lag. Der Admiral gab ein Signal, und die „Warjag" ließ eine Dampfbarkasse herab, die von Kadetten meines Alters bemannt war. Sie blickten neugierig nach mir und ergingen sich offenbar in Vermutungen darüber, ob dieser unerwünschte kaiserliche Zuwachs der Bemannung Störung und Beunruhigung bringen werde. Einige begrüßende Worte des Admirals Brilkin, und dann wurde ich in meine Kabine geleitet. Mein Traum fand nur teilweise Verwirklichung: obwohl ich von nun an ein untrennbarer Teil der russischen Marine geworden war, hielt man mich von den andern Jungen abgesondert, und ich wurde nicht in ihren Schlafräumen einquartiert. Eine zweite Enttäuschung traf mich zur Essenszeit. Anstatt mit den Kadetten in ihrer Messe zu speisen, wies man mir einen Platz an der Tafel des Admirals in seinem Privatsalon an. Das mag vielleicht vom erzieherischen Standpunkt aus von Vorteil gewesen sein, da ich als Zuhörer der Gespräche älterer Offiziere manches Wichtige lernte, aber für den Augenblick war ich gekränkt. Ich fürchtete, die Kadetten könnten mir meine „Exklusivität" übelnehmen und mir ihre Freundschaft vorenthalten.

Das Mahl verlief in gespannter Stimmung, alle verharrten in Stillschweigen und wechselten warnende Blicke. Wochen vergingen, ehe ich diese mißtrauischen Seeleute davon überzeugt hatte, daß ich nicht beabsichtigte, ihre zufälligen Bemerkungen dem Zaren zu berichten. Es stand mir ein Kampf bevor, das wußte ich. In meine Kabine zurückgekehrt, fand ich eine große, dicke Katze auf meinem Bett ausgestreckt. Sie schnurrte vergnügt und verlangte, gestreichelt zu werden. Ihr untrüglicher Instinkt erkannte in mir einen Freund, wofür ich äußerst dankbar war. Die erste Nacht auf der „Warjag" verbrachten wir gemeinsam, aneinander geschmiegt, und ihr weiches, warmes Fell rieb sich an meinem Körper. Die Kabine roch nach frischem Teer. Das Plätschern des Wassers gegen die Schiffswand besänftigte meine gespannten Nerven. Ich lag auf dem Rücken und hörte das verschieden hohe Anschlagen des Stundenzeichens auf den Schiffen, die rechts und links von unserem lagen. Von Zeit zu Zeit vernahm ich die schläfrige Stimme des Wachtpostens und ihren stets gleichen Ruf „Boot ahoi!" Ich dachte an das neue Leben, das am nächsten Morgen beginnen sollte. Ich rief mir die Gesichter der Kadetten in der Dampfbarkasse zurück und entwarf verschiedene Pläne, um ihre Freundschaft zu erringen. Die breiten, starken Holzbohlen über meinem Kopf gemahnten mich an die eiserne Disziplin der Marine, aber von Kindheit auf hatte ich gelernt, Befehlen zu gehorchen und keine Begünstigungen zu erwarten. Ich erhob mich, öffnete meinen Koffer und entnahm ihm einen kleinen vergilbten Stich, der einen bärtigen Mann mit einem gewaltigen Schild darstellte. Es war mein Schutzheiliger, der heilige Alexander von der Newa, der erste russische Großherzog dieses Namens, welcher im 13. Jahrhundert Rußland vor den plündernden Tataren gerettet hatte. Jetzt beschützten zwei Freunde meinen Schlummer: ein schweigender Heiliger und eine schnurrende Katze.

3

Ein kratzendes Geräusch weckte mich bei Sonnenaufgang. Ein Augenblick der Verwirrtheit, dann wurde mir klar, dass ich mich an Bord eines Kriegsschiffes befand. Ein Blick durch die Luke eröffnete die Aussicht auf zahlreiche Boote, die nach allen Richtungen fuhren. Ich sprang auf. Ein Tag voll Aufregung lag vor mir.

Das mit Sand und Stein gescheuerte Deck des Schiffes glänzte vor Sauberkeit, man schämte sich fast, Fußspuren auf der feuchten Fläche zu hinterlassen. Auf den Zehenspitzen über das Hinterdeck gehend, traf ich eine Gruppe Kadetten, die zu den morgendlichen Übungen antraten. Ich blieb stehen und suchte im Geiste nach einer passenden Grußformel. „Hallo, du", rief mir ein schmächtiger, blonder Junge zu, „hast du gut geschlafen?"

Ich antwortete, daß ich in meinem Leben noch nirgends so gut geschlafen hätte. Die Kadetten traten näher heran. Das Eis war gebrochen. Jeder hatte etwas zu fragen. Bis wieviel Uhr hatte ich im Palast schlafen dürfen? Wieviel Zimmer hatten wir? War es wirklich wahr, daß ich Seeoffizier werden wolle? Wie oft sah ich den Zaren? War es wahr, was sich die Leute über seine Muskelkraft erzählten? Bestand Aussicht, dass noch ein zweiter Großfürst zur Marine komme?

Sie hörten mir mit gespannter Aufmerksamkeit zu. Erst drückten sie Verwunderung und dann Befriedigung darüber aus, dass sogar der Thronfolger jeden Morgen um sechs Uhr aufstehen mußte. Es schien, als hätte die Nachricht von meiner Ankunft Aufsehen gemacht und als betrachteten die Kadetten auf der „Warjag" die Wahl ihres Schiffes als eine große Ehre.

„Das wird diese Kerle von der Garde lehren, damit zu prahlen, dass alle Großfürsten in ihren Regimentern dienen", schloß der ältere Junge stolz. „Jetzt hat auch die Marine ihren Vertreter in der kaiserlichen Familie."

Ich errötete vor Vergnügen. Ich sagte ihnen, wie leid es mir tue, außerhalb ihrer Bequartierung schlafen und essen zu müssen. Sie versicherten mir, dass keiner von ihnen je daran gedacht habe, daran Anstoß zu nehmen. „Es ist nur natürlich, daß der Admiral besondere Vorsichtsmaßregeln für deine Sicherheit trifft."

Dann kamen weitere Fragen.

„Wieviel Dienerschaft gibt es in Gatschina?"

„Wieviel Personen sitzen mit dem Zaren zu Tische?"

„Wieviel Pferde sind im kaiserlichen Marstall?"

Bis acht Uhr befriedigte ich so ihre Neugier über die kaiserliche Familie, dann wurden wir zum Zeremoniell des Flaggenhissens befohlen. Wir standen mit entblößtem Haupt, während unser Wimpel mit dem weiß-blauen Kreuz aufgezogen wurde. Ich bemerkte, wie über das unbewegliche Gesicht des Admirals eine leichte Röte der Aufregung kam, und ein kalter Schauer kroch mir den Rücken hinab. Während meiner langen Dienstzeit bei der Marine konnte ich mich nicht daran gewöhnen, diese vom Reglement vorgeschriebene tägliche Handlung ohne ein wahres Gefühl der Ergriffenheit mitanzusehn. Sie rief mir stets die machtvollen Worte einer lakonischen Inschrift ins Gedächtnis, die von den Franzosen auf den gemeinsamen Grabstein der 1858 im Kampfe gegeneinander gefallenen französischen und russischen Seeleute gesetzt wurde: „Unis pour la gloire, réunis par la mort, des soldats c'est le devoir, des braves c'est le sort."

Nach Vollzug der Zeremonie erhielten wir den Befehl, alle Boote ZN bemannen. Ich wurde zusammen mit den Kadetten meines Jahrgangs in das von der Korvette „Ghiljak" entsendete Boot eingeteilt. Eine Stunde lang übten wir unter Segel und wurden im Rudern unterrichtet. Mehrmals mußten wir unter dem Heck des Admiralschiffs vorbei, und des Kommandanten scharfe Augen musterten uns kritisch. Die nächste Lektion bestand im Segelhissen, wobei Fock- und Hauptmaste durch Seeleute, der Besanmast durch die Kadetten bemannt wurden. Von zehn bis elf kam praktische Navigation an die Reihe. Nach dem Mittagessen eine kurze Pause, dann neuerdings vier Stunden nautischen Unterrichts. Um sechs Uhr wurde zu Abend gegessen, um acht hatten wir schlafen zu gehen

Während des Unterrichts wurde ich in keiner Weise begünstigt. Fehler wurden bei mir mit derselben derben Freimütigkeit gerügt wie bei allen andern Kadetten. Sobald ich einmal in meine Pflichten eingeweiht war, verlangte man von mir, daß ich mich mehr anstrenge als alle andern, und oft erinnerte mich der Admiral an die Verpflichtung eines Mitgliedes des kaiserlichen Hauses, den Kameraden als Vorbild zu dienen. Diese gleichartige Behandlung gefiel mir außerordentlich. Ich lernte leicht. Die unwiderstehliche Anziehung des Meers wurde täglich mächtiger. Ich hielt alle meiner Abteilung zugewiesenen Wachen und fand nichts Unerträgliches darin, vier Stunden in Gesellschaft von Knaben, die meine Freunde wurden, zuzubringen, während um uns die Wellen ihren Weg zogen nach dem geheimnisvollen Land der Träume.

Aus leicht erklärlichen Gründen war es mir nicht gestattet, ohne meinen Erzieher an Land zu gehen; meine Mutter hatte ihm strenge Weisungen gegeben, mich so „unverdorben" nach St. Petersburg zurückzubringen, wie ich diese Stadt verlassen hatte. Ich wäre gar zu gern dem alten Brummbären entwischt, um meinen Freunden an obskure Orte zu folgen, von denen sie kurz vor dem Zapfenstreich heimkehrten, nach Alkohol duftend und allerlei erzählend.

„War dein Landurlaub hübsch?" fragten sie mich mit verständnisinnigem Zwinkern.

„Oh, nichts Besonderes. Ich ging nur mit meinem Erzieher spazieren."

„Armer Junge! Uns ist es besser ergangen. Wenn du wüßtest, was wir getan haben!"

Aber auch das durfte ich ja nicht wissen. Der Admiral hatte es den Jungen strengstens verboten, in meiner Gegenwart zu fluchen oder „verführerische Szenen" auszumalen. Zum Glück konnte ich mich auf meine eigene Einbildungskraft verlassen. Ich war sechzehn Jahre alt.

Drei Monate lang kreuzten wir um Finnland und Schweden. Dann erhielten wir den Befehl, an der kaiserlichen Flottenparade teilzunehmen, was mir Lohn für alle meine Mühe war. Ich freute mich der Gelegenheit, meine Seemannskunst vor Zar und Zarin und vor meinen Kameraden Nicki und Georgi zu zeigen. Sie kamen in großer Gesellschaft auf unser Schiff, mit ihnen der Marineminister und der Großfürst Alexis, der später der bitterste Feind meiner Reformen der Kriegsmarine werden sollte. Von meinem Platz in Reih und Glied der Kadetten sah ich den Zaren dankbar an. Er lächelte. Es freute ihn, mich gesund und gereifter zu finden. Was Nicki und Georgi anlangt, so mußten sie während der ganzen Mahlzeit meine unzusammenhängenden begeisterten Erzählungen anhören. Die Nachrichten, die sie mir von meinen drei älteren, in der Garde dienenden Brüdern brachten, ließen mich kalt. Ich bedauerte die armen in die schreckliche Hauptstadt eingesperrten Jungen. Wenn sie nur wüßten, was ihnen dadurch entging, daß sie nicht in die Marine eintraten!

4

Vier Jahre vergingen zwischen dem Schulzimmer unseres Palasts in St. Petersburg und einem Kriegsschiff in der Ostsee. Im September 1885 meldete das offizielle Regierungsblatt meine Beförderung zu dem bescheidenen Rang eines Unterleutnants zur See. Zum unbegrenzten Erstaunen meines Erziehers hatte ich in allen Gegenständen, mit Ausnahme des Schiffbaus, die beste Note erhalten. Heute noch kann ich die Notwendigkeit nicht einsehen, Schiffsoffiziere zu Ingenieuren auszubilden, und daher verursachte mir die zweitbeste Note in diesem Gegenstand nicht die geringste Sorge.

Und jetzt war ich mir selbst überlassen. Zum erstenmal in meinem Leben stand ich der Welt ohne Unterstützung eines Erziehers gegenüber. Meine Mutter fuhr fort, mich als kleines Kind zu betrachten, aber ich näherte mich immer mehr dem bedeutungsvollsten Tag im Leben eines Großfürsten. Am 1. April 1886 wurde ich großjährig. Um acht Uhr früh brachte mir ein besonderer Bote des Zaren die Uniform eines Adjutanten Sr. Majestät. Später am Tag fand ein Empfang im Palast von Peterhof statt, bei dem die Minister, Abordnungen der Garderegimenter, Hof- und Staatswürdenträger und alle Mitglieder meiner Familie, mit dem Zaren und der Zarin an der Spitze, erschienen. Ein Tedeum wurde gesungen, dann trat der Fahnenträger des Marine-Garderegiments in die Mitte der Kapelle. Der Zar winkte mir. Ich näherte mich dem Fahnenjunker, begleitet von einem Priester, der mir zwei geschriebene Eidesformeln überreichte. Die erste enthielt den besonderen Eid der Großfürsten, mit dem ich schwören mußte, die Grundbestimmungen der Thronfolge und die Hausgesetze der kaiserlichen Familie in Ehren zu halten; der zweite handelte von den Pflichten eines russischen Offiziers. Die Fahne in der Linken, las ich beide Eidesformeln laut, küßte die auf dem Pult liegende Bibel und das Kreuz, unterfertigte beide Eidestexte und reichte sie dem Minister des kaiserlichen Hofes, dann umarmte ich den Zaren und küßte der Zarin die Hand. Wir kehrten in den Palast zurück, wo mir zu Ehren ein Frühstück im engeren Familienkreise des Zaren stattfand. Das Königtum hat eine Abneigung gegen Theatralik, und niemand fiel es ein, mir Reden über die Bedeutung des Eides zu halten, wie dies in den großen Demokratien üblich ist. Es bedurfte keiner Belehrungen. Ich hatte die feste Absicht, jedes Wort meiner beiden Eide zu halten. Einunddreißig Jahre später hatte ich Gelegenheit, mich an diesen jugendlichen Entschluß zu erinnern, als die meisten Großfürsten und Großfürstinnen ein von der revolutionären Regierung vorbereitetes Schriftstück unterzeichneten, in dem sie auf ihre Rechte Verzicht leisteten. Ich weigerte mich, ihrem Beispiel zu folgen. Als Großfürst war ich geboren, und die schärfsten Drohungen hätten mich nicht vergessen lassen, dass ich versprochen hatte, „Seiner Kaiserlichen Majestät, ohne meiner an Leib und Leben zu schonen, bis zum letzten Blutstropfen zu dienen".

In seinen hochinteressanten Erinnerungen erzählt mein Neffe, der deutsche Kronprinz, ein charakteristisches Gespräch, das am 9. November 1918 zwischen seinem Vater und

General Groener stattfand, der, längere Zeit Mitglied der deutschen republikanischen Regierung, damals ein bedeutender Generalstabsoffizier der kaiserlichen Armee war. Wilhelm wollte wissen, ob er sich auf die Treue seiner Offiziere verlassen könne. „Entschieden nicht", antwortete Groener, „sie sind alle erbittert gegen Eure Majestät." „Und ihr Eid?" rief der Kaiser aus. „Ihr Eid? Was ist am Ende ein Eid?" meinte Groener. „Er ist nur ein Begriff!"

Ich muß gestehen, daß in diesem Fall meine Sympathien auf seiten Kaiser Wilhelms waren und sind.

5

An seinem zwanzigsten Geburtstag erlangte ein russischer Großfürst finanzielle Unabhängigkeit von seinen Eltern. In der Regel wurde ein vom Zaren bestimmter Treuhänder für die nächsten fünf Jahre bestellt, um den jungen Mann an das vorsichtige und vernünftige Ausgeben von Geld zu gewöhnen. In meinem Fall wurde eine Ausnahme gemacht, denn es wäre unglaublich unsinnig gewesen, für einen Seemann, der sich anschickte, eine dreijährige Kreuzerfahrt anzutreten, einen Treuhänder zu bestellen, damit er in St. Petersburg einen Lehnstuhl wärme. Natürlich mußte ich darum kämpfen, aber endlich pflichteten meine Eltern meiner Logik bei. Und ich gelangte in den Besitz eines Einkommens von jährlich 210 000 Rubel (450 000 Mark). Zu dieser Summe trug der Zar 150 000 Rubel bei, der Rest stellte eine Verzinsung der Gelder dar, die während meiner Minderjährigkeit für mich angelegt worden waren. An anderer Stelle werde ich die Geldgebarung besprechen, die in der kaiserlichen Familie üblich war. Für den Augenblick genügt es, den Unterschied zu betonen zwischen den 210 000 Rubel, die ich im Jahre 1886 bekam, und den 50 Rubel, die mir meine Eltern in den Jahren 1882 bis 1886 monatlich gaben. Bis zum Jahre 1882 hatte ich überhaupt kein Taschengeld erhalten.

Die eiserne Disziplin meiner Erziehung brachte es mit sich, daß ich mein Leben auf die gleiche Weise fortführte. Noch kannte ich keine Frauen. Ich hatte eine Abneigung gegen das Spiel und trank nur mäßig. Die Buchhändler allein zogen Gewinn aus meinem neu erlangten Reichtum. Schon 1882 hatte ich angefangen, Bücher über die Geschichte der Marine zu sammeln, und um diese Zeit war meine Leidenschaft sowohl in Rußland als im Ausland bekannt. Jeder Buchhändler in St. Petersburg, Moskau, Paris, London, New York und Boston sah es als eine Pflicht an, mir beim Ausgeben meiner 210 000 Rubel behilflich zu sein. Täglich kamen gewichtige Pakete von allen Enden der Welt. Mein Vater war starr vor Staunen, als er meine Wohnung betrat und sie bis zur Decke mit schweren, ledergebundenen Büchern angefüllt fand – aber er machte keine Bemerkung. Seine Versetzung aus dem Kaukasus – das Amt eines Statthalters war 1882 abgeschafft worden – auf den Posten eines Vorsitzenden des Reichsrats trug dazu bei, ihn mit meinem Dienst in der Marine zu versöhnen.

„Wirst du alle diese Bücher wirklich lesen, Sandro?" fragte er ruhig, aber ungläubig.

„Nicht gerade das. Ich versuche nur, eine Bibliothek des Seewesens zu schaffen. Niemand in Rußland hat eine, und sogar unser Marineminister ist gezwungen, nach London zu schreiben, sooft er etwas nachschlagen will."

Mein Vater war erfreut und versprach, sein möglichstes zu tun, um meine Sammlung zu vergrößern. In den kommenden Jahren sah er sie auf mehr als das Hundertfache anwachsen. Am Vorabend der Revolution bestand sie aus über zwanzigtausend Bänden und galt als die schönste nautische Bibliothek der Welt. Die Sowjetregierung verwandelte mein Palais in einen Klub für die kommunistische Jugend, und ein durch einen schlecht gekehrten Kamin entstandener Brand vernichtete meine sämtlichen Bücher. Es war wirklich schade, denn einige Werke, die mir meine englischen und deutschen Agenten nach jahrelangem mühevollen Suchen verschafft hatten, waren für keinen Preis mehr erhältlich.

6

Ganz entging ich dem Dienst in der Garde nicht. Denn während ich auf den Stapellauf der „Rynda" wartete, die mich um die Welt führen sollte, war ich zur Dienstleistung bei dem Marineregiment der kaiserlichen Garde eingestellt. Wie die Marinesoldaten anderer Länder nahmen auch unsere eine Zwitterstellung ein. Die Armee betrachtete uns als Außenseiter. Die Marine nannte uns Landratten. Mir fiel das Vorrecht zu, im Sommer die Bemannung der Kaiserjacht beizustellen, und während unseres Aufenthaltes an Land, im Winter, übernahmen wir den Wachdienst bei verschiedenen Regierungsgebäuden. Mit dem Kommando des ersten Zugs der ersten Kompanie betraut, überwachte ich das Exerzieren, gab den Matrosen Unterricht in Lesen, Schreiben, Rechnen und in russischer Geschichte und führte sie auf ihre Wachen in den verschiedenen Teilen der Stadt.

Einmal die Woche bezogen wir eine vierundzwanzigstündige Wache, eine gleichermaßen bei Offizieren und Mannschaft unbeliebte Pflicht. Unser Regimentskommandant war ein unnachgiebiger Admiral der alten deutschen Schule; er liebte es, uns mitten in der Nacht unerwartet zu inspizieren, daher mußte ich stundenlang im tiefsten Schnee meine Posten visitieren, um die strammen Jungen, die unter Hunger und Kälte litten, wach zu halten. Um selbst der Versuchung, einzuschlafen, nicht zu unterliegen, pflegte ich das Soll und Haben meines „geistigen Gewinn- und Verlustkontos" auszurechnen. Ich suchte Guthaben und Verbindlichkeiten zusammen und sammelte meine kleinen Schwächen unter dem Titel „ungedeckte Schulden, bei nächster Gelegenheit zu bereinigen". In dem Bestreben, aufrichtig gegen mich selbst zu sein, fand ich, dass ich gegenüber meinen „seelischen Aktivposten" durch eine entsetzliche Überproduktion an Haß belastet war, und zwar gegen einzelne Menschen und auch gegen ganze Nationen. Ich hatte gute Aussicht, mich vom Haß gegen jene zu heilen: denn meine Abneigung gegen einzelne beschränkte sich nur auf Lehrer, Erzieher und Inspizierende. Aber wo mein Hass sich gegen Nationen richtete, wußte ich mir nicht zu helfen. Es war nicht meine Schuld, wenn ich Juden, Polen, Deutsche, Engländer und Franzosen haßte. Ich gab die Schuld daran der griechisch-orthodoxon Kirche und der ungeheuerlichen Lehre des offiziellen Patriotismus – die durch zwölf Studienjahre in mich hineingehämmert worden war; sie hatten mich unfähig zur freundlichen Behandlung aller anderen Nationen gemacht, die mir doch persönlich nie etwas zuleide getan hatten.

Bevor ich mit der Kirche in Berührung kam, war für mich das Wort „Jude" die Bezeichnung für einen lächelnden alten Mann, der in unseren Palast in Tiflis Hühner, Truthühner, Enten und anderes Geflügel brachte. Ich fühlte mich wirklich angezogen durch den gütigen Ausdruck seines runzligen, bärtigen Gesichts und konnte nicht glauben, daß er seinen Stammbaum geradeswegs auf Judas zurückführe. Aber mein geistlicher Lehrer fuhr täglich fort, die Leiden Christi auszumalen! Er erregte meine kindliche Einbildungskraft, und es gelang ihm, daß ich in jedem Anbeter Jehovas einen Mörder und Folterer sah. Meine schüchternen Versuche, die Bergpredigt zu zitieren, wurden ungeduldig beiseitegeschoben. „Ja, Christus riet uns, unsere Feinde zu lieben", sagte Vater Titow, „aber das soll nichts an unserer Ansicht über die Juden ändern." Armer Vater Titow! Auf seine plumpe, ländliche Art ahmte er nur die Predigten seiner Höherstehenden nach, die durch achtzehn Jahrhunderte den Antisemitismus von den Kanzeln der Gotteshäuser herab gepredigt hatten. Katholiken und Protestanten sowie Methodisten und Baptisten, alle diese vermeintlich christlichen Bekenntnisse und Sekten haben zu dem verächtlichen Werk beigetragen, Haß auszusäen, während die antisemitische Gesetzgebung ihre Hauptstützen in der hohen Geistlichkeit der griechisch-orthodoxen Kirche fand. Tatsächlich begannen die Juden in Rußland erst unter jenen Herrschern an Verfolgungen zu leiden, deren blinder Gehorsam gegenüber den Geboten der Kirche größer war als ihr Verständnis für den Geist eines Weltreiches.

„Der Zar von Rußland kann seine Untertanen nicht in Christen und Juden scheiden," schrieb Nikolaus I. mit Blaustift über ein von den Bischöfen vorbereitetes Memorandum, in dem eine Beschränkung der den russischen Juden gesetzlich gestatteten Betätigungen vorgeschlagen wurde, „er schützt seine getreuen Untertanen und bestraft die Verräter. Kein anderer Maßstab darf ihn bei seinen Entschlüssen leiten."

Zum Unglück für Rußland vererbte sich die Fähigkeit meines Großvaters, „in Weltreichen zu denken", nicht auf seine Nachfolger, und gerade in die Zeit meiner Großjährigsprechung fiel die Einführung grausamer und gefährlicher Maßregeln, die auf den Einfluß der frommen Mitglieder des russischen Synods zurückzuführen waren. Und doch fiele ein Vergleich der den Juden in Rußland auferlegten Beschränkungen mit dem erschreckenden Anwachsen des westeuropäischen und amerikanischen Antisemitismus zu Ungunsten aller dieser Staaten aus, die sich sonst auf ihre Toleranz etwas zugute tun. Nur ein Beispiel: In St. Petersburg hätte kein Zimmervermieter gewagt, sein Haus als „hundert Prozent judenrein" öffentlich anzukündigen.

Soviel von meinem ehemaligen Judenhaß, der seinen Ursprung den Lehren der griechisch-orthodoxen Kirche verdankte und der schwand, als ich den gleisnerischen Charakter dieser pseudo-christlichen Einrichtung erkannte. Es kostete größere Mühe, die Wurzeln des allgemeinen Fremdenhasses auszuroden, den meine Lehrer beim russischen Geschichtsunterricht tief in meine Seele gepflanzt hatten. Ihre Darstellung der Vergangenheit nahm keine Rücksicht auf die Kluft, die stets ein Volk von seiner Regierung und seinen politischen Führern trennt. Die Franzosen sollten wegen Napoleons Verrat gehaßt werden. Die Schweden müßten für die Verwüstungen büßen, die Karl XII. unter den Zeitgenossen Peters des Großen verursacht hatte. Den Polen sollte die Dummheit ihres eingebildeten Adels nie vergessen werden. Die Engländer blieben stets das „perfide Albion". Die Deutschen duldeten Bismarck in ihrer Mitte. Die Österreicher hatten das Unglück, von Franz Joseph regiert zu werden, einem Manne, der alle seine Rußland gegebenen Versprechen brach.

Die Welt war für mich voll „Feinde". Die amtliche Auffassung der Vaterlandsliebe verlangte ständiges Nähren der Flamme des Hasses.

Was sollte ich da tun? Wie sollte ich das engherzige Provinzlertum meiner Erziehung vereinen mit der Stimme der See, die von den Freuden des Abenteuerns erzählte?

Langsam schlichen die endlosen Winternächte St. Petersburgs dahin. Der Mensch in mir wurde merklich schwächer im Kampfe gegen den Großfürsten.

Siebentes Kapitel

WELTREISE

I

Wieder ein Winter, wieder gedankenschwere Nächte, diesmal viele tausend Meilen fern von St. Petersburg.

Weihnachtsabend 1886. S.K.M.S. „Rynda" gelangt, teils unter Dampf, teils unter Segel, in die Küstengewässer Brasiliens. Auf der Kommandobrücke stehend – das Kreuz des Südens funkelt zwischen milchweißen Wolken hervor –, atme ich in vollen Zügen den Duft der tropischen Wälder.

Das Glockenzeichen der vierten Morgenstunde verkündet das Ende der „Hundewache", die mir als letzte Prüfung auferlegt worden ist. Unten im Wachzimmer erwartet mich ein kaltes Abendessen und eine eisgekühlte Flasche Wodka.

Das Blubbern der Petroleumlampe, der gemessene Schritt des wachehabenden Offiziers, dann Stille. Die göttliche Stille eines Kriegsschiffes vor Sonnenaufgang. Bedeutungsschwer, belastet mit der Erhabenheit des Alls, verleiht sie dem Blick ihrer Getreuen die Fähigkeit, Nebel und Dünste zu durchdringen.

Es fällt schwer, sich vorzustellen, dass es ein Rußland gibt und irgendwo in weiter Ferne den Zaren, die Familie, Paläste und Kirchen, marschierende Soldaten, galoppierende Kosaken und die weiß-rosige Schönheit juwelengeschmückter Frauen.

Ich ziehe einen winzigen Briefumschlag aus der Tasche. Darin ein Kärtchen: „Beste Wünsche und baldige Heimkehr! Dein Matrose Xenia." Ich lächle. Sie ist so lieb. Vielleicht, eines Tags! Wenn der Zar nicht darauf besteht, seine Tochter einem fremden Herrscher zu vermählen. Immerhin ist Xenia heute noch nicht zwölf Jahre alt. Beide haben wir noch so vieles vor uns. Ich stehe am Beginn meiner dreijährigen Kreuzerfahrt und muß mir erst meine Beförderung verdienen. Jetzt bin ich ein simpler Unterleutnant. Daß ich Großfürst und Neffe des Zaren bin, bringt mich in eine zwiespältige Lage, aus der leicht in meinem Kommandanten ein Gefühl des Hasses entstehen kann. An Bord des Schiffs ist er mein unbestrittener Vorgesetzter, an Land aber hat er fünf Schritte vor mir Front zu machen und die Ehrenbezeigung zu leisten. Zwei stark bemalte Damen in der „Bar Américain" in Paris sahen mit Erstaunen, wie der ehrfurchtgebietende „Commandant Russe" beim Eintritt eines unauffälligen jungen Menschen aufsprang. Die leiseste Ermunterung meinerseits hätte sie an meinen Tisch gebracht, aber zum Glück tat ich nichts dergleichen. In Paris hatte ich alle Hände voll zu tun, um über Eberlings Sicherheit zu wachen. Es sah danach aus, als werde er den Zug nach Le Havre versäumen und die nächsten drei Jahre im Foyer der Folies-Bergère zubringen.

Eberling ist erster Offizier auf der „Rynda". An dem Tag, da wir Rußland verließen, gab er meiner Mutter sein Ehrenwort, mich während unseres Aufenthaltes in so verrufenen Orten wie Paris, Hongkong oder Schanghai nicht aus den Augen zu lassen. Diese Maßregel bildet den ständigen Witz unseres Wachzimmers, denn Eberling ist in der ganzen Marine durch seine Begabung für dumme Streiche bekannt. Seine gutmütigen blauen Augen und sein „offenes" Gesicht erweckten das Vertrauen meiner Mutter – es scheint, daß eben diese Gesichtszüge ihm mehr als freundliches Entgegenkommen in allen von der „Rynda" angelaufenen Häfen sichern.

„Bedenken Sie," sagt er mir beim fünften Glas Grog, „dass ich Ihrer Kaiserlichen Majestät versprach, Sie nicht aus den Augen zu lassen. So werden Sie mich begleiten müssen, wohin immer ich gehe und was immer ich tue."

Ich muß lachen. Bisher war ich stets imstande, Eberlings Herausforderung zu widerstehen. Rio de Janeiro ist der erste „exotische" Hafen, den wir anlaufen.

2

Ein Hafen, der Sydney, San Francisco und Vancouver den Rang streitig macht. Ein weißbärtiger Kaiser, der über den bevorstehenden Sieg der Demokratie spricht. Eine Dschungel, die die Atmosphäre der ersten Schöpfungswochen bewahrt. Ein schmalhüftiges Mädchen, das zu der Melodie von „La Paloma" tanzt.

Diese vier Bilder sind in meinem Geist für immer mit dem Wort „Brasilien" verbunden.

„Wer von den Wassern des Beykos getrunken, wird nach Stambul zurückkehren", behaupten die Türken. Ich bezweifle das. Ich habe übergenug von diesem gepriesenen Wasser genossen und fühle dennoch nicht das mindeste Verlangen, die Stadt aller europäischen Laster und aller asiatischen Bequemlichkeit wiederzusehen. Aber mir wäre fast kein Preis zu hoch, könnte ich noch einmal den Schauer erleben, der mich beim Anblick der Schönheit Rios überwältigte.

An Land erwartete mich eine Kabeldepesche aus St. Petersburg, die mir auftrug, dem Kaiser Dom Pedro von Brasilien einen offiziellen Besuch abzustatten. Da der Januar in Südamerika der heißeste Monat ist, hielt er sich hoch oben im Gebirge in seiner Sommerresidenz Petropolis auf; die einzige Verbindung dahin stellte eine altmodische Drahtseilbahn her, die im Zickzack einen hohen Berghang erkletterte.

Die Dschungel nahm uns auf, als wir noch den Anblick des Hafens genossen. Tief unten zogen kristallhelle Wasserläufe im Grunde steiler Schluchten; die riesenhaften Bäume und Pflanzen, die sich um den Bahnkörper drängten, ließen von ihnen nur silberglänzende Flecken sehen. Palmen und Lianen und andere riesige Rankengewächse schienen ineinander verflochten und um einen Atemzug frischer Luft und einen Strahl Sonnenlicht zu kämpfen. Myriaden Pflanzen gingen vor unseren Augen zugrunde, aber neue Myriaden wurden geboren, um wiederum den Kampf ums Dasein aufzunehmen. Unser Züglein kroch vorwärts, knickte Zweige, drängte Baumkronen aus dem Weg und peitschte das lange, giftige Gras gegen unsere Stirn. Papageien schrien gellend, Schlangen krochen dahin, Vögel kreisten aufgeschreckt in Scharen, große Schmetterlinge in der Schutzfarbe des Blattwerks flatterten hoch in der Luft, gleichsam glücklich, in Sicherheit zu sein.

Die Fahrt dauerte drei Stunden. Sie war furchterregend. Nicht das geringste änderte sich in der Dschungel während dieser drei Stunden. Sie verkündete Jahrmillionen des Chaos, das auch in künftigen Zeiten Chaos bliebe.

Ich zitterte am ganzen Körper. Nun verstand ich, was die Ausleger des Talmud meinen, wenn sie sagen, es gebe nichts Entsetzlicheres als das entschleierte Angesicht des Schöpfers. Meine Gefährten – zwei junge Leutnants der „Rynda" – bekreuzigten sich, als wir, auf dem Berggipfel angelangt, Herrn Ionin, den russischen Gesandten in Brasilien, erblickten. Man war nahe daran, die Existenz menschlicher Wesen auf diesem Fleck Erde zu bezweifeln.

Kaiser Dom Pedro – sein langer weißer Bart und seine goldgefaßte Brille gaben ihm das Aussehen eines alten Universitätsprofessors – hörte meine Beschreibung des Urwalds voll Anteilnahme an. Das Fehlen von politischen Streitursachen und lebenswichtigen gemeinsamen Fragen zwischen Rußland und Brasilien gestattete eine ungezwungene Unterhaltung.

„Die Europäer sprechen so häufig von der vergleichsweisen Jugend der südamerikanischen Länder", sagte er mit tiefer Trauer in der Stimme. „Niemand ist sich darüber klar, daß wir hoffnungslos alt sind. Wir sind älter als die Welt. Nichts blieb uns, oder nichts ist uns zumindest bis jetzt bekannt geworden über die Völker, die diesen Kontinent vor Jahrtausenden bewohnten. Nur eins wird in Südamerika immer gleichbleiben: Der Geist rastlosen Hasses. Er kommt aus dem Urwald. Er lastet auf unserem Gemüt. Die politischen Ansichten von heute sind mit denen von gestern durch kein andres Glied verbunden als durch den steten Wunsch nach Veränderung. Keine Regierung kann sich halten, weil uns der Urwald in Kampfstimmung bringt. Gegenwärtig wird viel für eine republikanische Regierungsform geworben. Nun, sollen sie sie haben! Ich kenne mein Volk viel zu gut, um ein nutzloses Blutvergießen inszenieren zu wollen. Ich bin müde. Mögen die zukünftigen Präsidenten versuchen, in Brasilien den inneren Frieden aufrechtzuerhalten."

Einige Jahre später war Brasilien eine Republik. Dom Pedro tat, wie er versprochen hatte: er dankte freiwillig und freudig ab und ließ seine temperamentvollen Untertanen einigermaßen überrumpelt durch die Enttäuschung ihres allzu leichten Siegs. Sein Andenken wird in Brasilien bis auf den heutigen Tag in Ehren gehalten, und ein durch öffentliche Subskription errichtetes Denkmal preist die stille Weisheit dieses gütigen alten Mannes.

Mir gefiel er ungemein, und da er keine besondere Eile zu haben schien, verblieben wir über zwei Stunden in seinem bequemen Arbeitszimmer, dessen breite Fenster auf einen großen Garten gingen, in dem zahllose Kolibris eifrig mit dem Einholen ihrer Nachmittagsmahlzeit beschäftigt waren. Wir sprachen französisch. Seine sehr deutliche, grammatikalisch fehlerlose, wenngleich etwas zögernde Ausdrucksweise gab dieser Begegnung des Inhabers eines wankenden Throns der Tropen mit dem Vertreter des damals mächtigsten Herrscherhauses des Nordens einen Anstrich freundlicher Schüchternheit. Als wir uns anschickten zu gehen, heftete er das Kreuz des Großen Ordens Brasiliens an meine Brust. Ich schätzte die Ehre, erlaubte mir aber zu gestehen, daß mir der Rosenorden, ein neunzackiger Stern in einem Kranz von Rosen, besser gefiele.

Er lachte. „Der Rosenorden ist eine unserer bescheidensten Auszeichnungen. Fast jeder hat ihn."

Wenn auch! Er paßte besser zu meinem Eindruck von Brasilien. Wir einigten uns dadurch, daß ich beide Orden annahm.

Die restlichen fünf Tage verbrachte ich in zauberhaftem Faulenzen auf der „Fazenda" eines russischen Kaffeepflanzers, der eine sehr reiche Brasilianerin geheiratet hatte. Jeden Morgen ritten wir zur Besichtigung seiner Plantagen aus, die sich über viele Quadratkilometer erstreckten. Ein improvisiertes Orchester von Sklaven spielte zu unserer Unterhaltung auf eigenartigen Instrumenten, wie ich sie außerhalb Brasiliens nie gesehen hatte. Abends, nach dem Diner, saßen wir auf dem Balkon und lauschten den gellenden Schreien der Dschungel und dem eintönigen Schlag der Tamtams. Nie zündeten wir Lampen an, denn Tausende von Glühwürmchen und Leuchtkäfern lieferten genügend Helle. Zwei Nichten der Frau unsres Gastgebers wohnten bei ihr auf der „Fazenda". Beide jung, groß, schlank, dunkelhaarig, schmalhüftig. Soviel ich weiß, waren beide wirklich schön. Aber jedes Mädchen, das zu den Klängen von „La Paloma", auf der Gitarre gespielt, in einem von Leuchtkäfern erhellten tropischen Garten tanzte, wäre einem von den Nebeln St. Petersburgs durchkälteten jungen Menschen schön erschienen. Ich erlag willig und mit Begeisterung den Reizen der älteren Nichte. Vielleicht gefiel ich ihr; vielleicht wollte sie feststellen, wie Brasilien auf einen russischen Großfürsten wirke. Nichts hätte unschuldiger sein können als dieser jugendliche Roman linkischer Zärtlichkeit. Wenn sie noch lebt, muß sie heute dreiundsechzig Jahre sein. Ich hoffe, sie erinnert sich unserer Januarnächte des Jahres 1887 mit den gleichen dankbaren Gefühlen wie ich.

3

Südafrika. Ein flüchtiger Blick auf schwer arbeitende holländische Farmer. Eine eintönige Landschaft, doppelt enttäuschend für einen, der im Geist noch in Brasilien weilte.

Prunkvolle Klubräume der englischen Offiziere. Unbewußt anmaßendes Benehmen einer Großmacht. Oft wird Cecil Rhodes' Schlagwort zitiert: „Denkt in Weltreichen!"

Und dann die längste Etappe unsrer Fahrt: in einem Zug von Kapstadt nach Singapore. Fünfundvierzig Tage auf hoher See, ohne Land in Sicht. Unser Kapitän ist selig. Er haßt das Anlegen in Häfen, wo er das Kommando an einen Lotsen abgeben muß. „Ein Lotse! Was kann es Unwissenderes geben als solch einen windigen Lotsen?" Ginge es nach seinem Kopf, wir steuerten eine Ewigkeit lang so weiter.

Singapore. Ich möchte, dass einige der blasierten Damen, die auf der Terrasse ihrer schönen Landsitze in England Tee trinken und sich über den ständigen Aufenthalt ihrer Gatten im Orient beklagen, nach Singapore kämen und mit eigenen Augen sähen, wie es beim Verdienen des Geldes zugeht, das ihnen ihre Juwelen, ihre Kleider und Schlösser kauft. „Der arme Freddie! Er arbeitet immer schrecklich schwer. Ich kann Ihnen nicht sagen, was er macht, aber ich weiß, es hängt mit diesen drolligen Chinesen in Singapore zusammen."

Die Chinesenstadt in Singapore. Die Hauptquelle von Freddies Einkünften. Jedes zweite Haus eine Opiumhöhle. Üppig wuchernde Verderbtheit. Nicht jene Art der Verderbtheit, die im Europäerviertel von Schanghai das Laster auf goldenen Tellern serviert, nein, Schmutz, Unrat, Gestank, Verkommenheit hungernder Kulis, die ihr Opium von Leuten kaufen, welche in Lombard Street Ansehen genießen. Blinde Bettler liegen auf hölzernen Pritschen, jede lange Pfeife zwischen ihren Lippen bedeutet einige Tage erniedrigender Fronarbeit. Nackte neunjährige Mädchen sitzen auf den Knien Aussätziger. Ein verlotterter Weißer versucht, dem grinsenden Inhaber der Höhle einen Schuldschein aufzudrängen. Der eklige Geruch des Opiums, den nichts aus den Kleidern herausbringt. Und eine Fahrt von wenigen Minuten aus dieser Hölle zu den üppigen Rasenflächen des exklusiven Klubs der englischen Gesellschaft, wo weißgekleidete Herren ihren Whiskysoda im Schatten großer Gartenschirme schlürfen.

Eine Woche länger in Singapore hätte mich rettungslos

krank gemacht. Ich pries mein Glück, als eine Kabeldepesche des Marineministeriums unser sofortiges Auslaufen nach Hongkong anordnete. Da mein einundzwanzigster Geburtstag auf den 1. April fiel, ergriff die Messe freudig die Gelegenheit, eine Feier zu veranstalten. In der Regel wurde an Bord nicht viel getrunken, aber diesmal fühlten sich die Offiziere verpflichtet, öfters meine Gesundheit und die meiner Familie auszubringen. Das Gespräch drehte sich, wie dies bei normalen jungen Leuten gewöhnlich zu sein pflegt, bald um Weiber. Mein „Schutzengel" Eberling sprach ausführlich über seine neuen Eroberungen in Rio und Singapore; der zweite Leutnant pries den ländlichen Reiz der Afrikanderinnen; die acht Unterleutnants gestanden bescheiden, sie seien bis jetzt in allen Teilen der Erde nett behandelt worden. Dann wendeten sich alle an mich. Die Tatsache, daß ich noch unschuldig war, regte die ganze Messe ungemein auf. Seit wir Rußland verlassen hatten, beschäftigte sie dieser Gedanke, aber jetzt, da ich einundzwanzig geworden war! Es schien rein unmöglich! Sie fanden es unnatürlich und gesundheitsgefährlich für mich. Ich war nie ein Heuchler oder prüde gewesen; aber ich konnte mich einfach nicht an ihre Art der Behandlung so intimer Fragen gewöhnen. Meine Haltung bestärkte sie in ihrer Absicht, und während der ganzen Überfahrt von Singapore nach Hongkong sprachen sie von nichts anderem als von den schönen Frauen dieser Stadt.

Eberling sagte, ich täte ihm leid:

„Wenn Sie nur wüßten, was Sie versäumen. Was ist das Leben ohne die Frauen? Nun, hören Sie zu! Ich will Ihnen einen guten Rat geben, und ich möchte, daß Sie ihn befolgen. Ich bin schließlich um so viel älter als Sie. Sie müssen in Hongkong mit Mädchen zusammentreffen. Ich verstehe, daß sie gegen Singapore eingenommen waren und daß in Rio andere Umstände dazwischenkamen, aber Hongkong! Die Frauen von Hongkong! Die amerikanischen Mädchen!" Er küßte begeistert seine Fingerspitzen. „Die besten der Welt! Es gibt keine ihresgleichen. Ich möchte eine in Hongkong lebende Amerikanerin nicht gegen tausend Pariser Kokotten eintauschen. Bitte, seien Sie vernünftig und hören Sie auf mich! Ich kenne ein Haus in Hongkong, in dem drei der nettesten Amerikanerinnen sind. Sie verstehen wohl: ich würde Sie nie in eins der billigen Fünf-im-Tag-Häuser führen. Das Haus, das ich meine, ist ein ganz vornehmes Etablissement. Also, lassen Sie uns sehen: Da ist einmal Betty. Ja, ich denke, sie heißt Betty, wenn ich sie nicht mit einem Mädchen verwechsle, das ich in Schanghai gekannt habe. Auf jeden Fall ist sie eine hochgewachsene, blauäugige Blondine. Köstlich! Dann ist da Joan: schwarze Haare und grüne Augen. Sie würden den Verstand verlieren um Joan, aber warten Sie nur, verlieren Sie noch nicht den Verstand, es kommt noch besser. Patsy! Ein Mädel von einem Meter achtundsechzig, mit einer Haut wie ... ja, womit soll ich ihre Haut vergleichen? Sie ist nicht weiß, eher elfenbeinfarben. Und die Figur ... die Figur! Haben Sie im Eremitage-Museum in St. Petersburg die Statue gesehen, wie heißt sie doch gleich? ..."

Welche Statue Eberling auch meinte – seine Kenntnis der Skulpturen in der Eremitage schien ziemlich oberflächlich zu sein –, meine Gemütsruhe war jedenfalls völlig dahin. Kein Junge meines Alters hätte den vereinten Angriffen der Versucher aus der Offiziersmesse widerstehen können. Am Abend unserer Landung in Hongkong gab ich nach und willigte ein, an einer „richtigen Gesellschaft" teilzunehmen.

Als ich die Räume betrat, in die mich zwei unserer Offiziere begleiteten, war ich angenehm überrascht von dem Fehlen jener Pöbelhaftigkeit, die man an solcher Stätte zu finden erwartet. Die Zimmer waren geschmackvoll eingerichtet; die drei Gastgeberinnen waren hübsch und mit diskreter Eleganz gekleidet. Franzosen hätten sie „Demimondaines" genannt, etwas sehr Verschiedenes von den gewöhnlichen Vertreterinnen dieses ältesten Gewerbes der Welt, etwas, das in Manier und Bildung an die Art der Dubarry erinnert. Der Ansturm der rohen Geldmacher der Nachkriegszeit hat ihnen den Todesstoß versetzt, aber die achtziger Jahre sahen sie in ihrer Glorie.

Es wurde Champagner serviert, und wir begannen zu plaudern. Alle drei hatten wohllautende Stimmen. Sie sprachen ungezwungen und unterhaltend über jedwede Tagesfrage. Da sie natürlichen Witz besaßen, bedurften sie der Hilfe der Derbheit nicht. Weil der Zweck unseres Besuchs von vornherein eindeutig war, kam der Augenblick, da ich mich mit der hübschesten der drei allein gelassen sah. Sie schlug vor, mir ihr Zimmer zu zeigen. So geschah das Unvermeidliche.

Von dem Abend an wurden wir Freunde. Ich hatte keine Bedenken, sie in Restaurants auszuführen oder mit ihr lange Ausfahrten auf den „Pique" zu unternehmen, von wo man das Stadtbild Hongkongs übersieht. Sie benahm sich tadellos, viel besser als die Mehrzahl der sogenannten „Damen der Gesellschaft", die den vergnügungssüchtigen Kreisen der Europäer in China angehören. Nach und nach erzählte sie mir ihre Lebensgeschichte. Sie beschuldigte keinen. Sie beklagte sich nicht. Abenteuerlust hatte sie von ihrer Heimatstadt San Franzisko nach dem Fernen Osten geführt; das unbezwingliche Verlangen nach dem Besitz „hübscher Sachen" vollbrachte das übrige. So war das Leben: man gewann oder verlor, aber man mußte etwas Geld in die Hände bekommen, um das Spiel beginnen zu können. Sie sprach ohne Bitterkeit über die Männer. Nüchterne Rohlinge, trunkene Engel, gemeine Plebejer, edelherzige Lumpen: es war alles Glückssache. Sie bewunderte das Schauspiel der Welt, obwohl sie unter die Räder ihres Karrens gekommen war. Ihr Schicksal hätte durch nichts mehr geändert werden können.

Es ist unmöglich, alle Schattierungen der Liebe aufzuzählen; ohne Zweifel sind ziemlich viele davon durch Mitleid genährt. Ich empfand schmerzlichen Kummer, als es nach Japan weiterging, und wir standen ungefähr ein Jahr in Briefwechsel. Sooft die „Rynda" wieder nach Hongkong kam, ließ ich die Rikscha eilends zu dem wohlvertrauten Haus fahren. Im Jahre 1890, als ich den Fernen Osten nochmals aufsuchte, sagten mir ihre Freunde, dass sie an Tuberkulose gestorben sei.

4

Wieder einmal großer Rummel in unserer Messe. Die Offiziere des russischen Schnellseglers „Vestnik" statteten uns bei unserem Eintreffen in Nagasaki sofort einen Besuch ab und erzählten Spannendes über ihren zweijährigen Aufenthalt in Japan. Fast alle hatten japanische „Gattinnen". Trauungszeremonien waren nicht vollzogen worden, aber sie lebten mit ihren eingeborenen Frauen in kleinen Häuschen, die wegen der kleinen Gärten voll Miniaturbäumchen, Bächlein, Papierbrücken und Liliputanerblümchen wie Kinderspielzeug aussahen. Sie meinten, der Marineminister habe ihnen unoffiziell seinen Segen gegeben, denn er halse Verständnis für die schwierige Lage eines Seemanns, der zwei Jahre lang fern von der Heimat weilt. Erwähnt muß werden, daß all das sich ereignete, lange bevor Pierre Loti und Puccini in der herzzerreißenden Geschichte Madame Chrysanthèmes und Madame Butterflys eine unerschöpfliche Quelle von Tantiemen entdeckten. So hatte, wenigstens in diesem Falle, die Kunst nichts damit zu tun, moralische Grundsätze für das unstete Leben von Seeleuten festzulegen.

Um diese Zeit führte eine japanische Witwe namens Omati-San ein erstklassiges Restaurant in dem Dorf Inassa, unweit Nagasaki. Sie galt als Pflegemutter der russischen Marine, sie beschäftigte russische Köche, sprach fließend russisch, spielte russische Melodien auf dem Klavier und der Gitarre, setzte den Gästen hartgesottene Eier und Frühlingszwiebeln mit frischem Kaviar vor und schuf so im allgemeinen die Stimmung eines typisch russischen Gasthofes in der Umgebung von Moskau. Abgesehen von dieser kulinarischen und gesellschaftlichen Tätigkeit war sie den russischen Offizieren noch bei Vermittlung der Bekanntschaft mit zukünftigen japanischen „Gattinnen" behilflich. Sie verlangte keine Entlohnung für diesen weiteren Dienst, sie tat es aus reiner Gutherzigkeit. Sie wollte, daß wir ein angenehmes Gedenken japanischer Gastfreundlichkeit mit nach Rußland nähmen.

Ihr Lokal war es, in dem die Offiziere des „Vestnik" uns ein Antrittsdiner gaben, zu dem ihre Frauen noch ledige Freundinnen eingeladen hatten.

Madame Omati-San übertraf bei diesem Anlaß sich selbst, und wir aßen seit langer Zeit wieder einmal eine ausgezeichnete russische Mahlzeit. Wodkaflaschen mit dem kaiserlichen Doppeladler auf dem Siegel, die unvermeidlichen Pirogen, die Borschtsuppe, die blauen Kaviardosen in großmächtigen Eisblöcken ruhend, der riesige Stör im Mittelpunkt der Tafel, die russische Musik, die abwechselnd von Wirtin und Gästen dargeboten wurde – man hätte kaum geglaubt, in Japan zu sein. Wir beobachteten mit begreiflicher Neugierde das Benehmen der Puppendämchen. Sie lachten die ganze Zeit, nahmen teil am Gesang, tranken aber fast gar nichts. Ihr Charakter bot eine sonderbare Mischung von äußerster Süße und gründlichem praktischen Sinn. Sie liefen keineswegs Gefahr, von ihren Volksgenossen ausgestoßen ZN werden, und sahen ihre gegenwärtige Betätigung als einen ihrem Geschlecht zustehenden Zweig des Staatsdienstes an. Eines Tages würden sie wohl heiraten, Kinder aufziehen und die zufriedene Existenz des Mittelstandes führen. Für den Augenblick waren sie bereit, das Leben der lustigen fremden Offiziere zu teilen, solange man sie gut behandelte und ihnen Achtung erwies. Ein Versuch, mit der „Gattin" eines befreundeten Offiziers zu flirten, wäre ein grober Verstoß gegen die Etikette gewesen. Keine Spur von der westlichen Vielfältigkeit der Beziehungen beeinflußte ihre scharf ausgeprägten Lebensgrundsätze. Ähnlich anderen Orientalen, predigten sie moralische Reinheit und seelische Treue, die in ihrer Schätzung höher standen als des weißen Mannes Ideal von anatomischer Jungfräulichkeit. Wenige der amerikanischen und europäischen Schriftsteller zeigen viel, oder überhaupt einiges, Verständnis für diese wichtige Seite des japanischen Rationalismus. Das Herzeleid Madame Butterflys rief im Lande der aufgehenden Sonne einen Sturm von Heiterkeit hervor, weil keine Trägerin der buntgeblumten Kimonos einfältig genug ist, eine lebenslängliche Vereinigung mit ihrem fremden „Gatten" zu erwarten. Der übliche „Ehekontrakt" galt für einen Zeitraum von ein bis drei Jahren, je nach der Aufenthaltsdauer eines Kreuzers der Marine in den japanischen Gewässern. Nach dieser Zeit kam ein anderer Offizier daran, oder – wenn der erste freigebig gewesen war – hatte die „Gattin" genug erworben, um einen Platz in der Gesellschaft zu erobern.

Oft machte ich Besuche in den Häusern meiner verheirateten Freunde, und meine Stellung als Lediger wurde schon als unpassend angesehen. Die „Gattinnen" konnten nicht verstehen, warum der junge „Samurai" – man hatte ihnen erklärt, Großfürst sei die russische Form für Samurai – seine Abende vor fremder Leute Kaminen zubrächte, anstatt sich selbst ein gemütliches Heim zu gründen. Sooft sie mich in Strümpfen – die Schuhe mußte man im Vorraum ablegen – auf Zehenspitzen über den fleckenlos sauberen Boden ihrer Papierhäuschen kommen sahen, glitt ein ungewisses Lächeln über ihre karmingeschminkten Lippen. Wollte dieser lächerlich große Samurai ihre Treue gegen den „Gatten" auf die Probe stellen? Oder war er einfach zu geizig, um eine „Ehefrau" zu erhalten?

Ich entschloß mich also, zu „heiraten". Die Neuigkeit machte Aufsehen in dem Dorf Inassa, und man kündigte an, dass an einem bestimmten Tag eine allgemeine Vorstellung der in Betracht kommenden Anwärterinnen auf den Haushalt des großen Samurai stattfinden solle. Vergebens suchte ich die Sache weniger auffallend zu gestalten. Meine Freunde unterstützten Madame Omati-San in ihrer Ansicht, man müsse jedem „heiratsfähigen" Mädchen Gelegenheit geben, und dann müsse ich die Offiziere aller sechs in Nagasaki stationierten russischen Kriegsschiffe zu einem erlesenen Hochzeitsdiner einladen.

Die Wahl selbst bot beträchtliche Schwierigkeiten, denn mir erschienen sie alle gleich. Lächelnde, fächelnde Puppen, die ihre Teetasse nach streng konventioneller Art zu halten wußten. Nicht weniger als sechzig hatten der Aufforderung Folge geleistet, und die abgehärtetsten Sachverständigen unserer Messe waren ganz verwirrt angesichts von so viel Zierlichkeit. Ich konnte Eberlings gerötetes Gesicht nicht ansehen, aus Furcht, in ein Gelächter auszubrechen, das von den „Kandidatinnen" hätte mißverstanden werden können. Schließlich ließ ich meinen Farbensinn das Urteil sprechen und wählte ein Mädchen, das einen saphirblauen Kimono trug, der mit großen weißen Blumen bestickt war.

Jetzt hatte ich ein Heim. Ein „Absteigequartier" in des Wortes vollster Bedeutung. Der Kapitän der „Rynda" sorgte dafür, dass wir nicht zu sehr verweichlichten und ließ uns jeden Tag bis sechs Uhr arbeiten. Aber um halb sieben war ich bereits in meinem Heim in Inassa, wo ein zierliches Geschöpfchen sich mit mir zu Tisch setzte. Die Heiterkeit ihres Wesens war erstaunlich. Nie ein Stirnrunzeln, nie eine unzufriedene oder gereizte Miene. Ich sah sie gern in Kimonos von verschiedener Farbe und pflegte ihr Mengen von Seidenstoffen zu bringen; dann rannte sie voll Entzücken auf die Straße hinaus und lud alle Nachbarn ein, die Geschenke zu bewundern. Es wäre vergebens gewesen, sie zurückhalten zu wollen, denn sie war stolz, dem Dorf die Freigebigkeit ihres Samurai darzutun. Sie versuchte, für mich einen Kimono zu machen, aber auch sie mußte laut lachen, als sie meine ein Meter achtundneunzig ins japanische Nationalkostüm gehüllt sah. Ich unterstützte ihre Neigung, Bekannte zu sich zu laden, weil ich nicht müde wurde, die ernsthafte Würde zu bewundern, mit der die kleine Puppe ihre Gäste empfing und ins Eßzimmer geleitete. An Feiertagen mieteten wir eine Rikscha und besuchten Reisfelder und Tempel und beendeten den Tag in einem japanischen Restaurant, wo man ihr ausnahmslos große Ehre zu erweisen pflegte. Die russischen Offiziere nannten sie scherzend „unsere kleine Großfürstin", ein Titel, den die Eingeborenen ganz ernst nahmen. Ältliche Leute hielten mich manchmal auf der Straße in Inassa an und fragten, ob ich mit der Behandlung zufrieden sei, die mir eine der Ihren zuteil werden lasse. Es war, als betrachtete das ganze Dorf meine „Heirat" als eine politische Angelegenheit.

Ich wußte, wir würden zwei Jahre in Nagasaki und Umgebung bleiben, darum wollte ich die japanische Sprache erlernen. An der glänzenden Zukunft des Landes war nicht zu zweifeln, und so meinte ich, wenigstens ein Mitglied der Zarenfamilie sollte die Sprache Rußlands fortschrittlicher Nachbarn beherrschen. Meine „Gattin" machte sich erbötig, meine Lehrmeisterin zu sein, und trotz der bedeutenden Schwierigkeiten der japanischen Grammatik erlernte ich eine genügende Anzahl von Phrasen, um in einem Gespräch über einfache Gegenstände mitreden zu können.

Eines Tages kam eine Kabeldepesche des Zaren mit dem Auftrage, dem Mikado eine Staatsvisite zu machen. Unser Gesandter in Tokio bereitete ein reichhaltiges Programm von Empfängen, Mittags- und Abendtafeln vor, und ein Bankett im Palast sollte das Ganze krönen. Er war ungemein aufgeregt und ängstlich, denn ich war der erste kaiserliche Prinz, den ein japanischer Kaiser je zu Gast empfangen hatte. Er erklärte mir, ich hätte mich auf die Vermittlung eines Dolmetsch zu verlassen, da der Mikado keine andere Sprache als Japanisch spreche. Ich lächelte verstohlen. Meine Fähigkeit, mit dem Mikado direkt sprechen zu können, sollte nach meiner Absicht eine große Überraschung für unsern Gesandten bilden.

Das ganze Dorf Inassa verbrachte schlaflose Nächte über dem Gedanken, dass es einen Mann beherberge, der vom großen Mikado zu Gast geladen sei. Meinen japanischen Freunden verschlug es die Rede in meiner Gegenwart. Sie standen nur einfach da und verneigten sich vor mir. Sogar meine „Gattin" schien eingeschüchtert. Sie entdeckte in dem Lokalblättchen mein Bild mit dem Text, dass der junge russische Seeoffizier, der sich seit mehreren Monaten inkognito in Japan aufhalte, ein Vetter ersten Grades des russischen Zaren sei, und sie überlegte, ob sie mich weiterhin „San" (die japanische Abkürzung meines Kosenamens Sandro) nennen solle. Es bedurfte fünfzig Meter grünrosa Seide, um ihre Gemütsruhe wiederherzustellen.

Ein früherer Hofmarschall des Deutschen Kaisers regelte das Zeremoniell am damaligen japanischen Hof; und schon das allein genügt, um einem eine Ahnung von dem Pomp meines Empfangs in Tokio und Yokohama zu geben. Von dem Augenblick an, als der Kaisersalut von einhundertein Kanonenschüssen meine Ankunft in Yokohama anzeigte, hatte ich für weitere zehn Tage aufgehört, der bescheidene Unterleutnant S. K. M. S. „Rynda" zu sein, und wurde nach dem Zeremoniell behandelt, das von dem damaligen Potsdam für Herescherbesuche vorgesehen war. In Yokohama erwartete mich der Hofzug des Mikado, und auf dem Bahnhof in Tokio kamen mir alle Minister Japans, an ihrer Spitze der damalige Ministerpräsident Graf Ito, entgegen. In einer Staatskarosse fuhr ich nach dem Palast, und eine Schwadron der Garde des Mikado galoppierte voran.

Die erste Audienz bei dem Monarchen dauerte nur einige Minuten. Kaiser und Kaiserin empfingen mich im Thronsaal, umgeben von einer Schar Prinzen und Prinzessinnen. Ich überbrachte in einer kurzen Anrede die Grüße des Zaren. Der Kaiser drückte seine Freude darüber aus, mich in Tokio zu sehen, und hoffte auf Fortdauer der guten russisch-japanischen Beziehungen. Beide Ansprachen wurden durch den offiziellen Dolmetsch unserer Gesandtschaft übersetzt. Ich fühlte mich ungemein verlegen unter all diesen Leuten, die mir kaum bis an die Schulter reichten, und gab mir alle Mühe, kleiner auszusehen.

Eine Woche Besichtigungen, Besuche, Truppenparaden, und dann kam der Abend des Staatsbanketts. Zur Rechten der Kaiserin sitzend, nahm ich meinen ganzen Mut zusammen, lächelte höflich und sprach sie auf japanisch an. Eine Sekunde lang blickte sie erstaunt auf. Ich wiederholte meine Bemerkung. Sie lächelte. Dieser anfängliche Erfolg feuerte mich an, ihr von meiner Bewunderung für die Fortschritte Japans zu sprechen. Das erforderte meinerseits einige Anstrengung, und ich versuchte, mich an all die Ausdrücke zu erinnern, die meine Freunde in Inassa in ähnlichen Fällen anwendeten. Ein eigenartiger Laut kam aus dem Mund der Kaiserin. Sie hörte auf zu essen und Biss sich auf die Lippen. Dann schüttelten sich ihre Schultern. Sie begann hysterisch zu lachen. Der japanische Prinz zu ihrer Linken, der unser Gespräch mitangehört hatte, senkte den Kopf. Dicke Tränen rannen über seine Wangen. Im nächsten Augenblick platzte die ganze Tafelrunde heraus. Ich wunderte mich ein wenig über diesen Heiterkeitserfolg, denn meine Worte hatten nicht etwa eine komische Wirkung beabsichtigt. Als sich das stürmische Gelächter gelegt hatte, machte die Kaiserin dem Prinzen ein Zeichen, und er sprach mich auf englisch an.

„Wo haben Eure Kaiserliche Hoheit Japanisch gelernt?" fragte er höflich, die Augen noch voll von Tränen.

„Warum? Spreche ich es so schlecht?"

„Oh, durchaus nicht. Sie sprechen merkwürdig gut, aber, sehen Sie, Sie bedienen sich einer speziellen Mundart ... einer Mundart, die ... Ich weiß wirklich nicht ... Wie soll ich Ihnen erklären ... Darf ich fragen, wie lange Sie in Nagasaki gewesen sind? Und pflegen Sie das Gebiet von Inassa zu besuchen?"

Unbeschadet der Meinung des deutschen Zeremonienmeisters am Hofe von Tokio muß dies das heiterste Bankett in der Geschichte des japanischen Reichs gewesen sein.

„Ich möchte wissen, wie sie heißt", sagte der Premierminister, als er mich zu meinem Wagen geleitete. „Für ihre glänzende Unterrichtsmethode im Dialekt von Inassa möchte ich ihr im Namen Seiner Kaiserlichen Majestät danken. Wie viele Unterrichtsstunden haben Sie alles in allem genommen?"

5

Mit Nagasaki als Hafenbasis – wir kehrten alle drei Monate dahin zurück – setzte die „Rynda" ihre Reise fort und besuchte die Philippinen, Indien, Australien und verschiedene Inseln des Stillen und des Indischen Ozeans. Die Erinnerung an diese Orte erweckt heftiges Heimweh in mir, so sehr, daß ich einst den Wunsch hatte, meinen Titel abzulegen und Rußland für immer zu verlassen. Die Molukken, die Fidschiinseln, Ceylon und Darjeeling am Himalaja kamen in besonders reichem Maß gewissen Neigungen meiner Natur entgegen.

Das Tropenparadies der Molukken. Ein breiter Strom, der durch die Palmenwälder einer der Fidschiinseln fließt. Das kleine, saubere Hotel in Darjeeling mit dem einzig schönen Ausblick auf den stolzen Kintschintschanga.

Und jene frühe Morgenstunde in den Dschungeln von Ceylon! Es hatte die ganze Nacht geregnet; die frischgeknickten Pflanzen, der scharfe, eigentümliche Geruch und die Riesenspuren im schlammigen Grund verraten die Nähe der wilden Elefanten; wir reiten langsam und vorsichtig; Warnungsrufe der kundschaftenden Eingeborenen. „Vorsicht, Vorsicht, sie werden angreifen!" warnen unsere englischen Begleiter. Das Pfeifen der Geschosse – der Stolz über den ersten von mir erlegten Elefanten!

Oft dachte ich nach der Revolution an all das zurück. Es schien mir, als wäre eine Insel irgendwo im Stillen Ozean der geeignetste Aufenthalt für den, dessen Existenz die Schere der Geschichte zerschnitten hat. Ich sprach darüber mit meiner Frau und meinen Söhnen, aber sie beschlossen, in Europa zu bleiben, einem Kontinent, der mich auch in meiner Jugend nie angezogen hatte. Vielleicht werde ich noch einmal imstande sein, meinen Traum zu verwirklichen. So traurig es ist, nach vierzig Jahren an die Stätte einstigen Glücks zurückzukehren, glaube ich doch nicht, dass Bäume, Berge und Meer mich enttäuschen könnten. Das tun nur die Menschen.

„Le voyage est une école du scepticisme", sagt Montaigne. In meinem Fall erwies sich das Reisen als eine ausgezeichnete Schule des „Verlernens". In jedem von der „Rynda" aufgesuchten Lande gelang es mir, ein paar jener Halbwahrheiten und Gemeinplätze abzustreifen, mit denen meine Erziehung mich behängt hatte. Die Lügenhaftigkeit des offiziellen Christentums kam mir am stärksten im fernen Osten zum Bewusstsein, wo seine würdelosen Missionare es wagen, ihr lauwarmes Gemurmel den heiligen Visionen gegenüberzustellen, die das Dasein eines Buddhisten erfüllen. Wir Christen, die wir tierische Angst bei dem Gedanken an den Tod empfinden und verzweifelt über den Särgen unserer toten Angehörigen weinen, welches Recht haben wir, Völker zu belästigen, deren unbedingter Glaube an die Unsterblichkeit der Seele sich so rührend in den am geliebten Grabe dargebrachten Schalen voll Reis kundgibt? In jedem einzelnen dieser Chinesen, Japaner und Hindus brannte die Flamme jenes Glaubens, der das Christentum am Tage der Kreuzigung verließ und Goethe zu seinen tiefsinnigen Zeilen anregte:

> Und solang du das nicht hast,
> Dieses „Stirb und werde",
> Bist du nur ein trüber Gast
> Auf der dunklen Erde.

Das Land des weißen Mannes ist das Heim des „trüben Gasts", aber dort, im „unzivilisierten" Osten, hat die Hoffnung noch ihre ganze Glut bewahrt.

6

Im Frühling des Jahres 1889 kehrte die „Rynda" über den Suezkanal und Ägypten Dach Europa zurück. Nach kurzen Aufenthalten in Griechenland, wo ich mich an dem Wiedersehen mit meiner Kusine, Königin Olga, erfreute, und in Monte Carlo, wo ich mit Vater, Mutter, Georg und Anastasia zusammentraf, fuhren wir nach England weiter. Noch einmal hatte ich als Vertreter des Zaren aufzutreten und seine Grüße der Königin Viktoria zu überbringen. Da die Beziehungen zwischen beiden Ländern in diesem Augenblick mehr oder weniger gespannt waren, sagte mir dieser Auftrag nicht sonderlich zu. Ich hatte viel über die angebliche Kälte der mächtigen Königin gehört und war auf einen eisigen Empfang gefaßt.

Die Einladung in den Palast lautete „zum Lunch", und das steigerte meine Befürchtungen noch mehr. Eine Audienz hat zumindest den Vorteil der Kürze, aber der Gedanke, während der ganzen Dauer einer Mahlzeit mit einer Monarchin beisammen zu sitzen, deren Mißtrauen gegen Rußland bekannt war, erfüllte mich mit Bangen. Da ich zu früh in den Palast kam, wurde ich in einen großen, düsteren Salon geführt, wo ich einige Minuten allein saß und wartete. Zwei hochgewachsene Hindus erschienen, verneigten sich und öffneten die Flügeltüren nach den inneren Räumen. Eine kleine, dickliche Frau stand auf der Schwelle. Ich küßte ihr die Hand und begann ein Gespräch. Ich war ein wenig verdutzt über die ausgesprochene Herzlichkeit ihres Benehmens. Zuerst dachte ich, es bedeute eine beginnende Änderung in Großbritanniens russischer Politik. Alsbald aber kam die Erklärung.

„Ich habe viel Schönes von Ihnen gehört", sagte sie lächelnd, „und muß Ihnen für die gütige Behandlung eines meiner Freunde danken."

Ich sah erstaunt auf. Ich konnte mich nicht erinnern, je einem Menschen begegnet zu sein, der sich der Freundschaft Königin Viktorias hätte rühmen können.

„Haben Sie ihn schon vergessen?" fragte sie lachend. „Munchi, meinen Lehrer des Hindostanischen."

Jetzt wußte ich, warum ich so warm empfangen wurde, obgleich Munchi mir nie gesagt hatte, daß er der Lehrer Ihrer Britischen Majestät sei. Ich traf ihn in Agra, während ich den Tadsch Mahal besichtigte. Er sprach ungemein klug über die verschiedenen Religionen Indiens, und ich nahm mit Vergnügen die Einladung an, in seinem Hause zu speisen. Nie hätte ich geahnt, daß die Tatsache, daß ich an Munchis Tisch gegessen hatte, sein Ansehen bei den stolzen indischen Rajahs heben könnte und er einen langen Brief an Königin Viktoria schreiben und meine außerordentliche „Güte" verherrlichen werde.

Die Königin klingelte, die Tür öffnete sich, und herein trat niemand anders als mein Freund Munchi, wie er leibte und lebte. Wir schüttelten einander die Hand, und die Königin beobachtete unsere Begrüßung mit sichtlichem Vergnügen.

Als der Lunch angekündigt wurde, fühlte ich mich schon völlig unbefangen. Glücklicherweise war ich imstande, die sehr zutreffenden Fragen der Königin über die politische Lage in Südamerika, Japan und China zu beantworten. Das Britische Reich hatte allen Grund, stolz zu sein auf diese hervorragende Frau. An ihrem Schreibtisch in London verfolgte sie genau die Vorgänge in den fernsten Ländern, ihre knappen Bemerkungen verrieten durchdringenden Verstand und kluges Urteil.

Bei Tisch waren nur die nächsten Familienmitglieder anwesend, unter ihnen der Prinz und die Prinzessin von Wales – der spätere König Eduard VII. und seine Gattin, Königin Alexandra. Die Prinzessin von Wales war ihrer Schwester, der Kaiserin Marie von Rußland, herzlich zugetan und verscheuchte durch ihre einfache, natürliche Liebenswürdigkeit den Rest meiner Zaghaftigkeit. Sie war etwas schwerhörig, und ich mußte bei Beantwortung der Fragen nach ihrer Schwester und ihren Neffen und Nichten meine Stimme erheben. Ich warf einen Blick auf die Königin, um zu sehen, ob ihr meine laute Seemannsstimme nicht mißfalle. Sie nickte verständnisvoll: jedermann machte es so im Gespräch mit der schönen Prinzessin von Wales, und am meisten ihr Gatte. Ein den Speisesaal betretender Fremder hätte gemeint, Zeuge eines Familienstreites zu sein.

Zwei Tage darauf wurde ich zum Familiendiner geladen, und von da an zeichnete mich die Königin weiter durch ihre Freundschaft aus. Wir trafen einander meist im Hotel Cimiez in Nizza, wo sie fast jedes Frühjahr weilte.

Für einen eben an Land gegangenen Seefahrer war der Kalender meiner gesellschaftlichen Verpflichtungen in London ansehnlich genug. Die Grüße des Zaren mußten an alle Mitglieder der englischen Königsfamilie überbracht werden, und das bedeutete eine Reihe Einladungen zum Lunch, Tee oder Diner. Ich erneuerte meine Bekanntschaft mit dem Herzog von Edinburg, den ich im Jahre 1883 bei den Krönungsfeierlichkeiten in Moskau kennengelernt hatte. Er war mit meiner Kusine, Großfürstin Marie Alexandrowna, der Tochter Alexanders II., vermählt. Ihre vier Töchter, obwohl noch Backfische, verrieten schon ihre spätere hervorragende Schönheit. Ein Schiedsrichter hätte es schwer gehabt, zwischen „Missy", der heutigen Königin-Witwe von Rumänien, „Ducky", der Gattin Großfürst Cyrills, „Sandra", der Prinzessin Hohenlohe-Langenburg, und „Baby B.", der Infantin Beatrix von Spanien, zu wählen.

Dann traf ich Herrn B., den letzten Vertreter der heute ausgestorbenen Gattung exzentrischer amerikanischer Millionäre. Er lebte auf seiner Jacht „Lady Torfrida", einem schönen, hochseetüchtigen Fahrzeug, das gerade außerhalb Londons vor Anker lag. Wenn ich sage, er lebte auf seiner Jacht, so meine ich damit, daß er fünfzehn Jahre an Bord blieb und überdies die Gewohnheit besaß, drei bis fünf Jahre im gleichen Hafen zu liegen, wobei er nie an Land ging und Besuche nur äußerst ungern empfing. Der russische Marineattaché in London bezweifelte, daß ich zu einem Abkommen gelangen könnte. Er glaubte, mein Wunsch, „Lady Torfrida" zu kaufen, werde den Amerikaner erbosen und zum Gebrauch von Ausdrücken hinreißen, die Königin Viktorias zartes Ohr verletzen könnten. Ich entschloß mich dennoch, der Gefahr zu trotzen, und ersuchte Herrn B. um den Vorzug einer Unterredung.

Ich fand ihn auf dem Hinterdeck sitzen, umgeben von einer schönen Sammlung eisgekühlter Flaschen. Er schien verärgert und brummte. Er konnte nicht einsehen, warum ein Großfürst seine Jacht besitzen wolle. Ich erklärte ihm, ich hätte den Wunsch, einige der lockenden Orte im Orient wieder aufzusuchen und dabei unabhängig von den Fahrplänen der Passagierdampfer und sorglos zu reisen. Da ich im nächsten Frühjahr fahren wolle, hätte ich keine Zeit, eine neue Jacht bauen zu lassen.

„Und was, glauben Sie, soll ich anfangen, während Sie es sich verteufelt gut gehen lassen?" schrie er wütend. „Soll ich vielleicht im Hyde Park übernachten? Oder bilden Sie sich ein, Sie können mich in ein schmieriges Hotel voll menschlichen Gestanks und scheußlichen Lärms stecken?"

Bestimmt nicht. Es sei nie meine Absicht gewesen, aus Herrn B. eine elende Landratte zu machen. Ich dachte nur, er werde einwilligen, mir „Lady Torfrida" zu überlassen und für sich selbst eine ähnliche Jacht von viel größerem Tonnengehalt anschaffen, die durch meine Agenten sofort käuflich gewesen wäre.

„Wer von uns beiden ist der Dümmere?" wollte er wissen. „Sie oder ich? Warum, in aller Sünder Namen, ist sie zu groß, um von Ihnen gekauft zu werden, aber nicht zu groß, als daß ich mein edles Fahrzeug dafür opfere?"

„Nun ja", sagte ich bescheiden, „ein Mann von Ihrem Kaliber sollte wirklich eine viel größere Jacht besitzen als ‚Lady Torfrida'." Er lächelte höhnisch und sagte etwas über Gebrauch des unrichtigen Köders. Ich setzte ihm weiter zu und muß ihn wohl mürbe gemacht haben, denn nach zwei Stunden erklärte er, daß die Sache noch viel genauer überdacht werden müsse. Ob ich auf einer Wochenend-Kreuzerfahrt sein Gast sein wolle?

„Nur Sie und ich und der Wein."

Den nächsten Montag um fünf Uhr früh unterzeichneten wir, die wir uns kaum auf den Beinen halten konnten, ein Obereinkommen, demzufolge ich der Eigentümer „Lady Torfridas" wurde und Herr B. sich einverstanden erklärte, seinen Weinkeller in eine andre Jacht zu verlegen.

„Denken Sie daran", und er drohte mir mit dem Finger, „wir sind nur dann handelseinig, wenn Sie das größere Ding so nahe an ‚Lady Torfrida' heranbringen, daß zur Übersiedlung nicht einmal ein Boot herabgelassen werden muß! Und noch eine Bedingung: Den Namen können Sie nicht haben. ‚Lady Torfrida' bleibt mir. Sie müssen ihr einen andern Namen geben."

Ich war sofort einverstanden: „Ich hätte die schöne Jacht auf jeden Fall auf ‚Tamara' umgetauft."

„Wer war das?"

„Sie war einst eine georgische Königin, die ihre Liebhaber vom Turm ihres Schlosses hinunterzustürzen pflegte."

„Schneidiges Mädel. Kannten Sie sie persönlich?"

„Leider nicht, sie starb, ohne meine Ankunft abzuwarten."

„Sie verlassen uns alle zu früh", sagte Herr B. und öffnete eine neue Flasche Champagner.

Als ich vor mehreren Jahren in London war, las ich in den „Times" eine kurze Notiz über den plötzlichen Tod Herrn B.s an Bord seiner wie gewöhnlich in der Themse verankerten

Jacht. Trotz Wein und alledem hat er ein Alter von zweiundachtzig Jahren erreicht, was ich der Tatsache zuschreiben möchte, daß er stets bestrebt war, den Kreis seiner Eigenheiten nicht durchbrechen zu lassen. Torfrida war der Name der grünäugigen Braut Herrn B.s, die nach Paris fuhr, um ihre Ausstattung zu kaufen, wo sie einen strammen englischen Adeligen kennenlernte und heiratete.

Achtes Kapitel

ICH GRÜNDE EIN HEIM

I

Sommer 1889. Die „Rynda" steht abgetakelt und vergessen im Trockendock. Ich bin wieder zu Hause im Michailowski-Palast. Ich sitze in meinen Gemächern und langweile mich. In St. Petersburg hat sich nichts geändert. Dasselbe Einerlei. Dieselben drei Mahlzeiten täglich, wobei das Mittagessen stets hastig heruntergeschlungen werden muß, damit der Vater nicht zu spät in den Reichsrat kommt. Dasselbe alltägliche Geplauder, dasselbe Getuschel der klatschenden Hofdamen. Dieselben auf Zehenspitzen einherschleichenden Diener. Sogar derselbe eigensinnige Koch.

Was ist nur mit mir? Warum bin ich so schlechter Laune?

Mutter ist herzleidend. Geht sie mit mir aus, so muß sie häufig stehenbleiben. Sie ist offenbar sehr froh, mich wieder daheim zu haben. Sie erzählt mir, sie sei stets in Sorge gewesen, bis eine Kabeldepesche unsere Landung in irgendeinem Hafen des fernen Ostens meldete. Ich wollte, ich könnte ihre Zuneigung erwidern, aber meine Schuld ist es nicht, daß sie mir ihre Liebe nicht in den Jahren zeigte, als ich ihrer am meisten bedurfte.

Alle meine Brüder, mit Ausnahme des kleinen Alexis, leisten ihren Militärdienst. Sie stehen in den Sommerlagern ihrer Garderegimenter.

Ich treffe Xenia. Sie ist kein Wildfang mehr, nicht mehr „dein Matrose Xenia". Sie ist vierzehn. Ich glaube, sie mag mich leiden.

Ich suche Nicki in seinem Militärlager im Dorfe Kaporskoje auf, wo er seine kavalleristische Ausbildung in dem schneidigen Gardehusarenregiment erhält, das Nikolascha kommandiert. Er bewohnt eine kleine hölzerne Villa, die eigens für ihn gebaut wurde. Er ist im höchsten Maß vom Offiziersberuf befriedigt. Wir plaudern. Ich von der Großwildjagd in Indien. Er von den letzten Neuigkeiten bei der Garde. Sein Bruder Georgi konnte meine schwärmerischen Briefe nicht länger ertragen und kreuzt nun auf einem Übungsschiff.

So geht es weiter. Dieses Leben bringt mich um. Ich muß weg.

„… Il est temps! Levons l'ancre! Ce pays nous ennuie …"

Ich und mein Bruder Michael reisen nach Paris, wir wollen die Weltausstellung sehen.

Paris. Ein Gewimmel von Ausländern und Provinzlern, die mit aufgesperrtem Mund den Eiffelturm, die Sensation der Ausstellung, bestaunen. Zwanzigtausend französische Bürgermeister, die auf dem Champ de Mars das Gratisdiner genießen, voll Angst, sie könnten am Ende eine Flasche Wein oder ein Stück Backwerk ungekostet lassen. Es ekelt mich an. Wir fahren weiter nach Biarritz, wo unser Bruder Georg Michailowitsch sich von seiner letzten Erkrankung erholt. Hier gibt es wenigstens das Meer und Sandstrand und Sonnenuntergänge.

Träge Abende. Flüchtiger Flirt mit zwei schönen russischen Mädchen, die man in St. Petersburg nie treffen könnte, da sie nicht zu unserer „Klasse" gehören. Ich muß an Munchi und an die indischen Nabobs denken. Und wieder packt mich die Langeweile.

„Seht euch unsern Buddha an!" spottet Michael. „Er kann einfach in der zivilisierten Welt keinen Platz für sich finden." Der neue Spitzname schmeichelt mir, obgleich ich nicht glaube, daß er für den „göttlichen Lehrer" ein allzu großes Kompliment bedeutet.

Wieder zurück nach St. Petersburg. Die „glänzende Wintersaison". Ein großer Ball im Winterpalast und eine Reihe kleinerer Bälle zu Hause. Ich zähle die Tage bis zum Frühling, weil mir Herr B. versprochen hat, meine Jacht da nach Rußland zu senden. Ich tanze nur mit Xenia.

Gott sei Dank! Die „Tamara" ist angekommen. Da liegt sie, ihr edles Profil zeichnet sich gegen die Nikolausbrücke ab. Ich lade meine Familie zu einem Bordfrühstück ein.

„Sandro, du bist glatt verrückt", erklärt mein Vater. „Hast du wirklich die Absicht, in dieser elenden Nußschale in der Welt umherzufahren?"

Mein armer Vater hat nie Verständnis für den Zauber der See gehabt. Ein Seemann soll nicht zuviel von einem Artilleristen erwarten! Nur der Zar mit seiner Leidenschaft für alles, was die Meere befährt, überhäuft meine „Tamara" mit Lob. Jeden Sommer kreuzt er auf seiner majestätischen „Zarewna" in den finnischen Gewässern. Er ladet mich ein, mich ihm in diesem Sommer auf meiner kleinen „Tamara" anzuschließen.

Selige Tage! Die strenge Schönheit der Fjorde. Ich nehme meine Mahlzeiten mit der kaiserlichen Familie ein, sitze neben Xenia. Der Zar genießt ungestörte Ruhe. Abends wird ein kindisches Kartenspiel, „der Wolf" genannt, gespielt.

September. Leb wohl, Petersburg! Ich hoffe, dich wenigstens zwei Jahre nicht wiederzusehen. Die „Tamara" segelt stolz die Newa hinunter, auf ihrem Weg nach Indien. Ich habe meinen Bruder Sergej überredet, mich zu begleiten. Irgendwo im fernen Osten werden wir gewiß Nicki treffen, der als zukünftiger Zar von Rußland seine Weltreise anzutreten gedenkt. Der Turm des Admiralitätsgebäudes wird kleiner und kleiner. Mein Herz schlägt triumphierend.

> Verse-nous ton poison pour qu'il nous réconforte,
> Nous voulons tant – ce feu nous brûle le cerveau, –
> Plonger au fond du gouffre. Enfer ou ciel, qu'importe?
> Au fond de l'inconnu pour trouver du nouveau!

2

Das Schicksal war gegen uns. Kaum hatten wir den fernen Osten erreicht, als zu Hause die Ereignisse sich überstürzten. Erst vermählte sich mein Bruder Michael mit einer „Bürgerlichen", einem entzückenden Mädchen seiner Wahl, und zog dadurch den Zorn des Zaren und der Eltern auf sich. Dann erkrankte Georgi, die Ärzte stellten Tuberkulose beider Lungenflügel fest, was seine sofortige Übersiedlung nach Abbas-Tuman im Kaukasus nötig machte. Und zuletzt, während wir durch Indien reisten, brachte uns eine Kabeldepesche die Nachricht vom Tod unserer Mutter. Sie starb an Herzschwäche, der Anfall ereilte sie auf der wie jeden Frühling unternommenen Fahrt nach unserer Besitzung Ay-Todor in der Krim, wo jeder Baum und jede Blume unter ihrer persönlichen Aufsicht gepflanzt worden waren. Wir ließen die „Tamara" im Hafen von Bombay zurück und eilten an Bord eines schnellen Passagierdampfers nach Rußland. Nie mehr sollte mein Fuß den geheiligten Boden Indiens betreten.

Der Michailowski-Palast atmete Verödung. Vater wanderte ziellos durch die Räume. Stundenlang sprach er kein Wort, rauchte eine dicke, schwarze Zigarre nach der andern und starrte die langen, nur halb erhellten Gänge entlang, als erwarte er eine vertraute Stimme zu vernehmen, die ihn daran erinnere, das Paffen im Salon zu unterlassen. Er gab Michaels Heirat die Schuld an der Verschlimmerung von Mutters Leiden, und sich selbst konnte er nicht verzeihen, daß er sie allein nach der Krim hatte reisen lassen. Er war neunundfünfzig. Der plötzliche Verlust seiner treuen Gefährtin ließ ihn auch so alt erscheinen. Sein Kaukasus und seine Gattin, nichts sonst hatte ihm je etwas bedeutet. Nichts schien ihm jetzt noch des Lebens wert, da die Eifersüchtelei kleinlicher Höflinge und der Wille des Höchsten ihn um beides gebracht hatten. Selbstverständlich waren noch wir Kinder da, unser sieben, aber wir hatten in ihm Zeit unseres Lebens einen Turm der Kraft, ein Vorbild der Pflichterfüllung, ein Symbol der glorreichen Regierung Nikolaus' I. gesehen. Sprachen wir von ihm, so war es stets von „Michael Nikolajewitsch", und sprachen wir zu ihm, so wogen wir die Worte und hielten unsere Gefühle im Zaum. Unsere Herzen schlugen ihm in seinem jetzigen Kummer entgegen, aber wir fanden keine geeignete Art, unser Mitgefühl auszudrücken. Wir saßen schweigend, und in meinem Gemüt wurden die Worte der Heiligen Schrift lebendig: „Und saßen mit ihm auf der Erde sieben Tage und sieben Nächte und redeten nichts mit ihm; denn sie sahen, daß der Schmerz sehr groß war."

St. Petersburg schien unerträglicher als je. Ich bat den Zaren um eine Stelle in der Schwarzen-Meer-Flotte und wurde als Wachoffizier auf das Schlachtschiff „Sinope" kommandiert. In den nächsten zwei Jahren arbeitete ich sehr angestrengt, beschäftigte mich ausschließlich mit meinen Dienstobliegenheiten und nahm nur im Februar 1892 zwei Wochen Urlaub, um Georgi in Abbas-Tuman zu besuchen. Er lebte ganz allein in dem Bergdorf, seine einzige Unterhaltung bestand darin, den Schnee von den Hausdächern zu kehren. Die Ärzte dachten, reichliche kalte Luft werde seine kranke Lunge heilen; so schliefen wir unter warmen Decken bei offenen Fenstern und einer Temperatur von zehn Grad unter Null. Georgi wußte um meine wachsende Neigung zu seiner Schwester Xenia; dies, vereint mit unserer alten Freundschaft und unserer gemeinsamen Vorliebe für die Marine, gab uns das Gefühl, Brüder zu sein. Wir wurden nicht müde zu plaudern, Kindheitserinnerungen auszutauschen und zu versuchen, in die Zukunft Rußlands zu blicken und Nickis Charakter zu deuten. Wir hofften beide, daß sein Vater noch lange Jahre regieren möge. Und beide fürchteten wir, daß Nickis vollkommene Unvorbereitetheit ihm ungemein hinderlich sein werde, falls er schon in nächster Zeit den Thron bestiege.

In diesem Frühling wurde ich zur Ostseeflotte versetzt. Der Zar sprach seine Zufriedenheit über meine Dienstbeschreibung aus, und nachdem ich zwei Monate lang ein einzelnes Torpedoboot von hundert Tonnen befehligt hatte, wurde ich zum Kommandanten eines Geschwaders von zwölf Torpedobooten ernannt. Während der Sommermanöver wurde mir befohlen, den Kreuzer „anzugreifen", der den Zaren und sein Gefolge trug. Niemand kann je so stolz gewesen sein, und kein Kommandant eines Torpedogeschwaders hat je ein Schlachtschiff mit mehr Eifer und mit wilderer Entschlossenheit angegriffen. Der Marineminister beglückwünschte mich zu dem vollendet ausgeführten Manöver, und dann kam der allergrößte Triumph: mein übellauniger, seemännischer Erzieher, der mir zehn Jahre vorher Mißerfolge geweissagt hatte, schrieb mir, ich mache mich viel besser, als er erwartet habe, und es sei immerhin möglich, daß mit der Zeit noch ein ziemlich brauchbarer Seeoffizier aus mir werde.

Im Januar 1893 erfuhr ich, daß Rußlands neuester Kreuzer, „Dimitri Donskoj", der sich auf der Heimreise aus China befand, als nächstes Fahrziel die Vereinigten Staaten habe, um dort den Dank für die während der Hungersnot in einigen Gebieten Rußlands im vergangenen Sommer geleistete Hilfe auszusprechen. Hier war nun Gelegenheit, das Land meiner Knabenträume aufzusuchen. Ich beschloß, mich an den Zaren um Versetzung auf den „Dimitri Donskoj" zu wenden. Aber wenn ich schon diese eine Gunst erbitten wollte, konnte ich ihn bei der Gelegenheit wohl gleich auch um etwas anderes bitten. Dieses „Andere" war die Hand seiner Tochter Xenia. Ich fühlte mich nicht ganz sicher, ob ich aus Amerika als Junggeselle zurückkehren würde, ohne daheim verlobt zu sein.

Der Zar empfing mich gütig wie immer. Gleichviel, wie groß ich herangewachsen war, für ihn blieb ich immer noch „der kleine Vetter Sandro", der mit seinen Söhnen Nicki und Georgi in Livadia im Garten gespielt hatte.

„Was gibt es Besonderes?" fragte er lächelnd. „Sehen wir uns nicht oft genug, daß du in offizieller Audienz empfangen werden mußt?"

Ich fürchte, ich erklärte den Zweck meiner Vorsprache nicht allzu beredt. Der durchdringende Blick seiner klaren, humorvollen Augen raubte mir den Mut. Ich stotterte und stammelte. Sätze, die, als ich sie mir zu Hause vorsprach, wunderschön geklungen hatten, verfehlten ihre Wirkung in diesem kleinen, behaglichen Raum voller Porträts und Bilder.

„Die Sache mit der Versetzung auf den ‚Dimitri Donskoj' ist einfach genug", entschied er nach kurzer Überlegung. „Ich glaube wirklich, daß es passend wäre, wenn ein Mitglied meiner Familie den Dank an den Präsidenten der Vereinigten Staaten überbrächte. Was Xenia und deine Heiratsabsicht betrifft, solltest du wohl zuerst mit ihr sprechen, bevor du zu mir kommst."

„Ich habe mit ihr gesprochen, und sie stimmte zu, daß ich um eine Audienz ansuchen solle."

„Ach so. Nun, mein Junge, im Prinzip habe ich nichts gegen dich. Du weißt, ich habe dich gern. Wenn du Xenia liebst und sie dich, dann sehe ich keinen Grund, weshalb ihr beide nicht heiraten solltet. Aber eine Weile werdet ihr noch warten müssen. Xenias Mutter möchte sie nicht so früh heiraten lassen. In einem Jahr wollen wir wieder über die Sache sprechen."

Ich dankte ihm von Herzen und eilte zu Xenia, um ihr das Ergebnis mitzuteilen. Früher oder später hofften wir die Zustimmung der Zarin zu erlangen.

Jetzt glaubte ich, leichten Herzens nach Amerika reisen zu können.

3

Ich war gerade siebenundzwanzig Jahre an jenem nebligen Frühlingsmorgen 1893, als S.K.M.S. „Dimitri Donskoj" im Hudson vor Anker ging.

Offiziell kam ich im Auftrage des Zaren Alexander III., meines kaiserlichen Vetters, um dem Präsidenten Cleveland den Dank für die Hilfe Amerikas bei der russischen Hungersnot auszusprechen. Inoffiziell wollte ich einen Vorgeschmack der Zukunft bekommen und mir die Linien meiner Hand vom Geiste eines ungebrochenen Volkes deuten lassen.

Chicago war eben dabei, seine Weltausstellung zu eröffnen, und das ganze Land brodelte vor Aufregung. Nie zuvor in der ganzen Geschichte Amerikas hatten so viele Nationen ihre Flotten an seine Küste entsendet. England, Frankreich, Deutschland, Italien, Rußland, Österreich, Argentinien, sie alle waren in der glänzenden Flottenparade vertreten, die im Mai im Hafen von New York abgehalten wurde.

Da der Besuch der spanischen Infantin Eulalia als Hauptanziehungspunkt der Weltausstellung galt, entsendete Kaiser Wilhelm den berühmten Dirigenten Hans von Bülow, um dieser „spanischen Intrige" entgegenzuwirken; die schottischen Hochländer spielten auf ihren Dudelsäcken auf dem Battery Place, und die Franzosen erwiderten mit einer besonders ausgesuchten Kapelle der „republikanischen Garde". Es lag etwas ungemein Bedeutungsvolles in diesem Schauspiel, wie alle Großmächte sich um die Gunst und Freundschaft Amerikas bewarben. In einer heißen Juninacht, während wir die festlich geschmückte Fifth Avenue entlang zum Palais Johann Jakob Astors fuhren und die endlose Reihe beleuchteter Wohnhäuser betrachteten, fühlte ich mit einemmal den geheimnisvollen Atem einer neuen Zeit.

Das also war das Land meiner Träume! Es war kaum zu glauben, daß vor nur neunundzwanzig Jahren dieses selbe Land die Schrecken und Entbehrungen eines brudermörderischen Kriegs durchgemacht hatte. Vergebens suchte ich nach Spuren jüngst vergangenen Unheils in den Straßen, die Freude, Macht und Reichtum atmeten.

Ich dachte an meinen Großvater, meinen Onkel und meinen Vetter. Sie herrschten über ein Kaisertum, das sogar noch reicher war als dieses neue Land und sich ähnlichen Problemen gegenüber sah: eine ungeheure Bevölkerung, die Dutzende von Nationalitäten und Religionen umfaßte, ferner gewaltige Entfernungen zwischen Industriestädten und ackerbautreibendem Hinterland, dringender Bedarf nach Schaffung eines ausgedehnten Eisenbahnnetzes usw. Amerikas Verbindlichkeiten waren nicht geringer als unsere, während unsere Aktivposten sicherlich größer waren. Rußland besaß Gold, Kupfer, Kohle, Eisen. Bei guter Bearbeitung hätte sein Boden ausreichen müssen, um die ganze Welt zu ernähren.

Woran lag es also bei uns? Warum folgten wir nicht dem amerikanischen Beispiel, die Dinge anzupacken? Es war nicht unsere Aufgabe, nach Europa zu blicken und Methoden nachzuahmen, geeignet für Nationen, die durch ihre Armut gezwungen waren, von ihrem geistigen Kapital zu leben.

Europa! Europa! Es war unser ewiger, verhängnisvoller Wunsch, uns Europa anzugleichen, der uns für Gott weiß wie viele Jahre zurückgeworfen hatte.

Hier, sechstausend Kilometer weit vom Schauplatz europäischen Gezänks, war ein lebendiges Vorbild von Möglichkeiten, den unseren verwandt und erreichbar, wenn wir nur etwas gesunden Menschenverstand in unsere Politik hineinbrächten!

Gleich damals, während der wenigen noch verbleibenden Augenblicke meiner Fahrt durch New York im Jahr 1893 begann ich einen großangelegten Plan zur Amerikanisierung Rußlands auszuarbeiten.

Es war berauschend, jung und lebendig zu sein. Es war eine Wonne, sich immer und immer wieder sagen zu können, daß das alte blutbefleckte neunzehnte Jahrhundert zu Ende gehe und den Schauplatz den unwiderstehlichen Kräften kommender Generationen räume. Jedenfalls waren das meine Gefühle in jener denkwürdigen Nacht, und dies war der Leitgedanke meines Gesprächs an Mr. Astors Tafel.

Der Gastgeber und seine Freunde sahen mich mit aufgerissenen Augen an. Hatte ich die heutigen Morgenblätter nicht gelesen? Wußte ich nichts von den schlechten Nachrichten?

Die National Cardage Company hatte ihre Zahlungen eingestellt und dadurch die Henry Allen Co. und einige andre Börsenfirmen gezwungen, sich unter Zwangsverwaltung zu stellen.

„In Wall Street ist der Teufel los", sagte Mr. Astor. „Ich muß leider zugeben, daß das ganze Land am Rande eines Abgrunds steht."

Ein Herr, damals wohlbekannt wegen seines scharfen Urteils in Finanztransaktionen, verlangte eine der großen New Yorker Zeitungen und reichte sie mir.

„Ich wollte", sagte er sehr ernst, „Sie würfen einen Blick

auf diese düsteren Überschriften. Sie werden Ihnen einen wirklichen Begriff davon geben, was in Amerika geschehen wird. Was mich betrifft, so werde ich es als meine Pflicht ansehen, meinen Klienten vom Eingehen weiterer Verbindlichkeiten abzuraten."

Dies ereignete sich am 13. Juni 1893.

Das unheilvolle, schicksalschwere Zeitungsblatt ist noch in meinem Besitz. Seine Seiten sind zerrissen und vergilbt, aber die darin enthaltene Lehre behält für mich ihre kraftvolle Bedeutung. Für mich war sie ermutigend. Sooft meine Freunde Befürchtungen für die Zukunft der Vereinigten Staaten äußern, lese ich ihnen jenes Zeitungsblatt vom 13. Juni 1893 vor und lasse sie selbst entscheiden, ob die Beunruhigungen des Augenblicks tatsächlich von so beispielloser Art sind, wie ihre Aufregung sie glauben machen möchte.

Finanzkrise, Rückgang der Industrie, politische Fehlgriffe, Sensationsprozesse, Beamtenbestechlichkeit, moralische Gefährdung der Jugend, ungünstige Beurteilung von seiten durchreisender englischer Schriftsteller, Mangel an guter Literatur, Notwendigkeit der Theaterzensur, schlechte Resultate der Fußballklubs – es gibt kaum eine Phase des heutigen amerikanischen Lebens, die nicht schon den Lesern und Schreibern jener Zeitung vom Jahre 1893 schlaflose Nächte verursachte.

Die Geschichte der Menschheit lehrt uns, daß die Verherrlichung der guten alten Zeit unweigerlich im Widerspruch steht mit den uns überlieferten nackten Tatsachen.

Jeder meiner drei Besuche Amerikas fiel mit einer ernstlichen Finanzkatastrophe zusammen. Jedesmal wurde mir mitgeteilt, daß das Land in einem Kampf um Leben und Tod begriffen sei. Ich bin beinahe stolz darauf, daß ich im Jahre 1893, ohne die Hysterie Wall Streets aus Erfahrung zu kennen, nicht geneigt war, auf die pessimistischen Voraussagen meiner heftig beunruhigten Freunde einzugehen. Der unvergeßliche Anblick der Weltausstellung und Chicagos selbst, im Glanze seiner überschäumenden Jugend, ließ mich empfinden, daß dies kein Land sei, an dem man verzweifeln dürfe.

Mein erster Aufenthalt in den Vereinigten Staaten gab mir mehr als eine gute Lehre. Ich begriff den Vorteil des Fehlens verknöcherter Gesellschaftsklassen und wünschte, diese wichtige Reform hätte sofort in Rußland eingeführt werden können. Leider waren unsere führenden Geister gewohnt, ihre Ideen aus Frankreich zu erborgen, und so ahmten sie das uralte ungeschriebene Gesetz nach, das – vielleicht ein Überbleibsel des mittelalterlichen Zünftewesens – den Sohn eines französischen Portiers in die Fußtapfen seines Vaters treten heißt: Revolutionen mögen kommen und gehen, aber es ist nicht daran zu zweifeln, daß er in den kommenden Jahren auf der Schwelle desselben düstren Kellergeschosses stehen wird, in dem seine Eltern ihr ganzes Leben verbrachten. Und dies ist die Ursache, warum trotz all den hochtönenden Reden über die Vereinigten Staaten von Europa noch niemand ein Heilmittel gegen die unheilbare Krankheit des alten Kontinents gefunden hat.

Als der Sommer zu Ende ging, reiste ich nach Rußland zurück und gelobte mir, sehr bald wiederzukommen, aber als Großfürst hatte ich kein Recht, über meine Zeit zu verfügen.

4

„Wann wirst du heiraten?" fragte mich mein Vater bei meiner Rückkehr nach St. Petersburg.

„Ich muß eine endgültige Antwort des Zaren und der Zarin abwarten."

„Warten und Reisen scheint jetzt noch das Beste zu sein, was du tun kannst", sagte mein Vater ungeduldig. „Einfach lächerlich! Du mußt dir ein Heim gründen. Ein ganzes Jahr ist vorbei, seit du mit dem Zaren gesprochen hast Geh wieder zu ihm! Sag ihm, du möchtest eine bestimmte Antwort!"

„Vater, das tu' ich nicht. Ich möchte um alles nicht den Zaren verärgern. Er könnte sehr böse auf mich werden."

„Nun gut, Sandro. Wenn es so ist, will ich die Sache selber in die Hand nehmen."

Und ohne ein weiteres Wort zu verlieren, eilte mein Vater

in den Anitschkow-Palast, um geradeheraus mit der Zarin zu reden – ich blieb in einem Zustand verzweifelter Aufregung zurück. Ich wußte, Vater hatte Xenia gern und würde tun, was in seiner Macht stand, um die Einwilligung ihrer Eltern zu gewinnen – aber ich kannte auch die Zarin. Sie haßte Widerspruch und Überrumpelung, und ich fürchtete, sie könnte auf eine Art „Nein" sagen, die jeden weiteren Versuch meinerseits ausschlösse.

Ich erinnere mich, in meines Vaters Arbeitszimmer ein Dutzend Bleistifte zerbrochen zu haben, während ich auf ihn wartete. Es schienen Stunden um Stunden vergangen zu sein, seit er das Haus verlassen hatte. Da ging die Klingel im Zimmer des Kammerdieners, dann vernahm ich den gewohnten festen Schritt. Nie ging er schnell die Treppe hinauf, diesmal aber lief er. Sein Gesicht strahlte vor Glück. Er erdrückte mich fast in seiner Umarmung.

„Alles ist in Ordnung. Um halb fünf nachmittags sollst du Xenia besuchen."

„Was hat die Zarin gesagt? War sie wütend?"

„Wütend? Das Wort ist viel zu schwach, um ihren Zustand zu beschreiben. Sie beschimpfte mich auf ganz schändliche Art und behauptete, ich versuche ihr Glück zu zertrümmern. Ich hätte kein Recht, ihr die Tochter zu stehlen. Nie wieder wolle sie ein Wort mit mir sprechen. Sie hätte nicht gedacht, daß ein Mann meines Alters so erbärmlich handeln könnte. Sie drohte, sich beim Zaren zu beklagen und die Bestrafung unserer ganzen Familie zu verlangen."

„Und was hast du gesagt?"

„Eine Menge. Aber was macht das jetzt aus? Wir haben gewonnen. Das ist das Wichtigste. Wir haben gewonnen, Sandro, und Xenia ist unser!"

Sein Adjutant, der an diesem Tage mit uns speiste, erklärte, daß er Michael Nikolajewitsch nie in so guter Laune gesehen habe. „Ich fange an, mich zu fragen", flüsterte er mir zu, „wer von euch beiden der Bräutigam ist." Nach unserem Benehmen zu urteilen, hätte es Vater sein müssen, denn während er schwärmte und Reden hielt, saß ich still da und konnte kaum essen. Nach so vielen Jahren ängstlichen Hoffens auf eine Heirat mit Xenia lähmte mich die Plötzlichkeit, mit der mein Traum zur Wahrheit geworden war. Und dann konnte ich den Gedanken an meinen Bruder Sergej nicht los werden. Auch er liebte Xenia. Ein stillschweigendes Übereinkommen ließ uns ihren Namen nie erwähnen, aber was würde er jetzt sagen? Er konnte mir nicht Unehrlichkeit vorwerfen, denn es war Xenias Recht, zwischen ihm und mir zu wählen, und doch wurde mir klar, daß unsere Beziehungen sich ändern müßten. Sergej tat mir leid, und ich hätte ihm gern diesen Schmerz erspart – aber meine Liebe zu Xenia konnte ich ihm doch nicht zum Opfer bringen.

Um ein Viertel nach vier Uhr betrat ich den Anitschkow-Palast. Ich konnte nicht länger warten. Beim Anblick der diensttuenden Gardisten mußte ich erröten; es schien, als wüßten sie bereits von meinem Glück. Um dem Aufzugwärter auszuweichen, stieg ich sehr langsam die langen Treppen hinauf.

Xenias Diener Beresin saß in seinem Stuhl und las die Zeitung.

„Wollen Sie mich, bitte, Ihrer Kaiserlichen Hoheit melden?"

Beresin riß erstaunt die Augen auf. Das war ihm neu, denn ich pflegte unangemeldet einzutreten. Er lächelte, oder ich bildete es mir wenigstens ein, und geleitete mich in Xenias Salon. Erst gestern hatten wir in dem hübsch ausgestatteten Raum einen fröhlichen Teeabend verbracht, aber heute schien alles verändert. Ich stand und heftete meine Blicke auf die Tür von Xenias Schlafzimmer. Wie komisch, dachte ich, daß sie mich so lange warten läßt! Da trat sie mit niedergeschlagenen Augen ein, in einfacher weißer Bluse, blauem Rock, braunen Strümpfen und Schuhen. Am Fenster neben der Tür blieb sie stehen und wartete. Ich nahm sie bei der Hand und geleitete sie zu zwei großen, gepolsterten Stühlen. Wir sprachen flüsternd und, wie ich glaube, beide zugleich. Auch früher pflegten wir einander zu küssen, aber das waren Vetternküsse. Jetzt ergriff ich mit dem Kusse Besitz.

„Komm, gehen wir zu den Eltern", schlug Xenia vor. „Sei vorsichtig der Mutter gegenüber. Sie ist noch sehr böse. Sie wollte deinen Vater umbringen, weil er sie zur Zustimmung gezwungen hat."

Ich lachte übermütig. In dem Augenblick hätte ich zehn Zarinnen Trotz geboten.

Die Zarin machte den Versuch, böse dreinzusehen, als sie mich küßte und sagte: „Ich weiß, ich sollte dir keinen Kuß geben, weil du meine Tochter stiehlst, aber was kann ich tun? Bitte, sag deinem Vater, er soll es mindestens ein Jahr lang nicht wagen, mir unter die Augen zu kommen!"

Der Zar blinzelte mir zu: er hatte bereits meinem Vater telephoniert und ihn ersucht, sofort in den Palast zu kommen. Einige Minuten später trat der Hauptverbrecher unbefangen ein und lächelte der Zarin zu. Der Zar erteilte dem Diener den Befehl, alle Mitglieder der kaiserlichen Familie für halb neun Uhr zum Verlobungsdiner zu laden.

Bei Tisch saßen Xenia und ich nebeneinander. Ihr Vater sah vergnügt aus, und es herrschte eine aufrichtig heitere Stimmung. Nach vielen Trinksprüchen, Glückwünschen und verwandtschaftlichen Küssen warf ich einen Blick auf Sergej. Er lächelte mir zu. Er hatte meine Befürchtungen begriffen und wollte mein Glück nicht stören. Niemand hätte seinen Schmerz erraten können. Er war ein Prachtmensch.

5

Unser Hochzeitstag wurde für Ende Juli festgesetzt. Ich versuchte, gegen diesen langen Aufschub von fast sechs Monaten Einspruch zu erheben, man riet mir aber, still zu sein und Gott zu bitten, daß die Schneiderfirmen Xenias Ausstattung bis zu diesem Termin liefern würden. Die Flitterwochen sollten wir in meinem geliebten Ay-Todor zubringen, das mir meine Mutter hinterlassen hatte, und Leutnant Chatelain, mein langjähriger Freund, übernahm es, das Haus in Stand zu setzen und auszuschmücken. Als Junggeselle hatte ich mich nicht bemüht, mir einen Hofstaat zuzulegen; als Ehemann mußte ich mich den Hofbräuchen fügen. Zwei Hofdamen, ein Haushofmeister, mein Personaladjutant – eine kleinere Anzahl ständiger Zeugen unseres Glücks hätte den Minister des kaiserlichen Hofes in Wut versetzt.

Anfang Mai begleiteten Xenia und ich die Zarin nach Abbas-Tuman. Die bevorstehende Vermählung ihrer Tochter verschärfte den Kummer der armen Mutter über den Zustand ihres Lieblingssohnes Georgi. Er war sehr erfreut, uns zu sehen, aber sein blasses, erschöpftes Gesicht zeugte von dem Fortschreiten der unseligen Krankheit. Vier Wochen hindurch waren wir unzertrennlich, fuhren in die Berge, veranstalteten Picknicks, lachten, scherzten und tanzten. Wir taten, was in unsrer Macht stand, um Georgi aufzuheitern. Er wurde immer schwächer und ahnte, daß er St. Petersburg nicht wiedersehen sollte. Unsere Fröhlichkeit vermochte ihn nicht zu täuschen. Der Anblick zweier gesunder, glücklicher Menschen muß ihm noch mehr Schmerz bereitet haben, wenngleich er äußerlich der gleiche, freundliche, großmütige, treue Georgi blieb. Ich fand es unpassend, in seiner Gegenwart von unseren Zukunftsplänen zu sprechen; seinen mühsamen, ungleichen Atemzügen lauschend – denn wir bewohnten anstoßende Schlafzimmer –, lag ich nachts wach, und Bitterkeit erfüllte mein Herz. Wie sinnlos war doch das Leben, wenn nichts in der Welt Georgi retten konnte?

Im Juni trafen wir an Bord der „Zarewna" in den finnischen Gewässern mit dem Zaren zusammen. Er hatte während unserer Abwesenheit stark an Gewicht abgenommen und klagte über lähmende Mattigkeit. Die Ärzte, diese ewig optimistischen Leibärzte, erklärten es als Folge monatelanger Überarbeitung. Sie verordneten Ruhe und frische Luft. Getäuscht durch seine kräftige Konstitution, übersahen sie das Fortschreiten des Nierenleidens.

Wie in den letzten Sommerzeiten besuchten wir unsere Lieblingsplätze an der Küste, fischten häufig, luden Freunde zu Gast und spielten das Spiel „Der Wolf". Am 20. Juli kehrten wir nach St. Petersburg zurück, um der „Schaustellung des Trousseaus" in einem der größten Säle des Palastes beizuwohnen.

Kleider: Morgen-, Sport-, Nachmittags-, Abend- und große Abendkleider.

Mäntel: Winter-, Frühlings-, Sommer- und Herbstmäntel.

Pelzmäntel und Pelzumhänge: Hermelin, Chinchilla, Biber, Nerz, Sealskin, Persianer.

Strümpfe, Handschuhe, Hüte, Schirme und ein Berg von Kleinigkeiten, deren genaue Bezeichnung zu wissen ich gar nicht vorgeben will.

Lange Tische, vollbeladen mit Dutzendpaketen von Wäsche.

Silbergeschirr für sechsundneunzig Personen. Eine goldene Toiletteeinrichtung von einhundertundvierundvierzig Stükken. Goldgerändertes Glasservice, goldgerändertes Tafelgeschirr usw., acht Dutzend von jeder Gattung.

Schmuck: Ein Perlenhalsband mit fünf Reihen Perlen, ein Diamanthalsband, ein Rubinhalsband, ein Smaragdhalsband und ein Saphirhalsband; Diademe aus Smaragden und Rubinen, Armbänder aus Diamanten und Smaragden, Anhänger, Nadeln usw. Aller Schmuck war von Bolin, dem besten Goldarbeiter in St. Petersburg, angefertigt. Ohne Zweifel stellte er einen bedeutenden Wert dar – aber damals beurteilten wir Schmuck nach der Schönheit der Zeichnung und der Farben, nicht nach dem Wert.

Am Ende des Saales stand ein Tisch mit Toiletteartikeln für einen Herrn. Ich hatte nicht erwartet, in Xenias Ausstattung mit versorgt zu werden, und war überrascht. Es scheint jedoch, daß der Zar mir nach Familienbrauch eine gewisse Anzahl Toilettestücke zu schenken hatte. Es waren da vier Dutzend Taghemden, vier Dutzend Abendhemden usw. Meine Aufmerksamkeit wurde aber besonders durch ein Morgenkleid aus Silberstoff und ein Paar silberne Pantoffeln gefesselt. Sie kamen mir ungemein schwer vor.

„Sechzehn Pfund", erklärte der Zeremonienmeister.

„Sechzehn Pfund? Wer soll die tragen?"

Meine Unwissenheit tat ihm weh. Er erklärte mir, ein Mitglied der kaiserlichen Familie müsse als Bräutigam beim Betreten des Brautgemachs in der Hochzeitsnacht dieses ungeheuerliche Gewand und diese silbernen Pantoffeln tragen. Die lächerliche Vorschrift war ein Teil der Verordnungen, die mir auch untersagten, Xenia am Tage vor der Hochzeit zu sehen. Ich seufzte. Was konnte ich anderes tun? Das Haus Romanow hatte nicht die Absicht, seine dreihundert Jahre alten Bräuche umzustoßen, nur um dem armen Sandro eine Freude zu machen.

Vierundzwanzig Stunden Einsamkeit und Flüche über die Urheber aller Traditionen, dann war der große Tag da. Unsere Trauung sollte in derselben Kapelle in Peterhof stattfinden, in der ich acht Jahre vorher meinen Treueid abgelegt hatte. Diese Wahl war ein Zugeständnis an meine abergläubische Abneigung gegen St. Petersburg.

Das von der Zarin und der ersten Hofdame überwachte Ankleiden Xenias dauerte drei Stunden. Ihr Haar wurde in lange Locken geordnet, und die Kronjuwelen waren auf eine so komplizierte Weise angebracht, daß ich es nicht begriff und kein Mensch eine verständliche Beschreibung davon geben könnte. Soviel ich weiß, trug sie dasselbe Silberkleid, das meine Schwester Anastasia getragen hatte und alle Großfürstinnen am Hochzeitstage trugen. Und ich erinnere mich eines Diamantendiadems auf ihrem Kopf, mehrerer Reihen Perlen um ihren Hals und einiger Schmuckstücke aus Diamanten auf ihrem Kleid.

Endlich wurde mir gestattet, meine Braut zu sehen, und der Zug setzte sich in Bewegung. Der Zar geleitete Xenia. Ich folgte mit der Zarin. Unsere Verwandten bildeten einen langen Zug hinter uns, streng nach den Regeln des Vorrangs geordnet. Mischa und Olga, Schwesterchen und Brüderchen Xenias, blinzelten mir zu, und ich mußte alle Kraft zusammennehmen, um meinen Zügen den Ernst zu bewahren. Nachher lobten alle den Chor; er habe „himmlisch" gesungen. Mein Kopf war zu voll von Gedanken an unsere Reise nach Ay-Todor, um auf Gebete und Gesänge zu achten.

Meine Mutter hatte Ay-Todor als einen öden Streifen Landes am Ufer des Schwarzen Meeres gekauft, als ich ein kleiner Junge war. So wuchsen wir gewissermaßen gemeinsam auf.

Im Laufe der Jahre wurde es ein blühender Landbesitz mit Gärten, Rasenplätzen, Weinkulturen und Felsbuchten. Ein Leuchtturm wurde am Strand gebaut, um uns in nebligen Nächten den Weg zu weisen. Für uns Kinder war das blendend starke Licht von Ay-Todor zum Sinnbild des Glücks geworden, und ich fragte mich nur, ob Xenia es ebenso empfinden werde wie meine Brüder und ich seit mehr als zwanzig Jahren.

Der Rückweg von der Kirche vollzog sich in derselben Ordnung, nur daß ich mit dem Zaren den Platz tauschte und nun Xenia den Arm bot.

„Ich kann es kaum erwarten", klagte sie mir flüsternd, „bis ich dieses dumme Kleid loswerde, es muß viele, viele Pfunde wiegen. Ich wollte, wir brauchten dieses Diner nicht durchzusitzen. Sieh nur Papa, er ist ganz fertig!"

Wir alle konnten sehen, wie erschöpft der Zar war, aber auch er hatte nicht die Macht, das langweilige Galadiner abzusagen.

Um elf Uhr erst konnten wir uns in etwas bequemere Kleidung werfen, und dann fuhren wir in einem Hofwagen nach dem außerhalb der Stadt gelegenen Ropscha-Palast, wo wir die Brautnacht verbringen sollten. Unterwegs mußten wir die Pferde wechseln, da der Kutscher nicht mit ihnen fertig werden konnte.

Der Ropscha-Palast und das benachbarte Dorf waren glänzend erleuchtet, und zwar so sehr, daß unser nervöser Kutscher, von den Lichtern geblendet, eine kleine Brücke übersah und alles – drei Pferde, einen Wagen und zwei Neuvermählte – glatt im Bach landete. Xenia fiel auf den Boden des Wagens und ich auf sie, während Kutscher und Kammerdiener ins Wasser geworfen wurden. Zum Glück war niemand verletzt, und wir wurden sogleich von der in dem zweiten Wagen nachfolgenden Dienerschaft Xenias gerettet. Der prunkvolle Straußfedernhut und der Hermelinpelz meiner Gattin waren voll Schlamm, mein Gesicht und meine Hände waren ganz schwarz. Wir fragten uns, was wohl General Wiasemski sagen würde, der uns am Tor des Palasts erwarten sollte, aber dieser erfahrene Hofmann sagte gar nichts. Soweit es ihn betraf, hätte es eine neue Mode neu vermählter Mitglieder der kaiserlichen Familie sein können, in Festkleidung ein Schwimmbad zu nehmen.

Und nun waren wir allein, zum erstenmal seit unserer Verlobung. Wir konnten unser Glück kaum fassen. War es möglich, daß wir unsere Mahlzeit ungestört einnehmen durften? Wir schielten verstohlen nach der Tür und brachen dann in ein Gelächter aus. Niemand! Nur wir zwei. Ich ergriff das Kästchen mit dem Schmuck meiner Mutter und überreichte es Xenia. So wenig sie sich sonst aus Schmuck machte, bewunderte sie doch ein schönes Diadem aus Diamanten und einen Saphirschmuck.

Um ein Uhr morgens trennten wir uns, um unsere „Brautnachtuniform" anzulegen. Auf dem Weg zum Brautgemach erblickte ich meine Gestalt, in Silber modelliert, in einem Spiegel, ein Anblick, der mich erneut zum Lachen brachte. Ich sah aus wie ein Operettensultan im großen Finale.

Am nächsten Morgen kehrten wir nach St. Petersburg zurück, um die restlichen Zeremonien über uns ergehen zu lassen: einen Empfang für die Mitglieder des diplomatischen Korps im Winterpalast, einen Besuch der Gräber unserer Ahnen in der Peter-und-Pauls-Festung und eine Andacht vor dem wundertätigen Ikon des Erlösers. Ein Extrazug erwartete uns auf dem Bahnhof. Noch zweiundsiebzig Stunden, und ich würde Ay-Todor seine neue Herrin vorstellen. Unsere Pläne waren auf Jahre hinaus gemacht, wir erwarteten ein Leben ungestörten Glücks. Wer hätte an jenem blaßblauen Juliabend des Jahres 1894 gedacht, daß nur drei Monate uns von der größten Katastrophe in der Geschichte des Reiches trennten? Wer hätte voraussehen können, daß Z;ar Alexander III. im Alter von neunundvierzig Jahren sterben, sein Werk unvollendet lassen und das Geschick eines Sechstels der Erdoberfläche in die bebenden Hände eines ratlosen Jünglings legen werde?

Neuntes Kapitel

MEINE VERWANDTEN

I

Der vorzeitige Tod Alexanders III. beschleunigte den Ausbruch der Revolution um mindestens fünfundzwanzig Jahre. Den marxistischen Geschichtschreibern wird diese Behauptung gewiß nicht gefallen, aber man darf nicht vergessen, daß jeder Thron nur so stark ist als sein schwächster Inhaber.

Zu Beginn des Monats Oktober 1894 erschienen zwei Gruppen von Vorkämpfern auf dem Schauplatz der inneren Zerwürfnisse Rußlands: der Zar und die kaiserliche Familie einerseits und die Schutzheiligen der Revolution andererseits. Die Sympathien der übrigen einhundertfünfzig Millionen Russen pendelten zwischen Thron und Anarchie, und es hing lediglich von der Geschicklichkeit eines der beiden Gegner ab, ob er sich ihrer ein wenig lauwarmen Unterstützung versicherte.

Ich will mit der kaiserlichen Familie beginnen, was insofern begründet erscheint, als Nikolaus' II. Mangel an Erfahrung ihn zunächst von seinen Verwandten abhängig machte. Mehrmals schon habe ich über die verschiedenen Mitglieder der Familie gesprochen. Diesmal will ich versuchen, ein unvoreingenommenes Charakterbild aller jener zu geben, die im Jahre 1894 erwachsen waren.

Nikolaus II. hatte drei noch lebende Großonkel, Brüder seines Großvaters, des Zaren Alexander II.: Großfürst Konstantin Nikolajewitsch, der sich damals schon auf seine Güter in der Krim zurückgezogen hatte und das Zusammenleben mit seiner zweiten Frau, einer ehemaligen Balletttänzerin, genoß; Großfürst Nikolaus Nikolajewitsch der Ätere, der den Posten eines Generalinspektors der russischen Kavallerie bekleidete und bei den Offizieren außerordentlich beliebt war, dessen hohes Alter jedoch eine tätige Teilnahme an den

Staatsgeschäften ausschloß; Großfürst Michael Nikolajewitsch – mein Vater –, der im Reichsrat den Vorsitz führte und zugleich Generalinspektor der russischen Artillerie war. Von diesen dreien hatte mein Vater zweifellos die umfassendsten Erfahrungen in Staatsgeschäften; zweiundzwanzig Jahre an der Spitze der kaukasischen Verwaltung hatten ihn die Kunst des Regierens gelehrt. Er wäre dem jungen Zaren ein idealer Ratgeber gewesen, bis auf seine unnachgiebige Haltung als alter Fanatiker der Disziplin. Sein Großneffe war sein Herrscher; als solchem schuldete er ihm unbedingten Gehorsam. Sooft Nikolaus II. zu ihm sagte: „Onkel Mischa, ich denke, wir sollten dem Vorschlag unseres Außenministers folgen", verneigte sich mein Vater und folgte dem Vorschlag des Außenministers. Gewohnt, Männer von reifem Geiste und eisernem Willen auf dem Thron Rußlands zu sehen, zweifelte er nie an der höheren Weisheit der Entschlüsse seines Großneffen, und das hob die Wirkungsmöglichkeit seines gründlichen Verständnisses für Regierungsfragen auf.

Als nächste kamen nun die vier kaiserlichen Onkel, Brüder des verstorbenen Zaren Alexander III., in Betracht.

Großfürst Wladimir Alexandrowitsch, der Vater des gegenwärtigen Thronprätendenten Großfürsten Cyrill, besaß eine heimliche Begabung für alle Künste. Er malte, war ein Förderer des Balletts und der erste Mäzen Sergej Diaghilews, er sammelte alte Ikonen, besuchte zweimal jährlich Paris und gab mit großem Vergnügen ausgesucht prächtige Feste in seinem herrlichen Palast zu Zarskoje Selo. Gutmütig wie er war, wurde er ein Opfer seiner Eigenheiten. Ein Fremder wäre bestürzt gewesen über die Grobheit Großfürst Wladimir Alexandrowitschs und über die laute Stimme dieses Grandseigneurs. Er behandelte die jüngeren Großfürsten mit ausgesprochener Verachtung. Keiner von uns hätte gewagt, ein Gespräch mit ihm anzufangen, ohne bereit zu sein, Dinge der Kunst oder die Feinheiten der französischen Küche zu erörtern. Seine Besuche in Paris bedeuteten Festtage für die Küchenchefs und Oberkellner der Ville Lumière, denn nachdem er erst einen schrecklichen Krach wegen „Unzulänglichkeit" des Menus gemacht hatte, beschloß er den Abend stets mit einem reichlichen Trinkgeld für jede Hand, die sich danach auszustrecken vermochte. Auf Grund seines Alters und seiner Geburt bekleidete er den wichtigen Posten eines Befehlshabers des kaiserlichen Gardekorps, wenn ihm auch die Störung seiner künstlerischen Neigungen durch militärische Pflichten zuwider war. Seine Frau, Großfürstin Maria Pawlowna die Ältere, stammte aus dem regierenden deutschen Haus Mecklenburg-Schwerin. Ihr Bruder Friedrich vermählte sich mit meiner Schwester Anastasia. Sie war eine entzückende Gastgeberin, und ihre Empfänge standen in ganz Europa in wohlverdientem Ruf. Zar Alexander III. war ihr abgeneigt, weil sie sich geweigert hatte, den griechisch-ortho- doxen Glauben anzunehmen; daher auch die Legende von ihren „starken Sympathien für Deutschland". Nach dem Tod ihres Gatten wechselte sie schließlich ihren Glauben, aber die Klatschmäuler beschuldigten sie noch weiterhin eines Mangels an Patriotismus.

Onkel Alexis, Großfürst Alexis Alexandrowitsch, war zugestandenermaßen der schönste Mann der kaiserlichen Familie – doch hätte sein gewaltiges Körpergewicht ihm in den Augen der modernen Frau gewiß geschadet. Weltmann bis in die Fingerspitzen, ein Beau Brumell, ein von den Frauen, besonders von denen Washingtons, hoffnungslos verwöhnter Bonvivant, war er viel auf Reisen. Die Notwendigkeit, ein ganzes Jahr fern von Paris zuzubringen, hätte ihn veranlaßt, lieber von seinem Posten zurückzutreten. Denn er hatte einen Posten. So erstaunlich es klingt – er war Großadmiral der russischen Flotte. Seine Kenntnis des Seewesens hätte nicht beschränkter sein können. Die bloße Erwähnung dringender Reformen in der Marine brachte ein feindseliges Stirnrunzeln auf sein hübsches Gesicht. Ohne Interesse für alles, außer der Liebe und Essen und Trinken, hatte er eine bequeme Art erfunden, die allwöchentliche Beratung mit den Admiralen in Szene zu setzen. Er lud sie in seinen Palast zum Diner, und hatte erst der Napoleonkognak seinen Weg in den Magen der verständnisvollen Gäste gefunden, dann eröffnete der Gastgeber die Marinekonferenz mit einer Anekdote aus den vorsintflutlichen Zeiten der Segelschiffahrt. Sooft ich an seinem Tisch saß, hörte ich dieselbe Erzählung von dem Schiffbruch der Fregatte „Alexander Newski", der sich vor vielen Jahren an den Felsen der dänischen Küste bei Skagen ereignete. Jede Einzelheit der verwickelten Erzählung wußte ich bereits auswendig und war so vorsichtig, meinen Stuhl gerade im rechten Augenblick ein Stück wegzurücken, wenn Onkel Alexis, dem Szenarium gemäß, seine Faust auf den Tisch niedersausen ließ und mit Donnerstimme ausrief: „Und erst dann, liebe Freunde, erkannte der verfluchte Kapitän die Konturen der Klippen von Skagen!"

Sein Koch war ein Künstler. Daher waren die Admirale einverstanden, die Konferenzen im Bannkreis der Tage S. M. S. „Alexander Newski" zu halten. Eine Tragödie verdarb das Ende dieses vergnügten Lebens. Der Großadmiral mißachtete alle Anzeichen des drohenden Kriegs mit Japan, führte weiter sein Genießerdasein und sah eines schönen Tages unsere Flotte eine vernichtende Niederlage im Kampfe mit den modernen Dreadnoughts des Mikado erleiden. Er trat von seinem Posten zurück und starb bald darauf. Leichtlebige Frauen und schwerfällige Schiffe waren sein Schicksal.

Onkel Sergej, Großfürst Sergej Alexandrowitsch, spielte eine verhängnisvolle Rolle beim Zusammenbruch des Reichs; er war teilweise verantwortlich für die Katastrophe auf dem Kodinkafeld bei der Krönung im Jahre 1896. So sehr ich mir Mühe gebe, kann ich nicht einen einzigen versöhnenden Charakterzug an ihm entdecken. Ein höchstens mittelmäßiger Offizier, kommandierte er dennoch das Regiment Preobraschenski, das schneidigste der Garde. Völlig unfähig in administrativen Angelegenheiten, klammerte er sich doch an seinen Posten eines Generalgouverneurs von Moskau, der einem besonders erfahrenen Beamten hätte anvertraut sein sollen. Eigensinnig, hochmütig und unliebenswürdig, prahlte er öffentlich mit seinen Absonderlichkeiten und bot so den Feinden der Regierung unerschöpflichen Stoff für Verleumdung und Spott. Generäle, die die Offiziersmesse des Preobraschenskiregimentes besuchten, hörten mit Erstaunen, wie die Offiziere im Chor ein Lieblingslied des Großfürsten Sergej anstimmten, dessen Refrain „Frieden und Liebe und Wonne" lautete. Und der hohe Kommandant in Person veranschaulichte diese nicht sehr soldatischen Worte, indem er sich mit krampfhaft verzückter Miene in seinen Stuhl zurücklehnte.

Nie hätte der Zar gestatten dürfen, daß Onkel Sergej nach dem Sturm der Entrüstung, der auf die Katastrophe des Kodinkafeldes folgte, auf seinem Posten in Moskau verblieb. Als hätte er seine abstoßende Persönlichkeit durch einen tugendhaften Hintergrund betonen wollen, heiratete er Großfürstin Elisabeth, die ältere Schwester der jungen Zarin. Nie noch zeigten zwei menschliche Wesen solch einen Gegensatz. Hinreißende Schönheit, seltene Klugheit, köstlicher Sinn für Humor, endlose Geduld, Großmut des Herzens, wohlbedachte Gastlichkeit – sie besaß alle diese Gaben. Es war grausam und ungerecht, eine Frau ihrer Art an einen Mann wie Onkel Sergej zu ketten. Gleich im ersten Augenblick, als sie von ihrem heimatlichen Hessen-Darmstadt in St. Petersburg ankam, verliebte sich jedermann in „Tante Ella". Ein Abend in ihrer Gesellschaft verbracht, und die Erinnerung an ihre Augen, ihren Teint, ihr Lachen, ihr Talent, Behagen um sich zu verbreiten, ließ uns alle mit Verzweiflung ihrer bevorstehenden Vermählung entgegensehen. Zehn Jahre meines Lebens hätte ich darum gegeben, hätte ich ihr Erscheinen in der Kirche am Arm des hochmütigen Sergej verhindern können. Ich betrachtete mich gern als ihren „cavaliere servente" und verabscheute die herablassende Grimasse ihres Gatten, wenn er, sein St. Petersburger Genäsel übertreibend, „Tante Ella" mit „moin Künd" anredete. Zu stolz, zu klagen, blieb sie fast zwanzig Jahre lang in ungeminderter Treue an seiner Seite, und der Kummer wob einen Heiligenschein um ihre Schönheit. Es war nicht bloße Pose, sondern echtes menschliches Mitgefühl, das sie dazu bewog, den Mörder ihres Gatten in der Armensünderzelle im Moskauer Gefängnis aufzusuchen. Ihr darauf folgender Eintritt ins Kloster, ihre heroischen, wenn auch vergeblichen Versuche, ihre jüngere Schwester, die Zarin, zu beeinflussen, und schließlich ihr Märtyrertod unter den Händen der Bolschewiken, all das verdiente wohl die Heiligsprechung. Keine edlere Frau hat je den Eindruck ihrer Persönlichkeit auf den blutbefleckten Seiten der russischen Geschichte hinterlassen.

Onkel Paul, Großfürst Paul Alexandrowitsch, war der netteste unter den vier Onkeln des Zaren, wenngleich auch er eine Neigung hatte, sich „aufs hohe Roß" zu setzen, eine Gewohnheit, die er seiner engen Freundschaft mit Onkel Sergej verdankte. Er tanzte gut, war ein großer Liebling der Frauen und sah in seiner Uniform der Grodno-Husaren, dunkelgrünem, silberverschnürtem Dolman, himbeerroten engen Reithosen und niedrigen Stiefeln, sehr anziehend aus. Befriedigt von dem sorglosen Leben eines glänzenden Offiziers, bekleidete er niemals eine verantwortliche Stelle. Seine erste Gemahlin, eine Prinzessin von Griechenland, starb, als er noch sehr jung war. In zweiter Ehe heiratete er die geschiedene Frau eines Obersten und verstieß so zweifach gegen die in der kaiserlichen Familie gültigen Vorschriften, da kein Großfürst eine Bürgerliche heiraten durfte und keine geschiedene Frau bei Hof empfangen wurde. So mußte er Rußland verlassen und begab sich zu unbegrenztem Aufenthalt nach Paris. Ich glaube, dieses gezwungene Exil war sehr vorteilhaft für ihn, da er dort mit intelligenten und geistig hochstehenden Menschen verkehrte. Sein Charakter veränderte sich, menschliche Züge drangen unter der früheren Maske unsinnigen Hochmuts durch. Während des Weltkriegs kommandierte er kurze Zeit das Gardekorps an der deutschen Front, übte aber keinerlei politischen Einfluß aus.

Dem über die beiden Brüder des Zaren, Georgi (Großfürst Georg Alexandrowitsch) und Mischa (Großfürst Michael Alexandrowitsch), Gesagten brauche ich nicht mehr viel hinzuzufügen. Georgi war der intelligenteste der drei, aber er starb zu früh, um seine glänzenden Fähigkeiten voll zu entfalten. Mischa war elf Jahre jünger als der Zar. Er gewann jedermann durch die herzliche Einfachheit seines Auftretens.

Liebling der Familie, der Kameraden, der zahllosen Freunde, besaß er einen wohldisziplinierten Geist und hätte in jedem Zweige des Staatsdienstes Erfolg gehabt, wenn er nicht eine Bürgerliche geheiratet hätte. Dies geschah, als er gerade großjährig geworden war, und versetzte den Zaren in eine peinliche Lage. Er hätte seinem Bruder alles Gute gegönnt, mußte aber als Familienoberhaupt nach den Familiengesetzen vorgehen. Mischa verließ Rußland, vermählte sich in Wien mit Mrs. Woulfert (der geschiedenen Frau Captain Woulfert) und ließ sich in London nieder. So war auch er abwesend und seinem Bruder entfremdet in jenen Jahren der Spannung, die dem großen Kampf vorausgingen.

Und nun komme ich zu den Söhnen der drei Großonkel des Zaren. Zunächst waren zwei Söhne des Großfürsten Konstantin Nikolajewitsch vorhanden; ein dritter, Wiatzeslaw, war in früher Jugend gestorben, und der vierte, Nikolaus, lebte in der Verbannung in Turkestan. Der älteste dieser „Konstantinowitsche", Großfürst Konstantin Konstantinowitsch, war ein begabter Dichter und ein sehr frommer Mann, was seinen Blick einerseits erweiterte, andrerseits beschränkte. Er war der Verfasser der besten Hamletübersetzung, die je in Rußland erschien, und spielte selber die Titelrolle bei einer Reihe Privataufführungen in seinem Palast. Er führte äußerst taktvoll den Vorsitz in der kaiserlichen Akademie der Wissenschaften und war der erste, der das Genie Pawlows erkannte. Er schrieb Gedichte, Essays, Theaterstücke, kürzere und längere Erzählungen unter dem Pseudonym „K. R." und erhielt sogar in den regierungsfeindlichen Blättern günstige Besprechungen. Er gründete einen Klub für die Offiziere seines Regiments und suchte an Stelle der Trinkgelage gesundes Interesse für die neuere russische Literatur zu erwecken. Sein tiefes Verständnis für die Seele des Bauern ließ ihn mit großem Erfolg neue Wege für den Unterricht in der Armee einschlagen. Nichts machte ihm mehr Freude als ein in der Kaserne zugebrachter Vormittag, an dem er persönlich mit den Rekruten Schule hielt. Während ihm die militärischen Schulen unterstanden, tat er viel, um die barbarische

Denkweise der Lehrer menschlicher zu gestalten, die überzeugt waren, ein Kadett könne nur auf dem Wege über Furcht und Strafe den Offiziersrang erlangen.

Alles das war sehr lobenswert. Man hätte meinen können, daß ein Mann wie Großfürst Konstantin Konstantinowitsch dem Zaren ein unschätzbarer Helfer geworden wäre, aber Herr K. R. haßte die Politik und fürchtete die Politiker. Er wollte in Ruhe mit seinen Büchern, Dramen, Wissenschaftlern, Soldaten, Kadetten und seiner glücklichen Familie leben, die aus seiner Gattin (Prinzessin Elisabeth von Sachsen-Weimar), sechs Söhnen und zwei Töchtern bestand. Man achtete seinen Wunsch, und so ging dem Thron eine wertvolle Stütze verloren.

Sein jüngerer Bruder, Großfürst Dimitri Konstantinowitsch, war ein überzeugter Weiberfeind und ein begeisterter Pferdeliebhaber. „Hüte dich vor Weiberröcken!" – „Der Krieg mit Deutschland steht unmittelbar bevor!" – „Ich möchte dir gern meine Jährlinge zeigen." Nichts anderes rührte an Dimitri Konstantinowitschs Herz. Er blieb Junggeselle und besaß ein vorzügliches Gestüt. Was den Krieg gegen Deutschland betrifft, den er fünfzehn Jahre lang vorausgesagt hatte, so hinderte ihn seine hochgradige Kurzsichtigkeit, an ihm teilzunehmen. Im Jahre 1914 war er fast völlig erblindet; er mußte im Hinterland bleiben, verfluchte sein Geschick und überwachte die Ausbildung der Kavallerie.

Von allen Mitgliedern des kaiserlichen Hauses hatte Großfürst Nikolaus Nikolajewitsch der Jüngere, der ältere Sohn meines Onkels Nikolaus Nikolajewitsch des Älteren, den größten Einfluß auf die Führung der Staatsgeschäfte. Die beiden Angelpunkte der modernen russischen Geschichte – das Manifest vom 17. Oktober 1905 und die Abdankung Nikolaus' II. vom 2. März 1917 – sollten einer besonderen Verirrung seiner politischen Voraussicht zugeschrieben werden. Keine Bitterkeit führt mir die Feder bei der Schilderung der Persönlichkeit meines Vetters Nikolascha. Die Feindschaft zwischen ihm und meinem Bruder Nikolaus Michailowitsch gehört einer vergangenen Welt an. Beide sind tot und seit langem in die Geschichte eingegangen. Fern sei es mir, seine durchaus ehrlichen und guten Absichten verkleinern zu wollen. Männer von der Art des Großfürsten Nikolaus Nikolajewitsch des Jüngeren könnten in einem gut organisierten Staate mit Vorteil Verwendung finden, wenn der Herrscher sich der natürlichen Grenzen solch einseitiger Begabungen voll bewußt ist.

Vetter Nikolascha war ein prächtiger Offizier der Armee. Er hatte nicht seinesgleichen in der Fähigkeit, Disziplin zu halten, Mannschaft zu drillen und Militärparaden vorzubereiten. Wohnte man einer Parade der Petersburger Garnison bei, so war man sicher, einen vollkommen ausgebildeten militärischen Truppenkörper zu sehen: jede Kompanie in der vorgeschriebenen Formation, jeder Knopf an seiner Stelle, jede Bewegung nach dem Herzen der routiniertesten Exerziermeister! Hätte man ihn ungestört auf seinem Posten als Kommandant des St. Petersburger Militärbezirks gelassen, so hätte Nikolascha sicherlich alle in ihn gesetzten Erwartungen erfüllt und vielleicht die Revolte vom 28. Februar 1917 verhindert. Wenn ich auf die dreiundzwanzig Jahre der Regierung Nikolaus' II. zurückblicke, kann ich keine logische Erklärung dafür finden, warum um Gottes Willen der Zar Nikolaschas Rat in wichtigen Staatsangelegenheiten suchte. Wie alle Militärs, die gewohnt sind, sich mit konkreten Aufgaben zu befassen, fühlte sich Nikolascha verwirrt, wenn er komplizierten politischen Situationen gegenüberstand, in denen seine Gewohnheit, seine Stimme dröhnen zu lassen und mit Strafen zu drohen, nicht den gewünschten Effekt erzielen konnte. Der Generalstreik im Oktober 1905 brachte ihn aus der Fassung; seine geliebten Militärvorschriften wußten kein Mittel gegen diese Art von kollektiver Insubordination. Es gab offenbar keine Möglichkeit, einige Millionen Streikender in den Arrest zu setzen! Das Nächstbeste schien nach seiner Ansicht, die Wünsche der „Befehlshaber der Streikenden" kennenzulernen. Nutzlos wäre es gewesen, hätte man Nikolascha klarmachen wollen, daß die Revolte des Jahres 1905 ausgesprochen anarchistischen Charakter trug und daß keine

„Befehlshaber" vorhanden waren, mit denen man hätte unterhandeln können. Solange die Welt stand, hatten alle Armeen, aufständische oder andere, Heerführer gehabt! Und so überredete Nikolascha den Zaren am 17. Oktober 1905 – angesichts eines Generalstreiks, der durch die bolschewistische Fraktion der Sozialdemokratischen Partei ausgerufen worden war, und eines Aufstands der Landbevölkerung, der von einer, neuerliche Landverteilung verlangenden Bauerngruppe geführt wurde – zur Unterzeichnung eines Manifests, das die geschwätzigen Führer der Intelligenz verlangten. Diese Intelligenzler hatten weder Fühlung mit den Bolschewiken noch mit den Bauern, aber sie waren dennoch die „Anführer", Befehlshaber ohne eine Armee. Die Streiks gingen weiter, und die Bauern, unbefriedigt durch die Einberufung eines Parlaments schwatzender Schwächlinge, fuhren fort, die Herrenhöfe einzuäschern. Der Zar sah sich gezwungen, eine unnachsichtige Unterdrückung der Revolte anzuordnen, aber nie mehr erholte sich die Regierung von der Demütigung, daß ein Herrscher vor der Menge kapituliert hatte.

Witte schreibt in seinen Memoiren: „Nie hätte Nikolaus II. das Manifest vom 17. Oktober unterzeichnet, wenn Großfürst Nikolaus Nikolajewitsch ihn nicht dazu gedrängt hätte."

Die Erfahrung des Jahres 1905 heilte den Zaren nicht von seiner Neigung, Nikolaschas Rat einzuholen. Zwölf Jahre später, als er sich anschickte, die wichtigste Entscheidung in der Geschichte Rußlands zu treffen, wendete er sich wiederum an den Paten des berüchtigten Manifests. Hätte Nikolascha den Zaren dazu bewogen, am 2. März 1917 bei der Armee zu bleiben und die Herausforderung der Revolutionäre anzunehmen, dann hätte Herr Stalin nicht im Jahre 1931 Herrn G. B. Shaw im Kreml empfangen können. Aber der ehemalige Oberkommandierende der russischen Armee suchte noch immer nach den Befehlshabern der Revolution und dachte, einen von ihnen in der Person Kerenskis zu finden. Die wahre Bedeutung der Tragödie dämmerte ihm erst eine Woche später auf, als er, ins Große Hauptquartier zurückkehrend, seine hohe Stellung wieder einnehmen wollte und man ihm bedeutete, die Sowjets hätten es Kerenski nicht gestattet, ihn im Dienste zu belassen.

Man vergegenwärtige sich die Einfalt eines Menschen, der einen von Aufruhr trunkenen Kontinent durchquert, nichts von den Massen, den Kundgebungen, den Tumulten gewahrt und unerschütterlich an dem Glauben festhält, die „neuen Befehlshaber" werden seinen selbstlosen Patriotismus und seine militärische Einsicht zu schätzen wissen!

Durch den Glanz der zahlreichen Titel und Ehrenstellen Nikolaschas in den Schatten gestellt, führte sein jüngerer Bruder, Großfürst Peter Nikolajewitsch, das anspruchslose Dasein eines Offiziers im Gardeulanenregiment. Seine schwere Krankheit, Lungenschwindsucht, zwang ihn, mehrere Jahre in Ägypten zuzubringen. Er quittierte den Dienst und begann sich für Architektur zu interessieren. Er war ein scheuer Mensch, dem die Gabe des Gesprächs mangelte; dafür ließ er seine Gattin Militza Nikolajewna (eine Tochter des Königs Nikolaus von Montenegro) das Reden für die ganze Familie besorgen. Militza und ihre Schwester Stana (die Gattin Nikolaschas) übten einen sehr ungünstigen Einfluß auf die junge Zarin aus. Abergläubisch, leichtgläubig, erregbar, fielen diese beiden Montenegrinerinnen fremden und einheimischen Abenteurern leicht zum Opfer. Sooft sie einem „außergewöhnlichen" Menschen begegneten, schleppten sie ihn in den kaiserlichen Palast, wie z. B. den „Doktor Philippe" und Rasputin. Sie redeten hemmungslos und unüberlegt. Als Poincaré, der damalige Präsident der französischen Republik, im Juli 1914 Rußland besuchte und Militza ihm an der Tafel gegenüber saß, griff sie Österreich auf die taktloseste Weise an und sagte, sie „freue" sich auf den bevorstehenden Krieg. Der Zar wies sie streng zurecht, aber niemand und nichts hätte die beiden Montenegrinerinnen von der Einmischung in die Staatsgeschäfte und der Förderung der Balkanintrigen abhalten können.

Ich komme nun, wenn ich den Überblick über die kaiserliche Familie der Rangordnung nach fortsetze, zu meinen fünf

Brüdern. Da wir fern von der Hauptstadt aufgewachsen und erzogen waren, unterschieden wir „Michailowitsche" uns beträchtlich von unseren Onkeln und Vettern. Waren wir auch getreue Untertanen des Zaren, so fanden wir doch nicht alles gut, was im Palast vor sich ging. Wir sprachen freimütig und übten aufbauende Kritik. Man nannte uns „gefährliche Radikale"; das Beiwort „gefährliche" spiegelte die bitteren Gefühle der Höflinge, das Wort „Radikale" entsprach vielleicht der Wahrheit, je nach dem Sinn, den man diesem viel mißbrauchten Ausdruck beilegte.

Mein ältester Bruder, Nikolaus Michailowitsch, war ohne Zweifel das „radikalste" und begabteste Mitglied unserer Familie. Meine Mutter entwarf ihm eine hervorragende militärische Laufbahn, und ihr zu Liebe besuchte er die Kriegsschule. Seine wirklichen Interessen richteten sich auf reine Geschichtsforschung. Er willigte ein, in der Gardekavallerie zu dienen, einfach aus Freundschaft für Zarin Marie, meine Schwiegermutter, die Regimentsinhaberin. Seine geistige Überlegenheit brachte ihn um jedes Vergnügen im Verkehr mit seinen Regimentskameraden; allmählich trieb er immer mehr von seiner militärischen Umgebung ab zu den Archiven und Bibliotheken von St. Petersburg und Paris. Seine monumentale Biographie Alexanders I., die er nach jahrelangem Sammeln und Sichten von Material schrieb, ist unerreicht in der Geschichtsliteratur Rußlands. Wer immer die Geschichte der ersten fünfundzwanzig Jahre des 19. Jahrhunderts studiert, kann der von Nikolaus Michailowitsch gegebenen Analyse der Ereignisse und der allgemeinen Übersicht dieser Epoche nicht entbehren. Als das Werk in die französische Sprache übersetzt wurde, rief es unter den Napoleonforschern Aufsehen hervor, und viele Abhandlungen mußten durchgesehen, abgeändert oder umgeschrieben werden. Die französische Akademie wählte ihn zu ihrem Mitglied – eine Ehre, die selten, wenn überhaupt, einem Ausländer zuteil wird – und er wurde stets mit Einladungen zu Vorträgen in französischen historischen Gesellschaften bestürmt. Seine gründliche Kenntnis französischer Kultur und sein reifes

Verständnis für den Geist der romanischen Zivilisation förderten freundschaftliche Beziehungen zu französischen Schriftstellern und Wissenschaftlern. In Paris fühlte er sich zu Hause, wenngleich die meisten Pariser niemals über ihre Verwunderung hinwegkamen, daß ein russischer Großfürst das College de France und nicht den Montmartre aufsuchte, und seine bescheidene Lebensweise in dem alten Hotel Vendôme die Hotelleiter und Kasinodirektoren offen den schwersten Befürchtungen für die Zukunft der Großfürstenindustrie Ausdruck geben ließ.

Es muß für Nikolaus Michailowitsch peinlich gewesen sein, seinen Freunden im Collège de France und in der Deputiertenkammer manche Vorgänge in der Heimat zu erklären. Ich kann nicht sagen, daß ich völlig mit seinen sehr „französisierten" politischen Ansichten einverstanden war. Als begeisterter Bewunderer der parlamentarischen Regierungsform verfolgte er gespannt das Duell Clemenceau-Jaures und wollte durchaus nicht zugeben, daß eine nach dem Muster der Dritten Französischen Republik zugeschnittene Konstitution sich in Rußland als ein trauriger Mißerfolg erwiese. Die Wahrheit war, daß er im unrichtigen Lande zur Welt kam. In der Gardekavallerie gab man ihm den Spitznamen „Philippe Égalité", ohne sich darüber klarzuwerden, daß der Großfürst in seiner republikanischen Überzeugung viel weiter ging als jener Bruder des Franzosenkönigs, der die Revolution als Sprungbrett für seine persönlichen Ziele gebrauchen wollte. Mein Bruder hätte alle Eigenschaften eines gesetzestreuen Präsidenten einer zivilisierten Republik gehabt – und das verleitete ihn häufig dazu, den Newski Prospekt mit der Avenue des Champs Elysées zu verwechseln. Ein langer Brief, den er im Juli 1916 an Nikolaus II. sandte, enthielt einige Absätze in französischer Sprache. „Lieber Nicki", schrieb er als Nachschrift, „entschuldige mein Französisch, aber ich glaube, es ermöglicht mir, den richtigen Ausdruck für meine Gedanken zu finden" ... Als glänzender Stilist, der die Begabung harmonischer Prosa besaß, war ihm vielleicht gegen seinen Willen klar geworden, daß seine gallizisierte Gedankenrichtung sich in russischer Sprache seltsam ausgenommen hätte.

Puschkins Epigramm auf den berühmten russischen Philosophen Tschaadew läßt sich sehr gut auch auf meinen Bruder anwenden:

> Ein Perikles wäre er in Athen,
> Ein Brutus in Rom geworden,
> Doch in Rußland wurde er nur – Husarenoffizier!

Ich weiß keinen, der ihm auf dem Posten eines russischen Gesandten in Frankreich oder England überlegen gewesen wäre. Sein klarer Verstand, sein kosmopolitischer Weitblick, seine angeborene Würde, sein Verständnis für fremde Denkungsart, seine große Duldsamkeit und seine aufrichtige Friedensliebe hätten ihm in jeder Hauptstadt der Welt Liebe und Achtung gewonnen. Kleinliche Eifersüchteleien und kindische Hausgesetze hinderten ihn daran, einen hervorragenden Platz in den Reihen unsrer Diplomaten einzunehmen, und anstatt Rußland dort zu helfen, wo es seiner am meisten bedurfte, wurde er durch Männer, die ihm seine Talente nicht verzeihen und seine Verachtung für ihre Unwissenheit nicht vergessen konnten, zu politischer Untätigkeit verurteilt. Von diesem Gesichtspunkte aus könnte man sein Leben als verschwendet bezeichnen. In früher Jugend verliebte er sich in Prinzessin Viktoria von Baden, die Tochter unsres Großonkels, des Großherzogs von Baden. Das brach ihm das Herz, da weder der Zar von Rußland noch die griechisch-orthodoxe Kirche eine Heirat zwischen Vettern ersten Grades gestatten durften. Sie heiratete den nachmaligen König Gustav Adolf von Schweden, er blieb unvermählt und lebte allein in seinem großen Palast, umgeben von Büchern, Manuskripten und botanischen Sammlungen.

Mein zweiter Bruder, Michael Michailowitsch, besaß keines von Nikolaus Michailowitschs Talenten. Er schwärmte für den Militärdienst und fühlte sich unaussprechlich wohl im Garderegiment Egerski. Sein angenehmes Äußere, seine

Gutherzigkeit und seine tänzerischen Fähigkeiten machten ihn in der St. Petersburger Gesellschaft beliebt, und bald war „Misch-Misch" ein anerkannter Liebling der Hauptstadt. Leider war er heiratslustig. Im Alter von zwanzig Jahren, sobald er in den Besitz seines Vermögens kam, begann er einen prächtigen Palast zu bauen. „Wir müssen ein standesgemäßes Heim haben", sagte er zu den Architekten. Mit „Wir" meinte er sich und seine zukünftige Gattin. Er wußte noch nicht, wen er heiraten werde, aber er wollte so bald als möglich irgend jemand heiraten. Beständig auf der Suche nach „dem Mädchen seiner Träume", war er mehrmals daran, sich außerhalb des standesgemäßen Kreises zu vermählen. Das schuf nur peinliche Szenen zwischen ihm und den Eltern und führte doch zu nichts. Schließlich ging er eine morganatische Verbindung mit einer morganatischen Tochter des Herzogs von Nassau ein, deren Großvater mütterlicherseits der berühmte russische Dichter Puschkin war. Das machte den großen Plänen Michaels für prunkvolle Feste in dem schönen funkelnagelneuen Palais ein Ende. Er wurde aufgefordert, Rußland zu verlassen, und verbrachte den Rest seines Lebens in England. Eine seiner Töchter, bekannt unter ihrem heutigen Namen einer Lady Milford-Haven, heiratete den Prinzen von Battenberg, einen Vetter der Königin von Spanien.

Mein dritter Bruder, Georg Michailowitsch, zeigte in seiner Kindheit einiges Talent für Malerei. Er teilte meine Liebe für den Kaukasus und hoffte, seinen Militärdienst im Grusinischen Grenadierregiment in Tiflis leisten zu dürfen. Die Versetzung meines Vaters nach St. Petersburg durchkreuzte Georgs Absichten und Neigungen. Während er in der Gardeartillerie diente, befreundete er sich mit Großfürst Peter, zum Nachteil für seine ausgeprägte Persönlichkeit. Er ahmte seinen Vetter nach, verlor bald alle Individualität und begann ein Leben in einer Atmosphäre von Reitschulen, Rennplätzen und Kavalleriemessen. Als ich aus dem Fernen Osten heimkehrte, fand ich einen neuen Menschen vor, der meinen alten Kameraden aus den Tifliser Tagen verdrängt hatte. Dieser Fremde interessierte mich nicht weiter, und unsere Beziehungen verloren ihren früheren Charakter gegenseitiger Bewunderung. Aus seiner Ehe mit Prinzessin Marie von Griechenland hatte Georg zwei Töchter; die ältere, Xenia, heiratete einen Mr. William Leeds jr. aus New York; die Ehe wurde später geschieden. Die jüngere, Nina, ist mit Prinz Paul Kawkawadse verheiratet und lebt auch in Amerika.

Mein vierter Bruder, Sergej Michailowitsch (er war drei Jahre jünger als ich), machte unserem Vater die große Freude, ein guter Artillerist zu werden. Als Generalinspektor der russischen Artillerie tat er, was in seiner Macht stand, um den trägen Köpfen der Regierung die Unvermeidlichkeit eines Krieges mit Deutschland einzuschärfen. Man hörte nicht auf seinen Rat, aber später stellte ihn die Oppositionspartei im Parlament als „den für unsere Unvorbereitetheit Verantwortlichen" hin. Dieser schlaue Plan, ihm das Messer in den Rücken zu stoßen, wunderte Sergej Michailowitsch nicht. Von seinem Erzieher, Oberst Helmersen, einem ehemaligen Adjutanten unsres Vaters, schien er das Motto „tant pis" übernommen zu haben, den Lieblingsausdruck dieses galligen Abkömmlings deutscher Barone. Sobald Helmersen dachte, daß irgend etwas schief gehe, zuckte er die Achseln und sagte „tant pis" mit der Endgültigkeit eines Menschen, den es freut, zum Teufel zu gehn. Lehrer und Schüler wetteiferten miteinander, an diesem kindischen Gehaben festzuhalten, und mein Bruder brauchte längere Zeit, um sich die andauernd gekränkte Haltung abzugewöhnen, eine Pose, die ihm den Spitznamen „Monsieur Tant Pis" eintrug. Wie ich selbst, war auch er ein intimer Freund Nikolaus' II. während mehr als vierzig Jahren gewesen, und es ist zu bedauern, daß es ihm nicht gelang, etwas von Oberst Helmersens kritischen Methoden seinem Spielkameraden im Palast von Zarskoje Selo einzuimpfen. Er heiratete nie, aber seine getreue Gefährtin, eine berühmte russische Tänzerin, bot ihm Ersatz für das Familienleben.

Mein jüngster Bruder, Alexis Michailowitsch, starb im Alter von zwanzig Jahren an Lungenschwindsucht.

Einige Zeilen über die sogenannten „Halbsouveränen" –

die Leuchtenberg, Oldenburg und Mecklenburg-Strelitz – mögen diese posthume Musterung der kaiserlich russischen Familie beschließen. Wir pflegten sie Halbsouveräne zu nennen, denn sie besaßen wohl den Titel Kaiserliche Hoheit, waren aber keine Großfürsten, sondern einfach Herzöge und Fürsten.

Von den drei Herzögen von Leuchtenberg, den Söhnen der Großfürstin Maria Nikolajewna von Rußland aus ihrer Ehe mit dem Prinzen von Leuchtenberg, war nur Eugen in Rußland genügend bekannt, und zwar verdankte er dies der Schönheit seiner Gattin Zina, einer Schwester des berühmten Generals Skobelew, die den Titel Gräfin Beauharnais erhalten hatte. Wenn ich sage, Zina war „schön", weiß ich sehr wohl, wie unmöglich es ist, auch nur einigermaßen die physische Vollendung dieser Frau zu schildern. Auf allen meinen Reisen durch Europa, Asien, Amerika und Australien habe ich nie ihresgleichen gesehen – und das ist ein Glück, denn ein Weib von ihrer betörenden heidnischen Anziehungskraft sollte nicht frei auf Erden wandeln dürfen. Ihr Erscheinen in einem Salon veranlaßte mich stets, ihn eilends zu verlassen. Ich kannte ihre Gewohnheit, beim Sprechen ganz nahe an einen heranzutreten, und bekam da stets das Gefühl, ich könnte meine Handlungen nicht mehr verantworten. Alle jüngeren Großfürsten hatten volles Verständnis dafür. Auch sie litten, ein jeder einzelne. Das Richtige wäre gewesen, Zina in die Arme zu schließen und den Minister des kaiserlichen Hofs seines Amtes walten zu lassen, aber aus irgendeinem Grund konnten wir den Mut, so logisch zu handeln, nicht aufbringen. Noch schlimmer war es, daß unser Beau Brummel, der Großfürst Alexis Alexandrowitsch, ein unzertrennlicher Freund des Ehepaars Leuchtenberg war und seine Liebe für Zina längst über die Angst, einen Skandal hervorzurufen, gesiegt hatte. In der ganzen Welt kannte man diese „ménage royal à trois"; alle Ermahnungen des Zaren verfehlten ihren Eindruck auf seinen leidenschaftlichen Onkel. Alexis Alexandrowitsch hätte wahrscheinlich eher die ganze Flotte abtakeln lassen, als auf das Beisammensein mit Zina verzichtet.

Die schwache Gesundheit der beiden Brüder Eugens, Nikolaus und Georg, machte meist ihren Aufenthalt im Ausland nötig. Georg nahm eine hervorragende Stellung in der Pariser Gesellschaft ein, wo er sich im Widerschein des Ruhms der Romanows sonnte und als der großzügigste Gastgeber der französischen Hauptstadt galt. Seine zweite Gattin, Stana von Montenegro, hatte sich von ihm scheiden lassen und den Großfürsten Nikolaus Nikolajewitsch d. J. geheiratet.

Das Haupt des Hauses Oldenburg, Prinz Peter, kam während der Regierungszeit meines Großvaters nach Rußland; er heiratete eine russische Großfürstin, und St. Petersburg gefiel ihm so gut, daß weder er noch seine Familie je nach Deutschland zurückkehrten. Seine älteste Tochter heiratete den Großfürsten Nikolaus Nikolajewitsch d. Ä., wechselte den Glauben und erhielt den Titel Großfürstin Alexandra Petrowna von Rußland. Wie es meist bei Obergetretenen der Fall ist, wurde sie eine bigotte Anhängerin der griechisch-orthodoxen Kirche und machte ihr Leben zu einer endlosen Anbetung lebendiger Bischöfe und toter Heiliger. Und zu guter letzt nahm sie den Schleier.

Ihr Bruder, Prinz Alexander von Oldenburg, war der äußerst gefürchtete Befehlshaber der Gardetruppen. Seine Strenge grenzte an Irrsinn. Die Nachricht von einer bevorstehenden Inspektion durch ihn verursachte Nervenzusammenbrüche unter den Offizieren und rief unter den Soldaten eine Panik hervor. Er konnte nicht einen Augenblick stillhalten, eilte von Stadt zu Stadt und häufte polternde Auftritte, wie ein Provinzschauspieler, der Friedrich den Großen zu spielen hat. Seine Schwäche für Wissenschaftler bot ein unerwartetes Gegengewicht gegen diese Charakterzüge eines Wahnsinnigen. Als freigebiger Förderer der Laboratorien, Institute und verschiedenartigen Expeditionen war er bei aufstrebenden jungen Wissenschaftlern beliebt, denen der „arme, aus dem Gleichgewicht geratene Prinz" leid tat. Seine Berufung auf den Posten eines Generalinspektors der Lazarette im Jahre 1914 bedeutete eine Katastrophe für nachlässige Militärärzte. Diesmal jedoch wußte die Armee seine Strenge zu schätzen.

Prinz Georg und Prinz Michael von Mecklenburg-Strelitz waren die beiden Söhne meiner Tante, der Großfürstin Katharina, aus ihrer Ehe mit dem Herzog von Mecklenburg-Strelitz. Halbdeutsche durch ihre Geburt, aber Vollrussen in ihren Gefühlen, traten sie, nachdem sie an deutschen Universitäten promoviert hatten, in unseren Militärdienst ein. Keiner von beiden bekleidete einen Posten von Wichtigkeit.

2

Dies waren die Romanows, die in den kritischsten Jahren den russischen Thron umgaben. Trotz allen ihren Mängeln hätte ihre Ergebenheit für die Dynastie und ihre angeborene Vaterlandsliebe sicher vom Zaren mit ausgesprochenem Vorteil verwertet werden können, wenn er die dringende Notwendigkeit begriffen hätte, ihnen die Wahl eines anderen als des militärischen Berufs freizustellen. Auch der am wenigsten Begabte unter ihnen hätte einen besseren Beamten der kaiserlichen Verwaltung abgegeben als jene verräterischen Roboter, denen es in der zweiten Hälfte der Regierungszeit Nikolaus' II. gelang, ein Ministerportefeuille zu ergattern. Derselbe Onkel Alexis, der als Großadmiral der Flotte als unüberbietbarer schlechter Witz wirkte, hätte vortrefflich eine Stelle ausgefüllt, die seine Kenntnis des Auslandes und seine Fähigkeiten zum Umgang mit Menschen erforderte.

Kein Herrscher, sei er nun Kaiser, Präsident, Kanzler oder Diktator, kann es sich leisten, bei der Verteilung leitender Regierungsposten seine getreuesten Anhänger zu übergehen. Man stelle sich einen Präsidenten der Vereinigten Staaten vor, der, auf das republikanische Parteiprogramm gewählt, den getreuen Mitgliedern seiner Partei mitteilte, sie müßten das Befehligen eines Armeekorps erlernen, während an ihrer Stelle die Demokraten im Ministerrate säßen. Man denke sich Stalin, wie er Ausländer mit unsicheren politischen Überzeugungen bevorzugt und die alten Häuptlinge der Bolschewiken beiseite schiebt. Oder Mussolini, wie er den Faschisten seine Absicht ankündigt, Nitti nach Italien zurückzurufen.

Es liegt keine Übertreibung in meinem Vergleich. Kein Mann ist stärker als seine Partei. Kein Mann kann ohne eine Partei regieren. Der letzte russische Zar hätte als Oberhaupt der Partei des bestehenden Regimes handeln sollen, weil die Angriffe der Revolutionäre die Ergebenheit eines Ministers wertvoller machten als seine Talente. Angesichts der Menge verlogener Adeliger, ränkeschmiedender Höflinge und wertloser Bürokraten, die den Palast füllten, hätte er erkennen sollen, daß bei der Ausführung seiner Befehle und Übermittlung seiner Wünsche an die Untertanen einzig auf die Treue seiner Blutsverwandten zu zählen sei, denn sie hatten der Krone die Treue gehalten, lange nachdem das Vertrauen in die Minister geschwunden war. Wir erwarteten ja gar nicht, daß er ein Kabinett der Großfürsten bilde – weit davon entfernt. Wir verlangten ganz einfach, daß man uns gestatte, in den verschiedenen Zweigen der Verwaltung, am besten in der Provinz, zu dienen, wo wir durch Aufrechterhaltung der Verbindung zwischen Zar und Volk von Nutzen gewesen wären.

Er begegnete unsern Argumenten mit einem Hinweis auf die Tradition: „Seit nahezu dreihundert Jahren war es Brauch bei meinen Vorfahren, daß ihre Verwandten die militärische Laufbahn beschreiten mußten. Ich werde diese Tradition nicht brechen. Ich will meinen Onkeln und Vettern nicht gestatten, sich in meine Regierung einzumischen."

Dieser Entschluß beruhte zum Teil auf dem Einfluß der eifersüchtigen Minister und zum Teil auf dem Arger, den ihm das Benehmen seiner Onkel machte. Und wie dies stets bei Nikolaus II. geschah, wurde die Logik durch Gefühlsmomente erdrückt, so daß die meisten seiner Handlungen ein unlösbares Rätsel bleiben für alle, die nicht mit den Umständen seiner Kindheit, seiner Erziehung und seiner ersten zehn Regierungsjahre bekannt sind.

Vor einer Charakterstudie des letzten russischen Zaren soll jedoch eine kurze Abschweifung in das Gebiet der Finanzen

Platz finden. Allzu viele glauben noch immer, daß der Unterhalt der kaiserlichen Familie die Steuerkraft der Nation erschöpfte.

Zehntes Kapitel

GESCHWUNDENE MILLIONEN

I

Fachleute der Finanz und von Ehrfurcht geblendete Laien haben stets behauptet, daß der verstorbene Zar unter die zehn reichsten Menschen der Welt zählte. Sogar heute, dreizehn Jahre nach seinem tragischen Ende, erzählen uns die Herren von der Presse gelegentlich noch immer, daß die Bank von England weiterhin im Besitze „des ungeheuren Vermögens der Romanow" ist.

Vor gar nicht langer Zeit kam ein armes, unzurechnungsfähiges Mädchen in New York an, wurde als Großfürstin Anastasia, die jüngste Tochter Nikolaus' II., eingeführt und äußerte die Absicht, „ihren Anteil an den väterlichen Millionen" einzuklagen. Dieser schlecht angelegte Plan verriet einen erstaunlichen Mangel an praktischem Zweck: Seit dem Sommer des Jahres 1915 war kein Penny für Rechnung des Zaren weder in der Bank von England noch in irgendeiner anderen Bank außerhalb Rußlands vorhanden. Die zwanzig Millionen Pfund, die seit den Tagen Alexanders II. (1856 bis 1881) in London standen, waren völlig für den Unterhalt der Spitäler und anderer, von der kaiserlichen Familie während des Krieges (1915–1917) unterstützter Wohltätigkeitsunternehmen ausgegeben worden. Diese Tatsache blieb dem großen Publikum aus dem einfachen Grunde unbekannt, weil der Zar nicht die Gewohnheit hatte, seine guten Werke durch die Presse ausposaunen zu lassen. Hätte Nikolaus II. länger regiert, er hätte am Ende des Weltkriegs als ein recht armer Mann dagestanden. Auch in seinen besten Tagen hat er nie annähernd den Reichtum eines Rockefeller, eines Mellon, Baker, du Pont, Harkness, der Rothschild, der Mendelssohn und der übrigen Multimillionäre erreicht. Nachdem er das in England deponierte Familienvermögen verausgabt hatte, hätte er sogar im Vergleich zu dem exilierten Kaiser Wilhelm oder zu dem auf Urlaub gegangenen König Alfonso ungünstig abgeschnitten.

Tatsächlich stammten seine gesamten Einkünfte aus den nachfolgenden drei Quellen:

1. Die jährliche Zuwendung der Regierung für die Bedürfnisse der kaiserlichen Familie in der Höhe von elf Millionen Rubel in Gold (zirka vierundzwanzig Millionen Reichsmark).

2. Die Erträgnisse aus der Bewirtschaftung der sogenannten „Udely" (der im Besitz der kaiserlichen Familie befindlichen Domänen).

3. Die Zinsen der im Auslande, in englischen und deutschen Banken, angelegten Kapitalien.

Die „Udely" umfaßten Hunderttausende Morgen Landes, Baumwollpflanzungen, Weingärten, Zuchtfarmen, Obstgärten, Champagner- und Weinkellereien usw. Sie waren zumeist in der zweiten Hälfte des 18. Jahrhunderts durch die umsichtige Katharina die Große erworben und von dem mißtrauischen Zar Paul I. mit einem eignen Statut ausgestattet worden. Ihr Gesamtwert, der im Jahre 1914 auf ungefähr zweihundert Millionen Mark geschätzt wurde, entsprach nicht dem verhältnismäßig bescheidenen Ertrag, der zwischen vier und acht Millionen Mark im Jahre schwankte. Das Mißliche war, daß zu viele Erwägungen politischer und diplomatischer Natur in ihre Verwaltung hereinspielten. So wurde für den Champagner „Abrau-Durso" nie entsprechende Reklame gemacht, um die Gefühle Frankreichs, des damaligen Hauptverbündeten Rußlands, nicht zu verletzen. Längs der Südküste der Krim durfte keine Eisenbahnlinie gebaut werden, weil die radikale Presse darin vielleicht eine versteckte Förderung des Verkaufs von kaiserlichem Obst gesehen hätte, und es mußte daher an Ort und Stelle zu dem lächerlichen Preis von zwanzig Pfennigen für das Faß verkauft werden.

Ähnlich lagen die Verhältnisse hinsichtlich der durch Verzinsung der ausländischen Guthaben erzielten Summen. Sowohl dem Minister des kaiserlichen Hofes als auch dem leitenden Direktor der „Udely" war es streng verboten, Gelder in aus- oder inländischen Papieren anzulegen, damit böse Mäuler nicht sagen könnten, der Zar sei persönlich an dieser oder jener Industrie interessiert.

Die immobilisierten Aktiven der kaiserlichen Familie repräsentierten einen Wert von ungefähr dreißig Millionen Mark. Sie bestanden aus den im Laufe von drei Jahrhunderten von der Dynastie Romanow angekauften seltensten Diamanten, Perlen, Smaragden, Rubinen und andern Kronjuwelen.

Die große Zarenkrone, geschaffen im Jahre 1762 von dem berühmten Posier, dem Hofjuwelier Katharinas der Großen, hatte die Form einer Mitra und trug an ihrer Spitze ein Kreuz aus vier riesengroßen Diamanten mit einem ungeschliffenen Rubin als Mittelstock; der den Kopf umschließende Reifen enthielt achtundzwanzig große Diamanten, und elf ebenso große waren in dem Laubbügel, der das Kreuz und den Rubin trug, mit einem Bogen von achtunddreißig fehlerlosen Rosenperlen an jeder Seite.

Das kaiserliche Diadem, das während der Regierungszeit Alexanders I. fertiggestellt wurde, enthielt dreißig ganz große „antike" Perlen, 113 Rosenperlen, 500 Diamanten verschiedener Größe und 84 Brillanten.

Unter den übrigen wertvollen Kronschätzen befanden sich: der Orlow-Diamant von 194 ½ Karat, den Graf Orlow im Jahre 1776 in Amsterdam erwarb und Katharina der Großen zum Geschenk machte; der „Mond der Berge", ein ungeschliffener Diamant von ungefähr 120 Karat; der Schah (ein Diamant von ungefähr 85 Karat); und der Polarstern, ein herrlicher blaßroter Rubin von ungefähr 40 Karat.

Es wäre müßig, wollte man versuchen, auch nur ungefähr die Summen zu erraten, die sich aus dem Verkaufe dieser berühmten Juwelen hätten erzielen lassen. Sachverständige waren immer der Ansicht gewesen, nur der russische, der österreichische oder der deutsche Kaiser hätten sich für den Ankauf so prächtiger Juwelen interessieren können. Daher versetzt das Verschwinden dieser drei Kaiserreiche die gegenwärtigen Besitzer der russischen Kronjuwelen in die etwas paradoxe Lage von Kaufleuten, denen es gelungen ist, sich durch Ausschaltung der einzigen in Betracht kommenden Käufer gewisse Waren anzueignen.

2

Alles in allem konnte der Zar zu Beginn eines jeden Jahres auf eine Einnahme von vierzig bis fünfzig Millionen Mark rechnen. Ein sehr reichliches Einkommen für einen Privatmann, selbst mit den verschwenderischsten Neigungen, aber eine ganz unangemessene Summe im Vergleich mit den an seinen Schatzmeister gestellten Anforderungen.

Erstens hatte er an seine Verwandten und an die Erhaltung der Paläste zu denken. Jeder Großfürst hatte das Anrecht auf vierhunderttausend Mark jährlich; jede der Großfürstinnen bekam ein Heiratsgut von zwei Millionen Mark; jeder Prinz und jede Prinzessin von kaiserlichem Geblüt[1] bekam bei der Geburt fünfhunderttausend Mark als Abfertigung, die alle weiteren Ansprüche ausschloß. Dieser Ausgabenpunkt des Zaren belief sich jährlich auf acht bis zehn Millionen, je nach der Anzahl der Großfürsten, der Zahl der Vermählungen und Geburten in der kaiserlichen Familie.

Außer den über ganz Rußland verstreuten kleineren kaiserlichen Residenzen mußten fünf große Paläste erhalten werden.

Der Winterpalast in St. Petersburg ist ein von Rastrelli für Kaiserin Elisabeth an den Ufern der Newa errichtetes riesenhaftes Bauwerk, das ungefähr zwölfhundert Diener benötig-

---

[1] Der Titel Großfürst und Großfürstin (Kaiserliche Hoheit) kam den Kindern und Enkeln eines Zaren zu. Weitere Generationen erhielten den Titel Prinz oder Prinzessin aus kaiserlichem Geblüt (Hoheit).

te. Obwohl es in den letzten zwölf Jahren der Regierungszeit der Romanow unbewohnt war und nur für Bälle und besondere Gelegenheiten Verwendung fand, mußte es schon wegen seiner Kunstschätze und wegen der im „Weißen Salon" ausgestellten Kronjuwelen tadellos in Stand gehalten werden.

Der Zar pflegte den größten Teil des Jahres in seinem Palast in Zarskoje Selo zuzubringen. Erbaut von Katharina I. und unter der Regierung der Zarinnen Elisabeth und Katharina II. vergrößert, bot er den Anblick einer kleinen Stadt. Der ausgedehnte Park mit seinen künstlichen Seen, prächtigen Stallgebäuden usw., umfaßte ungefähr dreihundert Hektar. Sechshundert Angestellte arbeiteten ständig in seinem Bercich.

Im Sommer hielt sich der Zar entweder im Palast von Peterhof oder in Livadia am Schwarzen Meer auf. Beide erforderten natürlich eine bedeutende Anzahl Dienstpersonen und eine kleine Armee geschulter Gärtner. Peterhof, das an den Ufern des Finnischen Meerbusens lag, wurde wegen seiner prächtigen Anlagen von Wasserfällen, Springbrunnen, Kanälen und Seen oft mit Versailles verglichen.

Die Zarin-Witwe Marie lebte in St. Petersburg in dem geräumigen Palais Anitschkow; auch die Paläste in Moskau und Gatschina machten sich in dem überlasteten Ausgabenetat des Zaren fühlbar. Dreitausend Angestellten mußten Monatsgehalt, Verpflegung, Livree und besondere Zulagen ausbezahlt werden.

Oberhofmarschälle, Zeremonienmeister, Oberjägermeister, Stallmeister, Kämmerer, Jäger, Kutscher, Kellermeister, Chauffeure, Lakaien, Gärtner, Köche, Küchengehilfen,Hausmädchen usw. usw. – alle erwarteten zweimal im Jahre, zu Weihnachten und an des Zaren Namenstag, ein Geschenk. So wurde alljährlich ein ganzes Vermögen für schwere goldene Uhren mit kaiserlichem Monogramm in Diamanten, für goldene Zigarettendosen, Ringe und andere Schmuckstücke ausgegeben.

Zunächst in der Reihenfolge kamen die kaiserlichen Theater, drei in St. Petersburg und eines in Moskau. Der Weltruf und der Riesenerfolg des kaiserlich russischen Balletts scheinen auf die Einnahmen keinen Einfluß gehabt zu haben, denn alle fünf arbeiteten fortwährend mit Verlust. Der Abgang mußte vom Zaren aus dem Budget des kaiserlichen Hofes gedeckt werden. Vielleicht hätte es eines Gatti-Casazza bedurft, um uns zu lehren, wie man die Förderung der Schönheit mit finanziellem Erfolg verbinden könne. So aber kostete es die kaiserliche Familie jährlich ungefähr vier Millionen Mark, die Kunst Rußlands auf der Höhe zu halten. Von 1905 an trat Diaghilew zu der Zahl der subventionierten Theater hinzu. Seine Gastspiele in Paris und London wurden nur durch die großmütige Unterstützung aus Zarskoje Selo ermöglicht, denn dieser außergewöhnliche Impresario verschmähte es, seine kostbare Zeit an der Theaterkasse zu verschwenden.

Eine ähnliche Unterstützung wurde der kaiserlichen Kunstakademie zuteil. Trotzdem sie vom Staate unterstützt wurde, gelang es ihr nie, mit ihren Einkünften auszukommen, und jene Mitglieder der kaiserlichen Familie, die zu ihren Protektoren zählten, fanden es ungemein schwierig, sich der drückenden Notlage junger Künstler zu verschließen.

Dazu kam die Wohltätigkeit – Wohltätigkeitsaktionen aller Art und Gattung:

Das Rote Kreuz wollte einen Zubau zum Spital eines großen Industriebezirkes errichten, aber es fehlten ihm Fünfundsiebzigtausend zu der erforderlichen Summe.

Der König von Montenegro kam überraschend nach Zarskoje Selo, um dem großen Herrscher der Slawen zu den Festtagen Glück zu wünschen: das bedeutete die sofortige Bereitstellung eines Schecks für nicht weniger als dreihunderttausend Goldrubel, denn der alte Kauz war stets in großer Eile, wieder zu seinen hungernden Untertanen und seiner barfüßigen Armee zurückzukehren.

Der Direktor der kaiserlichen Pagenakademie lenkte die Aufmerksamkeit des Monarchen auf den Pall eines verdienstvollen jungen Mannes, der das Zeug zu einem prächtigen Offizier in sich habe, doch bedürfe er eines gesicherten jährlichen Zuschusses von zehntausend Rubel, um die Lebensführung eines Gardeoffiziers aufrechterhalten zu können.

Ein bevorzugter Adjutant zeigte eine verzweifelte Miene. Er hatte wieder einmal gespielt, und es blieben ihm nur vierundzwanzig Stunden, um die Ehrenschuld zu begleichen. Eine Kleinigkeit bloß – fünfundzwanzigtausend.

Der Enkel eines berühmten Generals bat um fünfzehnhundert Rubel als Beihilfe zur Vollendung seiner Ausbildung.

Ein russischer Künstler hatte in Paris einen bedeutenden „moralischen Erfolg" zu verzeichnen, kehrte zurück und veranstaltete eine Ausstellung seiner Bilder. Er war überzeugt, seine ganze Karriere hänge davon ab, daß ihm die kaiserliche Familie ein Stilleben abkaufe.

Ein braver Polizist wurde in Erfüllung seiner Dienstpflichten getötet und ließ seine Familie unversorgt zurück.

Und so weiter und so fort.

Als Nikolaus noch Thronerbe war, hatte er von seiner Urgroßmutter ein Legat von acht Millionen Mark geerbt. Er beschloß, es beiseite zu legen und die Zinsen für besonders berücksichtigungswürdige Unterstützungsbedürftige zu verwenden. Innerhalb von drei Jahren war sogar das Kapital weg.

Im Vergleich zu all den anderen Auslagen der kaiserlichen Familie dürfte die für Empfänge bestimmte Summe unerwartet klein scheinen. Die verhältnismäßig geringen Kosten des Schaugepränges bei Bällen und Hofdiners erklärt sich aus der Tatsache, daß keine neuen Anschaffungen gemacht und keine fremde Hilfe herangezogen werden mußte. Wein und Blumenschmuck lieferte die Abteilung „Udely", und auch die Hofmusiker waren Festangestellte. Es war mehr der Glanz der Umgebung als die tatsächliche Geldausgabe, die die besuchenden Fremden in Erstaunen versetzte, wenn sie eine Einladung zu den Hofbällen erhielten.

Äußerst bescheiden und einfach in seinem Privatleben, mußte sich der Zar bei solchen Gelegenheiten den Forderungen der Etikette fügen: der Beherrscher des sechsten Teils der Erdoberfläche empfing seine Gäste natürlich in einer Umgebung üppigsten Glanzes.

Die riesengroßen, hohen spiegelbedeckten Säle des Palastes

waren dicht gefüllt von Staatsmännern, Hofleuten, fremden Gesandten, Offizieren der verschiedenen Garderegimenter und durchreisenden orientalischen Herrschern. Glitzernde gold- und silbergestickte Uniformen bildeten einen prunkvollen Hintergrund für die glanzvollen Hofkleider und den strahlenden Schmuck der Damen. Soldaten der berittenen Garde mit ihren adlergeschmückten Helmen und Leibgardekosaken in ihrer malerischen Tscherkeska standen an den Türen und die Stiegen entlang. Zahlreiche Palmen aus den kaiserlichen Gewächshäusern waren im ganzen Palast aufgestellt. Das helle Licht der riesigen Kronleuchter strahlte aus den Wandspiegeln zurück und gab dem ganzen Schauspiel etwas Unwirkliches. Ein Blick in den großen Ballsaal verlieh die Empfindung, daß das sachliche zwanzigste Jahrhundert plötzlich zurückgeglitten sei in die prunkliebenden Tage Katharinas der Großen.

Und dann kam es plötzlich wie Totenstille über die Menge. Der Obersthofmeister erschien und stieß dreimal den Stab mit dem Elfenbeinknopf auf den Boden – das Zeichen für den Eintritt Ihrer Kaiserlichen Majestäten.

Die Türen der inneren Gemächer wurden aufgerissen, und Zar und Zarin standen auf der Schwelle, gefolgt von den Mitgliedern der kaiserlichen Familie und den wichtigsten Hofwürdenträgern des Dienstes. Der Herrscher führte den ersten Tanz, der stets eine Polonaise war, und dann begann der eigentliche Ball. Auf eine Reihe von Walzern folgte der Kotillon, an dem das kaiserliche Paar, jedoch nur als Zuschauer, teilnahm. Sofort nach dem Souper zog sich der Zar zurück und ließ dadurch der Jugend Gelegenheit, sich unter vermindertem Zwang der Etikette dem Tanzvergnügen hinzugeben.

3

Kaum eine halbe Million Mark blieben auf diese Weise für die persönlichen Bedürfnisse des Zaren, wenn er die jährlichen Zuwendungen an seine Verwandten verteilt, die Gehälter seiner Angestellten ausgezahlt, die Rechnungen für die ständigen Erhaltungsarbeiten an den Palästen beglichen, die Finanzverhältnisse der Theater geordnet und die Wohlfahrtsanstalten bedacht hatte. Zum Glück für seine Kinder wurden deren Apanagen während der Zeit der Minderjährigkeit nicht angegriffen, so daß sie im Augenblick der Großjährigkeit so angewachsen waren, daß der Luxus eines festen Nebeneinkommens gesichert schien. Bei der letzten kaiserlichen Familie traf dies leider nicht zu. Ein übermäßig vorsorglicher Minister des kaiserlichen Hofes handelte dem Befehl des Zaren zuwider und überwies kurz vor dem Krieg den Besitz der kaiserlichen Kinder in das Ausland. Von allen Orten fiel seine Wahl gerade auf Berlin, und sieben Millionen Rubel (ungefähr sechzehn Millionen Goldmark des Jahres 1914) schmolzen in der Zeit der deutschen Inflation zu dem Bruchteil eines Pfennigs zusammen.

So unwahrscheinlich es klingen mag, der Zar pflegte in der Regel lange vor Schluß des Rechnungsjahrs „blank" zu sein. Es ist begreiflich, daß er weit mehr als hunderttausend Mark zur Deckung der „unvorhergesehenen Ausgaben" brauchte. Zur Lösung dieser Schwierigkeiten standen ihm zwei Wege offen. Er konnte entweder von den zwanzig Millionen Pfund in der Bank von England abheben oder mit dem Finanzminister sprechen. Er zog es vor, beide Geldquellen zu vermeiden und einfach zu bemerken: „Wir werden die nächsten paar Monate recht sparsam leben müssen."

Aufgewachsen und erzogen in Erkenntnis seiner Verantwortlichkeiten gegen das Reich, zögerte der Zar keinen Augenblick, den ganzen Betrag von zwanzig Millionen Pfund während des Kriegs für die Spitäler auszugeben, aber im Frieden hätte ihn keiner dazu bewegen können, auch nur einen Bruchteil dieses Vermögens anzugreifen. Als das Automobil in Rußland Einzug hielt, war er einer der ersten, der sich für dieses neue Transportmittel begeisterte, doch es dauerte mehrere Jahre, bis er die Möglichkeit vor Augen sah, die Mittel für die Schaffung eines kaiserlichen Automobilparkes aufzubringen. Es standen siebenhundert Pferde in den Stallungen von Zarskoje Selo, und eine stattliche Anzahl von Stallmeistern,

Bereitern, Kutschern und Stallpagen waren zu ihrer Bedienung da. Man konnte doch nicht die Pferde verkaufen und die Angestellten vor die Tür setzen, nur weil im fernen Michigan eine neue Erfindung sich bewährt hatte. Endlich bestellte der Zar zwei französische Wagen aus der Fabrik Delauney-Belleville und nahm einen belgischen Chauffeur namens Kegretz auf. Erst zu Beginn des Weltkriegs willigte er ein, den Autopark des kaiserlichen Hofs zu vergrößern.

Bei einem Rückblick auf das von der kaiserlichen Familie geführte Leben drängt sich ein Vergleich mit dem der amerikanischen Geldaristokratie auf. Ich zweifle, ob irgendeiner der Stahl-, Automobil- oder Ölkönige heute mit einer so bescheiden ausgestatteten Jacht wie S.M.S. „Standard" zufrieden wäre, und bin ganz überzeugt, daß kein Präsident eines mächtigen Konzerns so arm aus seinem Beruf scheiden würde wie der Zar am Tage seiner Abdankung. Seine Paläste, Güter und Juwelen wurden von der neuen Regierung als Nationaleigentum erklärt, es blieb ihm nichts, das er sein eigen nennen konnte. Wäre ihm die Flucht nach England geglückt, so hätte er für seinen Lebensunterhalt arbeiten müssen.

Elftes Kapitel

NIKOLAUS II.

I

Eine unwissende Pflegerin und ein nachlässiger Arzt waren schuld daran, daß Nikolaus II. die Krone trug, denn sie übersahen die Krankheit seines älteren Bruders, eines strammen kleinen Jungen namens Alexander. So wurde er durch einen unglücklichen Zufall Thronfolger. Die Enttäuschung seiner Eltern ist leicht zu ermessen. Er empfand sie deutlich und entwickelte ein ausgesprochen scheues Wesen. Er weinte nie und lachte nur selten. Er spielte auch nicht gern. Die Umgebung seiner Kindheit war düster. Fortwährend war von Attentaten auf das Leben seines Großvaters die Rede. Gleichaltrige Spielgefährten fehlten. Die niedrigen Räume in dem außerhalb der Stadt gelegenen Palast von Gatschina, der von Paul I. nur dazu entworfen schien, um als häßlicher Gegensatz zu der geräumigen Pracht des Winterpalastes in St. Petersburg zu dienen, bedrückten ihn.

Als Lehrer bekam er einen schlichten russischen General, einen empfindsamen schweizer Erzieher und einen jungen Engländer, der für Betätigung im Freien schwärmte. Keiner der drei hatte die leiseste Ahnung von der Aufgabe, die den künftigen Herrscher Rußlands erwartete. Sie lehrten ihn alles, was sie wußten, und das erwies sich als herzlich wenig.

Am Schluß seiner Schulzeit und am Vorabend seiner Ernennung zum Offizier der Gardehusaren hätte Nikolaus einen Oxforder Professor täuschen können, ihn für einen Engländer zu halten; gleich vollendet beherrschte er die deutsche und die französische Sprache. Das war aber auch alles. Sein übriges Wissen bestand aus losen Brocken von Kenntnissen, die ihm in seinem ferneren Leben von keinem praktischen Nutzen sein konnten. Nach der Ansicht des Generals lieferten die überirdischen Kräfte, die beim Sakrament der Eidesleistung am Krönungstage walteten, einem Herrscher alle praktischen Kenntnisse, deren er bedurfte.

Er bekundete bald eine ausgesprochene Vorliebe für den Militärdienst, der seiner passiven Natur entgegenkam. Man führte Befehle aus und brauchte sich nicht den Kopf zu zerbrechen über große Fragen, die Sache der Vorgesetzten waren. Er befehligte eine Schwadron der Gardehusaren. Dann war er zwei Jahre lang Offizier der ersten reitenden Gardebatterie. Als sein Vater starb, war er Kommandant eines Bataillons des Garderegiments Preobraschenski und trug die Tressen eines Obersten. Diesen verhältnismäßig bescheidenen Rang behielt er für den Rest seines Lebens bei. Er erinnerte ihn an seine sorglose Jugendzeit, und nie willigte er ein, sich selbst zum General zu befördern. Er hielt es nicht für anständig, seine Machtbefugnis als Herrscher zu seiner persönlichen Verherrlichung auszunützen.

Durch seine Bescheidenheit machte er sich bei den Kameraden beliebt. Er nahm mit Leib und Seele an ihren Festlichkeiten teil, und der kleine Klatsch der Offiziersmesse förderte sein angeborenes Provinzlertum. Oberst Romanow fühlte sich entschieden wohl, aber für den Thronfolger war es kein Gewinn, ständig mit einer lustigen Schar lebensfroher junger Männer zu verkehren, die sich über Pferde, Ballettänzerinnen und die neuesten französischen Chansons unterhielten.

Nach seiner Berufung in den Reichsrat hörte er zweimal wöchentlich die Reden einer Gruppe mottenzerfressener, alter Bürokraten an, die in schamlosem Scherwenzeln um den Zaren wetteiferten. Die Prozedur langweilte ihn – seine Gedanken waren weit weg.

Zu Hause half er beim Bau von Schneehütten, beim Holzhacken oder beim Bäumepflanzen, da die Ärzte seinem Vater viel Betätigung in freier Luft angeraten hatten. Das Gespräch drehte sich um die Jungenstreiche seines kleinen Bruders Michael oder um die Fortschritte meiner Werbung um seine Schwester Xenia. Nie ein Wort über Politik. Nie eine Gelegenheit, seinen Geist zu bereichern. Es herrschte ein stillschweigendes Übereinkommen, daß die Regierungssorgen nicht auf das Privatleben Alexanders III. übergreifen durften. Die autokratische, einköpfige Regierung bedurfte der Erholung. Er, der den temperamentvollen Kaiser Wilhelm zu behandeln verstand, schüttelte sich vor Lachen über eine aufgeweckte, schlagfertige Antwort seiner jüngsten Kinder. Es war sein beliebter Witz, kaltes Wasser auf den Kopf des ahnungslosen Michael zu schütten, der es nie versäumte, dies im Lauf der Mahlzeit mit gleichem zu vergelten.

Jedes zweite Jahr reiste man im Sommer nach Kopenhagen, um die dänischen, englischen und griechischen Verwandten wiederzusehen. Grüße wurden getauscht und eine Träne über den Eilschritt der Zeit vergossen. Tante Alexandra – die spätere Königin von England – sprach über die bevorstehende Vermählung ihres Sohnes Georg. Tante Olga – die ehemalige Königin von Griechenland – seufzte bestürzt: ihr war, als hätte sie ihn gestern erst auf den Armen getragen.

Im Jahre 1890 – nur noch vier Jahre trennten ihn vom Tage seiner Thronbesteigung – wurde Nikolaus auf eine Weltreise geschickt, wohl in der Absicht, seine Erziehung zu vollenden. Wir trafen auf der Insel Ceylon in Colombo zusammen. Die Nachricht von seiner Ankunft erreichte mich tief in den Dschungeln bei der Jagd auf eine Elefantenherde. Ich mag ihm wohl verwildert vorgekommen sein, wochenlang unrasiert wie ich war, mit meinen Berichten von gefahrvollen Begegnungen und mit den Trophäen der Großwildjagd, die auf dem Verdeck meiner Jacht „Tamara" lagen. Die Stille der Tropennacht, nur dann und wann unterbrochen durch den Schrei erschreckter Affen, machte ihn ungewöhnlich gesprächig. Er beneidete mich um meine aufregenden Ferien. Die Art, wie er reiste, gewährte ihm kein Vergnügen: auf einem Schlachtschiff, das den Wimpel des Thronfolgers am Mast trug.

„Meine Weltreise ist sinnlos", sagte er mit großer Bitterkeit. „Paläste und Generäle sind auf der ganzen Erde gleich, und das ist alles, was man mir zu sehen gestattet. Ich hätte ebensogut zu Hause bleiben können."

Den nächsten Tag kehrte ich zu meinen Elefanten und Tigern zurück, während Nikolaus seine Reise nach Japan fortsetzte. In Kioto wurde er an der Eisenbahnstation von dem Säbel eines Fanatikers getroffen; er wäre getötet worden, hätte Prinz Georg von Griechenland nicht geistesgegenwärtig eingegriffen. So kam seine Studienreise zu einem jähen Abschluß. Sie hinterließ eine greifbare Narbe auf seinem Haupt und bestärkte in ihm die tragische Vorahnung, die ihn zum erstenmal am Tag der Ermordung seines Großvaters beschlichen hatte.

Er verlangte heim nach Gatschina, unter den Schutz der eisenfesten Gestalt des Zaren. Die physische Heldenhaftigkeit Alexanders III. schien dem blassen Thronfolger gleich einer Botschaft der Geborgenheit, und sicherlich war etwas Beruhigendes darin, zu sehen, wie ein massiver Silberrubel durch den schraubstockharten Druck des kaiserlichen Daumens gebogen wurde. Am 17. Oktober 1888 war das ganze Volk Zeuge einer noch größeren Schaustellung dieser herkulischen

Kraft, als der Zar seine Kinder und seine Verwandten dadurch rettete, daß er das von den Revolutionären bei dem Eisenbahnattentat zerstörte Dach des Salonwagens mit seinen Schultern stützte. Die ganze Welt war starr vor Staunen. Der Held blieb gleichmütig, aber die übergroße Anstrengung hatte seine Nieren angegriffen. Am 20. Oktober 1894 standen Nicki und ich auf der Veranda des herrlichen Palastes in Livadia, Sauerstoffballone in den Händen, das Ende des Riesen erwartend. Sogar die würzige Salzluft war nicht mehr imstande, dies Leben aufzuhalten, das sich in einem endlosen Kampfe gegen das unerbittliche Fortschreiten der Revolution erschöpft katte. Er starb, wie er gelebt hatte, als erklärter Feind volltönender Phrasen, der alles Theatralische haßte. Er murmelte nur ein kurzes Gebet und küßte sein Weib.

Täglich sterben Leute, und wir sollten dem Tod eines Menschen, den wir geliebt, nicht unverdiente geschichtliche Wichtigkeit beimessen, aber das Hinscheiden Alexanders III. entschied über das endgültige Geschick des russischen Reichs. Jeder einzelne aus der Menge von Verwandten, Ärzten, Hofleuten und Dienern, die den nun leblosen Körper umstanden, wußte, daß das Vaterland die einzige Stütze verloren hatte, die es vor dem Sturz in den Abgrund bewahren konnte. Niemand begriff dies besser als Nicki. Zum ersten- und letztenmal in meinem Leben sah ich Tränen in seinen blauen Augen. Er ergriff mich am Arm und führte mich hinunter in sein Zimmer. Dort umarmten wir einander und weinten beide.

Er konnte seine Gedanken nicht sammeln. Er wußte, daß er jetzt Zar war, und das Gewicht der erschreckenden Tatsache erdrückte ihn.

„Sandro, was soll ich tun?" rief er rührend aus. „Was wird mit uns geschehen, mit mir, mit dir und Xenia, mit Alix und Mutter, mit ganz Rußland? Ich bin nicht vorbereitet darauf, Zar zu sein. Ich habe nie einer werden wollen. Ich verstehe nichts von Regierungsgeschäften. Ich habe nicht einmal eine Idee davon, wie ich zu den Ministern sprechen soll. Willst du mir helfen, Sandro?"

Ihm helfen! Verstand ich doch fast noch weniger wie er von

Regierungsangelegenheiten. In Marinefragen hätte ich ihn beraten können, aber im übrigen ...?

Ich versuchte ihn zu beruhigen, nannte ihm die Namen von Persönlichkeiten, auf die er sich verlassen konnte, aber in meinem Herzen fühlte ich, daß seine Verzweiflung nur zu wohl begründet war und wir alle einer drohenden Katastrophe gegenüberstanden.

2

Die Braut des neuen Zaren, Prinzessin Alix von Hessen-Darmstadt, war am Vorabend des Todes Alexanders III. aus Deutschland eingetroffen. Der Minister des kaiserlichen Hofs hatte in seiner Aufregung nicht daran gedacht, einen Extrazug bereitstellen zu lassen, und so reiste sie als gewöhnlicher Passagier. Sie wurde in die Schloßkapelle in Livadia geführt und dort nach griechisch-orthodoxem Ritus getauft. Die Trauung fand, kaum eine Woche nach der Leichenfeier, in St. Petersburg statt. Die Flitterwochen brachte man damit zu, täglich zwei Seelenmessen anzuhören und Kondolenzbesuche zu empfangen. Das Ganze wirkte grotesk. Ich zweifle, ob auch der größte Regisseur ein packenderes Vorspiel für die Tragödie des letzten russischen Zaren hätte inszenieren können.

Die junge Zarin sprach nur mühsam russisch. Ihren Vorgängerinnen wurde in der Regel zwischen der Verlobung und der Thronbesteigung eine Frist gewährt. So hatte die Gattin Alexanders III. ununterbrochen siebzehn Jahre vor ihrer Krönung in Rußland geweilt, Prinzessin Alix jedoch wurden genau sechsundneunzig Stunden gegönnt, um die Sprache und die Sitten des Landes kennenzulernen. Unfähig, die Rangordnung der verschiedenen Höflinge zu erfassen, beging sie Verstöße, die an sich wohl unbedeutend, in den Augen der St. Petersburger Gesellschaft aber Kapitalverbrechen waren. Das schüchterte sie ein und schuf eine merkliche Zurückhaltung in der Behandlung ihrer Gäste. Dies wiederum verursachte Vergleiche zwischen der Freundlichkeit der Zarin-Witwe und der „hochmütigen Kälte" der jungen Zarin. Nikolaus II. ärgerte sich über diese boshafte Gegenüberstellung seiner Mutter und seiner Gattin, und so wurden die Beziehungen zwischen Hof und Gesellschaft feindselig.

Und dann begaben wir uns alle nach Moskau zu den Krönungsfeierlichkeiten. Der Tag des „Blutbads auf dem Kodinkafeld" nahte heran. Die Ursachen des Unglücks können auswärtigen Berichterstattern unklar gewesen sein, aber die erfahrenen Beamten waren sich lange vorher der Gefahr bewußt. Die Fähigkeit des kaiserlichen Onkels, des Großfürsten Sergej Alexandrowitsch, damals Generalgouverneur von Moskau, über die zu den Festlichkeiten herbeigeströmten Millionen Menschen zu disponieren, wurde von allen Seiten bezweifelt.

„Bist du auch gewiß, Nicki", so fragte ich den Zaren, ehe wir St. Petersburg verließen, „daß sich Onkel Sergej über die Schwierigkeit der Aufgabe klar ist?"

Er machte eine ungeduldige Handbewegung:

„Sicher ist er das. Bitte, Sandro, versuche doch, gerecht gegen Onkel Sergej zu sein!"

„Ich bin gerecht, Nicki, aber ich erinnere mich, wie besorgt dein Vater bei diesem Anlaß war. Er überwachte persönlich jede Kleinigkeit. Es ist nicht leicht, auf einem ursprünglich nicht für den Aufenthalt einer so großen Volksmenge bestimmten Feld, Gaben an eine dichtgedrängte halbe Million Menschen auszuteilen. Denk nur an all die Aufwiegler, die bestrebt sind, jeden Anlaß zur Schaffung von Unruhen zu nützen!"

„Ich glaube, Sandro", antwortete er kühl, „daß Onkel Sergej all das ebensogut weiß wie du, wenn nicht besser."

Ich verneigte mich und ging.

Die beiden ersten Tage in Moskau straften alle Unglückspropheten Lügen. Prächtiges Frühlingswetter, die alte Stadt im Fahnenschmuck, Glockengeläute von den Kuppeln der sechzehnhundert Kirchen, hochrufende Volksmengen, die junge Zarin strahlend im Schmuck der Krone, Dutzende von Mitgliedern europäischer Herrscherhäuser in ihren prunkvollen Karossen – kein amtlicher Entwurf hätte einen solchen Eindruck hervorzaubern können wie dieses ungezwungene Freudenfest.

In Übereinstimmung mit der Festordnung sollte die Verabreichung der Gaben an die Bevölkerung am dritten Tage der Krönungsfeierlichkeiten um elf Uhr vormittags stattfinden. Die ganze Nacht hindurch versammelten sich immer mehr anwachsende Gruppen von Arbeitern und Bauern auf den schmalen Zufahrtstraßen zum Kodinkafeld, das nur durch eine dünne Kette von Polizisten abgeriegelt war. Bei Sonnenaufgang standen nicht weniger als fünfmalhunderttausend Menschen dicht gedrängt auf dem Raume weniger Häuserblöcke, strebten nach vorwärts und drückten gewaltig gegen eine einsame Schwadron überraschter Kosaken. Aus irgendeinem geheimnisvollen Grund herrschte die Meinung, die Regierung habe die Anzahl der Festteilnehmer unterschätzt, und die Mehrzahl werde mit leeren Händen heimkehren müssen.

Das bleiche Licht der Morgendämmerung enthüllte Pyramiden von großen Bechern mit dem Namenszug des Zaren, die auf eigens errichteten Gerüsten standen. Ein gewaltiges Aufbrüllen der Menge. Im nächsten Augenblick wurden die Kosaken samt ihren Pferden in die Luft gehoben, und alles drängte vorwärts.

„Vorsicht, um Gottes willen, Vorsicht", rief der kommandierende Offizier und wies gegen das Feld, „es ist voller Gräben und Sappen!"

Seine Handbewegung wurde als Einladung aufgefaßt. Wenige, wenn überhaupt jemand, erinnerten sich, daß das Kodinkafeld in gewöhnlichen Zeiten der Übungsplatz eines Bataillons Sappeure war. Die in der ersten Reihe laufenden Leute erkannten ihren verhängnisvollen Irrtum, aber da hätte kaum noch ein Armeekorps genügt, um den Ansturm aufzuhalten. Sie stürzten in Gräben, einer über den anderen, Weiber, die ihre Kinder umklammerten, Männer, die rauften und fluchten.

Fünftausend Menschen wurden getötet, eine noch größere Anzahl verwundet und verstümmelt. Um drei Uhr nachmittags fuhren wir aufs Kodinkafeld und begegneten auf unserem Wege Karren, vollbeladen mit Leichen. Der feigherzige Polizeipräsident versuchte, die Aufmerksamkeit des Zaren abzulenken, indem er ihn bat, für die Zurufe zu danken. Jedes „Hoch" klang mir wie ein Schlag ins Gesicht. Meine Brüder konnten ihrer Entrüstung nicht Herr werden, und wir vier verlangten die sofortige Enthebung Großfürst Sergejs und das Absagen aller Festlichkeiten. Es folgte eine peinliche Szene. Die älteren Großfürsten scharten sich um Onkel Sergej.

„Siehst du nicht ein, Nicki", sagte Onkel Alexis, „daß die Michailowitsche" (dieser Name wurde uns Söhnen Großfürst Michaels im engsten Familienkreis gegeben), „dazu neigen, radikale Galerie zu spielen? Sie gehen offenbar mit der Revolution und versuchen, das Kommando Moskaus einem der ihren zu verschaffen."

Mein Bruder, Großfürst Nikolaus Michailowitsch, beantwortete diese kindische Bemerkung mit einer langen, unzweideutigen Rede. Er schilderte das Entsetzliche der Lage. Er weckte die Schatten der französischen Herrscher, die im Park von Versailles tanzten, ohne der Anzeichen des nahenden Sturms zu achten. Er appellierte an des Zaren Herz.

„Bedenke es wohl, Nicki", schloß er, ihm fest in die Augen blickend, „das Blut dieser fünftausend Männer, Frauen und Kinder wird für immer ein Fluch auf deiner Regierung bleiben. Du kannst die Toten nicht wieder beleben, aber du mußt Mitgefühl mit ihren Angehörigen zeigen. Laß die Feinde des Regierungssystems nicht sagen, der junge Zar habe getanzt, während seine gemordeten Untertanen auf dem Töpferacker verscharrt wurden."

Denselben Abend besuchte Nikolaus II. einen großen, vom französischen Gesandten veranstalteten Ball. Das behäbige Lächeln auf Großfürst Sergejs Gesicht verleitete die Fremden zu der Ansicht, die Romanow hätten den Verstand verloren. Wir vier entfernten uns in dem Augenblick, als der Tanz anfing, und begingen damit den ärgsten Verstoß gegen die Etikette, so daß Onkel Alexis giftig bemerkte: „Da gehen die vier kaiserlichen Anhänger Robespierres."

3

Nikolaus II., ein schlanker, einen Meter siebzig großer, junger Mann, brachte seine ersten zehn Regierungsjahre damit zu, hinter einem massiven Schreibtisch im Palast zu sitzen und beinahe mit Ehrfurcht dem wohleinstudierten Redeschwall seiner gewaltigen Onkel zu lauschen. Er fürchtete das Alleinsein mit ihnen. In Gegenwart von Zeugen wurden seine Ansichten als Befehle hingenommen, sobald aber die Tür des Arbeitszimmers sich hinter dem Außenseiter schloß – da schlug die gewichtige Faust Onkel Alexis' oder Onkel Nikolaus' krachend auf den Tisch. Es fiel einem die Wahl schwer zwischen den hundertzwanzig Kilogramm des ersten in der glänzenden Uniform eines Großadmirals der Flotte und den einen Meter fünfundneunzig des andern, geschmückt mit den kaiserlichen Monogrammen und den Goldtressen eines Generaladjutanten.

Onkel Sergej und Onkel Wladimir entwickelten ebenso wirksame Einschüchterungsmethoden, und der letzte Zar aller Reußen pflegte tief aufzuseufzen, sobald er einen dieser vier Namen während der geschäftigen Stunden eines arbeitsreichen Vormittags angekündigt hörte.

Immer wünschten sie etwas. Nikolaus bildete sich ein, er sei ein großer Krieger. Alexis herrschte über die Wogen. Sergej versuchte, Moskau in seine eigenste Domäne zu verwandeln. Wladimir war der Fürsprecher der schönen Künste.

Jeder von ihnen hatte seine Lieblinge unter den Generalen und Admiralen und wünschte, sie vor der langen Liste von Wartenden befördert zu sehen; jeder hatte seine Tänzerinnen, die ein russisches Gastspiel in Paris veranstalten wollten; seine Wunderprediger, die darauf brannten, des Zaren Seele zu retten; seine zauberkräftigen Ärzte, die nach einer Anstellung bei Hof Verlangen trugen; seine hellseherischen Bauern, die mit göttlicher Sendung begnadet waren.

Gegen sechs Uhr abends war er erschöpft, entmutigt, bezwungen. Er blickte zu dem Bild seines Vaters auf und wünschte, er hätte gelernt, die Sprache dieses gewaltigen obersten Gutsherrn Rußlands zu sprechen.

Alle Welt hatte Furcht vor Alexander III. gehabt.

„Hör auf, den Zaren zu spielen", depeschierte er an eben diesen Onkel Sergej.

„Werft das Schwein hinaus!" schrieb er auf einen Bericht über die eigenartige Betätigung eines höheren Beamten, der in einen öffentlichen Skandal mit einer verheirateten Frau verwickelt war.

„Europa wird wohl warten können, während der Zar aller Reußen fischt", antwortete er einem Höfling, der ihn drängte, sogleich den Gesandten einer Großmacht zu empfangen.

Als ein allzu ehrgeiziger Minister drohte, sein Amt niederzulegen, wurde er am Kragen gepackt und geschüttelt wie ein junger Hund. „Halt das Maul", donnerte Alexander III., „du wirst es deutlich genug merken, wenn es mir beliebt, dich hinauszuwerfen."

Kaiser Wilhelms Vorschlag, „die Welt zwischen Rußland und Deutschland aufzuteilen", erhielt die kurze Antwort: „Benimm dich nicht wie ein tanzender Derwisch, Willi, sieh dich nur einmal im Spiegel an."

Es war jammerschade, daß dieser freimütige Mann im Alter von neunundvierzig Jahren sterben mußte. Gott weiß, daß Nikolaus es nicht eilig hatte, den Thron zu besteigen. Hätte der Vater noch zwanzig oder dreißig Jahre gelebt, alles wäre anders gewesen, alles ... auch diese gewichtigen Onkel und der ungestüme Vetter Willi.

4

Ich versuchte, Nicki klar zu machen, daß die Verwandten seine Güte mißbrauchten. War ich doch ebensogut sein Onkel wie irgendeiner der älteren Großfürsten und Zoll für Zoll ebenso hoch gewachsen und brauchte daher meine Worte nicht ängstlich abzuwägen. Ich sprach stundenlang auf ihn ein. Ich zitierte Geschichte, Nationalökonomie, fremde und einheimische Beispiele. Es war ein trauriger Mißerfolg. Meiner Stimme fehlte jenes gewisse Brüllende. Ich war Sandro, der Spielgefährte seiner Kinderjahre, der Gatte seiner geliebten Schwester Xenia. Er verstand es, meine Leidenschaftlichkeit durch eine scherzhafte Anspielung auf vergangene Zeiten abzukühlen. Er bemerkte meine Gewohnheit, zusammengeduckt dazusitzen, um kleiner auszusehen. Vor mir fürchtete er sich nicht.

Wie oft, während ich um eine völlige Neugestaltung der Kriegsmarine kämpfte, die durch Onkel Alexis auf eine des achtzehnten Jahrhunderts würdige Weise geleitet wurde, sah ich, wie er verzweifelt die Achseln zuckte, und hörte ihn eintönig sagen: „Es wird ihm sicherlich nicht recht sein. Ich sag dir, Sandro, er wird es nicht dulden."

„Nun, Nicki, in diesem Fall wirst du ihn dazu bringen müssen, daß er es duldet. Das schuldest du dem Reich."

„Ja, was kann ich mit ihm tun?"

„Großer Gott, Nicki, du bist doch der Zar! Du kannst tun, was du willst, wenn du es zum Schutze unserer nationalen Interessen für nötig hältst."

„Das klingt alles ganz schön, Sandro, aber ich kenne Onkel Alexis. Er wird sich schrecklich dagegen auflehnen. Im ganzen Palast wird man seine Stimme hören."

„Daran zweifle ich nicht, aber um so besser. Dann hast du einen ausgezeichneten Vorwand, um ihn auf der Stelle zu entlassen und ihm jede weitere Audienz zu verweigern."

„Sich vorzustellen, daß ich Onkel Alexis entlasse! Den Lieblingsbruder meines Vaters. Weißt du, Sandro, mir scheint, meine Onkel haben recht, und du bist während deines Aufenthalts in Amerika Sozialist geworden!"

So ging es monatelang und jahrelang weiter. Ich drohte, meinen Abschied von der Marine zu nehmen, wenn meine Ratschläge keine Beachtung fänden. Er lächelte. Er fühlte ganz genau, daß ich ihm nicht noch mehr schwere Sorgen auferlegen würde. Als ich endlich doch meinen Abschied nahm, äußerte Onkel Alexis sein lebhaftes Entzücken dadurch, daß er fast eine Woche lang seine Stimme dämpfte. Am 14. Mai 1905 wurde unsre Flotte von den Japanern zertrümmert, aber damals kümmerte Nikolaus überhaupt nichts mehr. Der Ruhm seiner Regierung hatte sich nicht verwirklicht. Er machte eine eigenartige Wandlung durch und trieb in der von seinen zahlreichen Komplexen gewiesenen Richtung ständig weiter. Er hatte kein Vertrauen mehr zu irgendeinem Menschen. Gute wie schlechte Nachrichten ließen ihn gleichgültig. Nur das Wohlergehen seines einzigen Sohnes interessierte ihn. Die Franzosen hätten von seinem Fall gesagt, er sei ein Mann, der an „les défauts de ses vertus" leide. Denn er besaß alle Eigenschaften, die für einen einfachen Bürger lobenswert, für einen Zaren aber verhängnisvoll sind. Wäre Nikolaus II. in einer gewöhnlichen Familie zur Welt gekommen, so hätte er ein harmonisches Leben geführt und das Lob seiner Vorgesetzten und die Achtung seiner Mitbürger erworben. Er ehrte das Andenken seines Vaters, er war ein guter Gatte, er glaubte an die Unverletzbarkeit seines heiligen Amtseides, und er bemühte sich bis zum letzten Tag seiner Regierung, ehrlich, höflich und anspruchslos zu bleiben. Es war nicht seine Schuld, daß die Ironie des Schicksals jede dieser gediegenen Tugenden in eine tödliche Waffe der Zerstörung verwandelte. Nie dämmerte ihm die Erkenntnis auf, daß ein Herrscher kein Recht hat, auch Mensch zu sein.

5

Die hypothetische Frage, „was hätte Vater wohl in diesem Fall getan?" beunruhigte Nikolaus sehr oft. Ich hatte es auf der Zunge, ihm zu sagen, daß Maßregeln, die im 19. Jahrhundert als weise galten, nicht in die Umgebung unsrer Zeit paßten. Mit Gefühlen läßt sich jedoch nicht streiten, und ernste Staatsmänner verschwendeten Stunden daran, zu erraten, welche Entscheidung wohl unter den gleichen Umständen von Alexander III. getroffen worden wäre.

Pobjedonoszew, der frühere Erzieher und Minister des letzten Zaren, führte in der Regel den Vorsitz bei diesen albernen Beratungen. Sein zynischer Geist glänzte darin, den jungen Zaren mit Furcht vor allem zu erfüllen, was auch nur im entferntesten modern schien.

„Wen würden Sie, Herr Pobjedonoszew, für den Posten eines Innenministers empfehlen?" fragte Nikolaus II., als um die Jahrhundertwende eine neue Welle revolutionärer Tätigkeit einsetzte. „Ich muß einen starken Mann finden. Ich habe Popanze satt."

„Schön", sagte Mephisto. „Wir wollen mal sehen. Da sind zwei Männer, die im Dienste Ihres Vaters erzogen wurden. Plehwe und Sipjagin. Sonst fällt mir niemand ein."

„Welchen von beiden soll ich nehmen?"

„Es ist einer nicht mehr wert als der andre, Majestät. Plehwe ist ein Schurke, Sipjagin ein Dummkopf. Jeder von beiden wird taugen."

Nikolaus runzelte die Stirn.

„Ich verstehe Sie nicht, Herr Pobjedonoszew, ich bin nicht zum Spaßen aufgelegt."

„Auch ich nicht, Eure Majestät. Ich bin mir darüber klar, daß die Fortdauer des Regierungssystems auf unsrer Fähigkeit beruht, Rußland in einem gefrorenen Zustand zu erhalten. Beim leisesten warmen Lebenshauch begänne bestimmt das Ganze zu faulen. Darum könnte diese Aufgabe nur von Leuten mit Plehwes oder Sipjagins besonderen Eigenschaften erfüllt werden."

Sipjagin, der nur auf diese einzigartige Empfehlung hin zum Innenminister ernannt worden war, wurde am 2. April 1902 von den Revolutionären ermordet. Sein Nachfolger, Plehwe, erlitt am 3. Juni 1904 ein gleiches Schicksal. Pobjedonoszew empfahl ihre würdigen Seelen dem Herrn und schlug vor, daß nun Witte den „geeignetsten Mann" namhaft mache.

„Witte ist ein verkappter Revolutionär, Majestät. Er träumt davon, erster Präsident der russischen Republik zu werden, er ist streitsüchtig, ein lärmender Neuerer, aber bei alledem ist er ein verdienstlicher Schüler der von Ihrem Vater gegründeten Beamtenschule. Sein Verdienst ist es, daß der Rubel auf Goldbasis gestellt wurde; außerdem hat er unter den Geldgebern in Paris so viele Freunde, daß es ihm gelingen könnte, unsren Kredit im Ausland wiederherzustellen."

Witte erhielt freie Hand. In kaum achtzehn Monaten zwang er den Zaren zur Unterzeichnung des Friedens mit Japan, zur Gewährung wichtiger Zusätze zur Konstitution und zur Einberufung des ersten russischen Parlaments (der sogenannten Ersten Duma). Gewiß, er erhielt zwar eine bedeutende Anleihe, zwei Milliarden Mark, in Frankreich, aber die rovolutionäre Tätigkeit erstarkte erstaunlich während seiner Tätigkeit und bedrohte den Bestand des Regierungssystems selbst.

Am 8. Juli 1906 ging das Präsidium des Ministerrats in die Hände Stolypins über, eines wirklich genialen Mannes, der erkannte, wie anders das Rußland des 20. Jahrhunderts behandelt werden müsse im Vergleich zu den Methoden jener Zeit, als die „rote" Bewegung sich auf die großen Städte beschränkte. Ruhe und Ordnung wurden durch ihn im ganzen Reich wiederhergestellt und dem Wachstum der Industrie ein kräftiger Anstoß gegeben. Am 14. September 1911 wurde Stolypin von einem jungen Rechtsanwalt namens Bogroff in Kiew ermordet, während einer Theatervorstellung zu Ehren des Zarenbesuchs in dieser blühenden Hauptstadt Südwestrußlands. Bei dem folgenden Verhör gestand Bogroff, er habe jahrelang die Beschäftigung eines Geheimagenten der russischen Polizei mit der eines Mitglieds der Terroristischen Organisation in Paris verbunden. Seine Anwesenheit im Theater, in allernächster Nähe der kaiserlichen Loge, war nur durch einen amtlichen Befehl möglich, der ihm den „persönlichen Schutz des Zaren" übertrug.

Noch einmal griff Nikolaus auf die Schatten der Vergangenheit zurück und ernannte einen alten Bürokraten zum Nachfolger des kraftvollen Stolypin. Mittelmäßigkeit gewann den verlorenen Boden zurück und zerrte Rußland in einen sinnlosen Krieg, auf den der Triumph der Revolution folgte. Fünfzehn Millionen friedlicher Bauern mußten im Jahre 1914 ihre Heimstätten verlassen, weil Alexander II. und Alexander III. die Gewohnheit hatten, die Balkanstaaten gegen Österreich zu beschützen. Die einleitenden Worte eines am 1. August 1914 vom Zaren erlassenen Manifestes geben Kunde von einem gehorsamen Sohn, der, ans Kreuz seiner Treue geschlagen, stirbt: „Getreu seinen historischen Traditionen, kann unser Land nicht gleichgültig Zeuge des Schicksals seiner slawischen Brüder sein" ... In den knappen Raum eines kurzen Satzes hätte man keinen größeren Mangel an Logik zusammendrängen können! Auch das mächtigste Reich hört auf, ein Reich zu sein, in dem Augenblick, wo man sentimentaler Anhänglichkeit an die Überlieferungen der Vergangenheit erlaubt, es am siegreichen Fortschreiten in die Zukunft zu hindern.

6

Nikolaus II. war höflich. Er war aufreizend höflich. Ich glaube, er war der höflichste Mensch in Europa. Daher verließen ihn mißtrauische Staatsmänner mit der festen Überzeugung, daß ein boshafter Hang zum Unheilstiften hinter diesem undurchdringlichen Wall von Höflichkeit verborgen liege.

„Unser Zar ist ein Orientale, ein hundertprozentiger Byzantiner", sagte Witte kurz nach seiner Enthebung vom Posten eines Ministerpräsidenten. „Wir sprachen zwei volle Stunden lang. Er gab mir die Hand. Er umarmte mich Er wünschte mir alles erdenkliche Gute. Ich kam nach Hause, außer mir vor Glück, und fand das Entlassungsdekret auf meinem Tisch liegen."

Kaiser Wilhelm und Großfürst Nikolaus, der Oberkommandierende der russischen Armeen in den Jahren 1914 bis 1915, hätten Wittes Ansicht eifrig beigestimmt. Beide versuchten, des Zaren Höflichkeit auszunützen, und beide wurden durch ihre Erfahrungen verbittert.

Am 11. Juli 1905 lud Nikolaus II. den Deutschen Kaiser zum Frühstück an Bord der kaiserlichen Jacht „Nordstern" ein, die vor Björkö in Finnland ankerte. Vetter Wilhelm beschloß, das Angenehme mit dem Nützlichen zu verbinden, und brachte in der Tasche den ausführlichen Plan eines russisch-deutschen Bündnisses mit. Ein Blick auf das heikle Schriftstück genügte, um den Zaren abzuschrecken.

„Es ist eine wirklich klug ausgedachte Sache, wenn du meine Meinung wissen willst, Nicki", erläuterte der Kaiser. „Es wird ungemein segensreich wirken, nicht nur für unsre Länder, sondern auch für die übrige Welt."

„Wirklich ein netter Plan", gab sein Gastgeber höflich zu.

„Willst du ihn unterschreiben, Nicki?"

„Vielleicht. Laß ihn mir hier. Ich werde ihn natürlich zuerst meinem Außenminister zeigen müssen."

„Nun, Nicki", begann der Kaiser, und der Zar ließ den Kopf hängen. Die Beredsamkeit Vetter Willis war wohl, aber nicht als wohlgefällig auf der ganzen Welt bekannt. Nikolaus versuchte daher, den Gesprächsgegenstand zu wechseln. Vergebens. Der Kaiser hielt eine wunderbare Rede, nach deren Schluß seinem Zuhörer nur zwei Möglichkeiten blieben: Gradeheraus und deutlich zu antworten oder das Schriftstück zu unterzeichnen. Die Höflichkeit Nikolaus' war sogar stärker als sein Bedürfnis, seinem Vater nachzueifern, und so ergriff er die Feder.

„Das ist schön, Nicki", lobte der Kaiser. „Noch eine kleine Formalität, und das wichtigste Bündnis der Zeitgeschichte wird zur Wirklichkeit. Wer soll deine Unterschrift bezeugen? Ist einer deiner Minister an Bord?"

„Ich werde morgen meinen Außenminister, den Grafen Lamsdorf, darum ersuchen."

„Aber ich glaube, ich sah deinen Marineminister, Admiral Birilew, auf meinem Weg in dein Arbeitszimmer."

„Ja, er ist an Bord, aber ich möchte wirklich lieber die Unterschrift meines Außenministers haben."

Ein neuer Beredsamkeitsausbruch des Kaisers, und Admiral Birilew wurde in das Arbeitszimmer berufen. So entschlossen war Nikolaus II., dieses improvisierte Bündnis sofort bei seiner Rückkehr nach Zarskoje Selo zu annullieren, daß er es nicht von seinem Minister lesen lassen wollte.

„Admiral Birilew", fragte der Zar errötend, „haben Sie Vertrauen zu mir?"

„Eure Majestät wissen, daß ich immer bereit bin, mein möglichstes für die Krone und für Rußland zu tun."

„Sehr gut. Wollen Sie dann ein Schriftstück für mich unterzeichnen? Ich möchte Ihnen den Inhalt lieber nicht zeigen. Ich habe meine Gründe."

Admiral Birilew verneigte sich und unterzeichnete den Vertrag von Björkö.

Bald ging ein entsprechender Brief nach Berlin ab, in dem festgestellt wurde, daß es Rußland nicht möglich sei, mit Deutschland in irgendwelche Vertragsverhältnisse einzutreten, da es vorher mit Frankreich Verträge geschlossen habe. Kaiser Wilhelm rief Gott zum Zeugen dieses „Verrats" des russischen Zaren an und schwor, ihm nie mehr Glauben zu schenken. Es ist fast sicher, daß der Depeschenwechsel zwischen den beiden kaiserlichen Vettern im Juli 1914 den Krieg verhindern konnte, hätte der Kaiser nicht in den vorhergehenden neun Jahren ein beträchtliches Maß von Bitterkeit aufgespeichert.

Ebenso charakteristisch ist der Zwischenfall der erzwungenen Amtsniederlegung Großfürst Nikolaus'. Von Beginn an wünschte der Zar nicht, ihn an die Spitze der russischen Armeen zu stellen, da er nur zu wohl erkannte, daß die dilettantischen Talente „Onkel Nikolaus'" dem Feldherrngenie eines Ludendorff und eines Mackensen nicht gewachsen waren. Der hauptsächlich auf die Fehler der obersten Leitung zurückzuführende Rückzug unsrer Streitkräfte im Sommer 1915 forderte gebieterisch einen Personenwechsel, da es galt, das erschütterte Vertrauen von fünfzehn Millionen Soldaten wiederherzustellen. Nikolaus II. versuchte, seinen stolzen Verwandten zu einer würdigen Lösung zu veranlassen. Doch blieben seine Andeutungen unbeachtet, man mißverstand seine höflichen Formen. So unterzeichnete er am 23. August 1915 einen Erlaß, durch den Großfürst Nikolaus d. J. seines Amtes enthoben wurde und der Zar selber den Oberbefehl übernahm.

Die Gestalt Rasputins nahm die Einbildungskraft der ganzen zivilisierten Welt gefangen. Ernsthafte Geschichtschreiber und fruchtbare Romanschriftsteller schrieben manch einen dickleibigen Band über die im russischen Zusammenbruch von dem unwissenden sibirischen Muschik gespielte Rolle, und sein langer schwarzer Bart nahm unter dem Stift der Umschlagzeichner teuflische Maße an.

Die „Wahrheit über Rasputin" ist ganz einfach. Sein Aufstieg zur Macht vollzog sich auf Grund einer zweiten „häuslichen Tugend" Nikolaus' II., die für seinen Charakter ebenso bezeichnend war wie seine unselige Höflichkeit. Der Zar war ein zärtlicher Gatte und liebevoller Vater. Er wünschte sich einen Sohn. Vier Töchter, eine nach der anderen, entsprossen binnen sieben Jahren seiner Ehe mit Alix, Prinzessin von Hessen-Darmstadt. Das bedrückte sein Gemüt. Er machte mir beinahe einen Vorwurf daraus, daß ich in derselben Zeit Vater von fünf Söhnen geworden war. So unwahrscheinlich es auch klingt, meine Freundschaft mit der Zarin büßte durch diesen Geschlechtsunterschied unsrer Kinder an Wärme ein.

Da erschien ein geheimnisvoller Herr im Palast. „Doktor Philippe aus Paris", so wurde er von den beiden montenegrinischen Großfürstinnen (den Töchtern König Nikolaus' von Montenegro, die mit den Großfürsten Nikolaus und Peter vermählt waren) eingeführt. Der französische Gesandte warnte die Regierung vor dem schmeichlerischen Fremdling, aber Zar und Zarin waren andrer Ansicht. Wer auf Wunder rechnet, der wird leicht getäuscht. Die scheinwissenschaftliche Beredsamkeit Doktor Philippes verfehlte ihr Ziel nicht. Er gab vor, das Geschlecht eines ungeborenen Kindes beeinflussen zu können. Er verschrieb keinerlei Medikamente, da diese von den Leibärzten kontrolliert werden konnten. Sein Hauptgeheimnis bestand in einer Reihe von „hypnotisierenden Bestreichungen", die etwa mit der modernen Theorie des „Dämmerschlafs" verglichen werden könnten. Am Schluß einer zweimonatigen Kur erklärte er, die Zarin sei guter Hoffnung. Alle Hoffeste wurden abgesagt. Die Zeitungen Europas kündigten das bevorstehende wichtige Ereignis in der Familie des russischen Zaren an. Sechs Monate vergingen. Die Zarin erlitt einen Nervenzusammenbruch, und trotz Doktor Philippes heftigem Widerspruch berief man die Leibärzte. Ihr Gutachten erfolgte rasch und lautete vernichtend: sie hatten keine Anzeichen einer Schwangerschaft gefunden. Doktor Philippe packte seine Koffer und kehrte nach Paris zurück.

Zwei Jahre vergingen. Am 30. Juli 1904 gebar die Zarin den langersehnten Sohn, der den Namen Alexis erhielt. Die Niederlagen auf dem japanischen Kriegsschauplatz verblaßten zur Bedeutungslosigkeit neben diesem freudigen Ereignis. Im Alter von drei Jahren fiel Alexis hin, während er im Garten vor dem Palast spielte, und begann zu bluten. Der diensthabende Hofarzt wendete die in solchen Fällen üblichen Mittel an, aber keines wollte helfen. Die Zarin wurde ohnmächtig. Sie brauchte den Befund der gelehrten Spezialisten nicht zu hören, um zu wissen, was dieses hartnäckige Bluten bedeutete: es war die gefürchtete „Hämophilie", schon seit dreihundert Jahren die Erbkrankheit der männlichen Mitglieder ihrer väterlichen Familie. Das kräftige Blut der Romanow war nicht imstande gewesen, das schwache Blut der Herzöge von Hessen-Darmstadt auszugleichen, und ein unschuldiger Knabe büßte für die sträfliche Nachlässigkeit, die sich der russische Hof bei der Auswahl einer Braut für Nikolaus II. hatte zuschulden kommen lassen. Ein System, das Großfürsten in die Verbannung schickte, weil sie gesunde Frauen heirateten, die nicht königlichen Geblüts waren, verabsäumte es, sich um die Geschichte des Hauses Hessen-Darmstadt zu kümmern.

Über Nacht war der Zar um zehn Jahre gealtert. Der Gedanke war ihm unerträglich, daß sein einziger Sohn, sein geliebter Alexis, von der medizinischen Wissenschaft verurteilt war, entweder jung zu sterben oder das Leben eines Kranken zu führen.

„Gibt es keinen Arzt in ganz Europa, der meinen Sohn heilen kann? Er mag verlangen, was er will; er kann für immer in meinem Palast leben. Alexis muß gerettet werden."

Die Hofärzte waren unglücklich. Ihre Antwort war ein glattes „Nein". Sie konnten den Zaren nicht zu falschen Hoffnungen verleiten. Sie mußten zugeben, daß die bedeutendsten Fachärzte der Welt gegen die vernichtende Macht der Hämophilie machtlos seien.

„Eure Majestät müssen sich darüber klar werden", sagte der erste Leibarzt, „daß der Thronfolger nie ganz von der Krankheit geheilt werden kann. Die Anfälle der Hämophilie werden dann und wann wiederkehren. Strengste Schutzmaßregeln müssen beobachtet werden, um den Thronfolger vor Stürzen, Schnitten oder Kratzwunden zu bewahren, da einem an Hämophilie Leidenden die geringste Blutung verderblich werden kann."

Ein riesenhafter Matrose, Derewenko, erhielt den Befehl, über die Sicherheit des armen Alexis zu wachen und ihn bei allen Gelegenheiten, die übermäßiges Gehen verlangten, auf den Armen zu tragen.

Für die kaiserlichen Eltern verlor das Leben jeden Sinn. Wir scheuten uns, in ihrer Gegenwart zu lächeln. Besuchten wir den Palast, dann benahmen wir uns wie in einem Sterbehaus. Der Zar vergrub sich in Arbeit, aber die Zarin wollte sich noch nicht in ihr Schicksal ergeben. Sie sprach ständig von der Unwissenheit der Ärzte. Sie zeigte eine offene Vorliebe für Quacksalber. Sie wendete sich der Religion zu, und ihre Gebete waren von einer Art Hysterie diktiert. So war der Schauplatz für das Erscheinen eines Wundertäters vorbereitet, und es war den beiden montenegrinischen Großfürstinnen ein leichtes, die Zarin zum Empfang Rasputins zu bewegen.

„Er ist wunderbar. Er ist ein neuer Heiliger. Er heilt alle Leiden. Er ist ein einfacher sibirischer Bauer, aber du weißt doch, Alix, daß Gott seine Kraft niemals den verwöhnten Kindern der Überintellektualisierung verleiht."

Es ist wohl kaum nötig, weiter über Rasputins Geschichte

zu berichten. Die Frage ist noch offen, ob das Ausbleiben der Anfälle nur zufällig mit seinen Besuchen im Palast zusammentraf, oder ob der schlaue Fakir sich mit Erfolg geheimer Mittel bediente, die den mongolischen Medizinmännern seines heimatlichen Sibiriens bekannt waren. In den Augen der Zarin hat er ihren Sohn vom Tode errettet. Nikolaus II. verachtete Rasputin und war gegen seine wiederholten Besuche eingenommen. Kurz vor Kriegsausbruch wurde Rasputin nach Sibirien geschickt, wo ihn ein Bauernmädchen, seine ehemalige Geliebte, fast erdolcht hätte. Da kehrten die Anfälle von Hämophilie wieder! Die Zarin weinte und beschwor den Gatten, die Rückberufung von „Alexis' Retter" zu genehmigen. Rasputins Rückkehr war ein Triumph. Diesmal war er entschlossen, möglichst viel Gewinn aus seinen Heilkräften zu ziehen. Er schloß ein Geschäftsbündnis mit einer Gruppe gewissenloser Abenteurer. Seine Empfehlungsbriefe, die mit einer entsetzlich ungelenken Unterschrift versehen waren, erschienen auf den Schreibtischen hoher Regierungsbeamter und führender Bankiers. Dieselbe Gesellschaft, die einige Jahre darauf sein Blut forderte, lud Rasputin zu ihren Empfangsabenden und erbat jede mögliche Gunst von ihm.

Am 25. Dezember 1916, neun Tage nach Rasputins Ermordung im Palast meines Schwiegersohns, des Prinzen Felix Jussupow, übersandte ich dem Zaren ein langes Schreiben, in dem ich die Revolution voraussagte und grundlegende Änderungen in der Besetzung der Regierungsstellen verlangte. Der Schlußsatz meines Briefes lautete folgendermaßen:

„So seltsam es auch klingen mag, Nicki, wir sind Zeugen des unwahrscheinlichen Schauspiels einer von seiten der Regierung angezettelten Revolution. Niemand sonst will eine Revolution. Jedermann sieht ein, daß es für den Augenblick zu gefährlich ist, sich den Luxus innerer Zwistigkeiten zu gestatten, während ein Krieg geführt und gewonnen werden soll – jedermann sieht das ein, nur Deine Minister nicht. Ihre verbrecherische Handlungsweise, ihre Gleichgültigkeit gegenüber der allgemeinen Not und ihre ständigen Lügen werden das Volk zum Aufruhr zwingen. Ich weiß nicht, ob Du meinen Rat annehmen willst oder nicht, aber ich möchte Dir begreiflich machen, daß die herannahende Revolution des Jahres 1917 lediglich das Ergebnis der Bemühungen Deiner Regierung ist. Zum erstenmal in der modernen Geschichte wird eine Revolution nicht von unten, sondern von oben eingeleitet. Nicht vom Volke gegen die Regierung, sondern von der Regierung gegen das Wohl des Volkes[1]."

8

Ich stand nicht allein mit meinem Urteil über die Lage. Acht Wochen vorher, am 1. November 1916, überreichte mein ältester Bruder, Großfürst Nikolaus Michailowitsch, dem Zaren eine Denkschrift von sechzehn Seiten, in der die Verbrechen des damaligen Regierungspräsidenten Stürmer aufgezeigt wurden.

Am 11. November 1916 legte mein andrer Bruder, Großfürst Georg Michailowitsch, die Eindrücke von seinem Besuch bei General Brussilow, dem damaligen Befehlshaber der Südwestfront, schriftlich nieder. „Lieber Nicki", schrieb Georg, „wenn nicht binnen vierzehn Tagen eine neue, dem Parlament gegenüber verantwortliche Regierung gebildet wird, rennen wir alle in ein Debakel hinein."

Am 15. November 1916 fügte noch einer meiner Brüder, der seit 1891 in London lebende Großfürst Michael Michailowitsch, seine Stimme zu dem Chor der Warner: „Soeben komme ich aus dem Buckingham Palast. Georgie (die familiäre Bezeichnung für König Georg von England) ist sehr bestürzt über die politische Lage in Rußland. Die in der Regel gut informierten Agenten des englischen Geheimdienstes prophezeien für die allernächste Zeit den Ausbruch einer Revolution. Ich hoffe aufrichtig, daß Du, Nicki, es möglich ma-

---

1 Da alle meine Dokumente während meiner Gefangenschaft in der Krim im Jahre 1918 von den Bolschewiken beschlagnahmt wurden, zitiere ich diese und weitere Briefe aus dem Buch „Kaiserliche Geheimpapiere", das von der Sowjetregierung im Jahre 1921 in Moskau veröffentlicht wurde.

chen wirst, die gerechten Forderungen Deines Volkes zu erfüllen, ehe es zu spät ist."

„Was ist es? Verrat oder Dummheit?" rief Professor Paul Miljukow, der volkstümliche Führer der liberalen Partei, von der Rednertribüne des Parlaments.

Leider war es weder das eine noch das andre. Es war etwas bedeutend Tieferliegendes und ungemein Gefährlicheres: Nikolaus II., der Zar aller Reußen, der Oberbefehlshaber über fünfzehn Millionen Soldaten, hielt mit allem Eifer eines christlichen Dulders daran fest, daß „Gottes Wille geschehe". Ich fiel beinahe in Ohnmacht, als ich diese verblüffende Formel hörte.

„Wer in aller Welt, Nicki, hat dich diese beispiellose Art, deinem Gott zu dienen, gelehrt? Nennst du das Christentum? Nein, Nicki, das klingt eher wie der mohammedanische Fatalismus eines türkischen Soldaten, der den Tod nicht fürchtet, weil ihn im Jenseits die weitgeöffneten Tore des Paradieses erwarten. Wahres Christentum, Nicki, bedeutet Tat; mehr sogar, als Gebet. Gott hat dir das Leben von hundertsechzig Millionen Männern, Frauen und Kindern anvertraut. Gott erwartet von dir, daß du kein Mittel unversucht läßt, um ihr irdisches Los zu verbessern und ihr Glück zu sichern. Die Jünger Christi saßen nie mit gefalteten Händen da, Nicki! Sie wanderten von einem Ende der Erde zum anderen und brachten etwas unendlich Wertvolles in die wankende heidnische Welt."

„Gottes Wille geschehe!" wiederholte er langsam. „Ich kam am sechsten Mai, dem Tage des Dulders Hiob, zur Welt. Ich bin bereit, mein Schicksal zu tragen."

Das war endgültig. Keine Warnung hätte Eindruck auf ihn machen können. Er schritt dem Abgrund zu in der Überzeugung, dies sei der Wille seines Gottes. Er war wie gebannt von dem göttlichen Rhythmus der Zeilen, in denen der am sechsten Mai jedes Jahres gefeierte Dulder geschildert wird: „Es war ein Mann im Lande Uz, der hieß Hiob. Derselbe war schlecht und recht, gottesfürchtig und mied das Böse."

Mit vielleicht einem kleinen Unterschied in der Art, „das

Böse zu meiden", glich Nikolaus seinem Ideal in jeder Einzelheit. Er vergaß, daß er ein Zar war. Und so, anstatt „alt und reich an Tagen" zu sterben, erreichte ihn das Verhängnis in einem dunklen Keller in Sibirien, als er vergebens versuchte, zu den blutdürstigen Soldaten eines bolschewistischen Exekutionskommandos zu sprechen. Ich kannte ihn gut und bin überzeugt, daß ihm wenig um sich selbst zu tun war, daß er sie aber bitten wollte, das Leben seiner Frau und seiner Kinder zu schonen.

Zwölftes Kapitel

TÖNERNE GÖTZEN

I

Außerhalb des kaiserlichen Palastes lag Rußland, nach Pobjedonoszews Worten „eine Eiswüste und der Aufenthalt böser Menschen".

Ein kurzer Überblick über die Ereignisse von 1894 bis 1917 zeigt den Eifer der Tätigkeit dieser „bösen Menschen".

Mai 1896. – Die Katastrophe auf dem Kodinkafeld.

1897–1901. – Teilstreiks in St. Petersburg, in Moskau und in der Provinz; zahlreiche Attentate auf das Leben von Ministern, Statthaltern und Polizeipräsidenten; außergewöhnliche Vorsichtsmaßregeln zum Schutz des jungen Zaren.

1902. – Ermordung des Innenministers Sipjagin.

1904. – Ermordung des Innenministers Plehwe.

1904–1905. – Der unheilvolle Russisch-Japanische Krieg.

9. Januar 1905. – Revolutionäre Aufwiegler führen trotz des Verbots aller Demonstrationen St. Petersburger Arbeiter vor den Palast, angeblich, um eine Bittschrift zu überreichen, obwohl der Zar nicht in der Hauptstadt weilt. Nach vielen Warnungen sind die Truppen gezwungen, zu feuern. Zweihundert Arbeiter werden getötet oder verwundet.

5. Februar 1905. – Ermordung des Großfürsten Sergej

Alexandrowitsch in Moskau; die Mitglieder der kaiserlichen Familie werden von der Polizei ersucht, dem Leichenbegängnis nicht beizuwohnen, da die alte Hauptstadt voll von Terroristen ist.

6. Juni 1905. Aufstand in der Schwarzen-Meer-Flotte.

12. Oktober 1905. – Erklärung des Generalstreiks durch den ersten, kurzlebigen St.-Petersburger Sowjet.

17. Oktober 1905. – Nikolaus Nikolajewitsch d. J. und Witte überreden den Zaren zur Nachgiebigkeit gegenüber dem Pöbel. Ein Manifest wird erlassen, durch welches das Parlament (die Duma) einberufen wird.

20.–25. Oktober 1905. – Judenpogrome.

Herbst 1905. – Außerordentliche Maßregeln müssen ergriffen werden, um die ungehinderte Rückkehr der Armee vom japanischen Kriegsschauplatz zu sichern und die Transsibirische Eisenbahn gegen die Angriffe der Revolutionäre zu schützen.

Dezember 1905. – Der Aufstand in Moskau nimmt gewaltige Ausmaße an. Aus St. Petersburg wird das kaiserliche Semenow-Garderegiment entsendet, um Ordnung zu schaffen.

27. April 1906. – Eröffnung der ersten Duma, bestehend aus redseligen Professoren, Journalisten, Advokaten und „gemäßigten Revolutionären".

Frühling und Sommer 1906. – Die sogenannte „Illumination" erhellt das russische Reich von einem Ende zum andern – die Bauern zünden die Herrensitze an. Mehr als ein Dutzend Statthalter und Generäle werden ermordet.

7. Juli 1906. – Der Zar löst die erste Duma auf. Einige hundert Parlamentarier weigern sich zu gehen und fordern die Bevölkerung in einer Proklamation zum Steuerstreik auf. Zum Ministerpräsidenten ernannt, beginnt Stolypin eine regelrechte Offensive gegen die Revolutionäre.

12. August 1906. – Die Explosion einer von den Revolutionären in Stolypins Sommerhaus gelegten Bombe verwundet dessen Kinder schwer.

Winter 1906–1907. – Eine Epidemie von Raubanfällen – von den Revolutionären zur Auffüllung der Kasse ihres Exekutivkomitees veranstaltet – zwingt zur Verhängung des Standrechtes in den meisten größeren Städten.

3. Juni 1907. – Der Zar löst die zweite Duma auf, die ihre Vorgängerin an Frechheit noch übertraf und die russische Armee von der Rednertribüne herab beschimpfte.

Herbst 1907. – Durchführung von Neuwahlen auf Grund des neuen Wahlgesetzes, das den Bauern eine bessere Vertretung gewährt. Die Mitglieder der dritten Duma erscheinen etwas weniger redselig, leiden aber sämtlich an besonderen Minderwertigkeitskomplexen.

1908–1911. – Durch Stolypins Maßnahmen gelingt es, die Ordnung wiederherzustellen, Industrie und Finanz erleben eine bisher unerreichte Blütezeit. Stolypin bereitet ein neues Gesetz vor, um den Landbesitz der einzelnen Bauern zu vergrößern, dagegen den Gemeindebesitz der Dörfer abzuschaffen.

14. September 1911. – Stolypin wird in Kiew ermordet.

1912–1914. – An die Spitze der Regierung tritt Kokowzew, ein farbloser Bürokrat, der vor dem eignen Schatten Angst hat und keiner aufbauenden Idee fähig ist. Sasonow, der Außenminister, ist eine Puppe in den Händen der französischen und der englischen Regierung; seine Politik verstrickt Rußland in eine Reihe von Abenteuern auf dem Balkan und gefährdet das Verhältnis zu den Zentralmächten.

30. Juli 1914. – Sasonow und Nikolaus Nikolajewitsch d. J. raten dem Zaren, den Befehl zur allgemeinen Mobilisierung zu unterzeichnen.

1915–1916. Die Revolutionspartei beherrscht die „Hilfsorganisationen der Front" und betreibt im Verborgenen Propaganda gegen die Regierung. St. Petersburg wird mit defaitistischer Lektüre überschwemmt, und das Schlagwort von „Rasputins Einfluß" dient zur Vergiftung der öffentlichen Meinung.

Februar 1917. – Deutsche Agenten wiegeln die in langen Schlangen um Brot angestellte Bevölkerung St. Petersburgs auf und zetteln in der Kriegsmaterialindustrie Streiks an.

17. März 1917. – Die Abdankung.

2

Diese kurze Zusammenfassung von Brand, Blut und Schrecken vermag nicht, die grenzenlose Dummheit und den völligen Mangel an Verantwortungsgefühl zu schildern, die dreiundzwanzig Jahre hindurch ununterbrochen am Zusammenbruch des Zarenreichs wirkten. Es ist bezeichnend, daß keiner jener Führer, die von 1894–1917 am russischen Horizont erschienen, imstande war, dem Sturm von 1917 bis 1918 standzuhalten. Jeder einzelne von ihnen wurde entweder von den Bolschewiken erschossen, oder er war gezwungen, ins Ausland zu fliehen. Nur die unschlüssig schwankende Regierung Nikolaus' II. konnte sie in Rußland dulden. Um einen ihrer eigenen Ideologen, Michael Gerschensohn, zu zitieren: „Die russische Intelligenz sollte der zaristischen Regierung dankbar sein, die sie durch Gefängnis und Bajonette vor dem Zorn und der Wut des Volks schützt; wehe uns allen, wenn wir je den Sturz des Zaren erleben!" Das wurde im Jahre 1907 geschrieben!

Wer waren diese Männer und Frauen, die ständig Verschwörungen gegen das bestehende Regierungssystem anzettelten? Welche sonderbare Logik verleitete sie zu dem Glauben, das einmal entfesselte Chaos werde seine Zerstörungswut auf die kaiserlichen Paläste beschränken. Ihre Teilnahme an den verschiedensten politischen Parteien wie: Sozialrevolutionäre, Sozialdemokraten, Volkssozialisten, Konstitutionell-Demokratische usw. bedeutete ihnen nicht viel und wird sicher jedem, der sich mit der Geschichte Rußlands befaßt, noch weniger bedeuten. Ein begeisterter Führer der „sozialdemokratischen" Partei und persönlicher Freund Lenins, Malinowski, bezog eine monatliche Zuwendung als Geheimagent der kaiserlichen Polizei. Alexander Gutschkow, vermutlich das Haupt der Konservativen, tat andrerseits alles, was in seiner Macht stand, um einen Aufstand in der russischen Armee herbeizuführen.

Dieser Firnis politischer Parteibezeichnungen müßte erst

vom Angesicht der russischen Revolution abgewaschen werden, damit wir die verschiedenartigen Gesichtszüge ihrer Götzen, ihrer Fanatiker, ihrer Abenteurer, ihrer Ministerkandidaten, ihrer blaublütigen Anhänger und ihrer eifrigen Hetzer gegen die Regierung erkennen könnten.

An der Spitze der übervollen Liste dieser Götzen der Revolution steht der Name Leo Tolstois. Aus keinem besonderen Grund, nur wegen der Verfassung einiger nichtssagender politischer Flugschriften und seines kindischen Streits mit der griechisch-orthodoxen Kirche wurde dieses größte literarische Genie des modernen Rußland von der revolutionären Jugend des ganzen Landes als Apostel verehrt. Studenten und Arbeiter reisten Tausende von Kilometern nach seinem Herrensitz Jasnaja Poljana, und seine Predigten über das Neue Christentum wurden fälschlich für das Trompetensignal zum Aufruhr gehalten. Von Zeit zu Zeit fühlte Tolstois durch soviel Anbetung bewegtes Dichtergemüt den Drang, eine drohende Epistel an den Zaren zu richten. Er träumte davon, verfolgt, gefangen, nach Sibirien deportiert zu werden. Weder Alexander III. noch Nikolaus II. dachten je daran, etwas so Törichtes zu tun: ihre aufrichtige Verehrung für den Dichter von „Krieg und Frieden" ließ sie das theatralische Gehaben eines alten Mannes übersehen, der in tragischer Verirrung die Feder eines Genies zum Schreiben stümperhafter Pamphlete mißbrauchte. Mit Vorliebe verbreitete er sich über die „Greueltaten" Zar Nikolaus' I. Eines Tages wies ihm mein Bruder Nikolaus Michailowitsch in einem höflich aufklärenden Schreiben das Unsinnige dieser Anklagen nach. Aus Jasnaja Poljana kam folgende eigenartige Antwort: Tolstoi gestand seine Hochachtung für die vaterlandsfreundliche Politik unsres Großvaters und dankte Nikolaus Michailowitsch für das interessante historische Tatsachenmaterial. Mittlerweile ging der Verkauf der ekelhaften Schmähschrift weiter, während die Gepflogenheiten der kaiserlichen Familie eine Veröffentlichung des Briefwechsels meines Bruders mit Tolstoi verboten.

Sofort nach Erhalt der Todesnachricht schickte Nikolaus II.

ein freundliches Telegramm an die Witwe Tolstois, drückte ihr sein Beileid und seine aufrichtige Anteilnahme aus. Die Intellektuellen runzelten die Stirn über diese einfach menschliche Handlung des Zaren, sie fürchteten eine Beeinträchtigung der Wirkung ihrer für den Tag des Begräbnisses inszenierten politischen Massenkundgebung. An jenem Novembernachmittag des Jahres 1910 wurde in endlosen Reden das bestehende Regierungssystem angeprangert, und dem Ereignis völlig fernstehende Gegenstände wurden zur Sprache gebracht. Ohne das tränenüberströmte Angesicht der Gräfin Tolstoi hätten die Teilnehmer dieser revolutionären Heerschau vergessen können, daß es sich um ein Leichenbegängnis handelte: um die Bestattung eines Mannes, den die Welt lediglich wegen seiner dichterischen Meisterwerke verherrlichte, und dessen Familie Rang und Ansehen dem viel geschmähten russischen Zarismus verdankte. „Lieber Leo Nikolajewitsch, dein Andenken soll stets in den Herzen der dankbaren Bauern von Jasnaja Poljana leben." So stand auf einem fünf Meter langen Banner zu lesen, das vor der Bahre einhergetragen wurde. Sieben Jahre später schändeten die „dankbaren Bauern von Jasnaja Poljana" das Grab des lieben Leo Nikolajewitsch und brannten seinen Ahnensitz nieder. Diesmal lauschten sie einer andern Rede, die ihnen ein Vertreter des Sowjet hielt. Tolstoi, so erklärte er, sei am Ende doch Aristokrat und Grundbesitzer, also ein Feind des Volkes gewesen.

Unter den Heiligen der Revolution folgen auf Tolstoi, der Reihe nach, Fürst Peter Kropotkin, Frau Vera Figner, Frau Breschko-Breschkowskaja (genannt die Großmutter der russischen Revolution) und die zahlreichen politischen Attentäter, die in der Festung Schlüsselburg bei St. Petersburg ihre Strafe verbüßten. Der Aristokrat Kropotkin predigte seine genugsam harmlosen Lehrsätze einer rosa-wässerigen Anarchie von dem sicheren Port seiner eleganten Londoner Wohnung aus; die andern, besonders die Frauen, begründeten ihren Anspruch auf rote Heiligsprechung durch eine Reihe von Schreckenstaten, deren Veranstaltung bis in die siebziger Jahre des vorigen Jahrhunderts zurückreicht. Ein begeisterter Feminist wäre geneigt, sich über dieses Hervortreten des weiblichen Elementes zu freuen, aber Biographen der Charlotte Corday fänden wenig Inspiration in den Eigenschaften dieser blutdürstigen russischen alten Jungfern, die eher von der Hand Krafft-Ebings oder Freuds geformt erscheinen. Die strenge Etikette der Intellektuellen gebot jedoch, daß jeder achtzehnkarätige Liberale sich bei Nennung des Namens Vera Figners von seinem Sitz erhob. Diese ehrwürdige Dame hatte an der Ermordung des Zar-Befreiers mitgewirkt, und der „grausame" Zar Alexander III. hatte es gewagt, die Mörderin seines Vaters ins Gefängnis zu stecken. Seltsamerweise weigerten sich die Bolschewiken, die göttlichen Vorrechte dieser Revolutionsgötzen anzuerkennen, und der erste Jahrestag der Sowjetherrschaft fand sie wieder im Gefängnis oder im Exil. Man kann wohl sagen, daß die vergeltende Gerechtigkeit seltsame Wege zur Vollstreckung ihrer Urteile zu wählen beliebt.

Plehwes Mörder, Sasonow, und der schwachsinnige Junge Kaljajew (der eine Bombe in den Wagen des Großfürsten Sergej Alexandrowitsch warf), können beide unter die revolutionären Fanatiker gezählt werden. Sie und ihresgleichen dienten als Kanonenfutter für Boris Sawinkow, den größten Abenteurer unserer Zeit. „Ein Prinz Hamlet, der die Rolle eines Cesare Borgia spielen wollte", so urteilte der Bolschewik Radek, als man Sawinkow im Jahre 1925 den Prozeß machte. Man füge zu diesem geschickt skizzierten Porträt noch eine Prise Casanova und ein paar Tropfen Baron Münchhausen, und das Bild dieses unrussischsten aller russischen Revolutionäre ist vollständig. Glücksritter, Dichter, „großer Liebhaber", Hochstapler, phantasievoller Lügner, Feinschmecker, Lebenskünstler, Meister und zugleich Sklave des tönenden Wortes – bekämpfte Sawinkow alle Regierungen um des Kampfes willen. Er organisierte die Ermordung des Großfürsten Sergej Alexandrowitsch, er zettelte Verschwörungen gegen das Leben Nikolaus' II. an, er schürte gegen die provisorische Regierung zugunsten General Kornilows, er „verkaufte" General Kornilow an die provisorische Regierung, er arbeitete als Agent des Geheimdienstes der Alliierten gegen die Bolschewiken, er ritt auf einem weißen Pferde mit Pilsudski an der Spitze der polnischen Legionen zur Plünderung der Städte Westrußlands, er predigte den heiligen Krieg gegen die Sowjet, er ergab sich den Sowjet und denunzierte ihre Feinde, er träumte von einer Diktatur über den russischen Bauernstaat – und endete seine Laufbahn durch einen Sprung aus dem Fenster eines Moskauer Gefängnisses.

„Revolution oder Gegenrevolution, mir ist alles gleich", gestand er im Jahre 1918 einem meiner Bekannten. „Ich sehne mich nach Taten. Es ist mein Ehrgeiz, die selbstzufriedenen Dummköpfe daran zu hindern, im Hinterhofe herumzulungern und dem verliebten Treiben des Haushahns zuzusehn."

In Unkenntnis der wirklichen Persönlichkeit Sawinkows sah die Einbildungskraft des Volkes in ihm einen wundertätigen Apostel der russischen Revolution, und man schrieb ihm fast jeden politischen Mord der ersten Dekade unsres Jahrhunderts zu. In Wahrheit hat er nur einen einzigen, ältlichen Polizisten, den er unbewaffnet traf, mit eigener Hand getötet. Stets fand er hysterische junge Leute, die bereit waren, seiner überzeugenden Beredsamkeit zu lauschen und für die gute Sache der Revolution zu sterben. Und so starben sie – während Sawinkow sich eilig nach Paris zurückbegab, wo er täglich von zwölf bis zwei in seinem Lieblingsrestaurant Larue alle nur existierenden Regierungen bekämpfte und die Erinnerung an seine wundersamen Errettungen mit einer Flasche ausgezeichneten Mouton-Rothschilds herunterspülte. In dem Fall der Ermordung Großfürst Sergejs brachte er ein rührendes Alibi vor: „Ich hätte den Großfürsten mit eigner Hand getötet, hätten nicht zwei Kinder neben ihm im Wagen gesessen, als er an der Ecke vorbeifuhr, wo ich mit meiner Bombe stand." Diese anziehende Geschichte machte im Restaurant Larue großen Eindruck; viele Jahre später drückte eines der beiden Kinder – Großfürstin Marie – den Wunsch aus, den Mann kennenzulernen, der ihr Leben „gerettet" hatte. Tatsache bleibt, daß die tötende Bombe durch Kaljajew geworfen wurde, daß dieser am Galgen endete und der Kinderfreund in die Rue Royale zurückkehrte.

Er war ein Romanschriftsteller von bedeutendem Talent, und die russische Regierung wirkte indirekt zur Förderung seiner terroristischen Umtriebe mit, indem sie den Verkauf seiner Bücher im ganzen Lande gestattete und den Moskauer Zeitungen die Veröffentlichung seiner wöchentlichen Feuilletons nicht untersagte. Unserm Innenminister dämmerte nie die Erkenntnis, daß mindestens die Hälfte der russischen Revolutionäre – darunter Sawinkow, Trotzki, Tschernow und Zensinow – ihre Tätigkeit nur auf Grund der Honorare und Tantiemen ausüben konnten, die ihnen von russischen Verlegern gezahlt wurden. Ich glaube kaum, daß die Postbehörden eines anderen Landes, nicht einmal die Englands oder der Vereinigten Staaten, ihre Begünstigungen auf eine Zeitschrift ausdehnen würden, die anerkanntermaßen die Mörder von Regierungsorganen unterstützt. Und doch wurde Rußland in der ganzen Welt verschrien, eine „barbarische Pressezensur" auszuüben.

Seine wiederholte wunderbare Errettung – manchmal erinnerte sie in ihrer reinen Theatralik an Casanovas venezianische Abenteuer – verdankte Sawinkow häufig der engen Zusammenarbeit mit dem berüchtigten Azew, dem offiziellen Führer der Terroristen und inoffiziellen Geheimagenten der Polizei. Ich will keineswegs behaupten, die letzte Lösung des Rätsels Azew zu wissen. Die Revolutionäre bezeichnen ihn als „einen außerordentlichen agent provocateur", die Polizei beschuldigte ihn, der roten Sache größere Treue gewahrt zu haben. Jedenfalls hat er St. Petersburg nicht von den Mordabsichten gegen Plehwe und Großfürst Sergej Alexandrowitsch benachrichtigt, obwohl ihm alle Einzelheiten schon wochenlang bekannt waren. Seine Angst vor der Rache Sawinkows muß größer gewesen sein als seine Geldgier, und seine Geheimdepeschen aus Paris nennen nicht einmal den Aufenthaltsort seines geschwätzigen Mitarbeiters. Vor ein selbstherrlich eingesetztes Untersuchungskomitee der in Paris versammelten Revolutionäre als Zeuge berufen, drohte Sawinkow erst, alle „Verräter" zu töten, die den Namen seines teuren Freundes Azew zu besudeln wagten. Ohne die unverbrüchliche Treue Azews, so sagte er, wäre er in der Nacht vor des Großfürsten Ermordung gefangengenommen worden. Er hätte hinzufügen können, daß die Gehaltsliste der kaiserlichen Geheimpolizei stets voll war von den Namen der hervorragenden Führer der revolutionären Partei und daß kein Grund bestand, Azews Fall besonders hervorzuheben.

„Wir hätten fast jede rote Berühmtheit kaufen können, wenn wir den verlangten Preis dafür gezahlt hätten." So schrieb ein ehemaliger Leiter des Polizeidepartements in seinen nach seinem Tode veröffentlichten Erinnerungen. Die Revolutionäre beeilten sich, diese erstaunliche Behauptung dadurch zu bekräftigen, daß sie im März des Jahres 1917, vierundzwanzig Stunden nach ihrem Erfolg, die Archive der Moskauer politischen Polizei verbrannten.

3

Die kaiserliche Regierung hätte ruhig auf ihren Lorbeeren ruhen können, wenn die „rote Gefahr" sich auf Beifallslüsterne wie Tolstoi und Kropotkin beschränkt hätte oder auf Theoretiker wie Lenin und Plechanow, auf geschmacklose alte Weiber wie die Breschkowskaja oder die Figner und auf Abenteurer wie Sawinkow und Azew. Wie bei jeder Epidemie lag die wirkliche Gefahr in der Menge der unerkannten Krankheitsträger: der Mäuse, Ratten und Insekten. Denn, um mich würdiger auszudrücken, die große Schar der russischen Aristokraten und Intellektuellen bildete das Heer der Bazillenträger. Der Thron der Romanow wurde nicht durch die künftigen Führer der Sowjet gestürzt und nicht durch die jugendlichen Bombenwerfer, sondern durch Persönlichkeiten von Rang, die in glänzenden Hofuniformen einhergingen, durch Bankleute, Zeitungsherausgeber, Advokaten und Hochschulprofessoren, die von der Freigebigkeit der Regierung lebten. Der Zar hätte Arbeiter und Bauern zufriedenstellen können, die Polizei wäre mit den Terroristen fertig geworden; aber es gab kein Mittel, die Ministerkandidaten, die blaublütigen Gefolgsmänner der Revolution und die auf den Universitäten gezüchteten Hetzer zu befriedigen.

Was hätte man mit jenen Fürstinnen und Gräfinnen anfangen sollen, die den ganzen lieben Tag von Tür zu Tür gingen und Lügen über den Zaren und die Zarin verbreiteten? Was mit dem Abkömmling der alten fürstlichen Familie der Dolgoruki, der zu den Feinden des Zarentums überging? Was mit dem Präsidenten der Universität Moskau, dem Fürsten Trubetzkoj, der diese berühmte Stätte der Wissenschaft in einen Sammelplatz der Radikalen verwandelte? Was mit dem glänzenden Professor Miljukow, der es als seine Pflicht empfand, unsere Regierung im Ausland herabzusetzen, unseren Kredit zu schwächen und die Herzen unserer Feinde mit Freude zu erfüllen? Was hätte mit Graf Witte geschehen sollen, den der Zar vom kleinen Beamten zum Ministerpräsidenten erhoben hatte, und der sich besonders damit beschäftigte, Reporter mit Skandalgeschichten, die die Zarenfamilie herabsetzten, zu beliefern? Was mit dem Durchschnitt unserer Hochschulprofessoren, die ihre Schüler in dem Glauben erzogen, Peter der Große sei sein Leben lang ein Schuft gewesen? Was mit unsern Zeitungen, die jede Niederlage unserer Truppen an der japanischen Front mit Freudengeheul begrüßten? Was mit den Mitgliedern unserer Duma, die mit strahlenden Mienen jedem Schwätzer lauschten, der von dem Vorhandensein einer drahtlosen Verbindung zwischen Hindenburgs Hauptquartier und Zarskoje Selo faselte? Was mit unsern Heerführern, die, vom Zaren auf ihre hohe Stelle berufen, mehr Interesse für die Verbreitung regierungsfeindlicher Stimmung unter der Bevölkerung des Hinterlandes als für die Erringung des Sieges an der deutschen Front zeigten? Was mit unseren Tierärzten, die bei ihrer jährlichen Zusammenkunft in Moskau, anstatt der angekündigten Diskussion über die Bekämpfung der Maul- und Klauenseuche, zum Schluß eine Resolution annahmen, die die Einsetzung eines radikalen Ministeriums verlangte?

Die regierungsfeindlichen Umtriebe der russischen Aristokratie und der Intellektuellen ergäben einen dicken Band schlechter Witze, gewidmet den ehemaligen russischen Liberalen, die heute in den Straßen von New York und Paris der „guten alten Zeit" nachweinen. Aber der erste Preis für anmaßende Dummheit gebührt wohl der russischen Tagespresse jener Epoche. Die Leistungen eines Menschen galten ihr nichts, wenn er nicht deutlich seine feindliche Einstellung gegen die herrschende Regierung mündlich und schriftlich zum Ausdruck gebracht hatte. Männer der Wissenschaft und Musiker, Schauspieler und Schriftsteller, Maler und Brückenbauer wurden nur nach der Heftigkeit ihrer radikalen Gesinnung gewertet. Ich brauche hier nur die traurigen Erfahrungen des Philosophen Rosanow, des Journalisten Menschikow und des Romanschriftstellers Ljesskow anzuführen.

Aus verschiedenen Gründen weigerten sich alle drei, dem Diktat der liberalen Partei zu folgen. Rosanow, weil er seine Gedankenfreiheit über alles schätzte. Ljesskow, weil er der Ansicht war, Literatur habe nichts mit Politik zu tun. Menschikow, weil er die Möglichkeit eines zarenlosen russischen Reichs bezweifelte. Alle drei wurden von den führenden Zeitungen und Verlegern des Landes mitleidlos bestraft.

Ljesskows Manuskripte wurden ungelesen zurückgesandt, sein Name von den als Literaturkritiker tätigen Journalisten-Säuglingen verspottet, und die wenigen Romane, die er auf eigene Rechnung veröffentlichte, wurden von dem ungünstig beeinflußten Publikum abgelehnt. Deutsche und Dänen, unter Georg Brandes' Führung, waren die ersten, die Ljesskow entdeckten und seine könnerische Überlegenheit über Dostojewski anerkannten.

Menschikow führte das Dasein eines Aussätzigen, über die Achsel angesehen von den Leuchten der Tagesliteratur und gemieden selbst von den Zeilenschreibern der „Nowoje Wremja", seiner eignen Zeitung. Der Name dieses größten Journalisten, den Rußland je hervorbrachte, galt als Synonym für alles Niedrige, Verächtliche und Gemeine. So mächtig war die Tyrannei dieser selbstherrlichen liberalen Zensoren der öffentlichen Meinung, daß kein Schriftsteller es wagte, ihn zum vierzigjährigen Jubiläum seiner feuilletonistischen Tätigkeit zu beglückwünschen, aus Angst, dies könnte dem Publikum bekannt werden. Und so saß der alte Mann wutschnaubend allein in seinem einsamen Schreibzimmer und schuf wieder einen seiner ungewürdigten glänzenden Artikel.

Was Rosanow betrifft, so konnte ihn weder die einzigartige Originalität seiner Philosophie, noch seine allgemein anerkannte Genialität davor bewahren, von den Tageszeitungen, den Wochenschriften, Klubs und literarischen Gesellschaften ausgeschlossen zu werden. Erst nach seinem Tode, als die Bolschewikenherrschaft alle Fehden der Vergangenheit höchst lächerlich erscheinen ließ, begannen die „Rosanowiana" – heute sind es bereits Hunderte von Bänden – zu erscheinen. Der Mann, der Freud um eine ganze Generation vorausgeeilt war, hatte sich zu seinen Lebzeiten damit begnügen müssen, kleine Aufsätze für Menschikows Zeitung zu schreiben. Kurz vor dem Krieg empörte sich ein hervorragender Verleger über das Brachliegen dieses Talents und schlug Rosanow vor, unter dem Schriftstellernamen Warwarin für seine wohlbekannte Moskauer Zeitung „Russkoje Slowo" zu schreiben. Aber es dauert nicht lange, bis ein Rudel Schafe das Nahen des Löwen wittert. Gleich der erste Artikel Warwarins erregte einen Aufruhr unter den Mitarbeitern des „Russkoje Slowo". Eine Abordnung unter der Führung Dimitri Mereschkowskis trat mit einem Ultimatum an den kühnen Verleger heran. Er solle wählen zwischen ihnen und Herrn Rosanow-Warwarin.

„Aber, aber, meine Herren", begütigte der Verleger. „Sie können sicherlich nicht leugnen, daß Rosanow ein Genie ist."

„Wir interessieren uns nicht für sein Genie", erwiderte die Abordnung. „Rosanow ist ein Reaktionär, und es ist uns unmöglich, mit ihm an demselben Blatt zu arbeiten."

Heute kann man Mereschkowski in Paris finden, wo er dem goldenen Zeitalter der russischen Reaktion Tränen nachweint und mit Bewunderung für das Andenken des Philosophen erfüllt ist, dem er die Möglichkeit eines Lebensunterhalts raubte.

In einem köstlichen Aufsatz „Die Revolution und die Intellektuellen", den er sofort nach dem Siege der Sowjet verfaßte, schildert Rosanow die peinliche Lage Mereschkowskis und aller früheren russischen Liberalen auf folgende Weise: „Nachdem sie das prächtige Schauspiel der Revolution gründlich genossen hatten, gedachten unsre Intellektuellen ihre pelzgefütterten Mäntel anzulegen und in ihre bequemen Wohnhäuser heimzukehren, aber die Mäntel waren gestohlen und die Häuser niedergebrannt."

Dreizehntes Kapitel

MIT DER STRÖMUNG

I

Die Ereignisse meines Privatlebens waren während der dreiundzwanzigjährigen Regierung Nikolaus' II. enge mit den tragischen Abschnitten der russischen Geschichte verknüpft.

Im Anfang nahm ich die Dinge, wie sie kamen, und versuchte, mir inmitten dieses Chaos ein Heim zu bauen. Ich war dies meiner Gattin schuldig. Meine Liebe zu ihr trieb mich dazu.

Als unsere Flitterwochen durch den Tod ihres Vaters unterbrochen wurden, kehrten wir nach St. Petersburg zurück, um Nicki und Alix bei ihren ersten Schritten als Herrscher beizustehen. Nie noch waren zwei jungvermählte Paare inniger verbunden. Erst bewohnten wir zwei benachbarte Fluchten im weitläufigen Anitschkow-Palast, da wir alle vier in der Nähe der Zarin-Witwe zu sein wünschten. Dann übersiedelten wir gemeinsam in den Winterpalast mit seiner bedrückenden Größe, dessen Schlafgemächer an amerikanische Sitzungssäle erinnerten. Im Frühling hielten wir uns in Gatschina auf, den Sommer verbrachten wir in Peterhof. Im

Herbst reisten wir nach Abbas-Tuman, um Georgi nahe zu sein, und in die Krim, wo Nickis Palast Livadia meinem Gute Ay-Todor benachbart lag. Immer waren wir beisammen und wurden unserer Freundschaft nie müde. Als im Juli 1895 meine Tochter Irene geboren wurde, teilten Nicki und Alix meine Freude, saßen stundenlang an Xenias Bett und bewunderten die schönen Züge der zukünftigen Fürstin Jussupow.

Erst vor kurzem nach Rußland gekommen, fühlte Alix das natürliche Verlangen, sich unter Menschen zu bewegen, denen sie vertrauen und die sie verstehen konnte, und das brachte einen so innigen Verkehr mit sich, wie er selten unter Verschwägerten besteht. Lange nach dem Essen saßen wir noch bei Tisch und besprachen die von den Ministern erstatteten Berichte. In meinem Bestreben, dem Throne nützlich zu sein, betonte ich nachdrücklich die Notwendigkeit, eine große Schlachtflotte zu bauen. Zehn Jahre im Dienste der Kriegsmarine hatten mir die Augen über die Mängel unserer Verteidigungsmittel geöffnet. Ich beherrschte meinen Gegenstand gut und konnte Nicki mit sorgfältig belegtem Tatsachenmaterial dienen. Er beschloß, daß ich eine kurze Schrift verfassen solle, die nur in hundert Exemplaren zu drucken und unter die rangältesten Offiziere der Marine zu verteilen wäre. Dieser Plan kam einem vom Zaren und seinem Schwager gegen den Marineminister Tschichatschew und gegen den Großadmiral Großfürst Alexis geschmiedeten Komplott gleich. Solange meine Handlungsweise mit Nickis Wünschen übereinstimmte, war ich gerne bereit, ihren Zorn auf mein Haupt zu laden. Alix nahm tätigen Anteil an unserm „Plan". Ich erinnere mich, daß sie mir bei einem Frühstück bei Hof im April 1896 zuflüsterte: „Hast du den Admiralen deine Denkschrift geschickt?" „Ja, heute morgen", erwiderte ich flüsternd und neigte mich, um ihre Hand zu küssen. Unsere Tischnachbarn spitzten die Ohren und sahen verdutzt drein. Am nächsten Morgen rief mich Alix in ihre Gemächer und teilte mir mit, Onkel Alexis und Tschichatschew drohten mit dem Rücktritt, wenn ich mich nicht in aller Form entschuldigte. Ich ging geradeswegs zu Nicki.

„Ich hoffe, du erinnerst dich, daß ich die Denkschrift mit deiner Zustimmung und deinem Segen verfaßt und abgeschickt habe."

„Gewiß, gewiß", seufzte Nicki. „Aber sieh mal, Sandro, es liegt viel Wahres in dem, was Onkel Alexis sagt. Schließlich kann ich meinem Schwager nicht gestatten, die Disziplin der Marine zu untergraben."

Ich war entsetzt.

„Guter Gott, Nicki! Warst du nicht der Erste, dem ich den Entwurf der Denkschrift vorgelesen habe?"

„Freilich, freilich, aber wir wollen Frieden haben in der Familie, Sandro. Sei ein guter Junge und gehe auf Onkel Alexis' Vorschlag ein!"

„Was schlägt er vor?"

„Daß du das Kommando des in den chinesischen Gewässern stationierten Schlachtschiffs ‚Zar Nikolaus I.' übernimmst."

„Ich sehe schon, ich soll nach China verbannt werden, weil ich deine Befehle ausgeführt habe."

In seinem Gesicht zuckte es vor Unbehagen.

„Es handelt sich nur darum, die Disziplin aufrechtzuhalten."

„Und wenn ich mich weigere, die Kommandierung anzunehmen?"

„Ja, ich weiß wirklich nicht, was wir dann machen sollten. Ich vermute, Onkel Alexis wird darauf dringen, daß du deines Dienstes in der Marine enthoben wirst."

„Danke, Nicki", sagte ich und betete zu Gott, er möge mir die Kraft geben, meinen Zorn zu unterdrücken, „diese zweite Möglichkeit wäre mir viel lieber."

Sofort erhellten sich seine Mienen, und er umarmte mich.

„Ich wußte es ja, Sandro, daß du die Mitteilung in richtiger Weise aufnehmen würdest. Laß nur Onkel Alexis eine Weile in Ruhe, und dann, in ein bis zwei Jahren, werden wir sehen, was geschehen kann, um dir volle Befriedigung zu gewähren. Denk nur, Sandro, wie sich Xenia freuen wird, dich nun für sich allein zu haben!"

Xenia war entzückt. Dank der mangelnden Bereitwilligkeit Nickis, mich in der „Schlacht von Peterhof" zu unterstützen, verlebten wir die glücklichsten Jahre unserer Ehe. Die Kinder kamen rasch nacheinander. Mein Sohn Andreas, der älteste von sechs Knaben, wurde im Januar 1897 geboren, die andern folgten zwischen 1899 und 1906. Ich habe Männer nie verstehen können, welche sich am Tage der Geburt ihrer Kinder wie hilflose Verrückte benehmen. Jedesmal blieb ich an Xenias Seite, bis alles vorbei war. Der Leibarzt pflegte ihr eine kleine Menge Chloroform zu geben, um die Schmerzen zu lindern, und das machte sie lachen, und sie plauderte allerlei drollige Dinge, so daß alle unsere Kinder in einer Atmosphäre von Fröhlichkeit zur Welt kamen. Ich machte es mir zur Pflicht, stets den alten russischen Brauch zu beobachten. Der Vater soll die beiden Kerzen, die bei der Hochzeit von ihm und der Gattin gehalten wurden, anzünden, sobald der erste Schrei des Neugeborenen ertönt, und das Kind in ein von ihm in der letzten Nacht getragenes Hemd hüllen. Man halte dies für kindischen Aberglauben, aber Xenia schien es mehr Selbstvertrauen zu verleihen.

Die Vergrößerung Ay-Todors hielt Schritt mit dem Wachstum meiner Familie. Ich setzte meinen Stolz darein, Bäume zu pflanzen, meine Weingärten zu pflegen und die Verwertung von Wein, Obst und Blumen zu überwachen. Es lag etwas Hoffnungsfreudiges und Ermutigendes darin, des Morgens aufzustehen und sich, während man den von einem Dickicht wilder Rosen umschlossenen Gartenpfad entlangritt, zu sagen: „Dies ist Wirklichkeit. Dies ist mein Eigen. Dies wird sich nie gegen mich kehren. Dies ist der Ort, an den ich gehöre und wo ich für immer bleiben sollte."

Im natürlichen Verlauf der Ausgestaltungen und Verbesserungen wurde es nötig, den Krimtataren die angrenzenden Ländereien abzukaufen. Die Erwerbung jedes neuen Joches fetten Bodens erfreute mich ebenso wie die Geburt eines Sohnes. Ein höchst malerischer Fahrweg, den ich durch meine neuen Besitzungen angelegt hatte, und der Ay-Todor mit Livadia verband, wurde unter dem Namen „Zarenweg" bekannt, weil Nicki und Alix es liebten, ihn zu ihren täglichen Besuchen in unserm Hause zu benützen. Nie habe ich Nicki meine Entlassung aus der Marine nachgetragen. Ich bedauerte seine Charakterschwäche, wollte aber unser Idyll in der Krim nicht durch die Erwähnung peinlicher Angelegenheiten stören.

Oft nahm Fürstin Sinaida Jussupow an unsern Picknicks und Ausflügen teil. Unsere Freundschaft schrieb sich von St. Petersburg aus dem Ende der siebziger Jahre her; damals pflegten wir jeden Sonntag gemeinsam Schlittschuh zu laufen. Sie war eine Frau von seltener Schönheit und Kultur und trug tapfer die Last eines ungeheuren Reichtums, von dem sie Millionen für verdienstvolle Wohltätigkeitsanstalten spendete und alle gerechtfertigten Anliegen zu erfüllen trachtete. Sie vermählte sich einige Jahre vor mir und erschien in Ay-Todor in Begleitung ihres hübschen Knaben Felix. Ich hätte damals nicht gedacht, daß achtzehn Jahre später meine kleine Irene mit ihm vor den Altar treten werde.

So vergingen drei Jahre. Ich hatte allen Grund, zufrieden zu sein, soweit mein persönliches Leben in Betracht kam. Leider wurde es mir unmöglich, untätig zu bleiben, wenn wir uns in St. Petersburg aufhielten, und so widmete ich dort meine Zeit der Herausgabe des Marine-Jahrbuchs und der Mitarbeit an verschiedenen, Marinefragen behandelnden Büchern. Das war recht beunruhigend, denn es bewies die Unmöglichkeit, aus einem Seebären eine Landratte zu machen. Vielleicht hätte ich das ganze Jahr über in Ay-Todor bleiben sollen, manchmal auf meiner Jacht „Tamara" kreuzend und die im Schein des Leuchtfeuers von Ay-Todor funkelnden Wellen bewundernd. Aber die Marine lag mir im Blut. Immer wieder ertappte ich mich bei der Ausarbeitung des Plans einer vorgestellten Kreuzerfahrt oder bei eifriger Beschäftigung mit dem „Marinespiel", das 1897 von mir erfunden und in der Marineakademie eingeführt wurde.

Im Jahre 1899 war es unerträglich geworden. Ich ersuchte Nicki, die verletzten Gefühle Onkel Alexis' einer sorgfältigen Prüfung zu unterziehen. Ich hoffte, drei Jahre guter Kost und schöner Frauen hätten genügt, um des Großadmirals Wunde vernarben zu lassen.

Onkel Alexis grinste erfreut: „So hat der kaukasische Rebell, der Unruhestifter Sandro, endlich seinen Irrtum eingesehen?"

„Ja, Onkel Alexis", bestätigte Nicki, „es unterliegt keinem Zweifel, daß Sandro bereut."

„Nun wohl, das ist eine frohe Botschaft. Sag ihm, ich sei bereit, über sein unmögliches Benehmen von vor drei Jahren hinwegzusehen. Ich werde ihn zum ersten Offizier auf einem Küstenkreuzer ernennen."

Im Sommer desselben Jahres verloren wir Georgi. Er wurde während einer morgendlichen Fahrt auf seinem Motorrad von einer Lungenblutung befallen und verschied, einige Meilen von seinem Haus in Abbas Tuman, in den Armen einer Bauernfrau. Er war das dritte Opfer der Tuberkulose in der kaiserlichen Familie. Dieselbe Krankheit verschuldete den Tod meines jüngsten Bruders Alexis Michailowitsch (1895) und meines Vetters Wjatscheslaw Konstantinowitsch (1882).

2

Der Neujahrstag 1900 sah die Verwirklichung meines Ehrgeizes, des Ehrgeizes aller Seeleute. Ich wurde zum Kapitän langer Fahrt befördert und mit dem Kommando des neuen, im Schwarzen Meer stationierten Schlachtschiffes „Rostislaw" betraut. Die Ernennung erfolgte zu Beginn des neuen Jahrhunderts und in meinem vierunddreißigsten Lebensjahr; so schien sie mir ein glückverheißendes Omen für meine künftige Laufbahn. Möglicherweise wäre sie es geworden, hätte man mich mit meinem Schiff und meiner Familie allein gelassen.

Eine sommerliche Kreuzerfahrt an Bord der „Rostislaw", und als ich nach St. Petersburg zurückkehrte, ersuchte mich Nicki, neben meinen Pflichten als Kapitän den Vorsitz eines wichtigen Industrieunternehmens im Fernen Osten zu übernehmen. Es ergab sich, daß eine Gruppe von Geschäftsleuten in Wladiwostok vom König von Korea eine Konzession zur Verwertung aller koreanischen Wälder zwischen unseren Grenzen und dem Flusse Yalu erworben hatte. Da ihnen das nötige große Betriebskapital fehlte, hatten sie sich an den Minister des kaiserlichen Hofs gewendet, um des Zaren finanzielle Unterstützung zu erlangen. Vom Hof nach Korea entsandte Sachverständige hatten nicht mit Superlativen gespart, um die Vorteile zu schildern, die Rußland aus dieser Konzession erwachsen könnten. Ihrem Bericht zufolge vermutete man im und um das Yalu-Gebiet die reichsten Goldminen der Welt. Der Vorschlag schien ganz anziehend, wenn er taktvoll und vorsichtig behandelt würde. Im Gespräch mit Nicki legte ich besonderen Nachdruck auf das Wort „taktvoll".

Ich fürchtete den Hochmut unseres Außenministeriums, das seine dienstfertige Haltung gegenüber den Westmächten immer mit plumpen Einschüchterungsversuchen gegen Japan verbunden hatte. In völliger Unkenntnis der militärischen Stärke des Kaiserreichs im Fernen Osten träumten unsere Diplomaten an ihren Schreibtischen in St. Petersburg die Träume Clives und Hastings. Sie wollten mit der Mandschurei das tun, was England in Indien gelungen war. Unter ihrem unausgesetzten Druck entschied sich unsere Regierung einige Jahre vorher zur Besetzung von Port Arthur und zur Fortführung der Transsibirischen Eisenbahn durch die ganze Mandschurei. Die dreiste Besitzergreifung dieses Hafens, den die Japaner 1894 erobert, dann aber an China abgetreten hatten, wurde vom Kabinett in Tokio mit einem berechtigten und entrüsteten Protest beantwortet. Graf Ito kam nach St. Petersburg und schlug ein friedliches Übereinkommen vor. Seine Mission scheiterte, und es blieb ihm nichts übrig, als der Abschluß eines anti-russischen Bündnisses mit England. In Diplomatenkreisen war es ein offenes Geheimnis, daß der Zar nur darum in eine Reihe von Abenteuern im Fernen Osten eingewilligt habe, weil er den unheilvollen Ratschlägen des jungen Kaisers Wilhelm Gehör schenkte. Ebenso zweifelte niemand daran, daß ein Krieg mit Japan unvermeidlich wäre, falls wir auf unseren Ansprüchen in der Mandschurei bestünden.

„Wollen wir einen Krieg mit Japan?" fragte ich Nicki. „Wenn ja, dann müssen wir sofort daran gehen, das zweite Gleis der Transsibirischen Eisenbahn auszubauen, unsere Truppen in Ostsibirien zu konzentrieren und eine größere Anzahl Schlachtschiffe vom Stapel zu lassen."

Er schüttelte nur den Kopf und meinte, ich schenke leerem Gerede zuviel Aufmerksamkeit. Nein, er erwarte keinen Krieg mit Japan, auch sonst mit niemand, zumindest, solange er Zar sei. Seine Worte klangen beruhigend. Ich nahm seinen Vorschlag an, als Vorsitzender der Yalu-Kommission zu fungieren.

Ein Jahr verging. Das Erste, was ich hörte, war das Gerede über die drohende Gefahr eines neuen Abenteuers unserer Diplomaten. Diesmal wollten sie die Transsibirische Eisenbahn bis an die koreanische Grenze verlängern und die Annexion eines Teiles von Korea durch Rußland erklären. Ich setzte mich hin und schrieb an den Minister des kaiserlichen Hofs, Baron Fredericks, einen sehr energischen Brief, in dem ich das Amt eines Vorsitzenden der Yalu-Kommission niederlegte und den Ausbruch eines Kriegs mit Japan für die allernächste Zeit voraussagte. Ich drückte meine Mißbilligung deutlich aus, ohne mir ein Blatt vor den Mund zu nehmen. Ich erklärte, daß ich „als getreuer Untertan des Zaren und als nicht völlig meines Verstandes beraubt, nichts weiter mit einem schändlichen Plan zu tun haben wolle, der das Leben von Hunderttausenden unschuldiger Russen aufs Spiel setze".

Fredericks führte Klage beim Zaren. Nicki fühlte sich außerordentlich verletzt durch meine unverblümte Ausdrucksweise und ersuchte mich, meinen Entschluß zurückzunehmen. Ich sagte mit ziemlich gereizten Worten nein.

In jedem andern Falle wäre der Rücktritt des Vorsitzenden eines wichtigen Unternehmens veröffentlicht worden, aber Baron Fredericks fürchtete, mein Zwist mit dem Zaren könnte unsere Interessen im Fernen Osten ungünstig beeinflussen. So erfuhr außerhalb unseres kleinen Kreises von Verwandten und Freunden niemand, daß Großfürst Alexander Michailowitsch aufgehört hatte, an der Tätigkeit der Kommission teilzunehmen. Dies geschah 1902. Zwei Jahre später sagten die Politiker, der Krieg mit Japan sei durch den Schwager des Zaren und durch dessen „Abenteuer" auf der Yaluhalbinsel verursacht worden. Erst zur Zeit, als die Bolschewiken den Inhalt der kaiserlichen Archive veröffentlichten, wurde mein tatsächlicher Anteil an den Ereignissen, die zum Kriege von 1904–1905 führten, im Volke bekannt.

3

Wieder fand ich Trost an Bord der „Rostislaw" und in den Weingärten von Ay-Todor, und wieder willigte ich ein, ein Amt in der Regierung zu übernehmen. Diesmal aber war es meine eigene Schuld.

Während meiner häufigen Gespräche mit Nicki hatte ich ihn oft ersucht, etwas für die Entwicklung unserer Handelsmarine sowie für die Verbesserung der Handelshäfen zu tun. Ich schlug vor, ein eigenes Ministerium für die Handelsmarine zu schaffen, um diesen lebenswichtigen Teil unseres nationalen Daseins vom Amtsschimmel des überlasteten Finanzministeriums zu befreien. Es währte einige Monate, bis Nicki sich entschließen konnte. Dann entschied er, ich solle Handelsmarineminister werden. Am 6. Dezember 1902 wurde ich zum Konteradmiral befördert und beauftragt, meinen Sitz im Ministerrat einzunehmen, als jüngstes Mitglied der Regierung in der ganzen Geschichte des Zarenreichs.

Bis zu dieser Zeit hatte ich freundschaftliche Beziehungen zu dem Finanzminister Witte unterhalten. Er schien mich leiden zu können, und ich wieder erkannte seinen Scharfblick und die Originalität seiner Methoden an. Oft trafen wir einander und führten längere Gespräche. All dies kam am Tage meiner Ernennung zu einem plötzlichen Ende. Zunächst hat das Wort „Hafen" in der russischen Sprache eine doppelte Bedeutung; in volkstümlicher Ausdrucksweise steht es für „Hosen". Die Blätter verbreiteten, daß „Großfürst Alexander Michailowitsch Witte die Hosen weggenommen habe".

So unglaublich es klingen mag, dieser glänzende Kopf fiel der Angst vor der Lächerlichkeit zum Opfer. Ein zweiter Angriff der Zeitungen, unterstützt von den Vaudevilleschreibern, und Witte begann mich zu hassen. Hätte er mich offen angreifen können, so hätte ihn das erleichtert, aber die Notwendigkeit, mich als Großfürsten mit Ehrerbietung zu behandeln, kostete ihn große Überwindung. Er widersprach mir nie, wenn ich im Ministerrat das Wort ergriff. Er saß und starrte mich an, und das gezwungene Lächeln konnte seine Feindschaft nicht verhüllen. Er bekämpfte mich mit allen geheimen Mitteln, die einem Finanzminister zur Verfügung stehen. Er sandte einen Bericht nach dem andern an den Zaren und klagte über die „schwere Belastung des Staatshaushaltes durch die kostspieligen Unternehmungen des Ministers der Handelsmarine". Die Zeitungen begannen, in offenbar von Witte inspirierten Artikeln, scharfe Kritik an meiner Ministertätigkeit zu üben. Die Mitglieder des Kabinetts, mit der bemerkenswerten Ausnahme des Kriegs- und Marineministers, scharten sich um ihren mächtigen Kollegen und teilten seinen Haß gegen den fürstlichen Eindringling. Ein harter Kampf lag vor mir. Ich hätte ihn für mich allein auszufechten gehabt, wäre mir nicht die begeisterte Unterstützung aller aufrichtig am Gedeihen unseres Außenhandels interessierten Leute zuteil geworden. Es gelang mir, die widerstrebende Regierung zur Einrichtung einer neuen Dampferlinie zwischen Rußland und dem Persischen Golf zu gewinnen und die Gewährung von Subventionen an die vier bestehenden Schiffahrtsgesellschaften zu erwirken, die im Kampfe gegen die deutsche und die englische Konkurrenz eine Unterstützung verdienten.

Dieser anfängliche Sieg gab mir Mut, mit meinem „Zehnjahrplan" fortzufahren, in dem ich den Ausgabenetat unserer Handelshäfen für zehn Jahre im voraus festlegte, um so die russischen Kaufleute gegen die wechselnden Launen des Kabinetts zu sichern.

Als nächstes kam die Frage der Verwertung unserer Erdölschätze. Ich schlug dem Reichsrat vor, die Regierung solle eine Gesellschaft zur Ausbeutung der ungeheuren Ölfelder von Baku gründen, die dem Marineministerium gehörten. Es fiel mir nicht schwer, zu beweisen, daß der Gewinn aus dem Verkauf der Erdölprodukte die Kosten eines großen Schiffbauprogramms mit Leichtigkeit decken könnte und außerdem noch ein Überschuß für allerlei Verbesserungen bliebe. Dieser klare und logische Vorschlag wurde – mit einem Sturm lärmender Kundgebungen aufgenommen. Man warf mir vor, ich wolle die Regierung in Gründungsschwindel hineinziehen. Ich sei ein „Sozialist", ein gefährlicher Mensch, der die Axt an die Wurzel des Systems lege, ein Feind der geheiligten Rechte des privaten Unternehmerturns usw. ...

Mein Vorschlag wurde mit überwältigender Mehrheit niedergestimmt. Die Ölfelder der Marine wurden zu einem lächerlich geringen Preis an eine Gruppe unternehmender Armenier verkauft. Jedem, der den Vorkriegswert dieser armenischen Vorrechte in Baku kennt, wird es klar sein, daß eine Summe von weit mehr als vier Billionen Mark aus dem Staatsschatz verschleudert wurde.

4

Am 22. Januar 1903 tanzte „ganz" St. Petersburg im Winterpalast. Ich erinnere mich des Datums, weil es der letzte schauprächtige Ball in der Geschichte des Reichs sein sollte.

Fast ein Vierteljahrhundert war vergangen seit der Nacht, als Nicki und ich den Zarbefreier mit der Fürstin Jurjewskaja am Arm in diesen hohen Sälen erscheinen sahen, deren Spiegel sieben Generationen des Hauses Romanow zurückgestrahlt hatten. Die Uniform der Gardereiter war die gleiche, alles andre im Reich hatte eine gewaltige Wandlung erfahren. Ein neues und feindseliges Rußland starrte durch die weiten Fenster des Palasts. Ich lächelte traurig, als ich im Text der Einladung las, daß alles im Kostüm des 17. Jahrhunderts erscheinen solle: wenigstens für eine Nacht wollte Nicki in die glorreiche Vergangenheit unserer Familie zurückkehren.

Xenia trug das sehr kleidsame Kostüm einer Bojarin, reich gestickt und mit glitzernden Edelsteinen besetzt. Ich selbst hatte das Kostüm eines Hoffalkoniers gewählt, das aus einem weiß und goldnen Langrock, mit goldgestickten Adlern auf Brust und Rücken, aus einem rosa Hemd, blauen Seidenbeinkleidern und gelben Lederschuhen bestand. Alle andern Gäste folgten ihrer Laune, jedoch immer innerhalb der Grenzen des 17. Jahrhunderts. Nicki und Alix erschienen als erster Zar und erste Zarin aus dem Hause Romanow gekleidet. Alix sah blendend aus, aber Nicki war offenbar nicht groß genug, um das Prachtkostüm zur Geltung zu bringen. Die Ehre des Abends machten sich Ella (Großfürstin Elisabeth) und Prinzessin Jussupow streitig. Mein Herz schmerzte ein wenig beim Anblick dieser beiden „heißen Flammen" meiner ersten Jugend. Ich tanzte jeden Tanz mit Fürstin Jussupow, bis die berühmte „Russkaja" an die Reihe kam. Sie tanzte sie besser als jede Ballettänzerin, aber ich beschränkte mich dabei auf Händeklatschen und stumme Bewunderung.

Der Ball war ein ausgesprochener Erfolg. Eine Woche darauf wurde er mit allen Einzelheiten in dem Hause des russischen Multimillionärs, Grafen Alexander Scheremetew, wiederholt.

Dieses herrliche Schaugepränge aus dem 17. Jahrhundert muß auf die ausländischen Gesandten einen befremdenden Eindruck gemacht haben. Während wir tanzten, streikten die Arbeiter, und im Fernen Osten hingen die Wolken gefährlich tief. Sogar unsere kurzsichtige Regierung kam zu dem Beschluß, daß „etwas geschehen müsse", um die Furcht der Allgemeinheit zu bannen. Der damalige Kriegsminister, General Kuropatkin, entschloß sich, persönlich eine Inspektionsreise nach unsern asiatischen Provinzen zu unternehmen. Selbstverständlich kehrte er mit einem „Alles-in-Ordnung"-Bericht zurück. Wollte man ihm glauben, so gab es nichts Besseres und Gesicherteres als unsre Stellung im Fernen Osten. Die japanische Armee sei ein guter Witz, ein Produkt der fruchtbaren Einbildungskraft der englischen Zeitungsberichterstatter. Port Arthur könne einer zehnjährigen Belagerung widerstehen, unsre Flotte würde sicherlich dem Mikado eine Lektion erteilen, und unsre Befestigungswerke auf der Landenge von Kintschau (an der Stelle, wo sich die Halbinsel Port Arthur an das Festland anschließt) seien tatsächlich uneinnehmbar.

Mit einem Blinden läßt sich nicht streiten. Ich hörte den Bericht schweigend an und zählte die Minuten, die es noch brauchen könnte, ihn zu beenden und mich freizulassen, um nach Zarskoje Selo zu eilen. „Zum Teufel mit aller Höflichkeit", dachte ich auf dem Weg zu Nicki, „der Zar von Rußland muß die Wahrheit erfahren!"

Ich begann damit, Nicki zu ersuchen, er möge die Angelegenheit gebührend ernst nehmen, nicht nach der Art unsrer ewigen „Nicki-Sandro"-Unterredungen.

„Kuropatkin ist entweder ein ungeschickter Schwachkopf oder ein Irrsinniger oder beides. Kein vollsinniger Mensch kann die Kriegstüchtigkeit der japanischen Armee bezweifeln. Port Arthur kann vielleicht zur Zeit der altmodischen Artillerie als Festung genügt haben, aber gegen modernes Schwergeschütz hat es nicht die mindeste Aussicht, sich zu halten. Dasselbe gilt für unsre Stellung in Kintschau. Die Japaner werden sie zertrümmern wie ein Kartenhaus. Bleibt die Marine. Laß dir sagen, Nicki, daß ich vergangenes Jahr im Lauf des Marine-Kriegsspiels in der Akademie die japanische Seite des Brettes leitete, und trotzdem ich nicht die Erfahrungen besaß, über die die Admirale des Mikado verfügen, zerstörte ich die russische Flotte und landete siegreich vor den Festungswerken von Port Arthur."

„Was läßt dich glauben, Sandro, daß du besser befähigt bist, ein Urteil über die japanische Armee und Marine abzugeben, als unsre berühmtesten Strategen?" fragte Nicki mit einer Spur von Sarkasmus.

„Meine Kenntnis der Japaner, Nicki. Ich studierte ihre Armee nicht vom Fenster eines Salonwagens aus, noch hinter einem Schreibtisch im Kriegsministerium von St. Petersburg. Ich habe zwei Jahre dort gelebt. Ich sah sie täglich. Ich verkehrte mit allen Schichten der Bevölkerung. Lache, soviel du willst, aber die Japaner sind eine Nation prächtiger Kämpfer!"

Nicki zuckte die Achseln.

„Der Zar aller Reußen hat nicht das Recht, die einseitige Ansicht seines Schwagers der seiner anerkannten Sachverständigen vorzuziehen."

Ich kehrte in mein Amt zurück und schwor mir zu, niemals mehr ungefragt Ratschläge zu erteilen.

Alter Gewohnheit gemäß übersiedelten wir im Frühling nach Gatschina, im Juni nach Peterhof und lebten, als wäre alles in bester Ordnung.

Eines Morgens im Juni kam ein Telephonanruf aus dem Michailowski-Palast: mein Vater hatte einen Schlaganfall erlitten, und man hatte ihn besinnungslos auf dem Boden seines Schlafzimmers aufgefunden.

Drei Wochen lang schwebte er zwischen Leben und Tod, Tag und Nacht wachten wir an seiner Seite. Es war herzzerreißend, diesen Riesen sprachlos und hilflos daliegen zu sehen. Mit einundsiebzig Jahren, nachdem er drei Zaren überlebt hatte, litt er unendlich bei dem Gedanken, daß er gerade in der dunkelsten Stunde Rußlands sterben könnte. Sein übermenschlicher Lebenswille half ihm durch. Um die Mitte des Monats August erlangte er die Sprache wieder, und die rechte Seite des Körpers zeigte Anzeichen von Besserung. In Begleitung von zwei Ärzten und drei Adjutanten begab er sich in einem Separatzug nach Cannes. Das Schicksal wollte, daß er noch sechs Jahre leben und Zeuge des Untergangs der russischen Armee werden sollte.

5

Ay-Todor im September. Heimkehr nach St. Petersburg im Oktober. Lange Stunden im Amt. Die Sitzungen des Reichsrats befremdlich ohne die Gegenwart meines Vaters. Meine heranwachsenden Kinder. Die Notwendigkeit, die Meute meiner alten Feinde, der Erzieher und Lehrer, in Dienst zu nehmen. Die gezwungene Heiterkeit der gesellschaftlichen Saison. „Viel Glück zum Neuen Jahr 1904" – eine abgedroschene Phrase, die unter den Umständen wie höllischer Spott klingt.

Ich beschloß, den Monat Januar in Cannes zu verbringen, um mich mit eigenen Augen von der berichteten Besserung im Befinden meines Vaters zu überzeugen. Am Tag meiner Abreise besuchte ich Nicki. Offiziell waren wir Großfürsten genötigt, seine Erlaubnis zum Verlassen Rußlands einzuholen. Inoffiziell spielten sich diese Abschiedsbesuche als freundschaftliche Vereinigung um seinen Mittagstisch ab.

Die Zarin war guter Hoffnung, und Nicki wünschte sehnlich, daß es diesmal ein Knabe werde. Nach Tisch saßen wir in seinem Arbeitszimmer, rauchten und plauderten von dem und jenem. Er erwähnte die Vorgänge im Fernen Osten nicht. Er schien ganz heiter: dies war seine Art, ein Gespräch über ihm unangenehme Gegenstände zu vermeiden. Das war mir natürlich verdächtig.

„Nicki, die Leute sagen, daß der Krieg bevorsteht."

Er rauchte weiter.

„Bist du noch immer entschlossen, den Krieg um jeden Preis zu verhindern?"

„Von Krieg ist nicht die Rede", antwortete er trocken.

„Aber wie kannst du die Japaner an der Kriegserklärung verhindern, wenn du ihren Forderungen nicht nachgibst?"

„Die Japaner werden Rußland nicht den Krieg erklären."

„Wer wird sie daran hindern?"

„Sie werden es nicht wagen."

„Also wirst du den japanischen Forderungen nachgeben, ja oder nein?"

„Das wird lästig, Sandro. Ich sage dir doch, es wird keinen Krieg geben, weder mit Japan noch mit sonst jemand."

„Ich wollte, es wäre wahr."

„Es ist wahr."

Aufreizend, dieses Gespräch, und sinnlos obendrein! Ich reiste nach Cannes ab. Drei Wochen später, auf der Rückreise nach Rußland, als ich in Paris auf dem Lyoner Bahnhof den Zug verließ, sah ich die seitenbreiten Überschriften:

„Unerwarteter Angriff japanischer Torpedoboote auf das russische Kreuzergeschwader in Port Arthur."

Treu der alten orientalischen Sitte, schlugen sie zu und erklärten erst nachträglich ihre Absicht, es zu tun.

Vierzehntes Kapitel

NEUNZEHNHUNDERTFÜNF

I

Am Tag nach meiner Heimkehr aus Cannes traf ich Nicki in St. Petersburg. Er stand in seinem Arbeitszimmer im Anitschkow-Palast, hohläugig und verstört, den Blick geistesabwesend auf das breite Fenster gerichtet und wahrscheinlich dem herabrieselnden Regen zusehend.

Mein Eintritt schreckte ihn auf. Es zuckte in seinem Gesicht. Er sah ein trübseliges Gespräch, eine Lawine von Vorwürfen, langes Gerede über den Schnee vom vergangenen Jahr voraus. Ich beseitigte sofort seine Befürchtungen.

„Ich kam zu dir, Nicki", sagte ich in ungezwungenem Ton, „um deine Erlaubnis zu erbitten, nach Port Arthur zu gehn. Du wirst wohl meinen begreiflichen Wunsch billigen, mich meinen Freunden in der Kriegsmarine anzuschließen."

Er atmete sichtlich erleichtert auf.

„Gewiß fühle ich dir das nach, Sandro, aber ich kann dich nicht ziehen lassen. Wir brauchen dich hier in St. Petersburg. Deine Erfahrungen können uns von Nutzen sein. Ich möchte, daß du sofort Onkel Alexis und den Marineminister aufsuchst."

Eine Stunde lang stritt ich mit ihm; ich erklärte, daß ich in Port Arthur viel nützlicher sein könnte, aber er wollte es nicht zugeben. Ich vermutete, er handelte unter dem Einfluß seiner Mutter und Xenias, die nicht wollten, daß ich mein Leben aufs Spiel setze.

Denselben Nachmittag noch sprach ich Avelan, meinen ehemaligen Kapitän auf der „Rynda", einen ausgezeichneten Seemann, aber gänzlich fehl am Ort auf dem Verwaltungsposten eines Marineministers. Weder er noch sein Stabschef, Admiral Roschdestwensky, waren imstande, mir zu sagen, was geschehen werde und wie wir einen Sieg über die in England gebauten Schlachtschiffe des Mikado mit den fünfundvierzig Einheiten unserer Pazifischen Flotte erringen sollten.

Die blutunterlaufenen Augen Avelans drohten vor Angst aus ihren Höhlen zu springen, während Roschdestwensky einfach sagte, er sei bereit, nach Port Arthur zu fahren und sich den Japanern in ungleichem Kampf zu stellen. Diese nelsonisch anmutende Rede klang lächerlich aus dem Munde eines Manns, der für die Tätigkeit unserer Marine die Verantwortung trug. Ich erinnerte ihn daran, daß die Nation das Recht habe, von den militärischen Führern mehr zu verlangen als die Bereitwilligkeit, auf den Grund des Meeres zu sinken.

„Was kann ich tun?" rief er aus. „Die Öffentlichkeit muß befriedigt werden. Das weiß ich. Andrerseits aber weiß ich auch, daß wir keine Aussichten gegen die Japaner haben."

„Daran, Admiral, hätten Sie früher denken sollen, als Sie über die Matrosen des Mikado lachten."

„Ich habe nicht gelacht", sagte Roschdestwensky verstockt. „Ich bin bereit, das äußerste Opfer zu bringen. Mehr kann man von niemand verlangen."

Und dieser Mann von der seelischen Verfassung eines Selbstmörders wollte unsere Marine anführen! Ich schauderte, vergaß für den Augenblick die wohlbekannten Eigenheiten unseres schönen Großadmirals und begab mich in sein Amt. Es war zum Lachen! Alle Soldaten, Reiter und Schiffe des Mikado hätten Onkel Alexis nicht zu ändern vermocht. Er kannte immer nur das gleiche, großartige „je m'en fiche de tout". Irgendwie und irgendwann würden „unsere Adler", so hoffte er, „die gelben Affen kräftig verhauen". Nachdem diese Frage hiermit erledigt war, zog er es vor, die neuesten Nachrichten von der Riviera zu besprechen. Was gäbe er nicht darum, jetzt in Monte Carlo zu sein! Hatte ich Frau X. gesehen, und wie fand ich Frau Y.? Wolle ich nicht zu Tisch bleiben, um gemütlich über alte Zeiten zu plaudern? Sein Küchenchef habe sich ein neues Rezept für die Zubereitung des Störs verschafft, durch das der natürliche Geschmack so zur Geltung gebracht werde, wie nicht einmal die Götter Griechenlands in ihrer ganzen Herrlichkeit ihn je genossen.

General Kuropatkin war soeben zum Oberbefehlshaber der Armee ernannt worden. Zum Unterschied von den Marinekommandierenden strotzte er von Kampfesfreude und hatte die Japaner schon auf allen Fronten geschlagen, noch ehe sein Zug aus St. Petersburg hinausdampfte. Er war der typische Kriegsschultheoretiker, der felsenfest auf seine Pläne, Anordnungen und Berechnungen vertraute. Was der Feind auch beabsichtigte, war einerlei, er wußte jedem seiner Schachzüge zu begegnen. Für die St.-Petersburger Zeitungsschreiber war er der richtige Mann. Er war immer „dankbarer Stoff".

Endlose Züge voll Soldaten krochen über das Uralgebirge. Siebzig Prozent der Mannschaft, denen tatsächlich das Kämpfen oblag, entdeckten erst am Tage der Mobilisierung, daß es ein Japan gab. Es schien ihnen wunderlich, daß sie ihr Dorf verlassen und ihr Leben aufs Spiel setzen sollten im Karnpf gegen ein Volk, das ihnen nie etwas angetan hatte.

„Wie weit ist's bis zur Front?" fragten sie ihre Offiziere.

„Ungefähr zwölftausend Kilometer."

Zwölftausend Kilometer! Nicht einmal ihr redegewandter Heerführer hätte ihnen klarzumachen vermocht, warum man mit einem Lande Krieg führen muß, das zwölftausend Kilometer von dem Fleck Erde entfernt liegt, wo man der Erde ihren kärglichen Ertrag abringt.

Als entschiedene Neuerung wurden die abziehenden Regimenter mit dem Ikon des heiligen Seraphim Sarowsky gesegnet, der erst kürzlich vom Heiligen Synod kanonisiert worden war. Seine unvertrauten Gesichtszüge hatten eine äußerst niederdrückende Wirkung auf die Soldaten. Wenn schon Gott und die Heiligen in das Verbrechen im Fernen Osten verwikkelt werden mußten, so hätten Nicki und die Bischöfe bei dem alten, verläßlichen heiligen Nikolaus bleiben sollen, der das Reich durch drei Jahrhunderte in den Kampf geführt hatte. Gegen Ende des japanischen Kriegs kam es so weit, daß mir schon der Name des heiligen Seraphim Sarowsky verhaßt war. Er mag ein äußerst gottgefälliges Leben geführt haben, aber als Begeisterer der Truppen erwies er sich völlig untauglich.

2

Es hätte wenig Sinn, wollte ich hier die Geschichte des russisch-japanischen Kriegs wiedererzählen. Wir schritten von Niederlage zu Niederlage, achtzehn lange Monate. Als alles vorbei war und es Witte gelang, die Japaner in Portsmouth, New Hampshire, USA., zur Annahme überraschend gemäßigter Friedensbedingungen zu überlisten, da sagten unsere großen Strategen, sie hätten den Krieg gewonnen, wenn man ihnen mehr Zeit gelassen hätte. Ich denke, man hätte ihnen zwanzig Jahre „Zeit" zudiktieren sollen, um über ihre verbrecherische Gleichgültigkeit nachzudenken.

Kein Volk wird oder kann je einen Krieg gegen einen zwölftausend Kilometer entfernten Gegner gewinnen, wenn es zugleich durch eine im Lande selbst ausbrechende Revolution einen Dolchstoß in den Rücken erhält.

Meine eigenen Erfahrungen in den Jahren 1904–1905 waren sehr entmutigend. Im Februar 1904 übertrug mir Nicki die Aufgabe, den sogenannten „Kreuzerkrieg" zu organisieren, durch den die Zufuhr von Kriegsmaterial an Japan gehindert werden sollte. Auf Grund der Angaben unseres Nachrichtendiensts arbeitete ich einen vom Reichsrat gutgeheißenen Plan aus, nach dem ein Geschwader bewaffneter Passagierdampfer die nach Japan führenden Hauptrouten abpatrouillieren sollte. Durch meine Agenten ließ ich in Hamburg vier 12 000-Tonnen-Dampfer der Hamburg-Amerika-Linie kaufen. Diese und ein paar von unserer Freiwilligen Gesellschaft der Handelsmarine bildeten den Kern meines Geschwaders, das mit modernen weittragenden Geschützen ausgerüstet und von tatkräftigen und mutigen Offizieren kommandiert wurde.

Das Geschwader maskierte seine Bewegungen durch die Wahl eines harmlos erscheinenden Kurses und erschien im Roten Meer gerade zur rechten Zeit, um eine Flotte von zwölf Konterbandeschiffen zu kapern, die mit Munition und Rohmaterial aus Deutschland und England auf dem Weg nach Japan waren. Dieser Erfolg war wohl die Mühe und die Auslagen wert, die mein Plan in der Ausführung gekostet hatte. Ich war darauf vorbereitet, beglückwünscht zu werden. Da kam plötzlich unser Minister des Auswärtigen nach Zarskoje Selo gestürzt, ein Bündel Telegramme in der Hand: in Berlin und London war der Teufel los. Das britische Auswärtige Amt „protestierte aufs entschiedenste". Kaiser Wilhelm übertrumpfte London und bezeichnete die Taten unseres Geschwaders als „einen Akt noch nie dagewesenen Hochseepiratentums, der die schwersten internationalen Verwicklungen nach sich ziehen müsse".

Telephonisch in den Palast berufen, fand ich Nicki und den Minister des Auswärtigen im Zustande der Verzweiflung. Onkel Alexis und Avelan kauerten in ihren Fauteuils wie Kinder, die von ihrer Erzieherin beim Naschen ertappt wurden. Großfürst Alexander war der schlimme Junge, der sie all die Unarten gelehrt hatte, und sie wollten es Nicki deutlich zu verstehen geben, daß nur er allein dafür bestraft werden solle. Nicki schien vergessen zu haben, daß der ursprüngliche Plan des Kreuzerkriegs in seiner Gegenwart und mit seiner vollen Zustimmung entstanden war. Er verlangte Aufklärungen.

„Aufklärungen worüber?" fragte ich aufrichtig bestürzt. „Seit wann muß sich eine Großmacht entschuldigen, wenn sie die Zufuhr von Kriegskonterbande an den Feind verhindert? Zu welchem Zweck haben wir unsere Kreuzer ins Rote Meer geschickt, wenn nicht einzig zu dem, die Schmuggler zu fangen. Wie ist es nun, haben wir Krieg oder einen Höflichkeitenaustausch zwischen Diplomatenkanzleien?"

„Verstehen Sie denn nicht, Kaiserliche Hoheit?" kreischte der Minister des Äußeren, der jetzt schon den Kopf verloren hatte. „Wir laufen Gefahr, in einen Krieg mit Deutschland und England verwickelt zu werden. Ist Ihnen nicht klar, was der Kaiser mit diesem schrecklichen Telegramm sagen will?"

„Nein, das ist mir nicht klar, und, mehr noch, ich zweifle, ob es dem Kaiser selbst klar ist, was seine Depesche besagt. Ist er unser Freund oder Feind? Was ist's mit seiner Philosophie – Zusammenhalten der Weißen angesichts der gelben Gefahr und all das Gefasel."

„Da sehen Sie, sehen Sie, Majestät!" rief der Minister. „Seine Kaiserliche Hoheit begreift den Ernst der Lage nicht. Er macht sogar den Versuch, die Handlungsweise seines Geschwaders zu verteidigen."

„Mein" Geschwader! Ich sah Avelan und Onkel Alexis an. Die würden doch sicherlich Manns genug sein, um diesen Unsinn zu widerlegen. Aber sie blieben stumm. Ich war der Rädelsführer, sie waren irregeleitete Kinder.

„Mein Entschluß ist gefaßt, Sandro", sagte Nicki fest. „Du wirst sofort deinem Geschwader den Befehl zukommen lassen, die zwölf erbeuteten Schiffe freizugeben und jede weitere Tätigkeit einzustellen."

Ich erstickte fast an dieser Demütigung. Ich dachte an meine Offiziere und an meine Leute, die so stolz auf ihren Erfolg waren und volles Lob erwarteten. Und meine ehemaligen Freunde in Tokio! Wie würde der schlaue, alte Graf Ito aus vollem Halse lachen!

In normalen Zeiten hätte ich meine Enthebung von allen Posten, auch von dem des Ministers der Handelsmarine erbeten – aber ein Großfürst kann seinen Herrscher nicht im Augenblick des Unglücks verlassen. So mußte ich den Befehl ausführen und meinen Kummer für mich behalten.

3

Der Zwischenfall mit dem „Kreuzerkrieg" machte mich der ganzen Geschichte überdrüssig. Ich hoffte, Nicki werde mich in Ruhe lassen und aufhören, meine Ansicht und meine Hilfe zu verlangen. Ich irrte. Wieder wurde ich um meine Meinung befragt. Wieder einmal – es war schon wie ein Angsttraum –

saßen wir im Palast zu Zarskoje Selo – Nicki, Onkel Alexis und Avelan – und berieten eine lebenswichtige Angelegenheit. Wir sollten entscheiden, ob Admiral Roschdestwenskys Plan anzunehmen sei, der unsere noch verfügbaren Schlachtschiffe nach dem Fernen Osten bringen wollte, wo für sie von den Japanern eine sichere Niederlage vorbereitet würde.

Der Admiral selbst hegte keine Hoffnung auf einen Sieg. Er dachte nur, „es müsse etwas geschehen, um der öffentlichen Meinung zu genügen". Unsere Flotte und das Leben von Tausenden von Seeleuten sollten geopfert werden, um die unwissenden „Marinefachleute" der Presse zu befriedigen. Sie hatten vor kurzem das Vorhandensein technischer Fachausdrücke wie Gefechtswert, Deplacement usw. entdeckt und bewiesen täglich in den Spalten ihrer Blätter, daß die Japaner durch das Zusammenwirken unserer Hochsee- und Ostseeflotte von der Oberfläche des Meers rein weggefegt werden konnten.

Nicki erklärte den Zweck unseres Beisammenseins und ersuchte uns, freimütig unsere Ansicht zu äußern. Onkel Alexis wußte nichts zu sagen und hatte den Mut, dies zu gestehen. Avelan redete ein langes und breites, ohne damit etwas zu sagen. Lauter „Ja" und „Nein", „Selbstverständlich" und „Andererseits". Roschdestwensky gab neuerlich den Beweis, daß er Nelsons Biographie gelesen hatte. Ich sprach als letzter und schonte niemandes Gefühle. Zu meiner großen Verwunderung wurde einstimmig beschlossen, meine Ansicht zu billigen und die Baltische Flotte nicht in ihr Grab im Stillen Ozean zu senden.

Zwei Wochen lang blieb alles still, dann änderte Nicki seine Ansicht. Die Flotte sollte nun doch nach dem Fernen Osten abgehen, und ich hatte den Herrscher nach Kronstadt zu begleiten, wo er zum Abschied eine Flottenparade abnehmen wollte. Auf der Fahrt nach Kronstadt, an Bord seiner Jacht, erneuerte ich die Erörterung und fand Unterstützung bei dem erfahrenen Kapitän der kaiserlichen Jacht „Standard". Nicki schwankte neuerdings. Im Innersten wußte er die ganze Zeit, daß ich recht hatte.

„Laß mich noch einmal mit Onkel Alexis und mit Avelan sprechen", sagte er, als wir an Bord des Admiralschiffs kamen. „Nur laß mich allein mit ihnen sprechen Ich möchte nicht, daß sie durch deine Beweisführung beeinflußt werden."

Ihre Besprechung dauerte einige Stunden, während der „schlimme Junge" der Marine draußen wartete.

„Sie gewinnen", teilte mir Avelan mit, als er auf Deck kam. „Wir haben den unwiderruflichen Beschluß gefaßt, die Flotte nicht zu senden."

Die Unwiderruflichkeit von Nickis Entschluß währte zehn Tage. Dann änderte er zum dritten und letzten Mal seine Ansicht. Schiffe, Offiziere und Mannschaft sollten auf dem Altar der öffentlichen Meinung geopfert werden.

Am 14. Mai 1905 – am neunten Jahrestag der Krönung Nikkis – wurde unser Gartenfest in Gatschina durch die Ankunft eines Boten Avelans gestört: Unsere Flotte war bei Tsuschima von den Japanern vernichtet und Roschdestwensky gefangengenommen worden. An Nickis Stelle hätte ich im Augenblick abgedankt. Er konnte niemand für den Zusammenbruch von Tsuschima die Schuld geben als seinem eigenen, unschlüssigen Ich. Er hätte erkennen sollen, daß es ihm an Entschlossenheit fehlte, um den unvermeidlichen Folgen dieser demütigendsten Niederlage in der Geschichte Rußlands ins Auge zu sehen. Er sagte nichts, wie gewöhnlich, wurde totenblaß und zündete sich eine Zigarette an.

Sein einziger Sohn war neuneinhalb Monate alt, und seit dem Tage von Onkel Sergejs Ermordung in Moskau waren nicht viel mehr als drei Monate vergangen.

4

Rußland stand in Flammen. Den ganzen Sommer hindurch krochen ungeheure Rauchwolken über den Kontinent; sie besagten, daß der Rote Hahn das Kommando über die Bauern bei ihrem Ansturm auf die Grundherren ergriffen hatte. Studenten und Arbeiter streikten. In der Schwarzen-Meer-

Flotte brach eine Meuterei aus, die ohne die Loyalität meines ehemaligen Flaggenschiffes „Rostislaw" verhängnisvolle Dimensionen angenommen hätte.

Der neue Minister des Inneren, Fürst Swatopluk-Mirsky, der an Stelle des ermordeten Plehwe trat, sprach von seinem „unbegrenzten Vertrauen auf die Weisheit der öffentlichen Meinung", während hohe Regierungsbeamte in nächster Nähe des Ortes, wo er seine Reden hielt, umgebracht wurden. Die lettischen und die estländischen Pächter unserer baltischen Provinzen hatten mit der systematischen Ausrottung ihrer langjährigen Unterdrücker, der deutschen Barone, begonnen, und ein vornehmes kaiserliches Garderegiment hatte die peinliche Aufgabe, diesen als Leibgarde zu dienen. Die Polizei in der Provinz verlor den Kopf. Von Nord, Ost, Süd und West rief man um Unterstützung durch Gardetruppen oder Kosaken. So viele Statthalter wurden von den Revolutionären ermordet, daß die Ernennung auf den Posten eines Statthalters die Bedeutung eines Todesurteils bekam. Die Unterzeichnung des Friedens mit Japan, die durch Präsident Roosevelts freundliche Vermittlung ermöglicht wurde, zeugte ein weiteres unheimliches Problem, nämlich die Schwierigkeit, unsere Armee auf der durch den Streik der Ingenieure und des Stationspersonals lahmgelegten Transsibirischen Eisenbahn heimzubefördern.

Am 6. August 1905 unterzeichnete der Zar ein Manifest, durch welches eine Art Parlament, das nur mit beratender Stimme ausgestattet war, einberufen wurde – eine halbe Maßregel, die nur die Kühnheit der Revolutionäre vermehrte.

Da der Krieg beendet war, brauchte man mit der Aufstellung eines neuen Torpedobootgeschwaders nicht zu eilen. Diese Aufgabe war mir von Nicki nahegelegt und durch öffentliche Subskription finanziert worden. Ich reiste nach Ay-Todor ab. Ein im vergangenen Sommer dort von mir gebautes Spital für rekonvaleszente Offiziere leistete Vorzügliches, aber auch diesen gesegneten Fleck Erde der Halbinsel Krim hatte die Revolution schon erreicht. Eine Abteilung Soldaten kam zu unserem Schutz aus Sebastopol. Die Erwachsenen gingen mit sauren Gesichtern umher. Die Kinder fühlten sich bedrückt. Die telephonische Verbindung mit Sebastopol wurde durch einen Streik unterbrochen. Auch der Postverbindung geschah etwas. Von allen Nachrichten abgeschnitten, verbrachte ich meine Abende auf einer Bank neben dem Leuchtturm von Ay-Todor und versuchte, eine Lösung auszudenken. Je mehr ich nachdachte, desto klarer wurde mir, daß nur die Wahl freistand zwischen einer Gewährung aller Forderungen der Revolutionäre oder der Beantwortung ihrer Herausforderung durch einen unerbittlichen Kampf bis zum letzten. Die erstere Entschließung hätte die Bildung einer halbsozialistischen Republik angekündigt. Die letztere hätte das Prestige des Throns wiederhergestellt. In beiden Fällen hätte man gewußt, woran man war. Wenn Nicki gewillt war, zu einem bloßen Oberst Nikolaus Romanow verbürgerlicht zu werden, war der erforderliche Vorgang äußerst einfach. Wünschte er aber seinen Eid zu halten und Herrscher zu bleiben, dann durfte er vor dem Redeschwall der St.-Petersburger Intellektuellen nicht einen Zollbreit zurückweichen. Entweder die weiße Flagge der Unterwerfung oder die fliegenden Fahnen des Zarismus! Als Zar aller Reußen hatte er kein Recht, ein andres Symbol an der Spitze des Flaggenmasts von Zarskoje Selo aufzuziehen.

Zweitausendzweihundert Kilometer trennen St. Petersburg von Ay-Todor. Ein noch viel größerer Abstand trennte die Gedanken Großfürst Alexanders von den schwankenden Meinungen Zar Nikolaus' II. Am 17. Oktober 1905 setzte Nicki am Schlusse einer endlosen Konferenz mit Witte, Großfürst Nikolaus Nikolajewitsch d. J. und mit dem Minister des kaiserlichen Hofs, Baron Fredericks, seinen Namen unter ein aus einer Reihe von Zweideutigkeiten aufgebautes Manifest. Er weigerte sich, die kämpfenden Kräfte der Revolution – Bauern und Arbeiter – zu befriedigen, aber er hörte auch auf, der Herrscher zu sein, der in der Uspensky-Kathedrale in Moskau geschworen hatte, die Satzungen unserer Ahnen aufrechtzuerhalten. Die Intellektuellen bekamen ihr Parlament. Der Zar wurde zu einer Parodie des Königs von England, in einem Lande, das in den Tagen der Magna Charta noch vor den Tataren auf den Knien lag. Ein Sohn Alexanders III. willigte darein, seine Macht mit einer Bande von Verschwörern, politischen Mördern und Geheimagenten der Polizei zu teilen.

Das war das Ende. Das Ende der Dynastie und das Ende des Reichs. Ein tapferer Sprung in den Abgrund hätte uns den Todeskampf der verbleibenden zwölf Jahre erspart.

In dem Augenblick, als die telegraphische Verbindung mit St. Petersburg wiederhergestellt war, drahtete ich Nicki meinen Rücktritt als Minister der Handelsmarine. Ich wollte nichts mit einer Regierung feiger Zugeständnisse zu tun haben, mit einer Kombination von Kreaturen, deren Haupt Witte, der neu ernannte Premierminister, war.

5

Die Zerstörungsorgien des Jahres der Verdammnis, 1905, folgten einander mit wachsender Geschwindigkeit.

Das Ende des Oktober sah eine Reihe Judenpogrome, denen Einhalt zu gebieten, sich der sehr liberale Witte nicht bemühte. Als selbstherrlicher Macchiavelli bildete er sich ein, die Unterstützung der extremsten Volkselemente zu gewinnen, wenn er eine trunkene Bande von Strolchen die Laden und Wohnhäuser der jüdischen Bevölkerung zerstören ließ. Der Mann war ebenso verächtlich wie jämmerlich in allem, worauf er einging.

Der Höhepunkt des Blutvergießens wurde im Dezember erreicht, als das Garderegiment Semenow in aller Eile aus St. Petersburg berufen werden mußte, um die hilflose Moskauer Polizei in ihrem dreitägigen Kampf gegen die aufständischen Arbeiter zu unterstützen.

Die Wahlen in das Parlament (in die erste Duma) fanden in einer Atmosphäre von politischen Morden, Streiks, Räuberunwesen und Niederbrennen der Adelssitze statt. Die Bolschewiken hatten ihrem Anhang geraten, die Duma zu boykottieren und das Feld für die Erfolge der „verfassungstreuen

Demokraten" frei zu lassen, für eine Partei von Professoren, Zeitungsschreibern, Ärzten, Advokaten usw., die von Anbetern der englischen Konstitution angeführt wurden.

Am 27. April 1906 geleiteten die Zarin-Witwe, Großfürst Michael Alexandrowitsch, Xenia und ich den Zaren und die Zarin von Peterhof in den Winterpalast zur Eröffnung der Duma.

Die Zeremonie fand in derselben prächtigen Halle statt, in der Nicki elf Jahre vorher den Vertretern der Intellektuellen den Rat erteilt hatte, „ihre sinnlosen Träume zu vergessen" – eine ungeschickte Phrase, die seither zum Feldgeschrei der Revolution gemacht worden war.

Wir waren alle in Paradeuniform, die Damen des Hofs trugen ihren Schmuck. Tiefe Trauerkleidung wäre angemessener gewesen.

Nach dem unvermeidlichen Tedeum verlas Nicki eine kurze Ansprache, in der er die Probleme skizzierte, die den Herren der Duma und dem reorganisierten Reichsrat vorgelegt werden sollten. Wir standen und hörten zu. Meine Freunde erzählten mir, sie hätten Tränen in den Augen der Zarin-Mutter und des Großfürsten Wladimir gesehen. Auch ich hätte weinen können, wäre nicht beim Anblick des brennenden Hasses im Gesicht mancher Parlamentarier ein eigenartiges Gefühl über mich gekommen. Ich dachte, sie seien eine sonderbare Gesellschaft, und ich müsse Nicki scharf bewachen, damit keiner versuchen könne, sich ihm allzusehr zu nähern.

„Ich hege die aufrichtige Hoffnung, daß Sie Ihre Arbeit im Geiste frommen Fleißes beginnen werden, erfüllt von dem aufrichtigen Wunsch, das Vertrauen Ihres Herrschers und unsres großen Volks zu rechtfertigen. Gottes Segen walte über mir und Ihnen!"

Das war der Schlußsatz von Nickis Rede. Er las sie gut, mit heller, schallender Stimme, seine Ergriffenheit beherrschend und seinen Kummer verbergend.

Hochrufe, volltönend von seiten des Reichsrats und leer klingend auf den für die Duma bereitgehaltenen Plätzen –

und das Begräbnis des Regierungssystems war vorbei. Wir kleideten uns um und kehrten nach Peterhof zurück. Am Vorabend der Eröffnung der Duma wurde Witte verabschiedet, und die Masse der eingeschüchterten Beamtenschaft wurde nun von Goremykin angeführt, einem alten Hofmann mit sorgfältig gewaschenen Runzeln, der aussah wie ein aufrecht stehender Leichnam, den ein paar unsichtbare Hände stützen.

6

Der Palast roch förmlich von düsteren Ahnungen. Die Höflinge waren so weit, daß sie auf den eignen Schatten gefeuert hätten. Ich vermochte nicht zu atmen. Es verlangte mich zurück nach dem Meer. Admiral Birilew, der neue Marineminister, schlug mir vor, das Kommando der Torpedoabteilung der Ostseeflotte zu übernehmen. Ich nahm sofort an. In der Stimmung, die mich beherrschte, hätte ich eingewilligt, das Deck eines Frachtendampfers zu scheuern. Ich zitterte vor Freude, als ich meine Admiralsflagge am Mast von S.M.S. „Almaz" gehißt sah, und bei dem Gedanken, mindestens drei Sommermonate dieser Symphonie von Leichenreden fernbleiben zu können.

Xenia und die Kinder brachten den Sommer in Gatschina zu. Jede Woche besuchten sie mich einmal. Wir waren übereingekommen, daß in meiner Gegenwart nicht ein Wort über Politik gesprochen werden solle. Ich wußte, daß der junge und tatkräftige Statthalter der Provinz Saratow, Peter Stolypin, an Goremykins Stelle getreten war, aber das war alles, was ich zu hören wünschte. Wir kreuzten auf meines Bruders Mischa Jacht in den finnischen Gewässern und sprachen von Dingen, die weitab von unsrer „konstitutionellen Regierung" lagen.

Eines Morgens kam Nachricht aus Gatschina. Mein Sohn Feodor war an Scharlach erkrankt, sein Zustand war bedenklich. Ich mußte sofort abreisen.

„Ich komme so bald als möglich zurück," versprach ich meinem Stellvertreter, „vielleicht schon nächste Woche."

Diese „nächste Woche" kam nie. Drei Tage später bekam ich durch meinen auf der „Almaz" zurückgelassenen Diener die Nachricht, daß die Bemannung meutern wolle und auf meine Rückkunft warte, um mich als Geisel festzuhalten.

„Es tut mir sehr leid, Sandro, aber unter diesen Umständen wirst du den Dienst quittieren müssen", entschied Nicki. „Die Regierung kann es nicht darauf ankommen lassen, ein Mitglied der kaiserlichen Familie den Revolutionären auszuliefern."

Ich saß ihm gegenüber am Tisch und hielt den Kopf gesenkt. Ich hatte nicht mehr die Kraft, einen Einwand zu machen. Der militärische Zusammenbruch, das Fehlschlagen meiner Bemühungen, die schändliche Duma, die Ströme Bluts und nun, schlimmer als dies alles, meine Matrosen, die mich als Geisel verlangten … Als Geisel! Welcher Lohn für vierundzwanzig der Marine gewidmete Jahre! Meine Jugend, mein Ehrgeiz, meine Arbeitskraft – alles, was ich besaß, hatte ich dem Ruhm unserer Flotte geopfert. Nie hatte ich im Verkehr mit der Mannschaft auch nur die Stimme erhoben. Ich hatte ihre Sache bei Admiralen, Ministern und beim Zaren selbst vertreten. Meine Beliebtheit bei der Mannschaft war mir teuer. Ich fühlte mich so stolz, von ihnen als Freund und Vertrauter angesehen zu werden. Und nun Geisel!

Ich fürchtete, völlig zusammenzubrechen. Was sollte ich tun? Plötzlich durchfuhr mich ein Gedanke. Er kam wie ein Blitz. Konnte ich nicht die Krankheitsfälle in meiner Familie als Alibi gebrauchen, um Rußland zu verlassen?

„Nicki", begann ich, nach Luft ringend und die überzeugendsten Ausdrücke suchend, „du weißt natürlich, daß Irene und auch Feodor an Scharlach erkrankt sind. Die Ärzte sagen, Luftveränderung werde ihnen sehr gut tun. Denkst du, daß es gut wäre, wenn ich mit ihnen für ein paar Monate ins Ausland ginge?"

„Gewiß, Sandro."

Wir umarmten einander. Nicki handelte an diesem Tage edelmütig. Er deutete auf keine Weise an, daß er die wirklichen Ursachen kenne, die mich zur Flucht bewogen. Ich schämte mich meiner selbst, aber ich konnte nicht anders. „Ich muß weg! Ich muß weg!" Diese Worte dröhnten in meinem Kopf und ließen mich meiner Pflicht gegen Thron, Staat und Volk vergessen. Mir galt alles gleich. Ich haßte Rußland.

Fünfzehntes Kapitel

IRRWEGE

I

Ich komme nun zu den acht Jahren, die zwischen meiner Flucht aus Rußland im September 1906 und dem Ausbruch des Weltkriegs liegen, und habe dabei das sonderbare Gefühl, auf diesen verhängnisvollen Abschnitt zurückblicken zu können wie eine abgeschiedene Seele auf die leere Hülle ihrer einstigen Verkörperung. Ich erkenne mich selbst nicht wieder. Ich verachte den Fremden, der sich meinen Namen angemaßt hatte. Ich erröte. Und doch bereue ich nichts. Sollte ich noch einmal die Jahre 1906–1914 durchleben, ich folgte wieder bereitwillig und rücksichtslos dem unwiderstehlichen Zwang der Leidenschaft.

Meine Beichte ist eine freiwillige. Es könnte mir zweifellos gelingen, die unangenehme Wahrheit durch hochtrabende Plattheiten zu vernebeln. Aber wozu schreibe ich dies Buch überhaupt, wenn es Lügen enthalten soll? Ich suche nicht nach Sympathien. Es gibt in meinem Fall keine mildernden Umstände. Ich bringe die Tatsachen geradeso, wie sie sich ereigneten, teils freudig, teils traurig. Freudig, weil ich mir selbst treu blieb; traurig, weil mir beim Rückblick über diese acht Jahre klar wird, daß ich vieles verabsäumte, was ich doch so leicht hätte vollbringen können.

Wir wohnten in Biarritz in der Villa Espoir, gerade oberhalb der Grundstücke, auf denen gegenwärtig das Hotel Miramare steht. Unsre Gesellschaft glich einer Nomadenwanderung: Xenia, ich, sechs Kinder, drei Kinderpflegerinnen, englische und französische Lehrer, Irenes Erzieherin, Xenias Hofdame, mein Adjutant, fünf Mädchen und vier Diener. Großfürstin Olga (Xenias Schwester) war vor uns gekommen und im Hotel du Palais abgestiegen. Unter der drückenden Septemberhitze leidend, die Gesichter angeschwollen nach einer nächtlichen Schlacht mit den Stechmücken, so liefen wir am ersten Morgen nach unsrer Ankunft auf die Grande Plage und begruben unsere Leiber im Sand. Unsere Herzen jubelten: wir waren Rußland entflohen. Ich dachte, wir würden nie wieder zurückkehren. Irene und Feodor waren von ihrer Krankheit genesen, und ich dankte Gott, der mir einen so passenden Anlaß gegeben hatte, aus der Hölle zu entrinnen.

Der Golfplatz – das fünfzehnte Loch – lag unsrer Villa gegenüber. Ich hatte nie vorher das Spiel der Schottländer gespielt, aber jetzt gab ich mich ihm restlos hin, vielleicht, weil weder Ausdrücke noch Spielregeln mich an Rußland erinnerten. Über Nacht wurde ich mit dem größten Teil der eleganten Gesellschaft des Ortes bekannt. Einladungen folgten. Wir gingen aus und baten Gäste zu uns. Ich ertappte mich dabei, Frauen mit Interesse zu betrachten. Es über kam mich geradezu wie eine Offenbarung. Denn in den ganzen zwölf Jahren meiner Ehe hatte ich nie ein andres Gesicht als das Xenias angesehn. Gesellschaftliche Beziehungen, die früher rein gewohnheitsmäßig sich ergaben, begannen meine Aufmerksamkeit zu erwecken. Ich sprach mit größerer Lebhaftigkeit zu meinen Tischnachbarinnen, als die Etikette vorschrieb. Ich brachte Trinksprüche aus und schlug Ausflüge vor.

Ich wußte, diese neue Einstellung gegenüber dem Leben mußte mein Glück gefährden, aber mir lag nichts daran. Alles war mir gleichgültig, solange Rußland und wir selbst zum Teufel zu gehn schienen. Ursprünglich hatten wir die Absicht, drei Monate zu bleiben, aber als diese Zeit um war, überredete ich Xenia zu einer Verlängerung unseres Aufenthaltes. Das Weihnachtsfest kam. Unser fröhlichstes Weihnachtsfest seit zwölf Jahren. Keine Verpflichtung, Empfangen bei Hofe beizuwohnen. Keine Notwendigkeit, Besuche mit hochstehenden, langweiligen Leuten zu tauschen. Kein

Zwang. Einfach ein wirklicher, menschlicher Festtag, den wir mit unseren Kindern und Freunden verbrachten. Es folgte die Jagdzeit, mit Frühstücken auf dem Lande und Diners in Biarritz in einer Stimmung voll Vertraulichkeit, sanfter Müdigkeit und angenehmer Anregung. Unsere Freunde hatten ein derartiges Leben geführt, seit sie alt genug waren, um zu trinken, uns aber war es berückend neu. Jeden Morgen stürzte ich ans Fenster, um zu sehen, ob es wahr sei, daß wir uns noch in Biarritz befanden, Meilen und Meilen weit von dem Palast, dem Reichsrat, von den Ministern und von unseren Anverwandten.

Ich begann Gefallen an einer Frau zu finden, die oft in unsere Villa kam. Sie war klug, auf eine bezaubernde, unaufdringliche Art, frei von dem Feuerwerk einer mit Cocktails genährten Gescheitheit. Ihrer spanisch-italienischen Abstammung war die gründliche Bildung zuzuschreiben, und die hatte sie auch gelehrt, daß wirkliche Kultur ein Erzfeind der Selbstüberhebung ist. Die Leute nannten sie einen „guten Karneraden". Bei einer Angelsächsin hätte mich dies eingeschüchtert, bei der Lateinerin war es entzückend. Wir gingen oft gemeinsam aus. Sie sagte nie: „Dies mag ich nicht. Ich möchte lieber das." Sie verachtete den kätzchenhaften Frauentyp. Es war ihr klar, daß ich nur knapp einem völligen Zusammenbruch entgangen war. Ich hätte keine bessere Gefährtin finden können. Hätte mich in den ersten Monaten unserer Bekanntschaft jemand gefragt: „Liebst du sie?", so hätte ich geantwortet: „Gewiß nicht. Ich habe sie sehr gern. Ich bewundere sie, aber ich kann das nicht Liebe nennen. Liebe kommt wie ein Blitzschlag, und oft schwindet sie auch so. Freundschaft bleibt, und wenn ihr Zeit gelassen wird, vollbringt sie viel mehr als Liebe." Wirklich hätte ich noch völlige Herrschaft über mich gehabt, wenn ich dies gewünscht hätte. Ich zog es vor, nichts zu tun. Vielleicht bestimmte eine hysterische Neugierde meine Handlungsweise. Jedenfalls ließ ich, anstatt zu hemmen, die Zügel schießen. Ich war darauf vorbereitet, auf dem Grunde dieser Schale bittres Gift zu kosten, aber mir war es willkommen. Ich verglich meine Gefühle gegenüber Xenia mit denen für diese neue Frau: der Vergleich verblüffte mich. Ich wußte nicht, welcher von beiden ich mehr bedurfte. Die eine vertrat alles, was gut an meinem Charakter war, die andre bot die Möglichkeit, mich von den Nervenaufregungen und Schrecken der Vergangenheit loszureißen. Aber ein Mann muß sich entscheiden. Doch schon der bloße Gedanke einer Entscheidung war mir entsetzlich. Ich war Vater von sechs Kindern und erwartete demnächst die Geburt eines siebenten.

2

Onkel Bertie – König Eduard VII. von England – kam im Frühjahr. Xenia war die Lieblingsnichte seiner Gattin, und die persönlichen Beziehungen zwischen den beiden regierenden Häusern hatten sich immer durch besondere Herzlichkeit ausgezeichnet, sogar in den Jahren, als die Unterstützung der Japaner durch die Engländer in Rußland böses Blut machte. Er wohnte im Hotel du Palais, umgeben von der rührenden Anhänglichkeit der Ortsbewohner, die wohl wußten, daß Biarritz seinen Glanz zumeist den häufigen Besuchen des britischen Herrschers verdankte.

Wir trafen einander häufig. In Gegenwart König Eduards konnte keinen Augenblick Langeweile aufkommen. Ob wir Bridge spielten oder bei Tisch saßen oder auf dem Golfplatz waren, seine Persönlichkeit verlieh allem ein besonderes Gepräge. Von all den Kaisern, Königen, Präsidenten und Ministerpräsidenten, die mir in meinem Leben begegneten, hätte keiner ihn an Gedankenklarheit oder Staatskunst übertreffen können.

Es war ein wirkliches Vergnügen, zu beobachten, wie Onkel Bertie die durch sein Inkognito gewährleistete Freiheit genoß. Sein einfaches Benehmen, die freundliche Art, wie er selbst mit den niedersten Angestellten des Hotels plauderte, zeigte nicht die geringste Spur von Absichtlichkeit, die man oft bei lustreisenden Milliardären und bei den Anwärtern auf die höchsten Stellen in Demokratien findet. Er brauchte sich nicht zu zwingen: „Jetzt will ich dem Portiersgehilfen eine Freude machen, er soll sich meiner gnädigen Herablassung bis an sein Lebensende erinnern." Er hatte wirklich Mitgefühl mit dem armen Teufel, wie er mit jedem sich redlich Plagenden auf der Welt Mitgefühl hatte.

Nie neidete ich dem Britischen Reich seine Macht, seinen Reichtum und seine Stellung unter der Sonne, aber immer neidete ich ihm die Größe seiner Herrscher. Königin Viktoria, König Eduard VII., König Georg V. und der gegenwärtige Prinz von Wales – welches andere Land kann sich rühmen, in vier aufeinander folgenden Generationen so fähige Herrscher hervorgebracht zu haben?

Der Besuch König Eduards festigte natürlich unseren Entschluß, den Aufenthalt in Biarritz zu verlängern. Wir forderten die Zarin-Witwe, die über Vereinsamung klagte, auf, zu uns in das gastfreundliche Land der Basken zu kommen. Sie kam in ihrem Luxuszug voll russischer Eisenbahner, Bedienter, Leibwachen usw. und verursachte durch ihren eindrucksvollen Hofstaat großes Aufsehen. Unsere Freunde zweifelten, ob sie geruhen werde, mit ihrer Gesellschaft zu verkehren, aber nicht einmal Bertie hätte meine Schwiegermutter an Bereitwilligkeit, an einem Spaß teilzunehmen, übertreffen können. Obwohl ich „Mutter" zu ihr sagte und ihr Alter kannte, betrachtete ich sie als meinen Kameraden und Genossen, wenn es sich um das Veranstalten eines Ausflugs oder um Beteiligung an einem Picknick handelte. Ich kaufte einen riesengroßen Delauney-Belleville, der der Größe meiner Familie entsprechend gebaut wurde, und bald gewöhnte man sich in Südfrankreich an den Anblick des russischen Großfürsten, der mit seiner Kolonie von Frauen und Kindern umherfuhr. Es wurde Juni. Ich konnte meine Rückkehr nach Rußland nicht länger aufschieben. Wir reisten in Mutters Hofzug, im Widerschein ihres Glanzes, und wurden auf dem Weg von zahllosen Würdenträgern bewillkommt, an ihrer Spitze Fallières, der damalige Präsident Frankreichs.

Mein jüngster Sohn, Wassili, kam Ende dieses Monats in Gatschina zur Welt. Die Ärzte meinten, er sei nicht lebensfähig, und ein eilig herbeigeholter Priester taufte ihn im Kinderzimmer und ersparte ihm so die Qual einer militärischen Parade und einer hochrufenden Volksmenge. Aber Wassili betrog die Ärzte: vor kurzem heiratete er in New York die Fürstin Galitzin.

3

Um den Schein zu wahren, mußte ich bis zu Beginn des Herbstes in Rußland bleiben. Ich machte die Runde der Besuche und kam meinen gesellschaftlichen Verpflichtungen nach. Nicki und seine Minister sprachen mir von dem Ernst der politischen Lage. Die zweite Duma bestand aus unverhüllten Schurken, deren Taten zur Verkündung des Standrechtes herausforderten. Nicki war gezwungen, sie heimzuschicken und, zum zweitenmal binnen elf Monaten, Neuwahlen anzuordnen. Man pries Stolypins Festigkeit. „Finden Sie nicht, daß er es herrlich versteht?" fragte man mich bei jeder Gelegenheit. „Sicherlich", antwortete ich gedankenlos. Ich kümmerte mich keinen Pfifferling um ihren Premierminister noch um den übrigen Kram. Meine Gedanken weilten in Biarritz. Nun liebte ich sie schon. Ich ging durch die Gärten von Ay-Todor und fragte mich, wie ihr das Klima und das Lokalkolorit der Krim gefallen würden.

„So bald wieder zurück ins Ausland?" wunderten sich meine Freunde. So bald! Wäre es nach mir gegangen, sie hätten mich überhaupt nicht gesehn.

Zuerst reisten wir zum Besuch meines Vaters nach Baden-Baden. Wir fanden seinen Zustand bedeutend gebessert; er konnte wieder gehn und war im Vollbesitz seiner Geisteskräfte. Für den Winter kehrte er an die französische Riviera zurück; so fuhren wir alle im Auto über die Schweiz dorthin. In Cannes trafen wir meine Schwester Anastasia (Großherzogin von Mecklenburg-Schwerin) und meinen „verbannten" Bruder Michael Michailowitsch. Anastasia, schön wie immer, wurde von der Gesellschaft der Riviera viel bewundert und gefeiert. Michael lebte mit seiner morganatischen

Gattin und seinen Töchtern (heute Lady Milford-Haven und Lady Zia Wehrner) in seiner Villa „Kasbek", die den zahllosen Freunden als Treffpunkt diente. Nur zwei Jahre früher hätte ihre sinnlose Zeitvergeudung mich empört, jetzt war ich in ihre Reihen getreten. Die Aussicht auf ein Wiedersehen mit der Frau, die ich liebte, wirkte Wunder in mir. Ich war mit allem einverstanden, auch mit Michaels Teegesellschaften und mit Anastasias Spielwut in Monte Carlo.

Rom war unsre nächste Station. Wir fielen im Grand Hotel ein, dessen Direktor gar nicht glauben wollte, daß alle diese Männer, Frauen und Kinder, diese uniformierten und nichtuniformierten Kinderfrauen, Diener und Erzieherinnen zu der einen Gesellschaft Großfürst Alexanders von Rußland gehörten. Noch ein solcher Großfürst, und sie wären imstande gewesen, einen Zubau zu errichten.

Meine Freundin hatte Wort gehalten, sie traf in Rom an dem Monate vorher vereinbarten Tag ein. Unser Programm verlangte einen Ausflug nach Venedig, der klassischen Stadt aller Liebenden. Wer nicht verliebt ist, wird sicherlich in Venedig leiden und sollte lieber anstatt dessen nach Florenz fahren, wo Einsamkeit besser zu immer gegenwärtigem Regengeplätscher und zu den traurigen Erinnerungen an eine treulose Vergangenheit paßt. Ich fühlte mich sicher – ich war verliebt. Beide kannten wir Venedig gut, meine ersten Erinnerungen an die Heimat der Romantik schrieben sich bis in das Jahr 1872 zurück. Wir wanderten durch die Paläste verliebter mittelalterlicher Fürsten und hatten die Empfindung, einander vor Jahrhunderten verloren und nun wiedergefunden zu haben.

„Auf baldiges Wiedersehen in Biarritz!"

Ich kehrte nach Rom zurück, um meine Emigrantenarmee abzuholen. Die Koffer waren gepackt, die Rechnungen beglichen, als mein Sohn Dimitri über Kopfschmerz klagte. Die Diagnose lautete „Scharlach". So mußten alle Pläne umgestoßen werden. Xenia reiste mit sechs Kindern nach Biarritz ab, ich blieb mit Dimitri. Gestern Liebhaber, wurde ich heute zum Krankenpfleger. Die bei Scharlach so häufig auftretenden Folgekrankheiten zeigten sich an Dimitris Ohr. Die Ärzte schüttelten den Kopf und sahen die Notwendigkeit einer gefährlichen Operation voraus. Vier lange Wochen saß ich betrübt und nachdenklich am Bett meines Kindes. Ich hätte in seiner Erkrankung eine rechtzeitige Warnung erblicken sollen; statt dessen träumte ich von Biarritz. Wäre Dimitri nicht genesen, so hätte alles mögliche mit mir geschehen können. Auch so kam vieles über mich.

In Biarritz hatte sich seit dem Vorjahr nichts geändert. Dieselben Ausflüge, dieselben Gesichter, dieselben Anfälle von Lustigkeit, gefolgt von Stürmen der Reue. Ich wurde immer toller. Länger war Xenia nicht in Unkenntnis zu halten. Ich sagte ihr alles. Sie saß ganz still; dann begann sie zu weinen. Auch ich weinte. Sie benahm sich wie ein Engel. Ihr Herz war gebrochen, aber mochte die Wahrheit auch noch so schrecklich sein, sie zog sie der Lüge vor. Wir betrachteten die Lage von allen Gesichtspunkten aus und entschlossen uns, um der Kinder willen unser gewohntes Leben fortzusetzen. Wir blieben auch in den kommenden Jahren Freunde, vielleicht bessere Freunde als zuvor, weil unsre Freundschaft dem Ansturm des Unglücks widerstanden hatte. Alle Ehre kommt ihr zu, die Schuld liegt ganz auf meiner Seite. Sie erwies sich als große Frau und wundervolle Mutter.

4

Eines Morgens – wir befanden uns noch in Biarritz – las ich in der Tageszeitung in großen Lettern den Erfolg von Blériots denkwürdigem Flug über den Ärmelkanal. Die Nachricht erweckte in mir den früheren Großfürsten Alexander. Als leidenschaftlicher Bewunderer des Flugwesens seit den ersten Tagen von Santos Dumonts Flügen rund um den Eiffelturm war mir klar, daß durch Blériots Leistung nicht nur ein neues Beförderungsmittel, sondern auch eine neue Kriegswaffe geschaffen worden war. Ich beschloß, sofort zu handeln und Flugmaschinen, „schwerer als Luft", in Rußland einzuführen. Ich hatte noch zwei Millionen Rubel zu meiner Verfügung, aus einer Sammlung der Nation für Zwecke der Erbauung von Torpedobooten in den letzten Monaten des japanischen Kriegs. Ich entwarf einen offenen Brief an die Herausgeber der Tagespresse, in dem ich die Spender um ihre Zustimmung ersuchte, daß ihr Geld lieber zur Beschaffung von Flugmaschinen anstatt von weiteren Torpedobooten verwendet werde. Eine Woche darauf erhielt ich Tausende von Zuschriften, die einstimmig meinem Vorschlag beipflichteten.

Ich fuhr nach Paris und traf ein Arbeitsübereinkommen mit Blériot und Voisin: sie sollten die Maschinen erzeugen und die Fluglehrer beistellen, ich sollte für Flugplätze, Schüler, alle Erfordernisse und, natürlich, die nötigen Geldmittel sorgen. Darauf reiste ich nach Rußland. Gatschina, Peterhof, Zarskoje Selo und St. Petersburg sahen mich wieder in der Rolle des Störenfrieds.

Nicki lächelte. Der Marineminister dachte, ich sei toll geworden. Der Kriegsminister, General Suchomlinow, schüttelte sich vor Lachen.

„Verstehe ich Eure Kaiserliche Hoheit recht?" fragte er mich zwischen zwei Lachkrämpfen. „Sie beabsichtigen, Blériots Spielzeug in unserer Armee einzuführen? Darf ich fragen, ob Sie wünschen, daß unsere Offiziere ihre Pflichten verabsäumen und über den Kanal fliegen, oder soll das ganze Theater hier in St. Petersburg inszeniert werden?"

„Lassen Sie das gut sein, General! Ich ersuche Sie nur darum, den von mir ausgewählten Offizieren Urlaub für einen kurzen Aufenthalt in Paris zu erteilen, damit sie von Blériot und Voisin im Fliegen unterrichtet werden können. Und was das weitere betrifft, wer zuletzt lacht, lacht am besten."

Noch ein Abstecher zu Nicki, und ich erhielt Vollmacht, meine Offiziere auszuwählen, obgleich er äußerte, auch Großfürst Nikolaus Nikolajewitsch habe nichts Vernünftiges in meinem Unternehmen sehen können.

Die erste Gruppe von Offizieren ging nach Paris ab, während ich mich nach Sebastopol begab, um den Ort des künftigen Flugplatzes auszuwählen. Ich arbeitete mit meiner alten

Begeisterung, besiegte die Einwände der Militärbehörden, scheute den Vorwurf der Lächerlichkeit nicht und ging geradeaus auf mein Ziel los. Im Spätherbst des Jahres 1908 waren Flugplatz und Hangars bereit. Im Frühling 1909 kamen meine Absolventen von Blériots Fliegerschule zurück. Im Frühsommer erlebte St. Petersburg die Sensation seiner ersten „Flugwoche". Die Leute sperrten den Mund auf und jubelten. Suchomlinow fand die Vorführung „erstaunlich amüsant, aber ohne den geringsten Nutzen für die Armee".

Drei Monate später, im Herbst 1909, kaufte ich ein großes Grundstück fünfzehn Kilometer westlich von Sebastopol und legte den Grundstein zu der ersten Fliegerschule Rußlands, die im Jahre 1914 die meisten unserer Flieger und Beobachter liefern sollte.

Im Dezember 1909 erhielt ich während einer Besprechung mit meinen Architekten in der Krim die Nachricht vom Tod meines Vaters. Er war siebenundsiebzig Jahre alt geworden und während der letzten sechs Jahre seines Lebens teilweise gelähmt gewesen. Ich fühlte mich unsäglich elend. Die Welt schien öde ohne Vater. Er war einer der wenigen Menschen, die ich nie in ihrer Pflicht wanken sah, und lebte getreu den Grundsätzen Zar Nikolaus' I.

Ein russisches Kriegsschiff brachte seine Überreste nach Sebastopol, von wo wir ihn nach St. Petersburg überführten, um ihn in der Peter-und-Pauls-Peste beizusetzen. Die Fahrt war voll trüber Erinnerungen, der ganze Vorgang unerträglich. Dreimal schon war ich in Begleitung der sterblichen Überreste eines Menschen, den ich liebte, hierher gereist. Sechs Gräber starrten mir in der Peter-und-Pauls-Feste entgegen: Zar Alexander II., Zar Alexander III., Georgi, mein Bruder Alexis und meine Eltern.

Mit dreiundvierzig Jahren kann man nicht mehr erwarten, neue Bande von ewiger Dauer zu knüpfen.

5

Ich fuhr in meiner Arbeit für das Flugwesen fort, machte häufig kurze Reisen ins Ausland und kümmerte mich so wenig um politische Angelegenheiten, als dies in einer Umgebung möglich war, in der jeder Zweite Ränke schmiedete und Pläne machte.

Eifersucht auf Stolypins erfolgreiche Staatslenkung und Haß gegen Rasputins rasch wachsenden Einfluß drückten auf das Gemüt jedes Höflings. Stolypin war ein Aufbauender, ein Genie, ein Mann, der die Anarchie gedrosselt hatte. Rasputin war ein bloßes Werkzeug in der Hand internationaler Abenteurer. Früher oder später mußte sich der Zar entschließen, ob er Stolypin gestatte, seine aufbauende Reformarbeit zu vollbringen, oder ob die Bande um Rasputin die Wahl der Minister bestimmen solle. Bei einem Anlaß fühlte ich mich verpflichtet, ernsthaft mit Nicki zu sprechen und ihn vor zu großem Vertrauen zu den Feinden Stolypins zu warnen. Abgesehen von diesem Einzelfall, war mein Verhältnis zu dem kaiserlichen Paar äußerst freundschaftlich, wenn auch oberflächlich durch gegenseitige Zurückhaltung behindert. Wir sahen einander auch weiterhin mehrmals in der Woche und luden einander zum Essen ein, aber die Herzlichkeit vergangener Tage war nicht wieder zu beleben. Es herrschte zuviel boshaftes Geschwätz über die „Partei der alten Zarin" und ihren Gegensatz zur „Partei der jungen Zarin". Meine Schwiegermutter behandelte diese Gerüchte mit gründlicher Verachtung. Alix hingegen lieh ihren neuen, gefährlichen Ratgebern ein mehr oder minder williges Ohr.

Unzufriedenheit und Mangel an Gehorsam zeigte sich in der Handlungsweise der anderen Mitglieder der Zarenfamilie. Während der Regierung Alexanders III. war mein armer Bruder Michael unbarmherzig ausgewiesen worden, weil er eine morganatische Tochter des Herzogs von Nassau geheiratet hatte, jetzt aber maßte sich jeder der Großfürsten das Recht an, seiner Laune zu folgen. Mischa, der Bruder des Zaren, heiratete eine zweimal geschiedene Bürgerliche. Des Zaren Onkel, Paul, verlangte für seine morganatische Gemahlin Vorrechte, die nur den Personen von kaiserlichem Geblüt zukamen. Großfürst Cyrill, der Vetter des Zaren, heiratete seine Kusine ersten Grades „Ducky" (die Tochter seiner Tante und Herzogin von Edinburgh), etwas, das in den Annalen des Zarenhofs wie auch der griechisch-orthodoxen Kirche unerhört war. Alle drei Großfürsten zeigten nicht die mindeste Achtung für die Wünsche des Zaren und gaben so der russischen Gesellschaft ein sehr schlechtes Beispiel. Wenn Nicki nicht imstande war, seine eigenen Angehörigen zur Vernunft zu bringen, so konnte er bei seinen Ministern, Generälen und Höflingen kaum auf größeren Erfolg rechnen. Offenbar standen wir an der Schwelle eines moralischen Niedergangs. Ich selbst mehr als jeder andere. Nicht zufrieden damit, meine Freundin in Paris oder Biarritz zu treffen, wollte ich ständig mit ihr leben. Im Frühling 1910 bat ich sie, Europa zu verlassen und mich nach Australien zu begleiten. Ich war bereit, auf Rang und Titel zu verzichten und in der Nähe von Sydney eine Farm zu kaufen! Hätte sie ja gesagt, so hätte ich sofort meine Absicht bekanntgegeben. Zum Glück behielt sie ihr geistiges Gleichgewicht. Sie sagte „nein", ein festes und freiwilliges Nein. Sie mahnte mich an meine Pflichten und drohte mir, mich nicht wiederzusehen, wenn ich nicht bei meiner Fliegerei beharrte und auf dem Platz bliebe, auf den ich gehörte. Ihr edler Entschluß rettete mich vor einem Ende in Schande. Und doch, die zwanzig Jahre, die seit dem Tage dieses Nein verstrichen sind, konnten mich nicht völlig von meinen „australischen Träumen" heilen. Manchmal denke ich, es habe ihr an Vorstellungsgabe gefehlt. Oft glaube ich, ich habe die beste Gelegenheit meines Lebens verfehlt. Im Licht der folgenden Ereignisse scheint es, als hätte diese abenteuerliche Episode im Jahre 1910 als Sicherheitsventil gewirkt.

Ich schleppte mein Leben weiter, durch Enttäuschung verbittert und Tollheit mit Arbeit verquickend.

Meine Fliegerschule wuchs mit jedem Jahr. Meine Schüler nahmen an den Armeemanövern des Jahres 1912 teil und verbreiteten eine etwas luftigere Atmosphäre unter den mottenzerfressenen Beamtenseelen des Kriegsministeriums. Sie ernteten das freimütige Lob des Zaren.

„Du warst im Recht und ich im Unrecht", sagte mir Nicki bei seiner Besichtigung der Fliegerschule. „Es tut mir leid, daß ich deine Idee angezweifelt habe. Du siegst, Sandro. Und es freut mich, daß du siegst. Bist du nun zufrieden?"

Zufrieden, ja und nein. Mein Erfolg im Flugwesen konnte mich nicht über die Niederlage in der Marine trösten. Diese Wunde vermochte nichts zu heilen. Nichts hätte mich die schlaflosen Nächte von 1904–1906 vergessen lassen.

Bis 1906 hatte es bei mir immer gelautet „Rußland vor allem". In den Jahren 1906–1914 besaß ich einen anderen Wahlspruch: „Ich habe nur ein Leben zu leben."

6

Unsere Reisen führten uns auch weiterhin durch ganz Europa.

Im Frühling die gewohnte Zusammenkunft mit Königin Alexandra von England in Dänemark; im Frühsommer die Saison in London; Xenias Badekur in Kissingen oder Vittel und die Nachkur in Biarritz; Ausflüge mit den Kindern in die Schweiz; Nachwinter in Cannes ... Wir legten bedeutende Entfernungen zurück.

Im Sommer 1913 wurde mir das alljährliche Programm unerträglich langweilig. Ich hatte es satt. Xenia und die Kinder blieben in einem Riesenhotel in Tréport, während ich nach Amerika fuhr. Die Erfolge Curtiss' und der Brüder Wright machten die Reise notwendig, daneben hatte ich das Verlangen, einige Wochen mit meinen Freunden in Philadelphia und Newport zu verbringen.

Ich hatte gerade zwanzig Jahre gebraucht, um meine Absicht, in einigen Monaten wiederzukommen, zur Ausführung zu bringen.

Der Schatten des nahenden Krieges war noch nicht bis über den Ozean gefallen, obwohl eine gedrückte Stimmung herrschte und die Finanzleute ahnend die Köpfe schüttelten. Ich wurde hart bedrängt von Berichterstattern, die alle wissen wollten, was ich zu den großartigen Veränderungen sage, die seit 1893 in New York eingetreten waren. Ich sollte ihnen Schönes über die neue Kontur der Stadt sagen, über den Fortschritt in der Wahlrechtsbewegung der Frauen einige Worte verlieren, ein paar historischer Denkmäler vergießen und mich für die Zukunft des Automobils begeistern.

Tatsächlich war eine auffällige Veränderung scheinbar der Aufmerksamkeit der eingeborenen Beobachter entgangen. Die Erbauung des Panamakanals und die überraschende Entwicklung der Küste des Stillen Ozeans hatten eine neue Form amerikanischer Pionierarbeit geschaffen; die Industrie war bis zu einem Punkt gediehen, der gebieterisch nach fremden Absatzgebieten verlangte. Ihre Finanzmänner, die früher in London, Paris und Amsterdam Geld entlehnten, fanden sich plötzlich in der Rolle des Geldgebers. Die ländliche Republik Jeffersons wich rasch dem Reiche der Rockefeller – aber die Auflassung des Durchschnittsamerikaners hatte die neue Ordnung der Dinge noch nicht völlig erfaßt, und ein Großteil der Nation dachte noch in Begriffen des 19. Jahrhunderts.

Bei diesem zweiten Besuch, während ich riesenhafte Fabrikanlagen durchschritt oder den Erklärungen über irgendeine besondere Maschine lauschte, rief sich oft mein Geist den unheilkündenden Bericht zurück, den mein Bruder Sergej kürzlich eingesendet hatte, als er in Wien Gelegenheit fand, die fieberhafte Tätigkeit der Munitionswerke Mitteleuropas gründlich kennenzulernen.

Der Unterschied zwischen Amerika und Europa stand in deutlicher Bitterkeit vor mir!

Der Spätherbst des Jahres 1913 fand mich wieder in St. Petersburg, beredt über das Thema eines nahenden europäischen Krieges.

„Sind Sie imstande, den Zeitpunkt des Ausbruchs genau vorherzusagen?" fragten sehr kluge und besonders spottlustige Leute.

„Ja, das kann ich. Nicht später als 1915."

„Oh, wie entsetzlich!"

Der Winter 1913-1914 kam, meine letzte „gesellschaftliche Saison" in St. Petersburg. Die Dreihundertjahrfeier des Hauses Romanow, die im Frühling stattgefunden hatte, bildete das hauptsächlichste Gesprächsthema. Alles ging gut und in schönster Ordnung. Die Regierung rühmte sich, die Dinge glatter laufen zu machen, als dies je seit den Tagen Alexanders III. der Fall gewesen war.

Meine Tochter Irene vermählte sich im Februar mit Fürst Felix Jussupow. Die Neuvermählten unternahmen eine Hochzeitsreise nach Italien und Ägypten und verabredeten eine Zusammenkunft mit uns für den Juni in London.

Sechzehntes Kapitel

AM VORABEND

I

Ein Fremder, der im letzten Jahr der Selbstbetäubung vor dem Selbstmord, den Europa am 1. August 1914 beging, St. Petersburg besuchte, fühlte wohl ein unwiderstehliches Verlangen, sich dauernd in der glänzenden Hauptstadt niederzulassen, die die klassische Schönheit ihrer pfeilgeraden Straßen mit einem leidenschaftlichen Unterton von Leben verband, international in ihren Neigungen, aber durchaus russisch in ihrer Sorglosigkeit. Der farbige Mixer im Hotel d'Europe stammte aus Kentucky; die Schauspielerinnen des Théâtre Michel plapperten ihre Rollen auf französisch; die mächtigen Säulen des Zarenpalasts zeugten vom Genie italienischer Baumeister; aber hohe Regierungsbeamte verbrachten drei bis vier Stunden an der Mittagstafel, und im Juni fanden die bleichen Strahlen der Mitternachtsonne in den schattigen Winkeln der öffentlichen Gärten langhaarige Studenten und rosenwangige Mädchen, die über den transzendentalen Wert der deutschen Philosophie eifrig diskutierten. Über die wahre

Nationalität dieser Stadt, die ihren Champagner immer nur in großen, niemals in kleinen Flaschen bestellte, war kein Irrtum möglich.

Und dann war Peter der Große da. Von der geschickten Hand Falconets in Bronze geformt, stand der Zar im Mittelpunkt des Senatsplatzes und betrachtete auf seinem sich bäumenden Rosse die strengen Häuservierecke der geradlinigen Straßen. Ihm war es gelungen, diese zauberhafte Stadt des Nordens auf dem trügerischen Grund der finnischen Sümpfe um den Preis von einhundertzwanzigtausend Menschenleben zu errichten, die um der Größe Rußlands willen dem Gelben Fieber geopfert worden waren, und ein herrisches Lächeln umspielte sein dämonisches Gesicht. Zweihundert Jahre waren vergangen seit dem Tage, da er, am Strande des Finnischen Meerbusens stehend, beim Anblick der elenden Fischerhütten beschloß, seine Hauptstadt aus dem asiatischen Moskau an die Grenze Westeuropas zu verlegen. Seine Hände zerrten kräftig an den Zügeln des Rosses, das am Rande des Abgrunds sich bäumte, und es war kein zufälliger Einfall des Künstlers, der diese eindrucksvolle Stellung geschaffen hatte: Peter rettete in der Tat Rußland vor dem Untergang in den Tiefen Asiens im Gefolge seiner einstigen mongolischen Beherrscher; er riß seine lässigen Untertanen aus der Falle des mittelalterlichen Aberglaubens und zwang sie durch reichliche Anwendung der Prügelstrafe zum Eintritt in die Kulturgemeinschaft der westlichen Völker.

Als begeisterter Schüler des grausamen 17. Jahrhunderts mag Peter der Große in der Wahl seiner Mittel nicht besonders umständlich gewesen sein. Er war vielleicht zu sehr davon überzeugt, daß Menschenleben, im Gegensatz zu Pfeffer, überall in genügender Menge wachsen, und er schonte niemand. Er tötete sogar den eigenen Sohn wegen eines Versuchs, den Gang des Fortschritts zu hindern. „Peter der Antichrist", so nannten ihn die entsetzten Zeitgenossen, aber hier, gerade zu Füßen des Denkmals, lag der umfangreichste Beweis seines Genies: das herrliche St. Petersburg, die Residenz der mächtigsten Herrscher der Welt. Er hatte wahrhaftig sein

Ziel erreicht, und die Größe seiner Leistung war nach Ablauf zweier Jahrhunderte womöglich noch überzeugender geworden. Es war die Aufgabe der Romanow von heute, die sich anschickten, die Dreihundertjahrfeier der Regierung ihrer Familie zu begehen, die Bestrebungen ihres übermenschlichen Ahnen fortzusetzen.

Ein empfänglicher Fremder, der St. Petersburg im Jahre des Heils 1913 besuchte, hätte sicherlich die beunruhigende Rastlosigkeit verspürt, die von dem Standbild auf dem Senatsplatz aus auf alle Menschen überging, die fähig waren, die Tumulte der Zukunft vorauszuhören. Er hätte wohl auch wahrgenommen, wie die fünfzehnhunderttausend Bewohner der russischen Hauptstadt, Männer wie Frauen, von einer Sensation zur anderen lebten, während ein Bronzestandbild über der häßlichen Fratze eines drohenden Morgen, gespiegelt in der schimmernden Oberfläche des schönen Heute, brütete.

2

Alles war schön. Alles kündete eine kaiserliche Residenz. Die goldene Nadel des Admiralitätsgebäudes war auf Meilen in die Runde sichtbar; die mächtigen Fenster der großfürstlichen Paläste flammten im Licht der untergehenden Sonne; der Hufschlag der Traber erweckte das Echo auf dem Holzpflaster der breiten Straßen; die blau-gelben Gardekürassiere, die nachmittags dahinschlenderten, blickten in die seltsam geformten Augen eleganter Damen, deren Blick durch dünne Spitzenschleier drang; wohlerzogene Lakaien saßen auf den kostbaren Karossen hinten auf oder warteten vor den Kaufläden, deren Schaufenster mit Reihen von rosigen Perlen und grünen Smaragden angefüllt waren; die ziegelroten Schornsteine riesiger Fabriken ragten an einem spiegelnden, von zahllosen Brücken überspannten Fluß auf; und die menschlichen Schwäne des kaiserlichen Balletts glitten allnächtlich unter Begleitung des besten Orchesters der Welt dahin.

Das erste Jahrzehnt des 20. Jahrhunderts, voller Schrecken und Attentate, hatte die Nerven der Nation auf die Folter gespannt. Die Menschen jeder Lebensstellung begrüßten die Ankunft einer neuen, unter dem Zeichen ruhiger Vernunft stehenden Zeit. Die 1905 bis 1907 besiegten Führer der Revolution kehrten in die Sicherheit kleiner Pariser Kaffeehäuser zurück, wo sie die nächsten zehn Jahre blieben, die Entwicklung der Dinge im fernen Rußland beobachteten und philosophisch die Worte des großen Kriegsmannes wiederholten: „Il faut reculer pour mieux sauter."

Mittlerweile stürzten sich Freunde wie Feinde der Revolution Hals über Kopf in verschiedene gewinnbringende Unternehmungen. Das ländliche Rußland von gestern, das gewohnt war, seine bescheidene Anzahl Rubel aus dem Staatsschatze zu entlehnen, dessen Noten auf gesundem Wertbesitz basierten, sah mit angenehmer Überraschung das plötzliche Auftauchen mächtiger Privatbanken. Die Hauptakteure der St. Petersburger Börse erkannten den bedeutsamen Wechsel der Volksstimmung, und die Order, zu kaufen, wurde auf der ganzen Linie weitergegeben.

Zu Beginn des Jahres 1913 erhielten die Besitzer verschiedener Mühlen, Fabriken, Werksanlagen und Gruben den Besuch beredsamer Herren, die mit imponierendem St.-Petersburger Akzent sprachen und eine verschwenderische Freigiebigkeit entfalteten.

„Warum", so fragten diese eleganten Verführer, wobei sie die Empfehlungsbriefe eines bekannten Bankhauses ihrem schüchternen Gastgeber unter die Nase hielten, „warum sollte das Leben eines Ehrenmannes in endloser Arbeit verstreichen? Die Tatsache, daß unsre Väter und Großväter geschuftet und im Schweiße ihres Angesichts gearbeitet haben, will nicht besagen, daß wir im Zeitalter neuer Arbeitsmethoden ihrem Beispiel folgen müssen. Nehmen Sie zum Beispiel Ihre Fabrik! Sie machen Zigaretten und vertreiben Sie auf dieselbe altmodische Art, wie dies Ihre Ahnen taten. Das nennen wir – schlechten Geschäftsgeist! Wieviel Geld können Sie dabei höchstens verdienen? Zweihunderttausend Rubel jährlich? Ist das alles? Wenn man so hart arbeitet wie Sie? Wie schade! Nun, nehmen Sie an, wir würden Ihnen diese selben zweihunderttausend Rubel jährlich zusichern und Ihnen alle gegenwärtige Mühe abnehmen. In der Tat, wir sind bereit, Sie um einen Betrag von vier Millionen Rubel, zahlbar in fünfprozentigen langfristigen Obligationen, die von der neuen Gesellschaft auszugeben wären und auf Ihre eigene Fabrik lauten, völlig auszukaufen. So werden Sie Ihre zweihunderttausend Rubel jährlich haben und obendrein volle Handlungsfreiheit. Kann ein Vorschlag anständiger sein? Ja, es wird natürlich eine Gesellschaft gegründet und Aktien ausgegeben werden, denn wir beabsichtigen, der Öffentlichkeit einen Anteil am Bodenertrag Rußlands zukommen zu lassen."

Dies war der Beginn des berühmten russischen Tabaktrusts, eines der größten finanziellen Zusammenschlüsse der Epoche in Europa, eines der größten, obgleich eines im Handumdrehen geschaffenen. Eisen, Kohle, Baumwolle, Stahl und Kupfer wurden durch dieselbe Gruppe von St. Petersburger Bankleuten monopolisiert. Die früheren Besitzer der einzelnen Betriebe zogen nach der Hauptstadt, um ihren neugewonnenen Reichtum in Freiheit zu genießen. Der „Chef", der jeden einzelnen Arbeiter beim Vornamen kannte, wurde durch einen sachkundigen Fachmann aus dem Norden ersetzt. Das patriarchalische Rußland, das dem Ansturm der Revolution von 1905 dank der Lehenstreue der kleinen Besitzer widerstanden hatte, machte einem aus dem Auslande übernommenen und dem nationalen Charakter unangemessenen System Platz.

Diese rasch fortschreitende „Vertrustung" des Landes, die der tatsächlichen industriellen Entwicklung weit vorauseilte, verursachte eine wahrhaft fieberhafte Spekulation in Aktien. Im Laufe der Volkszählung in St. Petersburg im Frühling 1913 zählte man ungefähr vierzigtausend Personen beiderlei Geschlechtes als „Börsenspekulanten".

Advokaten, Ärzte, Schullehrer, Zeitungsschreiber und Ingenieure waren verdrossen durch die Öde ihres Berufs. Es schien kläglich, weiter noch um Pfennige zu schuften, wenn es eine glänzende Gelegenheit gab, fünfzigtausend schweißlose Rubel einfach durch den Deckungskauf einiger hundert

Aktien der „Nikopol-Mariopolsker Metallurgischen" zu gewinnen.

Die tonangebenden Mitglieder der Gesellschaft nahmen Börsenmakler in ihre Besuchsliste auf. Die adeligen Offiziere der kaiserlichen Garde begannen, wenngleich sie unfähig waren, Aktien von Obligationen zu unterscheiden, über das bevorstehende Steigen des Preises „Vereinigter Stahl" zu diskutieren. Elegante Gesellschaftsmenschen verblüfften ahnungslose Buchhändler, indem sie die Zusendung aller erhältlichen Handbücher über die Geheimnisse der Hochfinanz und über die Kunst des Lesens der Jahresberichte von Aktiengesellschaften verlangten. Damen der Gesellschaft gewöhnten sich daran, in ihren Einladungen die Anwesenheit eines „bewundernswerten Genies" aus Odessa zu versprechen, dem ein unglaublicher Coup in Tabak gelungen war.

Die fromme Geistlichkeit abonnierte die Finanzzeitungen, und die samtgepolsterten Karossen der Erzbischöfe wurden häufig in der Nähe der Börse gesehen.

Die Provinz beteiligte sich an der Spielleidenschaft der Hauptstadt, und zur Herbstzeit 1913 schien das Rußland müßiger Gutsherren und unterernährter Bauern bereit für einen Weitsprung über die Hindernisse der Wirtschaftsgesetze in das Gebiet seiner eigenen Wall Street.

Die Zukunft des Zarenreiches hing vom Kaliber der geheimnisvollen neuen Männer ab, die seine finanziellen Geschicke lenkten. Ein Morgan, ein Baker, ein Schwab hätten erkannt, daß dauernde Resultate nicht eher erzielt werden konnten, als bis das allgemeine Analphabetentum der Bauern besiegt und eine merkbare Besserung in den fürchterlichen Existenzbedingungen der Arbeiterklasse geschaffen wäre. Aber die kurzsichtigen russischen Spekulanten von 1913 kümmerten sich wenig um die spätere Zukunft. Sie hofften ihren Gewinn einzuheimsen, lange bevor der Blitz ins Haus einschlüge.

3

Der Neffe eines Kardinals, ein russischer Bauer und ein internationaler Bankier erhoben am Vorabend des Krieges Anspruch auf den Besitz Rußlands. Kein Diktator genoß je eine ähnliche Machtstellung. Kein kaiserlicher Minister hätte es je gewagt, zu so rücksichtslosen Mitteln zu greifen.

Jaroschinski, Batolin, Putilow – diese drei Namen waren in jedermanns Mund.

„Die drei Unheiligen des Reichs."

„Die großen Drei von St. Petersburg."

„Die drei apokalyptischen Reiter."

Das Recht, einen passenden theatralischen Spitznamen für diesen Dreibund zu wählen, blieb dem Volk überlassen, die Macht aber gehörte den drei Herren, denn ihr Besitz umfaßte Banken, öffentliche Wohlfahrtseinrichtungen, Goldminen, Eisen- und Stahlwerke, Fabriken, Pflanzungen, Mühlen, Eisenbahnen, Ackerland, Zuckerfabriken, Holzfällereien, Dampfschiffahrtsgesellschaften, Bürohäuser, Hotels, Badeorte, Zeitungen, Zeitschriften und Nachrichtenbüros.

Sohn eines im Jahre 1861 freigelassenen Leibeigenen, begann Batolin seine Karriere als Laufbursche in einer Getreidehandlung. Er war so arm, daß er Fleisch zum erstenmal mit neun Jahren zu kosten bekam.

Putilow gehörte einer wohlhabenden St. Petersburger Familie an. Er hatte eine vorzügliche Erziehung genossen und einen beträchtlichen Teil seines Lebens im Ausland verbracht. Er fühlte sich auf der Place de la Bourse und in der Lombard Street ganz wie zu Hause.

Die Anfänge Jaroschinskis waren in Dunkel gehüllt. Niemand wußte genau, welcher Nation er angehörte. Er sprach polnisch, aber man sagte, sein Onkel sei ein italienischer Kardinal und bekleide einen wichtigen Posten im Vatikan. Nach St. Petersburg kam er schon im Besitz eines bedeutenden, irgendwo in Südrußland im Zuckerhandel errafften Vermögens.

Bei aller Ähnlichkeit ihrer Methode gaben diese drei „Herrscher" durch ihre im wesentlichen so verschiedenen Lebensgeschichten einer ohnedies schon mit Spannung geladenen Epoche einen geradezu phantastischen Zug. Sie verfolgten ein System, das in Rußland mit dem Ausdruck „amerikanisch" bezeichnet wurde, dem man aber in den Finanzkreisen der Vereinigten Staaten einen anderen Namen gegeben hätte. Sie vollbrachten keine Wunder. Sie offenbarten keine außergewöhnliche Begabung. Die Anhäufung ihres Vermögens war durch die außergewöhnliche Milde der russischen Bankgesetze ermöglicht, die sogar den Direktoren der Sparkassen gestattete, ganz eigenmächtig die Wahl der Wertpapiere zu treffen, die mit den Spargeldern der Einleger erworben wurden.

Sie machten es zu ihrer Spezialität, die Herrschaft in der Leitung der Banken mit nicht mehr als fünfzehn Prozent des Aktienkapitals zu gewinnen, denn die ungemein großen Entfernungen im Lande hielten die Kleinaktionäre vom Besuch der Jahresversammlungen ab, und in echt russischer Nachlässigkeit vergaßen sie in der Regel, Bevollmächtigte zu bestellen.

Hatten sie einmal in einer Bank festen Fuß gefaßt, so wählten sie ihren eigenen Verwaltungsrat und brachten den Antrag durch, daß ein verfügbarer Überschuß zur Erlangung der Herrschaft über eine andere Bank zu verwenden sei. Dieser Vorgang wiederholte sich mehrere Male. Zusammenlegungen geschahen in rascher Folge. Nach kurzer Zeit war tatsächlich die Herrschaft über den Großteil des russischen Kapitals in die Hände dieser drei Personen übergegangen. Die Folgen kann man sich leicht vorstellen. Ein Fabrikbesitzer, der sich weigerte, seinen Betrieb an den „Trust" zu veräußern, lief Gefahr, eine Herabsetzung seines Kredits zu erleben. Freier Wettbewerb im Handel gehörte der Vergangenheit an. Die Arbeitslöhne schwankten, je nach dem Stande der Börse. Sobald ein Rechenschaftsbericht über erhöhte Einnahmen für das Steigen eines Papiers nötig war, verminderte man die Arbeitslöhne in der betreffenden Industrie.

Der Finanzminister stand abseits und beobachtete die Tätigkeit dieses selbstherrlichen Triumvirats mit einer Art sympathisierender Bewunderung. Gespräche über solche Riesensummen verdrehten ihm den Kopf, er betrachtete seinen eigenen Ministerposten nur als eine Vorstufe zur Stelle eines Bankpräsidenten.

Die radikalen Tagesblätter, die unermüdlich in ihren Angriffen auf die Regierung fortfuhren, beobachteten völliges Stillschweigen über die Truste – und das war ganz natürlich, wenn man bedenkt, daß vier der einflußreichsten Blätter St. Petersburgs und Moskaus Batolin gehörten.

In den Plänen der Gruppe neuer Multimillionäre muß wohl auch ein Kokettieren mit der Opposition vorgesehen gewesen sein, denn der wohlbekannte russische Romanschriftsteller und spätere Vizepräsident des Leningrader Sowjet, Maxim Gorki, erhielt im Wege der Sibirischen Bank einige Millionen Rubel, um in St. Petersburg eine Tageszeitung „Neues Leben" und eine Monatsschrift „Die Annalen" herauszugeben. Beide Blätter zählten Lenin unter ihre eifrigsten Mitarbeiter und befürworteten offen den Umsturz der bestehenden Regierung. Die berühmte „Schule für revolutionäre Agitatoren", die Gorki auf der Insel Capri in Italien geschaffen hatte, wurde durch eine Reihe von Jahren von Morozow – dem anerkannten König der Moskauer Textilindustriellen – unterstützt und zählte Josef Stalin, das derzeitige Haupt der Sowjetregierung, unter ihre erfolgreichsten Schüler. Leonid Krassin, der in den Jahren 1921 bis 1924 in London Gesandter der Sowjets war, betätigte sich im Jahre 1913 als geschäftsführender Direktor in einem der großen Putilow-Werke in St. Petersburg; auf die überschwengliche Empfehlung von seiten eines Vorgesetzten hin wurde er zum Mitglied des Verbandes der Kriegsindustrien ernannt.

Nichts scheint seltsamer als dieses Bestreben der Truste, die Flamme der Revolution brennend zu erhalten. Erst weigerte sich die Regierung, den Meldungen der Geheimpolizei Glauben zu schenken, aber gegen Tatsachen konnte man sich nicht verschließen. Eine Haussuchung bei Nikolaus Paramonow, einem der reichsten Männer Rußlands, brachte Dokumente zum Vorschein, aus denen seine Zugehörigkeit zu der Gruppe Milliardäre hervorging, die den Druck und die Verbreitung bolschewistischer Flugschriften im ganzen Lande finanzierten. Paramonow wurde angeklagt und zu zwei Jahren Gefängnis verurteilt. Das Urteil wurde jedoch außer Kraft gesetzt in Anerkennung einer großen Summe, die er zur Errichtung eines Monumentes anläßlich der Dreihundertjahrfeier des Hauses Romanow zeichnete. Von den Bolschewiken zu den Romanow – im Laufe eines einzigen Jahres!

„Der Wunsch, sich und ihre Interessen gegen alle möglichen politischen Umstürze zu sichern, kennzeichnet die Handlungsweise unsrer Kapitalisten." So berichtete der Polizei-Vizepräsident, den man zur Untersuchung des Falles Morozow (des reichen Freundes Lenins) nach Moskau entsendet hatte. „So sicher fühlen sie sich ihrer Fähigkeit, die Revolutionäre als ihre Werkzeuge in einem fast kindisch anmutenden Streite mit der Regierung ausnützen zu können, daß Morozow es ratsam findet, Geld zur Veröffentlichung von Lenins Zeitschrift ‚Der Funke' zur Verfügung zu stellen, die in der Schweiz gedruckt und im doppelten Boden von Reisekoffern nach Rußland gebracht wird. Und jedes Heft des ‚Funken', ohne Ausnahme, predigt Streiks in Morozows Textilfabriken! Morozow sagt seinen Freunden, er sei reich genug, um sich den Luxus der Unterstützung seiner Feinde zu gestatten."

Kurz vor dem Kriege beging Morozow Selbstmord, und es blieb ihm erspart, seinen Besitz enteignet und seine Erben auf Befehl Lenins und der ehemaligen Schüler seiner eigenen Agitatorenschule von der Insel Capri ins Gefängnis geworfen zu sehen.

Batolin, Jaroschinski, Putilow, Paramonow und die übrigen „voraussehenden" Millionäre entgingen den Feuerpelotons der Sowjets, indem sie aus Rußland flüchteten.

4

Die Überspanntheit der Finanzleute war zum großen Teil auf die offenkundige Verrücktheit der Epoche zurückzuführen.

Alle drohenden Anzeichen des Krieges blieben unbeachtet. Alle Warnungen unseres militärischen Nachrichtendienstes im Ausland wurden lächerlich gemacht und mit einem Achselzucken abgetan.

Nach seiner Rückkehr aus Österreich im Herbst 1913 verständigte mein Bruder, Großfürst Sergej Michailowitsch, die Regierung von der fieberhaften Tätigkeit in den Munitionsfabriken der Zentralmächte. Die Minister lachten. Der Gedanke, daß ein Großfürst vernünftige Ratschläge geben könnte, schien Lästerung. Man war stets gewohnt gewesen, einem Großfürsten die Rolle eines verherrlichten Taugenichts einzuräumen.

Der Kriegsminister berief den Herausgeber eines viel gelesenen Abendblattes und diktierte ihm einen Artikel voll schlecht verhüllter Drohungen gegen Deutschland unter dem Titel „Wir sind bereit".

Zu jenem Zeitpunkt fehlte es uns nicht nur an Kanonen und Gewehren, sondern auch unser Vorrat an Schuhen und Mänteln hätte nicht ausgereicht, auch nur einen Teil der Millionen zu kleiden, die im Falle eines Krieges zu mobilisieren waren.

An dem Abend, als diese unverantwortliche Herausforderung erschien, speiste der Unterstaatssekretär für Finanzen in einem bekannten, von der guten Gesellschaft und den Reichen viel besuchten St.-Petersburger Restaurant.

„Was wird nun geschehen? Was wird die Börse morgen sagen?" fragte ihn ein hervorragender Zeitungsschreiber.

„Die Börse?" Der kluge Staatsmann lachte geringschätzig. „Ach, mein lieber Freund, Blut bringt die Börse immer zum Steigen."

Die Börse stieg am nächsten Tag, und der Zwischenfall wurde von jedermann vergessen, vielleicht mit Ausnahme des deutschen Gesandten.

Die restlichen dreihundert Tage des Friedens waren von Kartenspiel, von sensationellen Verbrechen und von einer recht bezeichnenden Selbstmordepidemie ausgefüllt.

In jenem Jahre tanzte man den Tango. Das schmachtende Zeitmaß dieser fremdländischen Musik ertönte von einem Ende Rußlands zum andern. Die Zigeuner lärmten, Gläser klangen, und die rotgekleideten rumänischen Geiger hypnotisierten trunkene Männer und Frauen zu kühnen Versuchen, die Tiefen des Lasters zu ergründen. Hysterie führte die Oberherrschaft.

Um fünf Uhr morgens – die endlose Winternacht starrte noch durch die hohen frostbedeckten Glastüren – bewegte sich ein junger Mann trunkenen Schritts über das glatte Tanzparkett des Moskauer Nachtklubs „Yar" und blieb vor einem Tisch stehen, an dem eine schöne Frau in Gesellschaft mehrerer älterer Herren saß.

„Höre", rief der junge Mann, sich an eine Säule lehnend, „ich dulde das nicht! Du hast zu so später Nachtstunde an einem solchen Ort nichts mehr zu suchen!"

Die Frau lachte spöttisch. Sie waren seit acht Monaten geschieden. Sie sah nicht ein, warum sie seinen Befehlen gehorchen sollte.

„So ist es also", sagte der junge Mann etwas ruhiger und feuerte sechsmal auf sie durch die Tasche seines Smokings.

Es begann der berüchtigte „Fall Prasolow".

Die Verhandlung dauerte achtundzwanzig Tage.

Die Geschworenen sprachen Prasolow frei, da sie besonderen Gefallen an dem von der Verteidigung angewandten Goethe-Zitat fanden: „Ich habe nie von einem Verbrechen, und sei es noch so grauenhaft, gehört, das ich nicht selber hätte begehen können."

Der Staatsanwalt berief und verlangte Verlegung des Gerichtsortes. „Die Bevölkerung von Moskau", so erklärte er vor dem Obersten Gerichtshof, „ist bei einem Geisteszustand angelangt, wo sie den Wert des Menschenlebens nicht mehr versteht. Ich möchte daher die Herren ersuchen, die Verhandlung in die Provinz zu verlegen."

Die zweite Verhandlung fand in einer kleinen Stadt im Nordosten Rußlands statt. Sie dauerte vier Wochen, und Prasolow wurde wieder freigesprochen.

Diesmal drohte der Staatsanwalt, eine Pilgerfahrt zum Grabe Frau Prasolows zu unternehmen, um ihr zu sagen, daß Rußland sich weigerte, die Ehre einer Frau zu verteidigen.

Wäre der Krieg nicht gewesen, so hätte das Volk noch einmal die widerlichen Einzelheiten des Falles Prasolow vorgesetzt bekommen, und die überaus redseligen Zeugen hätten zum drittenmal die unglaublichen Erzählungen über widerliche Orgien der Millionärgesellschaft Moskaus zum besten gegeben.

Jede nur denkbare Abart des Lasters wurde in beiden Prozessen vor den Richtern zur Schau gestellt und durch die Zeitungen zur Erbauung der Jugend Rußlands überall bekanntgemacht.

Das Leben des Mörders und seines Opfers wurde genau dargelegt, von dem Augenblick, als sie sich in den Räumen einer „Selbstmörderklub" genannten Vereinigung zum erstenmal trafen, bis zu ihrer Hochzeitsfeier in der Villa „Schwarzer Schwan", die ein bekannter sensationslüsterner Millionär hatte erbauen lassen.

Die Liste der Zeugen las sich wie eine Seite aus der Gesellschaftsliste Moskaus. Ihre Taten genügten, um eine Reihe neuer Anklagen in Aussicht zu stellen. Zwei von ihnen begingen Selbstmord, während sie auf ihre Einvernahme warteten. Viele andere begaben sich eiligst ins Ausland, auf die Gefahr hin, daß ein Auslieferungsbegehren gestellt werde.

St. Petersburg wollte natürlich nicht von Moskau „übersündigt" werden, und noch während der Fall Prasolow in Verhandlung stand, töteten und beraubten zwei adelige Studenten einer der exklusivsten Erziehungsanstalten Rußlands eine bekannte Schauspielerin. Bald von der Polizei festgenommen, gestanden sie das Verbrechen und erklärten seine Beweggründe. Tags zuvor hatten sie Einladungen zu einem Champagnersouper ausgeschickt, das in einem der elegantesten Restaurants stattfinden sollte. Sie brauchten Geld. Sie wendeten sich an ihre Eltern und wurden abgewiesen. Sie wußten, daß die Schauspielerin wertvollen Schmuck besaß, und begaben sich, mit Küchenmessern bewaffnet, in ihre Wohnung.

„Ein rechter Gentleman", bemerkte ein sarkastischer Zeitungsschreiber, „muß seinen gesellschaftlichen Verpflichtungen um jeden Preis nachkommen."

Der Totenbeschauer, die Detektive und die Versicherungsgesellschaften hatten dem Anprall der nächsten Sensation dieses ereignisreichen Jahres standzuhalten.

Ein verstümmelter Körper wurde in einem Miethause im Mittelpunkt der Hauptstadt gefunden. Ein Paß und einige andere Personaldokumente des vermögenden Ingenieurs Gilewitsch lagen etwas gar zu offensichtlich auf dem Tisch, als daß erfahrene Detektive nicht Verdacht geschöpft hätten. Aber ein überlebender Anverwandter zerstreute ihre Zweifel. Er erkannte seinen Bruder sofort an „einem Muttermal an der rechten Schulter". Ein Monat verstrich. Die Versicherungsgesellschaften – Ingenieur Gilewitsch unterhielt vier verschiedene Policen im Gesamtwerte von dreihunderttausend Rubel – sandten dem Begünstigten ihre Schecks ein und wiesen ihre Vertreter an, die Untersuchung einzustellen. Die Verbrecher glaubten das Spiel gewonnen zu haben. Ingenieur Gilewitsch war es müde, sich in Paris verborgen zu halten, er beschloß, Monte Carlo aufzusuchen. Das Glück der Roulette war ihm nicht gewogen. Er schickte eine Depesche an seinen Bruder und ersuchte ihn um Überweisung einer Geldsumme. Der Angestellte der St.-Petersburger Bank, ein eifriger Zeitungsleser, hätte gerne die Identität der Persönlichkeit in Monte Carlo festgestellt, die von dem leidtragenden Bruder des berühmten Gilewitsch fünftausend Rubel erhalten sollte. Er verständigte die Behörden. Eine Anzahl Lichtbilder und eine genaue Personenbeschreibung des „ermordeten" bärtigen Ingenieurs wurden an die Pariser Polizei geschickt, und der Spieler von Monte Carlo, wenngleich er jetzt sorgfältig rasiert war, konnte ihr scharfes Auge nicht täuschen. Gerade als er die Bank verlassen wollte, legte sich eine feste Hand auf seine Schulter. Mit einem Blick übersah Gilewitsch die Situation. Er verschluckte eine Pille, die er in der Westentasche mit sich trug, und fiel tot in die Arme der französischen Detektive.

5

Zukünftige Geschichtsschreiber werden berechtigt sein, eine Abhandlung über den Einfluß sensationeller Verbrechen auf die Abstumpfung der Gemüter der Europäer am Vorabend des Weltkrieges zu schreiben.

Während Soldaten schon die Mobilisierungsbefehle in den Straßen von Paris anschlugen, fuhr die sensationslustige Menge noch fort, den Gang des Prozesses gegen Frau Henriette Caillaux, die Frau des ehemaligen französischen Ministerpräsidenten, zu verfolgen, die den Herausgeber der Zeitung „Figaro", Gaston Calmette, erschossen hatte, während sie ihn der versuchten Erpressung an ihrem Gatten beschuldigte. Bis zum 28. Juli 1914 stellten die europäischen Tageszeitungen den „Fall Caillaux" gegenüber dem österreichischen Ultimatum an Serbien bedeutend in den Vordergrund.

Als ich auf meinem Heimweg von London nach Rußland durch Paris kam, wollte ich den eignen Ohren nicht glauben. Gewichtige Staatsmänner und verantwortliche Diplomaten standen in bewegten Gruppen und stritten darüber, ob „sie" verurteilt oder freigesprochen würde.

„Wer ist sie?" fragte ich ganz unschuldig. „Meinen Sie damit das bevorstehende Erscheinen der Österreichisch-Ungarischen Monarchie vor dem Schiedsgericht im Haag?"

Man glaubte, ich beabsichtigte, witzig zu sein. Natürlich meinte man Henriette Caillaux.

„Warum sind Eure Kaiserliche Hoheit so sehr in Eile, nach St. Petersburg zurückzukehren?" fragte mich Iswolski, unser Botschafter in Frankreich. „Welche Anziehungskraft übt die tote Sommersaison ..."

Der Krieg? Er winkte ab. Niemals, niemals. Es war eben

„eins von den Dingen", die Europa von Zeit zu Zeit heimsuchten. Österreich wird noch ein wenig drohen, St. Petersburg wird sich aufregen. Kaiser Wilhelm wird die Zähne zeigen. Und bis Mitte des kommenden Monats wird alles vergessen sein.

Nun hatte Herr Iswolski dreißig Jahre im diplomatischen Dienst Rußlands zugebracht. Eine Zeitlang war er Minister des Auswärtigen gewesen. Es schien anmaßend, sich mit diesem erfahrenen Manne in einen Meinungsstreit einzulassen. Ich entschloß mich, dies eine Mal anmaßend zu sein, und reiste nach St. Petersburg ab.

Mir gefiel die Häufung von Zufällen nicht, die den Juli des Jahres 1914 auszeichnete.

Kaiser Wilhelm hatte sich „zufällig" am Vorabend der Überreichung des österreichischen Ultimatums an Serbien auf eine Kreuzerfahrt begeben.

Der französische Präsident war „zufällig" zu Besuch in St. Petersburg.

Winston Churchill, damals Erster Lord der englischen Admiralität, hatte „zufällig" die Verfügung getroffen, daß die englische Flotte nach Beendigung der Sommermanöver auf vollem Kriegsstand bleiben solle.

Der serbische Außenminister zeigte „zufällig" dem französischen Gesandten Berthelot den Text des österreichischen Ultimatums, und dieser entwarf „zufällig" eine Antwort darauf, so daß die serbische Regierung der Notwendigkeit enthoben war, selber nachdenken zu müssen.

Die Arbeiter in den Munitionsfabriken in St. Petersburg erklärten „zufällig" eine Woche vor Beginn der Mobilisierung einen Streik, und mehrere mit stark deutschem Akzent sprechende Aufwiegler wurden „zufällig" bei ihren Versammlungen festgenommen.

Der Vorsitzende des Generalstabs hatte „zufällig" den Mobilisierungsbefehl so rasch herausgegeben, daß er ungemein bedauerte, aber außerstande war, noch irgend etwas zu tun, als ihm der Zar einige Stunden später telephonisch den Gegenbefehl erteilte.

Das Schlimmste von allem aber war, daß der gesunde Menschenverstand bei allen Nationen „zufällig" auf Urlaub gegangen schien.

Als Einzelwesen verlangte keiner der Hunderte von Millionen Europäer den Krieg; in ihrer Gesamtheit jedoch hätten sie den gemordet, der es gewagt hätte, zur Mäßigung zu mahnen. Man hat Jaures in Paris getötet, man hat Liebknecht in Berlin eingekerkert, weil sie versuchten, die Greuel eines Krieges zu schildern.

Deutsche und Franzosen, Engländer und Österreicher, Russen und Belgier, alle folgten sie derselben Zerstörungswut, die sich in den Verbrechen, den Selbstmorden und Orgien des vergangenen Jahres offenbart hatte und ihren folgerichtigen Höhepunkt am 1. August 1914 erreichte.

Margot Asquith, die Gattin des damaligen Premierministers Englands, erinnert sich in ihren Memoiren an die „glänzenden Augen" und das „strahlende Lächeln" Winston Churchills, als er in dieser Schicksalsnacht die Downing Street entlang schritt.

„Was gibt es, Winston", fragte ihn der Premierminister. „Gibt es Frieden?"

„Nein, es gibt Krieg", antwortete Churchill.

Zur selben Stunde und Minute beglückwünschten einander deutsche Offiziere Unter den Linden in Berlin zu der glänzenden Gelegenheit, Moltkes Plan zur Ausführung zu bringen, und derselbe Herr Iswolski, der nur drei Tage vorher prophezeit hatte, daß am Fünfzehnten des nächsten Monats alles wieder in Ordnung sein werde, sagte nun triumphierend beim Verlassen des Auswärtigen Amtes in Paris: „C'est ma guerre!"

Kaiser Wilhelm, in einer zu Berlin gehaltenen Rede, und Zar Nikolaus II., bei einer Ansprache an das Volk von St. Petersburg, bedienten sich der gleichen Wendung, um ihre Gefühle zum Ausdruck zu bringen. Beide beschworen sie ihren Gott, die Verursacher des kommenden Bruderkriegs zu bestrafen.

Beide waren im Recht, keiner im Unrecht. An diesem Tage

hätte man in keinem Lande, vom Golf von Biskaya bis zum Stillen Ozean, einen vernünftigen Menschen gefunden.

Auf meiner Rückreise nach Rußland sah ich den Selbstmord eines ganzen Weltteils!

Siebzehntes Kapitel

WELTKRIEG

I

Nicht unähnlich den aufgeregten Augenzeugen eines Mordes widersprechen einander die Geschichtschreiber des Monats Juli 1914 in Beweismaterial und Schlußfolgerungen. Engländer und Franzosen sprechen zuviel von der Bedeutung des deutschen Beschlusses, die Neutralität Belgiens zu verletzen, ein Detail, das für Ursache und Ausgang des Konfliktes völlig bedeutungslos ist. Die Deutschen offenbaren das Bestreben, die russische Geschichte im Geist der gegenwärtigen Unschuldsbeteuerungen der Wilhelmstraße umzuschreiben. Die Leser von Emil Ludwigs „Juli 1914" wären enttäuscht, wenn sie erführen, daß einige der russischen „Entdeckungen" ihres Lieblingsschriftstellers auf seiner Unfähigkeit beruhen, in seiner phantastischen Beschreibung des Kriegsrats in Zarskoje Selo zwischen zwei Brüdern Maklakow zu unterscheiden. Er bezeichnet den russischen Innenminister Nikolaus Maklakow als einen „kraftvollen Redner", einen „Löwen", einen „ehemaligen Anführer der Liberalen", der, nach seiner Ansicht, den Zaren gewissermaßen „gezwungen" habe, den Mobilisierungsbefehl zu unterzeichnen.

Nun hat Nikolaus Maklakow, ein Mann von ausgesprochen konservativen Neigungen und ein erbitterter Kriegsgegner, zufällig einen Bruder namens Wassili Maklakow, der, wenn auch kein „Löwe", doch ein kraftvoller Redner, ein hervorragender Anwalt und bis zum Augenblick des Ausbruchs der Revolution von 1917 ein Führer der Oppositionspartei war. Keiner der beiden Brüder übte den geringsten Einfluß auf die Entschließungen des Zaren aus: Nikolaus Maklakow wurde nie um seine Ansicht in militärischen Dingen befragt, und Wassili Maklakow hatte natürlich keinen Zutritt in den Palast. Die berühmte „Kriegsrede Maklakows", aus der Ludwig zitiert, gehört in das Reich reiner Phantasie, da der Autor zu bequem war, Namen und Daten zu kontrollieren.

Noch hat niemand eine unparteiische Geschichte der letzten Woche der Alten Welt geschrieben, und ich bezweifle, daß dies je geschehen wird. Die in meinem Besitz befindlichen Berichte, die ich teils vor, teils während des Krieges sammelte, führen mich dazu, nur drei Tatsachen als endgültig feststehend anzunehmen:

1. Der Konflikt hatte seinen Grund in der englisch-deutschen Rivalität um die wirtschaftliche Vorherrschaft auf der Welt und war durch die vereinigten Anstrengungen des militärischen Klüngels in Berlin, Wien, Paris, London und St. Petersburg verursacht. Wäre die Ermordung des Erzherzogs Franz Ferdinand nicht erfolgt, so hätten die internationalen Verfechter des Kriegsgedankens einen anderen Vorwand von ebenso abgrundtiefem Zynismus gewählt. Kaiser Wilhelm wünschte natürlich, es „hinter sich zu haben", ehe Rußlands Rüstungsprogramm im Jahre 1917 erfüllt gewesen wäre.

2. Nikolaus II. tat, was in seiner Macht stand, um den Ausbruch der Feindseligkeiten zu verhindern, doch fand er wenig oder keine Unterstützung für seine versöhnlichen Bemühungen bei seinen Beratern im russischen Auswärtigen Amt und im russischen Generalstab.

3. Bis Schlag Mitternacht des 31. Juli 1914 hätte die englische Regierung das Unheil noch abwenden können durch Kundgabe ihrer Bereitwilligkeit, auf seiten Frankreichs und Rußlands zu treten. Eine einfache diesbezügliche Erklärung Herbert Asquiths oder Sir Edward Greys hätte die kriegerischsten Junker in Berlin friedliebend gemacht. Das drei Tage später von der englischen Regierung vorgebrachte „belgische Alibi" ergänzte durch Berufung auf Menschlichkeit,

was ihm an kühler Logik mangelte! Die britische Regierung ging nicht aus heiliger Achtung vor der Unverletzlichkeit internationaler Verträge in den Krieg, sondern wegen ihrer bitteren Gefühle gegen Deutschland. Wäre in Herbert Asquith weniger von einem Rechtsanwalt und mehr von einem ausgesprochenen Menschenfreund gewesen, es wäre nie zur deutschen Kriegserklärung vom 1. August 1914 gekommen.

Alle anderen von den Geschichtsschreibern des Jahres 1914 ausgebeuteten „Wenn" sind bedeutungslose Vermutungen. Ebenso gut könnte man bis in das Jahr 1912 zurückgehen und sich fragen, was aus der Welt geworden wäre, wenn die Nationale Republikanische Partei in Chicago Roosevelt anstatt Taft nominiert hätte. Vielleicht hätten sich die Vereinigten Staaten am 8. Mai 1915 nach Versenkung der „Lusitania" den Verbündeten angeschlossen, wahrscheinlicher aber hätte Roosevelt lange vorher den amerikanischen Gesandten am Hof von St. James zurückgerufen, als Protest gegen die Behinderung der amerikanischen Handelsschiffahrt im Atlantischen Ozean.

2

Meine Schwiegermutter und meine Gattin verbrachten den Sommer des Jahres 1914 in London und wohnten in Marlborough House bei der Schwester der ersteren, der Königin-Witwe Alexandra von England. Sie sagten, es werde keinen Krieg geben, sie hätten es aus den verläßlichsten Quellen. Ich reiste allein am 26. Juli ab, nachdem ich dem Oberkommandierenden der Schwarzen-Meer-Flotte telegraphiert hatte, er solle mir einen Kreuzer in den rumänischen Hafen Constanza entgegenschicken.

Auf meiner Reise durch Österreich sah ich Scharen von Rekruten die Bahnhöfe stürmen, und man befahl mir, die Vorhänge meines Abteils zu schließen. Als wir in Wien ankamen, schien es zweifelhaft, ob dem Orient-Expreß die Weiterfahrt gestattet würde. Nach stundenlangem Warten und Unterhandeln beschloß man, uns bis zur rumänischen Grenze zu befördern. Von dort ging ich einige Meilen zu Fuß, bis ich den mir von der rumänischen Regierung zur Verfügung gestellten Extrazug erreichte. Als wir uns Constanza näherten, erkannte ich aus der Ferne den Mast meines ehemaligen Flaggschiffs „Almaz", ein Name, der unheilvoll im Jahre 1906, aber erfreulich im Juli 1914 klang.

„Sofort in See gehen, es ist kein Augenblick zu verlieren!" befahl ich dem Kapitän, und acht Stunden später landeten wir in der Krim, um Rußland von dem nervösen Enthusiasmus der allgemeinen Mobilisierung ergriffen zu finden.

Es war Krieg. „Diesmal ein volkstümlicher Krieg", sagten die Leute in der Kathedrale von Yalta, wo man mich ersuchte, nach dem feierlichen Tedeum eine kurze Ansprache zu halten. Das Wort machte starken Eindruck auf mich. „Warum ist dieser Krieg volkstümlich?" fragte ich mich, während ich den Gesprächen der Offiziere und Zivilpersonen lauschte. „Etwa weil Militärkapellen spielen und Zeitungen sich wie toll gebärden wegen des tapfern, kleinen Belgien? Was wissen diese Leute über die Mühsal, das Unheil und die jahrelangen Kämpfe, die uns in einem Krieg mit einem so mächtigen Gegner wie Deutschland bevorstehen? Seit wann haben unsre Dorfbewohner angefangen, die Deutschen zu hassen, ein Volk, für das sie allezeit Gefühle der Bewunderung und Achtung empfanden? Wie viele von ihnen wissen überhaupt, daß es ein Belgien gibt? Ist irgend jemand in Rußland bereit, sein Heim und seine Familie zu verlassen, damit Elsaß-Lothringen an Frankreich zurückgegeben werde? Wie kann unsre Regierung es der Nation gegenüber verantworten, daß wir Seite an Seite mit England, dem Erzfeind des russischen Reichs, kämpfen? Und womit sollen wir kämpfen, wenn unser Kriegsministerium keine Vorbereitungen für Anforderungen von diesem Ausmaß getroffen hat? Wie lange wird diese überraschende Begeisterung unsrer Intellektuellen dauern, die so plötzlich ihre friedensfreundliche Philosophie von gestern für die gegenwärtige idiotische Abneigung gegen alles Germanische, mit Einschluß von Wagneropern und Wiener Schnitzel, eintauschten?"

Die achtundvierzig Stunden Eisenbahnfahrt zwischen der

Krim und St. Petersburg dienten nicht dazu, meine Befürchtungen zu mildern. Das Rußland der Zeitungsleute, der Straßenredner und der gewinnsüchtigen Industriellen hallte von den lodernden Schlagworten eines übermäßigen Optimismus wider. Das Rußland der verlassenen Frauen und vaterlosen Kinder klagte all die Meilen meines Wegs entlang, denn der allgemeine Mobilisierungsbefehl hatte alle diensttauglichen Männer vom 21. bis zum 48. Lebensjahr betroffen. Medaillengeschmückte Offiziere, die in den großen Städten an meinen Zug kamen, meldeten einstimmig, daß dem Mobilisierungsbefehl „rasch und mit Begeisterung" nachgekommen werde. Die entsetzten Züge, das gelöste Haar, die rotgeweinten Augen, die achtundvierzig Stunden lang in die Fenster meines Salonwagens starrten, wurden in ihren Berichten nicht erwähnt. Ich dachte an den alten Bauernspruch: „Schon gut, der wundertätige heilige Nikolaus wird uns durchhelfen." Jetzt war es für den ehrwürdigen Heiligen an der Zeit, seine Zauberkraft zu beweisen.

Ich fand den Zaren eifrig bei der Arbeit; er tat, was er konnte, um sich des ihm am Tag der Kriegserklärung gewordenen allgemeinen Beifalls würdig zu erweisen. Nie in den ganzen zwanzig Jahren seiner glücklosen Regierung hatte Nicki so viele spontane Hochrufe vernommen. Die nationale Einigkeit, wenn sie auch spät kam, freute ihn ungemein. Er sprach einfach und bescheiden. Er gab mir gegenüber zu, daß er den Krieg hätte vermeiden können, wenn er in einen Verrat gegenüber Serbien und Frankreich eingewilligt hätte. Aber das lag nicht in seinem Charakter. So einseitig und verhängnisvoll das russisch-französische Bündnis war, Rußlands Unterschrift mußte eingelöst werden.

„Ich werde das Schwert nicht in die Scheide stecken, solange ein einziger Deutscher auf unsrem Boden weilt!" – Es schien fast Ironie, daß Nicki anläßlich eines Kriegs mit Deutschland diese berühmten Worte wiederholte, die Zar Alexander I. im Jahr 1812 gebrauchte, als Napoleon in Rußland einbrach.

Ohne bestimmten Grund begann ich zu verzagen. Ich

konnte die tragische Vorahnung nicht unterdrücken, die seine Erscheinung stets in mir auslöste. Der Grund solcher Empfindungen läßt sich nicht erforschen: sooft ich Nicki in seiner Herrscherwürde an der Spitze eines Zuges oder bei einer feierlichen Ansprache sah, beschlich mich ein Angstgefühl. Ich bezweifelte seine Fähigkeit, diesen ungeheuren Krieg zum Angelpunkt seiner Laufbahn zu machen, und ich war überzeugt, der Krieg werde uns zugrunde richten, falls er länger als ein Jahr dauerte. Uns, die Romanow, und sie, die fünfzehn Millionen kriegsdiensttauglicher Männer und die hundertfünfundvierzig Millionen Einwohner eines Kontinents, gelähmt in ihrer Tätigkeit durch die unersättlichen Forderungen der Militärgewalt.

Meine Schwiegermutter und meine Gattin kamen glücklich an. Kaiser Wilhelm verweigerte ihnen die Durchreise durch Deutschland, und daher reisten sie über Skandinavien. Meine Kinder hatten ihre Mutter wieder, und ich konnte an die Front abgehen, wo mir von Großfürst Nikolaus Nikolajewitsch im Hauptquartier der vierten Armee die Stelle eines Mitarbeiters des Kommandierenden, Baron Saltza, – eines früheren Adjutanten meines Vaters in den Tagen meiner Kindheit – zugewiesen war.

3

Ein langes Gespräch mit Baron Saltza und seinem Stab bewies mir das Vorhandensein eines Zustandes, den ich für unnatürlich hielt, und der während der sechsundzwanzig Monate der tatsächlichen Kriegführung Rußlands andauern sollte. Ich erfuhr, daß die Armee des russischen Reichs von England und Frankreich als ungeheurer Stoßdämpfer verwendet werden sollte und daß unsre Befehlshaber in ihren strategischen Anordnungen durch den Gedanken geleitet werden sollten, Paris „um jeden Preis" zu retten. In Menschenleben ausgedrückt, besagte dies, daß wir ungefähr fünfmalhunderttausend Soldaten und Offiziere in unserer zeitlich schlecht gewählten Offensive an der Ostfront opfern sollten, um den „deutschen

Druck gegen Paris abzuschwächen", gegen eine ferne, fremde Stadt, deren Name bei unseren Soldaten keinerlei Gefühl auslöste und deren endliches Schicksal für die Zukunft unseres Landes bedeutungslos war.

Während unsere vierte Armee dem Ansturm der Österreicher begegnete, drangen die erste und zweite Armee in Preußen ein und liefen mit offenen Augen in die ihnen von Hindenburg bereitete Falle. Das Gros der zweiten Armee bestand aus kaiserlichen Gardetruppen, den bestausgebildeten Soldaten Rußlands, die in den letzten fünfzig Jahren als Hauptstütze der zaristischen Regierung galten und jetzt zum größeren Ruhm von Paris in ein unvermeidliches Gemetzel getrieben wurden.

Wir fluchten und rasten. Alle Diplomaten, die den Wunsch nach diesem Krieg geäußert hatten, hätte man in die Gefechtslinie einteilen sollen. Aber Befehl war Befehl. Unsere Soldaten starben, ohne zu murren. Die zweite Armee hörte auf zu existieren, und ihr Kommandant, General Samsonow, verwendete seine letzte Kugel dazu, sich die Demütigung der Gefangennahme zu ersparen. Paris war gerettet durch eine Hekatombe von Russen, die in den Masurischen Sümpfen Ostpreußens zugrunde gingen. Die Menschheit im allgemeinen zieht es vor, diese Schlacht als „Joffres Sieg an der Marne" zu bezeichnen.

Am Abend meines sechsten Tages bei der vierten Armee ersuchte mich Baron Saltza, einen raschen Besuch bei der Stawka (dem russischen Großen Hauptquartier) zu unternehmen und Großfürst Nikolaus Nikolajewitsch klarzumachen, daß wir Reserven benötigten: wir waren arg in der Minderzahl gegenüber den Österreichern, die trotz schwerer Verluste ihre Angriffe fortsetzten. Sie wieder waren bestrebt, „den russischen Druck gegen Ostpreußen abzuschwächen", und wurden von den Deutschen in derselben Weise als Kanonenfutter behandelt, wie dies die Alliierten mit Rußland getan hatten. Ich sah ihre Verwundeten Seite an Seite mit unseren eigenen Soldaten liegen. Es waren arg verschreckte, aber gut aussehende Burschen, die sich bestrebten, im Bett stramm zu liegen, als sie das kaiserliche Monogramm auf meinen Achseln und die Goldschnüre eines Generaladjutanten erblickten. Sie sahen mich besorgt an, als hofften sie Trost bei einer Person von so großer Bedeutung zu finden. Der Chefchirurg, der neben mir ging, flüsterte mir mit heiserer, gleichgültiger Stimme die Erklärung jedes einzelnen Falles zu.

„Dieser ist hoffnungslos."

„So gut wie tot."

„Schuß durch beide Lungen."

„Kann genesen, wenn keine Sepsis eintritt."

Der Krieg war zehn Tage alt, aber schon hatten sich alle auf seine mitleidlosen Bedingungen eingestellt. Die Soldaten erwarteten den Tod, der Chefarzt zählte die Betten, die sicherlich diese Nacht wieder verfügbar wurden.

Ich fuhr ins Hauptquartier, das an der Kreuzung von vier wichtigen Eisenbahnlinien in Baranowitschi lag. Der Ort konnte für die zahllosen Abteilungen des Hauptquartiers kein Unterkommen bieten, deshalb wohnten Großfürst Nikolaus Nikolajewitsch, sein Bruder Peter und ihre unmittelbaren Adjutanten in ihren Hofzügen.

Großfürst Nikolaus Nikolajewitsch durchmaß den Raum mit langen Schritten, hochgewachsen, massig, erstaunlich gebieterisch in seiner nagelneuen, tadellosen Uniform. Er sprach und hörte zu, hörte mehr, als er sprach. Es war seine alte Gewohnheit, in dem Besucher den Eindruck, er wisse sich selber Rat, zu erwecken. Das Telephon klingelte, zahlreiche Adjutanten kamen mit geheimnisvollen Mienen, Generale beugten sich über Landkarten. Alles war so, wie es sich im Hauptquartier eines modernen Höchstkommandierenden gehörte, der im besten Falle die Kriegshandlungen einiger Millionen Soldaten, die auf eine Frontlänge von fünftausend Kilometern verteilt waren, vereinheitlichen konnte.

Ich beobachtete den Großfürsten bei der Ausübung seiner Pflichten und wünschte, ich hätte ein Gefühl des Mißtrauens zu unterdrücken vermocht. Es war ja möglicherweise wieder ein Vorurteil meinerseits, das sich durch vierzig Jahre der Bekanntschaft so tief eingewurzelt hatte, daß die Äußerlichkeiten des Hauptquartiers es nicht zerstreuen konnten. Unsere gegenseitige Abneigung steigerte die gegenseitige Höflichkeit. Wir bemühten uns angestrengt, freundlich zu sein. Er schlug mir vor, das Kommando über die Fliegertruppe zu übernehmen, und gab mir freie Hand. Ich nahm die Stellung in dem Sinne an, in dem sie gegeben wurde: als schmeichelhafte, wenn auch etwas verspätete Anerkennung meiner Pionierarbeit im Flugwesen. Wir wußten beide, daß niemand sonst in der Armee für den Posten geeignet war. Das Hauptquartier stellte mir einen Salonwagen als derzeitigen Standort zur Verfügung. Alles übrige, mit Einschluß der Aeroplane, Maschinengewehre, Abwurfbomben, Flieger, Beobachter, technischen Hilfsmannschaften, Automobile, sogar der Schreibmaschinen, mußte ich erfinderisch selber zu beschaffen trachten. Als Sinekure war die Stelle eines Kommandanten der Fliegertruppe kaum sehr günstig. Ich beklagte mich nicht, denn auch alles andere zur Kriegführung Erforderliche mußte von unseren Befehlshabern improvisiert werden. Nach dem ersten Monat ununterbrochener Schlachten trat Mangel an Munition und Ausrüstung ein, während alle Lieferungen aus dem Ausland über den äußersten Norden, entweder über den einfrierenden Hafen Archangelsk oder den eisfreien Hafen Murmansk, gehen mußten, der jedoch mit dem Hinterland durch keine Eisenbahn verbunden war.

Während dieses Monats August 1914 dachte ich oft an unseren Kriegsminister General Suchomlinow und an seine zwei Jahre vorher geschriebene Proklamation „Wir sind bereit". Im Hauptquartier der Südwestarmee traf ich meinen kritischen Bruder, Großfürst Nikolaus Michailowitsch, den letzten Menschen, den ich sehen durfte, wollte ich mir auch nur einen Funken Optimismus bewahren. Als preisgekrönter Absolvent der Kriegsschule und Stratege fand er Formeln und wissenschaftliche Ausdrücke für meine ungeklärten Befürchtungen. Bitter tadelte er alle unsere kommandierenden Generäle, angefangen von unserem hochgestellten Vetter bis zu den „Kanzleifüchsen", denen die Vorbereitung im Hinterland oblag. Er drückte sich zynisch, ungeschminkt und in neun von zehn Fällen richtig aus. Er beklagte, daß durch unsere Verluste die reguläre Armee vernichtet und wir in die traurige Lage versetzt seien, uns auf schlecht ausgebildete Reservemannschaften zu verlassen. Er sagte, wenn Großfürst Nikolaus Nikolajewitsch nicht sofort seinen sogenannten siegreichen Vormarsch in Galizien aufgebe und die Truppen auf befestigte Plätze weiter rückwärts zurückziehe, müßten wir spätestens im Frühjahr 1915 in eine vernichtende Niederlage rennen. Er sprach drei Stunden lang, führte Zahlen an, belegte seine Behauptungen und wurde mit jedem Augenblick verdüsterter. Mein Kopf schmerzte. Ich schätzte seinen von Vaterlandsliebe erfüllten Pessimismus, aber ich zitterte bei dem Gedanken, zweimal täglich gemeinsam mit ihm meine Mahlzeit einnehmen zu müssen.

4

Der Kriegsgott muß meines Bruders Prophezeiungen gehört haben. Da unsere besten Soldaten und unsere dürftigen Munitionsvorräte in der rücksichtslosen Offensive zur Rettung der Verbündeten 1914–15 verbraucht worden waren, blieben uns keine Kräfte, um dem berühmten Karpathenfeldzug Mackensens im Mai 1915 zu begegnen. Offiziellen Quellen zufolge verfeuerte der Feind hundert Schrapnelle gegen ein einziges von unserer Seite. Tatsächlich war das Verhältnis ein noch viel ungeheuerlicheres, unsere Offiziere schätzten es auf dreihundert zu eins. Zu einem gewissen Zeitpunkt verstummte unsere Artillerie, und unsere bärtigen Reservisten standen Mackensens Gefechtsfront gegenüber, mit Gewehren Muster 1878 bewaffnet und mit dem Befehl, nicht „unnötigerweise" zu schießen und den Verwundeten die Munition abzunehmen. Wochen vor dem Zusammenbruch brachten meine Flieger warnende Berichte über die Ansammlung deutscher und österreichischer Artillerie und Truppen jenseits des Flusses Dunajec ins Hauptquartier. Ein neunzehnjähriger Unterleutnant hätte verstanden, daß unsere Verluste um so kleiner wären, je eher wir den Rückzug anträten. Das

Hauptquartier aber verharrte bei seinem Beschluß, bis zum letzten Augenblick in Galizien zu bleiben, und erklärte, daß unser Rückzug ungünstig auf die Unterhandlungen der Alliierten mit Griechenland und Rumänien wirken müßte, auf die zwei Staaten, die, auf der Lauer liegend, deutsche Angebote gegen englisch-französische Versprechungen abwogen.

Der Frühherbst 1915 fand unsere Armee Hunderte von Kilometern von den im Frühling eingenommenen Stellungen entfernt. Sechsmal nacheinander war ich gezwungen, mein Standquartier zu verlegen, da die Hoffnung, auf dieser oder jener befestigten Linie den Rückzug zum Stillstand zu bringen, immer wieder fehlschlug. Die Nachricht von der Enthebung Großfürst Nikolaus Nikolajewitsch' war die einzige Freudenbotschaft aus dem Hauptquartier in vier Unglücksmonaten. Wir räumten Galizien, wir verloren Polen, wir gaben einen ansehnlichen Teil Nordwest- und Südwestrußlands auf, ebenso wie eine Reihe Festungen, die in den Handbüchern unseres Generalstabs für uneinnehmbar erklärt wurden. Das Erscheinen des Zaren als Oberkommandierender rief eine doppelte Reaktion in mir hervor. Die politischen Folgen seiner längeren Abwesenheit aus der Hauptstadt waren zweifelhaft, was aber die Armee betraf, so war sein Entschluß richtig. Nichts anderes als die Befehlsergreifung durch den Zaren selbst hätte der Armee neuen Mut einzuflößen vermocht und Gelegenheit geboten, das Hauptquartier von unfähigen Generälen und Diplomatenstrategen zu säubern. General Alexejew, der neue Generalstabschef, machte mir den Eindruck eines vorsichtigen Führers, der um unsere Schwächen wußte und Zeit zu gewinnen suchte. Als Stratege war er guter Durchschnitt. Kein Napoleon, nicht einmal ein Ludendorff, aber ein erfahrener alter General, der sich darüber klar war, daß es in der modernen Kriegführung keine „genialen Führer" gebe, höchstens in ihren eigenen Memoiren oder in den Berichten der Kriegskorrespondenten. Die Kombination Zar und Alexejew wäre vorzüglich gewesen, aber nur unter zwei Bedingungen: wenn Nicki beständig die St.-Petersburger Ränkeschmiede beobachtet und Alexejew einen heiligen

Eid abgelegt hätte, sich nicht in politische Angelegenheiten zu mischen.

Gerade das Gegenteil geschah. Nicki blieb viel zu lange Zeitspannen von Zarskoje Selo fern, wo der Rasputin-Klüngel während der Abwesenheit des Zaren den Höhepunkt seines Einflusses erlangte, Alexejew hingegen wurde in die Intrigen der Regierungsfeinde hineingezogen, die sich zu dieser Zeit in der unschuldigen Verkleidung von Vertretern freiwilliger Hilfsorganisationen, wie des Roten Kreuzes, der Union russischer Gemeinden, der Union russischer Zemstwos, verbargen. Die anfängliche Begeisterung unserer Intellektuellen machte um die Zeit unserer Niederlage des Jahres 1915 dem ursprünglichen Haß gegen die Regierung Platz. Sie begaben sich bisweilen an die Front, angeblich um die Schützenlinien zu inspizieren und die Bedürfnisse der Armee festzustellen, tatsächlich aber nur zu dem Zweck, die Sympathie der kommandierenden Generäle zu gewinnen. Die Mitglieder unserer Duma, die zu Beginn des Krieges geschworen hatten, die Regierung zu unterstützen, arbeiteten Tag und Nacht an der Auflösung der Armee. Sie gaben vor, der Regierung wegen der „Deutschfreundlichkeit der jungen Zarin" feindlich gegenüberzustehen, und mit der Maschine geschriebene Exemplare ihrer Reden, die in den Zeitungen von der militärischen Zensur unterdrückt worden waren, gelangten im Schützengraben unter Offiziere und Mannschaft zur Verteilung. Von all den Anschuldigungen gegen das Zarenpaar war es diese, die meine Sympathien aufs neue der Zarin zuwendeten. Ich kannte ihre Fehler. Ich verabscheute Rasputin. Ich wünschte, Alix hätte ihr künstliches, im Palast geborenes Idealbild des russischen Bauern nicht für Wirklichkeit genommen, aber ich muß zugeben, daß sie alle ihre Zeitgenossen an glühendem russischen Patriotismus übertraf. Von ihrem Vater, dem Großherzog von Hessen-Darmstadt, im Haß gegen den Kaiser erzogen, träumte sie ihr Leben lang davon, den Tag von Preußens Untergang zu erleben, und nächst Rußland gehörte ihre Bewunderung Großbritannien. Für mich, für meine Onkel und Vettern, für alle, die sie je gekannt und mit ihr gesprochen hatten, klang schon die leiseste Verdächtigung, daß sie „deutschfreundlich" sei, ungeheuer und lächerlich. Unsere Bemühungen, diese unverständlichen Schmähschriften auf bestimmte Urheber zurückzuführen, wiesen auf die Duma. Zur Rede gestellt, gaben ihre Mitglieder beschämt Rasputin die Schuld: „Wenn die junge Zarin eine so gute Patriotin ist, warum duldet sie dann die Gegenwart dieses Trunkenbolds, den man öffentlich in der Hauptstadt in Gesellschaft deutscher Spione und Deutschfreundlicher sieht?" Ihre Beweisführung war gut, wenn sie stimmte, und wir zerbrachen uns die Köpfe, um irgendwelche übermenschlichen Worte zu finden, die den Zaren zur Verbannung Rasputins aus der Hauptstadt überreden könnten. „Sie sind sein Schwager und sein bester Freund", sagten viele, die mich an der Front aufsuchten, „warum sprechen Sie nicht mit ihm darüber?" Warum ich nicht mit ihm darüber sprach! Ich hatte mit Nicki oft und oft über die unselige Angelegenheit Rasputin gesprochen, lange vor dem Krieg. Wollte ich es neuerlich versuchen, so wußte ich, er hätte mir aufmerksam zugehört und gesagt: „Danke, Sandro, ich schätze deine Anteilnahme", dann hätte er mich umarmt und nicht das geringste getan, um meinen Rat zu befolgen. Ich hätte ihn nicht einen Zollbreit bewegen können, solange seine Gattin überzeugt war, die Gegenwart Rasputins gewähre Sicherheit gegen eine unheilvolle Wendung in der Krankheit ihres Sohnes. Ich war machtlos und erkannte dies mit Verzweiflung. Ich hätte am liebsten alles und jedes vergessen, das nicht im Kreis meiner Pflichten als Oberkommandierender der russischen Luftstreitkräfte lag.

5

Es kam das Jahr 1916. Ich verlegte mein Standquartier nach Kiew und bereitete mich vor, General Brussilow in seiner geplanten Sommeroffensive zu unterstützen.

Meine Schwiegermutter kam, um mich und ihre jüngere Tochter, Olga, die seit 1915 an der Spitze ihres eignen Spitals in Kiew stand, zu besuchen. Nach dem verleumderischen Getuschel und den schmutzigen Anwürfen St. Petersburgs gefiel der alten Zarin die kriegsmäßige Atmosphäre Kiews. Sie entschloß sich, für die Dauer des Kriegs bei uns zu bleiben. Jeden Sonntag trafen wir Drei in ihrem Palast in Kiew zusammen, einem altmodischen Gebäude am rechten Ufer des breiten Dnjepr. Nach Tisch, wenn alle Gäste gegangen waren, saßen wir in ihrem Zimmer und besprachen die Ereignisse der vergangenen Woche. Wir bildeten eine rührende Gruppe; da saßen wir, Mutter, Schwester und Schwager des Zaren, wir drei, die ihn nicht nur als Anverwandte, sondern auch als getreue Untertanen liebten, bereit, alles zu tun, was er nur von uns verlangen konnte, mit voller Kenntnis seiner Tugenden und Schwächen, in Vorahnung des kommenden Aufruhrs und doch völlig außerstande, ihm die Augen zu öffnen! Meine Schwiegermutter blieb in ständiger Verbindung mit den Ereignissen in St. Petersburg. Sie wußte, daß Minister auf Rasputins Empfehlung hin ernannt wurden und grämte sich darüber. Während der fünfzig Jahre ihres Lebens in Rußland hatte sie allwöchentlich Briefe mit ihrer Schwester Alexandra gewechselt, die erst Prinzessin von Wales, dann Königin, und nun Königin-Witwe von England war, und die Unmöglichkeit, während der Kriegsjahre 1914–17 regelmäßig Nachricht aus England zu bekommen, vermehrte ihre Besorgnisse. Ungemein beliebt bei der Bevölkerung Kiews, fuhr sie täglich im offenen Wagen aus, lächelte freundlich und erwiderte jeden Gruß, während ihre Gedanken unaufhörlich bei ihrem Sohn Nicki, bei ihrer Schwiegertochter Alix und bei ihrem armen, kranken Enkel Alexis weilten. Die übrigen Mitglieder der Familie machten ihr keine Sorgen. Ihre älteste Tochter, meine Gattin, weilte mit den Kindern in St. Petersburg und beaufsichtigte ein großes Spital für verwundete und rekonvaleszente Soldaten. Ihr Enkel, mein Sohn, Prinz Andreas, sollte demnächst zum Offizier der berittenen Garde ernannt werden und an die Front abgehen. Ihr jüngster Sohn „Mischa", Großfürst Michael Alexandrowitsch, war an der Front besonders beliebt. Die „wilde" Kavalleriedivision kaukasischer

Hochländer, die er in zahllosen Schlachten befehligte, war im Hauptquartier als unsere tüchtigste Gefechtseinheit bekannt. Über Olga, ihre jüngste Tochter und meine Schwägerin, gerieten sogar die wütendsten Feinde der Romanow in Begeisterung bei der Schilderung ihrer anspruchslosen Tätigkeit für die Verwundeten. Man begegnet selten einem weiblichen Wesen von Olgas Charaktereigenschaften. Einfach in die Uniform der Rote-Kreuz-Schwestern gekleidet, teilte sie ihr Schlafgemach mit einer zweiten Krankenschwester. Sie begann ihr Tagewerk um sieben Uhr früh, und oft fanden sie die ersten Morgenstunden noch beim Verbinden der Wunden neuangekommener Verwundeter. Oft wollten die Soldaten nicht glauben, daß dieses junge Mädchen, das sie so geduldig und freundlich pflegte, wirklich die Schwester des Zaren und eine Tochter des großen Alexander III. sei. Kummer hatte ihr eigenes Leben zerstört. An den Prinzen von Oldenburg, einen Mann völlig verschiedenen Charakters, verheiratet, fühlte sie aufrichtige Liebe zu einem einfachen russischen Offizier, namens Kulikowski. Wir alle hofften, der Zar werde ihre Scheidung und Wiederverehelichung gestatten. Ich fühlte innige Genugtuung, als wir im Jahre 1916 an einem klaren Winterabend, bei dichtem Schneefall, Olga und Kulikowski zu einer kleinen Kapelle an der Stadtgrenze Kiews geleiteten. Es war eine ungemein bescheidene, fast geheime Zeremonie: Braut und Bräutigam, die Zarin-Mutter, ich, zwei Rote-Kreuz-Schwestern und vier Offiziere von Olgas Inhaberregiment, den Achtyrsky-Husaren. Ein ältlicher Priester sprach das Ritual mit einer dünnen Stimme, die von weither in die halbbeleuchtete Kapelle herabzutönen schien. Wir strahlten vor Freude. Ich hatte Olga niemals nur als Schwägerin betrachtet; sie war eine liebe Freundin, ein treuer Kamerad, ein verläßlicher Ratgeber in Augenblicken seelischer Not. Ohne sie und eine junge Krankenschwester, namens Wassiliewa, wäre ich in den kritischen Jahren des Weltkriegs der einsamste Mensch auf Erden gewesen. Fräulein Wassiliewa ist heute mit einem Herrn Tschirikow vermählt und lebt in Cannes. Ich besuche sie häufig, und wir sprechen dann immer wieder von dem traurigen und ereignisreichen Winter 1916–17.

6

Zu Beginn des Sommers 1916 bot die an unserer um diese Zeit gut ausgerüsteten Front vorherrschende Begeisterung einen auffallenden Gegensatz zu der häßlichen Stimmung im Hinterland. Die Armee gedachte den Feind zu schlagen und erblickte die Verwirklichung ihres Wunsches in der blitzartigen Offensive Brussilows. Die Politiker träumten von einer Revolution und „sahen mit Besorgnis" die fortwährenden Erfolge unserer Truppen. Meine Inspektionsreisen führten mich häufig nach St. Petersburg. Jedesmal kehrte ich mit untergrabener Arbeitskraft und vergiftetem Gemüt nach Kiew zurück.

„Ist es wahr, daß der Zar sich dem Trunke ergibt?"

„Haben Sie gehört, daß der Zar in Behandlung eines burjätischen Medizinmannes ist, der ihm starke mongolische Mittel gibt, die seinen Geist umnachten können?"

„Wissen Sie schon, daß unser neuer Ministerpräsident Stürmer in fortwährender Verbindung mit den deutschen Agenten in Stockholm steht?"

„Haben Sie schon die neuesten Geschichten über Rasputins Benehmen in Moskau gehört?"

Nie eine Frage nach unserer Armee! Nicht eine Spur von Befriedigung über Brussilows Sieg!

Nichts als Lügen, Schmähungen und Verleumdungen, die dem Durchschnitt der Großstadtbewohner mit dem Morgenkaffee kredenzt wurden und durch die hervorragende Stellung ihrer Urheber, adeliger Hofdamen der Zarin und einflußreicher Kammerherren des Zarenhofes, einen Schein von Wahrheit erhielten.

Es schien gewiß, daß wir im Hinterlande einen Aufstand haben würden, gerade in dem Augenblick, wo die Armee zu einem entscheidenden Schlag gegen den Feind ausholte. Ich war wütend. Ich empfand ein brennendes Verlangen, geradeswegs ins Hauptquartier zu gehen, Nicki an der Schulter zu rütteln und ihn aufzuwecken. Fühlte er sich selber unfähig, Ordnung im Hinterland zu schaffen, so mußte er irgendeinen erprobten Getreuen mit diktatorischer Gewalt betrauen. Ich ging also ins Hauptquartier. Fünfmal! Nicki wurde mit jedem folgenden Besuch ärgerlicher und weniger geneigt, Rat von mir oder von sonst jemand anzunehmen. Die freudige Erregung über Brussilows Erfolg verrauchte und erschien weniger bedeutend im Vergleich zu den aus der Hauptstadt kommenden schlechten Nachrichten. Der oberste Befehlshaber über 15 000 000 Soldaten saß blaß und schweigend in seinem Hauptquartier (das er im Frühherbst 1915 nach Mohilew verlegt hatte). Als ich ihm über die Fortschritte des Militärflugwesens und über die sichere Aussicht, den deutschen Luftangriffen gewachsen zu sein, Bericht erstattete, sah ich, daß er nur den Wunsch hatte, ich möge meine Darstellung wichtiger Tatsachen abkürzen und ihn mit seinen Gedanken allein lassen. Als ich den Gesprächsgegenstand wechselte und den Versuch machte, über das politische Leben in St. Petersburg zu reden, erschienen Mißtrauen und Kälte in seinem Blick, ein Ausdruck, den ich während der einundvierzig Jahre unserer Freundschaft noch nie gesehen hatte.

„Du scheinst deinen Freunden nicht mehr zu trauen Nikki", sagte ich halb im Scherz.

„Ich glaube niemand als meiner Frau", antwortete er eisig und sah an mir vorbei zum Fenster hinaus. Dann, als erschrekke er über seine eigne Aufrichtigkeit, fügte er in dem gewohnten freundlichen Ton hinzu: „Du wirst doch mit mir zu Tisch bleiben, Sandro? Ich möchte alles Neue über Mutter und Olga hören."

Ich blieb zum Mittagstisch, der in den an das Hauptquartier anstoßenden Gärten serviert wurde. Das Gespräch war erkünstelt, jedermann wendete sein Interesse hauptsächlich den aufgeweckten Antworten des zwölfjährigen Thronfolgers zu, der zu mehrtägigem Besuch zu seinem Vater nach Mohilew gekommen war. Nach der Mahlzeit ging ich ins Quartier meines Bruders, des Großfürsten Sergej Michailowitsch, damals Generalinspektor der Artillerie, und lauschte seinen Voraussagen. Verglichen mit Sergej, konnte mein Bruder Nikolaus Michailowitsch noch des Optimismus beschuldigt werden. Letzterer schlug wenigstens noch Heilmittel vor und glaubte an Reformen, aber Sergej sah überhaupt keine Hoffnung mehr. An der Seite des Zaren lebend, beobachtete er aus nächster Nähe den schicksalhaften Abstieg.

„Ganz wie er es dir gesagt hat, glaubt Nicki niemand als seiner Frau, und das besagt, daß er bei allen ihren Vorurteilen und Irrtümern zu ihr halten wird. Verliere deine Zeit nicht, Sandro, mit dem Versuch, ihm die Augen zu öffnen! Geh zurück an deine Arbeit und bete, daß uns die Revolution noch ein Jahr erspart bleibe! Die Armee ist in bestem Zustand. Artillerie, Munition, technische Ausrüstung, alles ist für eine entscheidende Offensive im Frühjahr 1917 da. Diesmal werden wir sowohl die Deutschen als auch die Österreicher vernichten, vorausgesetzt, daß wir Gelegenheit haben, die Offensive zu beginnen. Deutschlands einzige Rettung liegt in seiner Fähigkeit, in unserem Hinterland eine Revolution anzuzetteln. Sie wissen das wohl und tun, was sie können. Wenn Nicki so fortfährt, glaube ich nicht, daß die Revolution länger aufgehalten werden kann."

Ich glaubte Sergej unbedingt. Sein pedantisch mathematischer Geist befaßte sich nie mit Rätseln. Seine Feststellungen stützten sich auf Mitteilungen aus erster Hand und auf sorgsame Analyse der Geheimberichte.

Unser Gespräch fand in einem kleinen Gemüsegarten statt, den er hinter seinem Quartier angelegt hatte.

„Um mich zu zerstreuen", sagte er verlegen. Ich verstand und beneidete ihn. In einer Welt, die von Blut berauscht war und nach Leichen roch, gab ihm der Anbau seiner Kartoffeln und seines Kohls einen willkommenen Vorgeschmack aufbauender und lebenerhaltender Tätigkeit. Meine seltenen Minuten der Erholung vergingen im Nachdenken über den Bankrott des offiziellen Christentums.

7

Als am Morgen des 17. Dezember 1916 mein Adjutant den Speisesaal betrat, lächelte er über das ganze Gesicht.

„Kaiserliche Hoheit", sagte er in triumphierendem Ton, „Rasputin ist vorige Nacht in St. Petersburg im Haus Ihres Schwiegersohns, des Fürsten Jussupow, ermordet worden."

„In Felix' Haus? Wissen Sie das bestimmt?"

„Ganz bestimmt, Kaiserliche Hoheit. Sie werden gewiß ungemein erfreut sein, denn man vermutet, Fürst Jussupow habe Rasputin mit eigener Hand getötet und Großfürst Dimitri Pawlowitsch habe ihm geholfen."

Mein Geist flog zu meiner Lieblingstochter Irene, die bei ihren Schwiegereltern in der Krim weilte. Mein Adjutant war verblüfft über meinen Mangel an Enthustasmus. Er sagte, die Leute in Kiew beglückwünschten einander auf der Straße und priesen Felix' patriotischen Mut. Ich hätte es nicht anders von ihnen erwartet, denn auch ich war froh, Rasputin los zu sein, aber zwei andere Punkte waren noch in Betracht zu ziehen. Der Eindruck, den die aufsehenerregende Nachricht auf die junge Zarin ausüben werde, und die Verantwortung der Zarenfamilie für einen in Gegenwart und unter Mithilfe von zweien ihrer Angehörigen verübten Mord. Ich wußte, Alix werde in Rasputins Ermordung einen Streich gegen sie und ihre Politik sehen. Mißtrauisch und hysterisch werde sie nach Rache dürsten und eifriger denn je für die Minister kämpfen, die von dem angeblichen Retter ihres Sohnes eingesetzt waren. Felix und Großfürst Dimitri erwiesen sich als schlechte Taktiker. Zu jung, um die Seele eines beleidigten Weibes zu verstehen, hatten sie geradeswegs der Bande Rasputins in die Hände gespielt. Rasputin, der lebendige, war nur ein Mensch, den jeder als trunksüchtigen, geldgierigen Bauern kannte. Rasputin, der tote, aber konnte am Ende ein ermordeter Prophet werden. Er hatte immer gedroht, die Zarenfamilie und Rußland würden ihm ins Grab nachfolgen, falls jemand sein Leben antasten sollte. Ich lachte über seine erpresserischen Prophezeiungen, aber ich stellte mir vor, wie verzweifelt Alix sein werde, die alle seine Worte als Evangelium der Wahrheit hingenommen hatte.

Ich fand meine Schwiegermutter noch in ihrem Schlafgemach und erzählte ihr als erster das neue Ereignis.

Sie sprang auf: „Nein, nein!"

Wann immer sie etwas Beunruhigendes hörte, drückte sie Angst und Verblüffung in diesem halb Frage, halb Ausruf andeutenden „Nein" aus.

Bei ihr war die Rückwirkung die gleiche wie bei mir: Gott sei gelobt, daß Rasputin beseitigt ist, aber größere Sorge steht uns bevor. Der Gedanke, daß der Gemahl ihrer Enkelin und ihr Neffe Dimitri sich erniedrigt hatten, einen Mord zu begehen, schmerzte sie. Als Zarin war sie entsetzt; als Christin scheute sie das Blutvergießen, einerlei, ob die Beweggründe der Schuldigen noch so edle gewesen waren. Wir beschlossen, ich solle Nicki telegraphisch um Erlaubnis ersuchen, nach St. Petersburg zu kommen. Die zustimmende Antwort kam aus Zarskoje Selo. Nicki hatte das Hauptquartier am frühen Morgen verlassen und war an die Seite seiner Gattin geeilt.

Bei meiner Ankunft in der Hauptstadt wurde ich sofort in die gespannte Stimmung der gewohnten ekelhaften Gerüchte und häßlichen Schmähungen hineingezogen, die diesmal mit allgemeiner Freude gemischt war. Man neigte dazu, Felix und Dimitri zu verherrlichen. Diese beiden „Nationalhelden" gaben mir zu, daß sie an der Ermordung teilgenommen hatten, doch weigerten sie sich, den Namen des wirklichen Mörders preiszugeben. Später erst erfuhr ich, daß sie versucht hatten, Purischkewitsch, einen geistig unausgeglichenen Abgeordneten der Duma, zu schützen, der den letzten, tödlichen Schuß abgab.

Die Mitglieder der kaiserlichen Familie ersuchten mich, Dimitri und Felix vor dem Zaren zu verteidigen. Ich beabsichtigte ohnehin, dies zu tun, wenn auch ihre Raserei und Grausamkeit mich anekelten. Sie rannten umher, berieten, klatschten und richteten einen unvernünftigen Brief an Nicki. Es sah fast so aus, als erwarteten sie, der russische Zar werde seinen beiden Anverwandten Ordensauszeichnungen verleihen, weil sie einen Mord begangen hatten.

„Du bist wunderlich, Sandro, du begreifst nicht, daß Felix und Dimitri Rußland gerettet haben."

Sie nannten mich wunderlich, weil ich nicht vergessen konnte, daß Nicki in seiner Eigenschaft als oberster Hüter der Gesetze verpflichtet war, die Mörder zu strafen, besonders, weil sie Mitglieder seiner Familie waren.

Ich wünschte innig, Nicki möge mich kühl empfangen!

Eine Enttäuschung erwartete mich. Er umarmte mich und sprach mit überbetonter Freundlichkeit zu mir. Er kannte mich zu gut, um nicht zu verstehen, daß mein Rechtsempfinden völlig auf seiner Seite war und nur meine väterliche Liebe zu Irene mich nach Zarskoje Selo geführt hatte.

Ich brachte meine Verteidigungsrede in scheinbar überzeugtem Ton vor. Ich bat ihn, Dimitri und Felix nicht als gemeine Mörder zu behandeln, sondern als irregeleitete Vaterlandsfreunde, beseelt von dem Wunsche, ihrem Lande zu helfen.

„Eine sehr hübsche Rede, Sandro", sagte er nach längerem Schweigen. „Bedenkst du aber auch, daß niemand, sei er Großfürst oder Bauer, das Recht hat zu töten?"

Das war der wunde Punkt. Nicki war vielleicht kein so guter Redner wie manche seiner Angehörigen, aber das Abc der Gerechtigkeit kannte er von Grund auf.

Als ich mich verabschiedete, versprach er mir, „maßvoll" in der Bemessung der Strafe für die beiden jungen Leute zu sein. Tatsächlich wurden sie überhaupt nicht bestraft. Dimitri wurde an die persische Front geschickt, Felix auf seinen behaglichen Landsitz in der Provinz Kursk verwiesen. Am nächsten Tag reiste ich mit Felix und Irene, die uns eilends aus der Krim entgegengefahren war, nach Kiew zurück. Während wir in ihrem Auto saßen, erfuhr ich die vollen, grauenhaften Einzelheiten des Verbrechens. Ich wünschte damals wie auch noch heute, Felix möge eines Tages Reue fühlen und erkennen, daß alle Beschönigungen und aller Beifall der Menge den Mord in den Augen eines wahren Christen nicht rechtfertigen können. Nach Kiew zurückgekehrt, entwarf ich ein langes Schreiben an Nicki, in dem ich die Maßnahmen darlegte, die nach meiner Ansicht zur Rettung der Armee und des Reichs vor dem rasch herannahenden Umsturz ergriffen werden müßten. Mein sechstägiger Aufenthalt in der Hauptstadt ließ mir keinen Zweifel mehr, daß der Ausbruch der Revolution spätestens zu Beginn des Frühjahrs zu erwarten war. Das Schlimmste, das ich sah und erfuhr, betraf die sonderbare Aneiferung der Verschwörer durch den englischen Botschafter, Sir George Buchanan. Er glaubte, die Interessen der Verbündeten zu fördern, da eine liberale Regierung besser imstande wäre, Siege zu erringen. Er entdeckte seinen Irrtum vierundzwanzig Stunden nach dem Sieg der Revolution und schrieb einige Jahre später einen würdevollen Leichenbefund. Zar Alexander III. hätte einen Gesandten dieser Art aus Rußland hinausgeworfen, ohne auch nur das Zeremoniell der Rückgabe seines Beglaubigungsschreibens zu beobachten. Zar Nikolaus II. ließ sich alles gefallen.

8

Das neue Jahr 1917 brachte zu Beginn einen Kabinettswechsel und noch schwärzere Aussichten. Fürst Galizin, der zum Ministerpräsidenten ernannt wurde, war die lebende Verkörperung des französischen Ausdrucks „ramolli". Er verstand nichts, wußte nichts, und nur Nicki oder Alix hätten erklären können, was sie auf diesen alten Höfling ohne jede Regierungserfahrung gebracht hatte. Er und der Innenminister Protopopow – ein hysterischer Feigling und früherer Liberaler, den Rasputins Zaubergewalt in einen orthodoxon Konservativen verwandelt hatte – bildeten zusammen ein äußerst passendes Paar für den letzten Akt des Sterbens einer Nation.

Zu Beginn des Februar erhielt ich vom Hauptquartier den Befehl, in St. Petersburg an einer Konferenz mit den Vertretern der alliierten Regierungen teilzunehmen, in der unser Munitionsbedarf für die nächsten zwölf Monate festgestellt werden sollte. Ich war erfreut über diese Gelegenheit, Alix zu sehen. Im Dezember hatte ich ihre Verzweiflung nicht erhöhen wollen, jetzt aber fühlte ich mich erzürnt genug, um ihr meine Gedanken anzuvertrauen. Jeden Tag erwartete ich bereits, Nachricht von einem Aufstand in der Hauptstadt zu erhalten. Einige „Sachverständige" behaupteten, er werde sich in Gestalt einer Palastrevolution auswirken, womit sie meinten, der Zar werde gezwungen werden, zugunsten seines Sohnes Alexis abzudanken und die Regierungsgewalt in die Hände eines eigenen Rates zu legen, dessen Mitglieder „das russische Volk verstehen". Dieser Plan verblüffte mich. Nie war mir jemand untergekommen, der das russische Volk „verstand". Die Idee klang fremdartig, sie war auch wirklich auf die englische Gesandtschaft zurückzuführen. Ein hübscher, vermögender junger Mann, den man früher nur als Ballettenthusiasten gekannt hatte, besuchte mich in Kiew und redete unklar und sinnlos von etwas, das diesem britischen Plan ähnlich sah. Ich sagte ihm, er sei mit seinen Bekenntnissen an den Unrechten geraten, ein Großfürst glaube an die Unverletzbarkeit seines dem Zaren geleisteten Treueids. Seine Dummheit rettete ihn davor, auf strengere Art von mir bestraft zu werden. Beim Ausbruch der Revolution wurde er ein gepriesener Diener Kerenskis und nahm die Posten eines Ministers der Finanzen und der Auswärtigen Angelegenheiten ein.

Wieder befand ich mich in St. Petersburg, glücklicherweise das letztemal in meinem Leben. An dem für meine Zusammenkunft mit Alix bestimmten Tag kam Nachricht aus Zarskoje Selo, daß sie sich nicht wohl fühle und mich nicht empfangen könne. Ich sehrieb ihr einen dringenden Brief und beschwor sie, mir Gelegenheit zu geben, sie zu sehen, da ich nur wenige Tage in der Hauptstadt bliebe. In Erwartung ihrer Antwort hatte ich Unterredungen mit verschiedenen Persönlichkeiten. Mein Schwager Mischa war in der Stadt. Er schlug vor, wir sollten beide, einer nach dem anderen, mit seinem kaiserlichen Bruder sprechen, sobald es mir gelungen wäre, Alix zu sehen. Der Präsident der Duma, Rodzianko, im besten Fall ein öder Dickbauch, suchte mich mit einer Handvoll

Grillen, Theorien und antidynastischer Pläne heim. Zusammen mit seinen geistigen Mängeln erweckten sie den Eindruck einer der bekannten „Prahlhans"-Figuren der mittelalterlichen Komödie. Einen Monat später heftete er das Georgskreuz an die Brust jenes Soldaten des Wolhynischen Regiments, der im Jahre 1917 als erster seinen Vorgesetzten tötete. Neun Monate später war Rodzianko gezwungen, aus St. Petersburg zu fliehen, verfolgt von der Polizei der Bolschewiken.

Dann bekam ich eine Einladung von Alix zur Mittagstafel in Zarskoje Selo. Oh, diese Hoftafeln! Mir ist, als hätte ich vierzig Jahre meines Lebens damit vergeudet, zu Familiendiners in Zarskoje Selo zu gehen.

Alix lag zu Bett und versprach, mir sofort nach Beendigung der Mahlzeit eine Unterredung zu gewähren. Wir waren unser acht bei Tisch: Nicki, ich selbst, der Thronfolger, die vier Töchter des Zarenpaares und der Adjutant Linewitsch. Die Mädchen trugen Rote-Kreuz-Uniform und sprachen über ihre Arbeit in ihrem eigenen Spital. Ich hatte sie seit der ersten Kriegswoche nicht gesehen, fand sie gereifter und sehr anziehend. Olga, die älteste, glich ihrer Tante und Namensschwester Großfürstin Olga Alexandrowna in ihren geistigen Neigungen. Tatjana, die zweite, war die anerkannte Schönheit der Familie. Alle waren guter Laune, in völliger Unkenntnis der politischen Ereignisse; sie scherzten mit ihrem Bruder und lobten die Leistungen ihrer Tante Olga. Es war das letztemal, daß ich im Palast von Zarskoje Selo zu Tische saß, und auch das letztemal, daß ich die Kinder des Zaren sah.

Wir nahmen den Kaffee im „Lila Salon", während Nicki in das anstoßende Schlafzimmer ging, um Alix meinen Besuch anzukündigen.

Gut gelaunt trat ich ein. Alix lag zu Bett, in ein weißes, spitzenbesetztes Negligé gekleidet; ihr schönes Gesicht trug einen strengen Ausdruck, der für den entschlossenen Eindringling Unheil verkündete. Ein Angriff war zu erwarten! Das machte mich traurig. Ich kam, um zu helfen, nicht um zu verletzen. Der Anblick Nickis, der sich an die Seite des breiten

Doppelbettes gesetzt hatte, mißfiel mir ebenso. In meinem Schreiben an Alix hatte ich die Worte unterstrichen: „Ich möchte dich streng vertraulich und unter vier Augen sprechen." Es war peinlich, ihr vorzuwerfen, daß sie ihren Gatten in den Abgrund reiße, wenn eben dieser Gatte dabei saß.

Ich küßte ihre Hand, und ihre Lippen streiften ein wenig meine Wange, der kühlste Gruß, den ich je von ihr erhielt, seit dem ersten Tag, als wir einander im Jahre 1893 begegneten. Ich nahm einen Stuhl und setzte mich nahe an ihr Bett, einer Wand gegenüber, die mit unzähligen Heiligenbildern, beleuchtet von zwei blau-roten Kirchenlämpchen, bedeckt war.

Ich begann damit, auf die Ikone zu weisen und ihr zu sagen, ich wolle zu ihr sprechen wie zu meinem Beichtiger. Ich gab eine kurze Übersicht der politischen Ereignisse mit besonderem Nachdruck auf der Tatsache, daß die revolutionäre Propaganda in die Volksmenge gedrungen war und die Schmähungen und Verleumdungen von ihr für wahr gehalten wurden.

Sie unterbrach mich scharf: „Das ist nicht wahr. Das Volk ist ihm noch immer treu" – sie wandte sich Nicki zu –, „nur die verräterische Duma und die Gesellschaft von St. Petersburg sind meine und seine Feinde."

Ich gab zu, daß ihre Behauptung zum Teil richtig sei.

„Es gibt nichts Gefährlicheres, Alix, als halbe Wahrheiten", sagte ich, sie voll ansehend. „Das Volk ist seinem Zaren treu, aber das Volk ist auch empört über den Einfluß, den dieser Mensch Rasputin ausgeübt hat. Niemand kennt deine Liebe und Aufopferung für Nicki besser als ich, und doch muß ich gestehen, daß deine Einmischung in die Staatsgeschäfte sowohl Nickis Ansehen als auch der volkstümlichen Auffassung von einem Herrscher schädlich ist. Durch vierundzwanzig Jahre, Alix, bin ich dein ergebener Freund gewesen. Ich bin noch immer dein ergebener Freund, und als Freund mache ich dich aufmerksam, daß alle Bevölkerungsschichten gegen deine politische Betätigung sind. Du hast eine blühende Schar Kinder, warum kannst du dich nicht auf

Dinge beschränken, die Frieden und Eintracht versprechen? Bitte, Alix, überlasse die Sorge für den Staat deinem Gatten."

Sie errötete. Sie sah Nicki an. Er sagte nichts und rauchte weiter. Es ist ärgerlich, daß ich bei Erwähnung des Verhaltens des Zaren in kritischen Augenblicken immer dieselbe nichtige Phrase wiederholen muß: „Er sagte nichts und rauchte weiter." Was kann ich aber tun, wenn jede andere Beschreibung seines Verhaltens in Widerspruch mit der Wahrheit stünde?

Ich sprach weiter. Ich erklärte, ich sei, trotz meiner Gegnerschaft gegen alle parlamentarischen Regierungsformen in Rußland, überzeugt, daß die Gewährung einer der Duma genehmen Regierungsform, falls sie in diesem gefahrdrohenden Augenblick erfolgte, die Verantwortung von Nickis Schultern nehmen und seine Aufgabe erleichtern könne.

„Bitte, Alix, laß deinen Rachedurst nicht über deine bessere Einsicht siegen. Eine grundlegende Änderung in unserer Politik könnte ein Sicherheitsventil für den Zorn des Volkes schaffen. Laß den Zorn nicht bis zum Ausbruch sich steigern."

Sie höhnte: „Alles, was du sagst, ist lächerlich, Nicki ist ein absoluter Herrscher. Wie könnte er sein göttliches Recht mit einem Parlament teilen?"

„Du bist sehr im Irrtum, Alix. Dein Gatte hat am 17. Oktober 1905 aufgehört, ein absoluter Monarch zu sein. Das war der Augenblick, an sein göttliches Recht zu denken. Jetzt ist es zu spät. Vielleicht wird in zwei Monaten nichts mehr in diesem unserem Lande übrig sein, um uns daran zu erinnern, daß jemals absolute Herrscher auf dem Thron unserer Vorfahren saßen."

Sie antwortete irgend etwas Unzusammenhängendes und erhob die Stimme. Auch ich erhob die meine. Ich entschloß mich, meine Redeweise zu ändern.

„Bedenke, Alix, ich habe dreißig Monate lang geschwiegen!" rief ich ihr aufgebracht zu. „Dreißig Monate lang habe ich nicht ein Wort über das schändliche Treiben in unserer Regierung, oder besser gesagt, in deiner Regierung, gesprochen! Ich sehe, du bist gewillt, unterzugehen, und dein Gatte fühlt ebenso, aber was geschieht mit uns? Müssen wir alle für deinen blinden Eigensinn büßen? Nein, Alix, du hast kein Recht, deine Anverwandten mit dir in den Abgrund hinabzureißen! Du bist unglaublich selbstsüchtig!"

„Ich lehne es ab, diese Unterredung fortzusetzen", sagte sie kühl. „Du übertreibst die Gefahr. Dereinst, wenn du weniger aufgeregt bist, wirst du zugeben, daß ich es besser wußte."

Ich stand auf, küßte ihr die Hand, erhielt keinen Abschiedskuß und ging. Ich habe Alix nie wieder gesehen.

Als ich durch den „Lila Salon" kam, sah ich Linewitsch, den Adjutanten des Zaren, der mit Olga und Tatjana plauderte. Seine Gegenwart in der Nähe des Schlafgemachs der Zarin wunderte mich. Frau Wirubow, die nächste Vertraute Alix' in den letzten Jahren und Bewunderin Rasputins, erzählt in ihren Erinnerungen, daß „die Zarin fürchtete, Großfürst Alexander könne die Herrschaft über sich verlieren und etwas Verzweifeltes unternehmen". Wenn dies auf Wahrheit beruht, dann muß Alix ihrer Sinne beraubt gewesen sein, was auch ihren Eigensinn und ihre Handlungsweise erklären könnte.

Am nächsten Tag sprachen Mischa und ich mit dem Zaren und vergeudeten seine und unsere Zeit. Am Schlusse meiner Rede war ich kaum mehr fähig, ein Wort hervorzubringen. Nervosität und Aufregung erstickten mich. „Danke für deinen Brief aus Kiew, Sandro." Das war die einzige Anspielung auf meine viele Seiten langen schriftlichen Ratschläge.

Die Reihen der Wartenden vor den Brotläden in St. Petersburg wurden länger und länger, obwohl Weizen und Korn längs der Transsibirischen Eisenbahn und im Südwesten verfaulten. Die Garnison der Hauptstadt, aus Rekruten und Reservemannschaft bestehend, wäre im Falle ernsthafter Unruhen wertlos gewesen. Ich fragte natürlich die verantwortlichen Generäle, ob sie daran dächten, verläßliche Kampftruppen von der Front herbeizuziehen. Sie antworteten, es werde das Eintreffen der dreizehn Kavallerieregimenter der kaiserlichen Garde erwartet. Viel später erfuhr ich, daß die hochgestellten Verräter im Hauptquartier die Weisungen der Dumaführer befolgt und den Befehl des Zaren widerrufen hatten.

9

Ich wollte, ich könnte den fluchwürdigen Monat Februar des Jahres 1917 vergessen! Jeden Tag traf ich einen meiner Freunde und Anverwandten, den ich niemals wiedersehen sollte: meinen Bruder Nikolaus Michailowitsch, meinen Bruder Georg Michailowitsch, meinen Schwager Mischa, meine Vettern Paul Alexandrowitsch und Dimitri Konstantinowitsch und viele, viele andere.

Georg Michailowitsch kam auf dem Weg ins Hauptquartier durch Kiew. Seit Kriegsbeginn hatte er als besonderer Nachrichtenoffizier des Zaren gedient; er reiste von Armee zu Armee und sammelte Beobachtungen. Seine Ansicht über die allgemeine Lage bestätigte meine ärgsten Befürchtungen. Die Armee war bereit, aber auch die Feinde im Innern; die Armee zum Angriff auf die äußeren Feinde, die inneren Feinde zur Vernichtung des Reiches.

Ich tauchte in meiner Arbeit unter und kümmerte mich um nichts weiter. Hätte man unsere Zukunft nach dem Anwachsen meiner Abteilung beurteilen können, so wären wir auf dem Höhepunkt gewesen. Hunderte von Luftfahrzeugen, von tapferen Offizieren bemannt und mit modernsten Maschinengewehren ausgerüstet, warteten auf das Signal. Die lange Linie unserer Front abfliegend, entdeckten sie Anzeichen von Vorbereitungen zum Rückzug des Feindes und hofften, einfältig, aber aufrichtig, der Zar werde „in seiner eigenen Hauptstadt einen Sieg erringen". Es waren prächtige Leute, junge Männer von Bildung, Treue und echter Vaterlandsliebe. Ich war stolz auf sie. Vor dreißig Monaten hatte ich begonnen – mit einem einzigen Salonwagen, in dem Kanzlei und Flugkräfte gemeinsam untergebracht waren. Jetzt arbeiteten ein Dutzend Fliegerschulen mit voller Geschwindigkeit, und drei funkelnagelneue russische Fabriken vermehrten die fortlaufenden Flugzeuglieferungen Englands und Frankreichs um ihre eigenen Erzeugnisse.

Das Ende kam auf die unerwartetste Weise. Die Morgenblätter sprachen von den zunehmenden Streiks unter den Munitionsarbeitern in St. Petersburg. Es war schlimm, daß sie sich am Vorabend unserer Offensive ereigneten, doch waren es nicht die ersten. Die Abendtelegramme bezeichneten „Hunger" als Hauptursache der Streiks. Das war eine Lüge. In St. Petersburg herrschte ein gewisser Brotmangel infolge von Transportschwierigkeiten, aber dieser Mangel erreichte nie das Ausmaß einer Hungersnot. Die eine Stunde darauf eintreffende Nachricht von dem ersten Zusammenstoß zwischen den unschlüssigen Reservemannschaften und der Volksmenge gab die Erklärung: der Brotmangel sollte der Duma zum Vorwand eines Aufstandes dienen.

Am folgenden Morgen telegraphierte ich an Nicki und schlug vor, ihn im Hauptquartier zu treffen und mich ihm dort zur Verfügung zu stellen. Zugleich rief ich meinen Bruder Sergej an. Seine Stimme klang sorgenvoll.

„Die Lage in St. Petersburg verschlimmert sich immer mehr", sagte er nervös. „Es kam neuerlich zu Straßenkämpfen, und es sieht aus, als wollte die Garnison zu den Aufständischen übergehen."

„Was ist mit der Gardekavallerie geschehen? Willst du sagen, auch sie sei unzuverlässig?"

„Der Befehl wurde auf ganz sonderbare und geheimnisvolle Weise widerrufen. Die Gardekavallerie hat nie die Front verlassen."

Nickis Antwort traf ein: „Danke. Wenn du hier gebraucht wirst, werde ich dich verständigen. Gruß. Nicki."

Er war allein im Hauptquartier, niemand um ihn, der ihn beraten konnte, als mein Bruder Sergej. Ich dachte an die verräterischen Generäle, die ihn umgaben, und fühlte im Innersten, ich sollte mich ohne seine Erlaubnis ins Hauptquartier begeben. Das öffentliche Telegraphenamt, von dem aus ich sprach, summte wie ein Bienenstock. Die Blicke der Beamten, alle insgeheim Feinde der Regierung, sagten mir, was das Hauptquartier und die Zeitungen nicht meldeten. An diesem Tag blieb ich bis Mitternacht im Palast der Zarinmutter. Ihre Angst und Verzweiflung brauche ich nicht zu schildern. Vertraute Freunde kamen und brachten Gerüchte und „unbestätigte Nachrichten" über die letzten Ereignisse in der Hauptstadt.

Um sechs Uhr früh wurde ich wieder ins Haupttelegraphenamt gerufen, um auf der „direkten Verbindung" mit Sergej zu sprechen.

„Nicki ist gestern abend nach St. Petersburg abgereist, aber auf Anordnung der Duma haben die Eisenbahnbeamten den Zug in der Station Dno aufgehalten und nach Pskow abgelenkt. Er ist so gut wie allein im Zug. Eine Abordnung von Dumamitgliedern soll ihn in Pskow sprechen und ihm ihr Ultimatum unterbreiten."

Weiter nichts. Er war in fürchterlicher Hast.

Wieder verging ein Tag voll wilder Gerüchte. Die Zarinwitwe, Olga und ich, wir fanden keine Worte mehr. Wir starrten einander schweigend an. Sie dachten an den Sohn und Bruder, ich dachte an das Reich.

Mein Adjutant weckte mich beim Morgengrauen. Seine Lippen waren blau. Er reichte mir ein einzelnes, bedrucktes Blatt. Es war das Manifest der Abdankung. Nicki wollte sich nicht von Alexis trennen und übergab den Thron an Mischa. Ich setzte mich im Bett auf und las es noch einmal. Nicki mußte den Verstand verloren haben. Seit wann verzichtete ein Herrscher wegen Brotmangels und Unruhen in der Hauptstadt auf den Thron? Der Verrat der St. Petersburger Reservemannschaften? Aber er hatte eine Armee von 15 000 000 Mann zur Verfügung! Das Ganze, samt seiner unvorsichtigen Fahrt nach St. Petersburg, schien im Jahre 1917 lächerlich. So scheint es auch noch im Jahre 1932.

Ich kleidete mich an und ging, einer Mutter das Herz zu brechen. Wir bestellten einen Zug und reisten nachmittags ins Hauptquartier ab, da wir mittlerweile erfahren hatten, Nicki habe die „Erlaubnis" (!) erhalten, dem Hauptquartier einen Abschiedsbesuch abzustatten.

Bei unserer Ankunft in Mohilew wurde unser Zug auf den „Zarenperron" verschoben, von dem der Zar bei seinen Reisen nach St. Petersburg einzusteigen pflegte. Eine Minute später fuhr Nickis Wagen vor dem Bahnhofseingang vor. Er ging langsam den Bahnsteig entlang, begrüßte die beiden Kosaken, die am Eingang des Waggons seiner Mutter standen, und trat ein. Er war blaß, aber sonst verriet nichts an ihm den Autor des entsetzlichen Manifests. Er blieb zwei Stunden mit der alten Zarin allein. Sie hat mir nie gesagt, was der Gegenstand ihres Gespräches war. Als ich aufgefordert wurde, einzutreten, saß sie laut schluchzend in ihrem Stuhl, während er unbeweglich stand, auf seine Füße hinabsah und natürlich rauchte. Wir umarmten einander. Ich wußte nichts zu sagen. Die Ruhe seines Wesens bewies seine feste Überzeugung von der Richtigkeit seines Entschlusses; und doch tadelte er seinen Bruder Mischa, weil er sich weigerte, den Thron anzunehmen, und Rußland ohne Herrscher ließ.

„Das hätte Mischa nicht tun sollen", schloß er bündig. „Ich möchte wissen, wer ihm den sonderbaren Rat gegeben hat."

Diese Bemerkung aus dem Munde eines Mannes, der ein Sechstel der Erdoberfläche einem Pöbel betrunkener Reservisten und aufrührerischer Arbeiter überantwortet hatte, machte mich sprachlos. Nach einer peinlichen Pause versuchte er eine flüchtige Erklärung der Gründe seiner Handlungsweise zu geben. Er nannte hauptsächlich drei: erstens seine Abneigung, Rußland in einen Bürgerkrieg zu stürzen, zweitens seinen Wunsch, die Armee von der Politik fern und imstande zu halten, den Verbündeten hilfreich zu sein, drittens seine Überzeugung, daß die provisorische Regierung Rußland besser regieren werde als er.

Keiner dieser Gründe machte Eindruck auf mich. Schon damals, am zweiten Tag der neuen Ära der Freiheit, war es klar, daß wir ein gegenseitiges Morden und den Zusammenbruch unserer Armee sehen sollten. Ein vierundzwanzigstündiges Straßengefecht in den Vororten St. Petersburgs hätte die Ordnung wiederhergestellt.

Nicki zog einen Stoß Telegramme hervor, Antworten der

verschiedenen Kommandanten auf seine Aufforderung, ihm Vorschläge zu unterbreiten. Mit Ausnahme General Gurkos erwiesen sich alle als hinterhältige Feiglinge – unter ihnen auch Brussilow, Alexejew und Russky – und rieten zur augenblicklichen Abdankung des Herrschers. Er hatte übrigens nie viel von ihnen gehalten, und der ganze Haufe Verräter wäre ihm gleichgültig gewesen, aber da fand sich, ganz unten, noch ein Telegramm, das seine Abdankung forderte und mit Großfürst Nikolaus Nikolajewitsch unterzeichnet war.

„Auch er", sagte Nicki, und seine Stimme brach zum erstenmal.

Das Mittagessen wurde angekündigt. Ich glaube, Baron Fredericks und einige Mitglieder der engeren Begleitung des Zaren saßen mit uns zu Tisch. Ich sage: „ich glaube", denn mein Blick war völlig verschleiert. Lieber möchte ich am Marterpfahl sterben als diese Mahlzeit noch einmal durchleben. Oberflächliche Gespräche, tröstliche Lügen, übertriebene Höflichkeit der Dienerschaft, das tränenüberströmte Gesicht meiner Schwiegermutter, ein Blick auf Nikkis Hand, wie er eine neue Zigarette in die Spitze steckte, meine eigenen folternden Gedanken, ob ich vielleicht nicht alles getan hatte, was ich konnte, um das Unheil aufzuhalten, die Erinnerung an Alix im Bett, mit dem Ausdruck kalten Hasses im Blick! – Mein Kopf schmerzte, meine Ohren summten. Ich aß mechanisch und suchte Nickis Blick auszuweichen.

Nachmittags sah ich meinen Bruder Sergej mit dem Durchlesen des ersten Erlasses der Provisorischen Regierung beschäftigt. Die Soldaten aller Kompanien, Bataillone, Regimenter usw. wurden von den neuen Regierenden aufgefordert, ihre eigenen Verwaltungskörper – Sowjet – zu bilden und darüber zu entscheiden, welche Offiziere sie beizubehalten wünschten. Derselbe Erlaß Nr. 1 sprach die Abschaffung der militärischen Disziplin, der Ehrenbezeigung vor Offizieren usw. aus.

„Das ist das Ende der russischen Armee", sagte Sergej. „Hindenburg selbst hätte es nicht besser machen können. Die

Besatzung von Wyborg hat schon ihre Offiziere ermordet. Andere werden dem Beispiel folgen."

Wir blieben noch drei Tage im Hauptquartier; jede Minute dieser Zeitspanne ist in mein Gedächtnis eingebrannt.

Erster Tag

General Alexejew ersucht uns, im großen Saal des Hauptquartiers zu erscheinen, wo Nicki eine Ansprache an die Mitglieder seines früheren Stabes halten soll. Um elf Uhr vormittags ist der Saal gedrängt voll. Generäle, Offiziere und Personen des Hofstaats sind anwesend. Nicki tritt ein – ruhig, zurückhaltend, mit dem Schatten eines Lächelns auf den Lippen. Er dankt dem Stab und ersucht alle, ihre Arbeit „im gleichen Geiste der Treue und Selbstaufopferung" fortzusetzen. Er fordert sie auf, alle Zwietracht zu vergessen, Rußland zu dienen und unsere Armee zum Sieg zu führen. Dann nimmt er Abschied, in kurzen, militärisch klingenden Sätzen, unter Vermeidung aller Ausdrücke, die Rührung andeuten könnten. Seine Bescheidenheit macht ungeheuren Eindruck. Wir rufen „Hoch", wie wir es in den letzten dreiundzwanzig Jahren nicht gerufen haben. Ältere Generäle beginnen zu weinen. Noch ein Augenblick, und irgend jemand muß vortreten und Nicki anflehen, seinen Entschluß rückgängig zu machen. So etwas wäre nutzlos: Der russische Zar kann sein Wort nicht zurücknehmen. Nicki verneigt sich und geht. Wir essen zu Mittag, wir essen zu Abend. Unser Gespräch schleppt sich hin. Wir sprechen von unseren Kindertagen im Palast von Livadia in der Krim.

Die Nacht verbringe ich damit, die festlich beleuchtete Stadt zu betrachten und die Jubelrufe der feiernden Menge anzuhören. Die Fenster des Salonwagens der alten Zarin sind erleuchtet. Die Provinzialregierung zögert mit der Entscheidung, ob es dem Zaren gestattet sein soll, sich zu seiner Familie nach Zarskoje Selo zu begeben, und Nicki ist in Sorge um Alix. Sie ist allein im Norden, und ihre vier Töchter sind an Masern erkrankt.

Zweiter Tag

General Alexejew fordert uns auf, der Provisorischen Regierung den Treueid zu leisten. Er scheint gehobener Stimmung; die neuen Herrscher hatten versprochen, ihn in Anerkennung seiner Zusammenarbeit mit den Revolutionären zum Armeeoberkommandanten zu ernennen.

Truppen nehmen vor dem vom Zaren bewohnten Hause Aufstellung. Ich erkenne die Uniform seiner persönlichen Bedeckung. Das St. Georgs-Bataillon (aus den Rittern dieses hohen Ordens gebildet), eine Abteilung des Eisenbahnbataillons, meine eigene Fliegertruppe und alle Offiziere des Stabes sind ebenfalls anwesend.

Wir stehen hinter General Alexejew. Ich möchte wissen, was die anderen empfinden; ich meinesteils vermag nicht zu verstehen, wie irgend jemand einer Vereinigung von Ränkeschmieden, die soeben den eigenen Eid gebrochen haben, einen Treueid leisten kann. Der Priester singt Worte, die ich nicht hören will. Ein Tedeum folgt. Zum erstenmal seit den dreihundertundfünf Jahren zaristischer Regierung wird der Name des Herrschers im Gebet nicht erwähnt. Meine Gedanken schweifen zu Nicki, der bis zum Schluß der Feierlichkeit in seinem Zimmer verbleibt. Was muß er in diesem Augenblick leiden! Die Provisorische Regierung geruhte, seiner Bitte zu willfahren, und seine Abreise ist für morgen festgesetzt. Um vier Uhr nachmittags sollen er und Sergej nach St. Petersburg, die Zarinmutter und ich nach Kiew abreisen.

Die Abwesenheit aller anderen Mitglieder der kaiserlichen Familie demütigt mich tief. Haben sie Angst, ihr Erscheinen im Hauptquartier könnte ihre Stellung gegenüber der Provisorischen Regierung gefährden, oder wurde ihnen untersagt, die Reise zu unternehmen? Ich weiß die Antwort auf diese Frage nicht.

Dritter Tag

Wir speisen gemeinsam. Nicki gibt sich Mühe, seine Mutter aufzurichten. Er hofft, sie „bald" wiederzusehen. Es wird darüber gesprochen, daß er nach England gehen könnte, aber lieber bliebe er in Rußland. Dreiviertel vier Uhr. Sein Zug hält dem unseren gegenüber. Wir stehen auf. Er bedeckt das Gesicht seiner Mutter mit Küssen, wendet sich mir zu, und wir umarmen einander. Er geht hinaus, überschreitet den Bahnsteig und besteigt seinen Salonwagen. Die Herren der Duma, die ins Hauptquartier gekommen waren, um Nicki nach St. Petersburg zu geleiten und nebenbei seine Adjutanten auszuhorchen, schütteln General Alexejew die Hand. Sie tauschen herzliche Grüße. Ohne Zweifel haben sie alle Ursache, dem General dankbar zu sein.

Nickis Zug pfeift und setzt sich langsam in Bewegung. Er steht an der großen Spiegelscheibe des Salonwagenfensters. Er lächelt und winkt mit der Hand. Sein Gesichtsausdruck ist unendlich traurig. Er trägt eine einfache, khakifarbene Bluse mit dem St. Georgskreuz im Knopfloch. Jetzt, da der Zug des Zaren nur noch ein Streifen Rauch am Himmel ist, weint die alte Zarin hemmungslos. Mein Bruder Sergej kommt herein. In zehn Minuten reist er nach St. Petersburg ab. „Viel Glück, Sergej!" – „Leb wohl, Sandro!" Wir wissen beide, daß wir einander nie mehr wiedersehen werden. Unser Zug fährt langsam an. In das Abteil zurücktretend, lege ich den Rock ab und bemerke das Fehlen des kaiserlichen Namenszuges, den ich dreißig Jahre auf den Achselstücken getragen habe. Ich erinnere mich – die Provisorische Regierung hat eine Verordnung darüber erlassen.

Achtzehntes Kapitel

DIE RETTUNG

I

Nach meiner Rückkehr aus dem Hauptquartier hatte ich an meine Familie zu denken, die in jenem Augenblick aus meiner Schwiegermutter (der Zarinmutter Marie), meiner Gattin (Großfürstin Xenia), meiner Schwägerin (Großfürstin Olga), meinen sechs Söhnen und Olgas Gatten, Kulikowski, bestand. Meine Tochter Irene und ihr Gatte, Fürst Jussupow, der wegen seiner Teilnahme an der Ermordung Rasputins auf sein Landgut bei Kursk verbannt war, trafen einige Wochen später in der Krim mit uns zusammen.

Ich für meine Person wäre gern in Kiew geblieben, weil es der Front näher lag. Da ich keine Bitterkeit gegen das Volk empfand, hoffte ich, der Armee von Nutzen sein zu können. Ich hatte zehn Jahre meines Lebens der Ausgestaltung des Militärflugwesens gewidmet, und der Gedanke, mich von meiner mir lieb gewordenen Arbeit zu trennen, war mir verhaßt.

Während der ersten zwei Wochen geschah nichts, das uns beunruhigt hätte. Wir bewegten uns auf der Straße inmitten der fröhlichen Menge und standen seitwärts als Zuschauer der großen Demonstrationen, die zu Ehren der neuerrungenen Freiheiten veranstaltet wurden.

Zu jeder Tageszeit fanden zahllose Versammlungen statt; Volksredner versprachen Frieden, Wohlstand und Glück für jedermann. Es war einigermaßen schwer zu begreifen, wie all das verwirklicht werden sollte, während der Krieg noch zu Ende zu führen war, aber man mußte wohl der natürlichen Übertreibung russischer Beredsamkeit etwas zugute halten.

Die Leute schienen mir sehr freundlich gesinnt zu sein. Sie hielten mich auf der Straße an, gaben mir die Hand und sagten, sie wüßten um meine freiheitliche Gesinnung. Offiziere und Soldaten fuhren fort, mir bei einer Begegnung die Ehrenbezeigung zu leisten, obgleich die militärische Disziplin durch den berühmten „Erlaß Nr. 1" des St. Petersburger Sowjet abgeschafft worden war.

All das schien zu gut, um wahr zu sein. Unblutige Revolutionen werden nur im Film gemacht, und man mußte mit dem deutschen Generalstab rechnen. General Ludendorff hätte seine Tressen nicht verdient, wenn er sich die wundervollen Gelegenheiten hätte entgehen lassen, die unsere inneren Unruhen boten. Es war tatsächlich die allerletzte Möglichkeit für ihn, das Losbrechen der russischen Offensive des Jahres 1917 hintanzuhalten. Kein deus ex machina hätte Deutschland einen besseren Dienst erweisen können, als diese unerwartete Wendung der Ereignisse es tat.

Ende März hatten die deutschen Agenten in St. Petersburg und in der Provinz die Situation ganz in der Hand. Es wäre müßig, darüber zu grübeln, ob die Bolschewikenführer Geld von Ludendorff annahmen oder nur von seinem freundlichen Angebot Gebrauch machten, sie in einem versiegelten Auto Deutschland passieren zu lassen. Um Lenin selbst zu zitieren: „Ich nähme auch vom Teufel Geld, wenn ich dadurch die Sache der Revolution fördern könnte."

Lenin und Ludendorff, zwei seltsame Verbündete, gaben sich keiner Täuschung übereinander hin. Sie waren gewillt, eine Strecke Weges gemeinsam zu marschieren, solange dies jeden seinem Ziel näher brachte. Der General versuchte, ernst zu bleiben, wenn er an den Theoretiker Lenin dachte. Ungefähr zwanzig Monate später lachte sich der Kommunist ins Fäustchen, als der Berliner Pöbel seiner Anhänger den Versuch machte, den Helden von Tannenberg unter den Linden aufzuknüpfen.

Eine Anzahl neuer Schlagworte erschien in großen Buchstaben auf den Fahnen, die bei den begeisterten Umzügen in Kiew einhergetragen wurden.

„Wir verlangen sofortigen Frieden!"

„Wir wollen unsere Männer und Söhne wieder zu Hause haben!"

„Nieder mit der kapitalistischen Regierung!"

„Zur Hölle mit den Dardanellen! Wer braucht Konstantinopel?"

„Kämpft für die augenblickliche Ukrainisierung der Ukraine!"

Diese letzte Forderung – ein Meisterwerk deutscher Strategie – muß erklärt werden. Das Wort Ukraine bezog sich auf das ausgedehnte südwestliche Gebiet Rußlands, das im Westen an Österreich, im Norden an Mittelrußland, im Osten an das Dongebiet grenzte. Als seine Hauptstadt galt Kiew, und sein Hafen Odessa am Schwarzen Meer führte Weizen, Korn, Zukker usw. aus. Jahrhunderte hatte es als Kriegsschauplatz der ständigen Plänkeleien zwischen den Polen und den freien Kosakenbanden gedient, die sich selbst den Namen „Ukrainer" beilegten. Zar Alexej Michailowitsch unterwarf es im Jahre 1649 seinem Zepter, und im Lauf der Jahre blühte es ungemein auf. Katharina die Große hatte als erste seine landwirtschaftliche und industrielle Zukunft vorausgesehen. Neunundneunzig Prozent der Bevölkerung sprachen, lasen und schrieben Russisch, aber eine kleine Gruppe von Fanatikern bestand auf Gewährung des gleichen Rechts für die ukrainische Sprache. Man spottete in vielen Witzblättern über sie. Tatsächlich wäre es weniger lächerlich gewesen, wenn die Hamburger Seeleute die Annahme ihres Plattdeutsch von den Berliner Schulen verlangt hätten.

Kaiser Wilhelm hatte seine russischen Vettern oft damit aufgezogen, aber was vor der Revolution ein Scherz war, nahm im März 1917 plötzlich die Riesenmaße eines Alptraums an.

Die Führer der ukrainischen Lostrennungsbewegung wurden rasch in das deutsche Hauptquartier berufen, wo man ihnen die Errichtung eines freien Staates versprach, wenn es ihnen gelänge, die russische Armee im Rücken zu lähmen.

Millionen von Flugblättern überschwemmten Kiew und die umliegenden Städte. „Die Russen müssen hinaus aus der Ukraine!" verlangten ihre Verfasser. „Wenn sie den Krieg fortführen wollen, so sollen sie ihn auf eigenem Boden auskämpfen."

Eine Abordnung wütender Nationalisten fuhr nach St. Petersburg und verlangte von der neuen Regierung die Erlaubnis zur Aufstellung einer ukrainischen Armee, die aus den in verschiedenen russischen Armeekorps dienenden Soldaten gebildet werden sollte. Sogar die radikalsten Mitglieder der Provisorischen Regierung erkannten, daß die ganze Sache nach Hochverrat aussah und die Armee von innen her zu vernichten drohte, aber die Bolschewikenführer der Sowjet traten wie ein Mann für das unsinnige Projekt ein. Dem Verlangen der Ukraine wurde stattgegeben. Fast gleichzeitig begann der deutsche Generalstab, Divisionen von der Ostfront abzuziehen und nach Frankreich zu senden. Die russische Dampfwalze war in Stücke geschossen.

2

Durch diesen Erfolg ermutigt, verdoppelte die Vereinigung deutscher Agenten, russischer Drückeberger und ukrainischer Nationalisten ihre Bemühungen. Der Angriff gegen die alten Einrichtungen wurde verstärkt durch einen Mahnruf, sich vor den Feinden der Revolution zu hüten. Der Augenblick nahte heran, wo das Niederreißen der Standbilder ehemaliger Zaren die Menge nicht mehr befriedigte. Über Nacht änderten die Tagesblätter von Kiew ihre Haltung gegen unsere Familie.

„Das ganze Herrscherhaus muß im Schmutz verrecken", verkündete ein volkstümlicher Zeitungschreiber, und das Bewerfen mit Schmutz begann. Nie mehr erwähnte man den Liberalismus meines Bruders Nikolaus oder die erhabene Selbstlosigkeit Großfürst Michaels. Alle waren wir jetzt nur noch „Romanow, Feinde der Revolution und des russischen Volkes".

Meine arme Schwiegermutter, tief betrübt über das ungewisse Schicksal ihres kaiserlichen Sohnes, konnte diesen neuen Schimpfnamen, der unseren ehemaligen Titeln zugesellt wurde, nicht ertragen. Ich versuchte vergebens, ihr den unerbittlichen Lauf aller Revolutionen klarzumachen. Die fast achtzigjährige Frau konnte nicht verstehen, warum man die Familie, die Rußland Peter den Großen, Alexander I. und ihren eigenen geliebten Gatten, Alexander III., geschenkt hatte, der Feindschaft gegen das russische Volk anklagte.

„Mein unglücklicher Nicki mag manche Fehler begangen haben, aber zu sagen, er sei ein Feind des Volkes, – oh, niemals, niemals …"

Sie bebte vor Empörung. Sie blickte mich an, als wollte sie sagen: „Du weißt, daß es nicht wahr ist. Du weißt, daß es eine glatte Lüge ist. Warum tust du also nichts, um es zu verhindern?"

Mir blutete das Herz. Das Gefühl meiner eigenen Demütigung verschwand bei Betrachtung dessen, was das Leben ihr angetan hatte. Sie, die entzückende Prinzessin Dagmar von Dänemark, hatte vor fünfzig Jahren Jugend, Schönheit und Glück dem Dienst dieses fremden Landes geopfert. Sie erlebte es, daß ihr gutherziger Schwiegervater, Alexander II., mit durch die Bombe eines Terroristen zerfleischten Gliedern in den Palast getragen wurde. Unfähig, es zu verhindern, und zu hilflos, um sich dagegen aufzulehnen, mußte sie mit ansehen, wie ihr Gatte sich in ein vorzeitiges Grab arbeitete, und nun hatte das Schicksal sie, Hunderte von Meilen von ihren Söhnen entfernt, hier in diese Landstadt verschlagen, wo die Leute ukrainisch reden wollten. Sie konnte nicht glauben, daß Nicki aufgehört hatte, Zar zu sein, und wenn dem so wäre, müßte nicht ihr Enkel Alexis den Thron erben? Oh, hatte Nikki für beide verzichtet? Schön, was war es dann mit ihrem Lieblingssohn Michael? Konnte der neue Zar seine Mutter nicht dorthin bringen, wo sie hingehörte?

Meine früheren Untergebenen erschienen jeden Morgen und baten mich, abzureisen, solange noch die Möglichkeit bestehe, von der Regierung die Erlaubnis zum Besuch meiner Güter in der Krim zu erhalten. Es ging das Gerücht, Nikolaus II. und alle Großfürsten sollten nach Sibirien verbannt werden, obwohl am 2. März vereinbart worden war, der Zar könne zwischen England und der Krim wählen. Kerenski, damals der einzige Sozialist im ersten revolutionären Kabinett, hatte einigen Freunden mitgeteilt, Lloyd George habe sich geweigert, den früheren Zaren in England aufzunehmen. Der englische Gesandte in Rußland, Sir George Buchanan, veröffentlichte sofort eine Richtigstellung, aber Zeit war verlorengegangen, und die wirklichen Herren der Situation, die Häupter der St.-Petersburger Sowjet, bestanden auf der Verbannung nach Sibirien.

Ich bat meine Schwägerin, ihr Möglichstes zu tun, um die alte Zarin zu überreden, in die Krim zu reisen. Zuerst begegnete sie einem starren Nein. Niemals wollte die alte Zarin einwilligen, noch weiter von Nicki entfernt zu sein. Wenn diese neue unmenschliche Regierung Nicki nicht gestattete, nach Kiew zu kommen – es war uns endlich gelungen, sie zum Erfassen der Sachlage zu bringen –, warum sollte sie ihn nicht in seinem Zwangsaufenthalt im Norden aufsuchen? Alix, seine Gattin, sei zu jung, um das Leid allein zu tragen. Sie sei überzeugt, Nicki bedürfe seiner Mutter.

Ihre Tochter mußte nachgeben, so schön war das Gefühl der Mutter in seiner Aufrichtigkeit. Schließlich, so sagte Olga, müsse man sich dem Willen des Höchsten unterwerfen. Sollte das Schlimmste kommen, so wollten sie es gemeinsam tragen.

Zweifellos bemühten sich einige wohlmeinende, von unserer Lage gerührte Freunde, allen zu ihrer Verfügung stehenden politischen Einfluß geltend zu machen, denn ein Regierungsvertreter erschien in unserem Haus und überbrachte den Befehl, wir hätten sofort nach der Krim abzureisen. Der Sowjet des Bezirkes stimmte von Herzen bei, denn er hielt es für „eine große Gefahr für das revolutionäre Rußland, Feinde des Volkes so nahe der deutschen Front zu halten".

Wir mußten meine Schwiegermutter fast mit Gewalt zum Bahnhof bringen. Sie weigerte sich bis zum letzten Augenblick und erklärte sich bereit, festgenommen und ins Gefängnis geworfen zu werden.

3

Bei unserer Ankunft in Ay-Todor – die Reise war unter starker Bedeckung von Marinesoldaten erfolgt – erhielten wir eine lange Liste von Verboten aus der Hand eines Herrn, der den volltönenden Titel eines Sonderbevollmächtigten der Provisorischen Regierung trug.

Wir hatten uns als Gefangene zu betrachten, deren Bewegungsfreiheit auf die Grenzen des Besitztums beschränkt war – die 70 Hektar von Wasser begrenzten Parklands von Ay-Todor machten diese Beschränkung ziemlich erträglich, andere Vorschriften jedoch schufen uns viele Demütigungen.

Patrouillen bewaffneter Seeleute, die mit Rücksicht auf ihre radikale Gesinnung ausgesucht waren, hatten das Recht, unsere Wohnräume zu jeder Tages- und Nachtstunde zu betreten. Ohne besondere Erlaubnis des Bevollmächtigten der bei allen Mahlzeiten zugegen zu sein hatte, konnten wir weder Briefe absenden noch empfangen. Ein Dolmetsch folgte ihm auf dem Fuße, für den Fall, daß wir versuchten, in einer fremden Sprache Pläne gegen die Revolution zu entwerfen. Freunde, die uns zu besuchen wünschten, mußten sich beim Kommen und Gehen einer Leibesvisitation unterziehen.

Der Bestand an Kerzen und Petroleum wurde jeden zweiten Tag aufgenommen. Der Grund dieser Maßregel schien meinem altmodischen Verstand etwas unklar, und ich beteuerte dem Bevollmächtigten, daß wir kein Mittel besäßen, um aus Kerzen und Petroleum Bomben zu erzeugen.

„Das ist es nicht", sagte er errötend. „Es geschieht, um die Sowjet zu beruhigen. Man denkt, Sie könnten der türkischen Flotte Signale geben."

Es hätte einer tüchtigen Kerze bedurft, um der einige vierhundert Meilen weit im Bosporus liegenden Flotte Signale zu geben, aber diese törichte Bemerkung öffnete mir die Augen über die unsichere Stellung des Bevollmächtigten. Er vertrat die Provisorische Regierung, während die Matrosen die Interessen der Sowjet wahrten. Zwischen beiden Organisationen bestand kein gutes Verhältnis. Die Matrosen mißtrauten dem Bevollmächtigten, und der Bevollmächtigte sah ängstlich auf die an ihren Gürteln hängende Auswahl von Handgranaten. Als ehemaliges Mitglied des russischen Parlaments, in einer gutbürgerlichen Familie aufgewachsen und gut erzogen, hatte er das Bestreben, durchzuhalten, in der Überzeugung, daß in ein paar Monaten das Land zum normalen Leben zurückkehren und die Macht in den Händen seiner Freunde lassen werde. Gleich allen verantwortungsscheuen Liberalen Rußlands stand er zwischen zwei Feuern, und seine völlige Unaufrichtigkeit vermochte nicht, die zynischen Matrosen zu täuschen. Sie behandelten ihn mit offensichtlicher Verachtung, mißachteten seine Befehle und weigerten sich sogar, sich bei seinem Eintritt von den Sitzen zu erheben. Wie sehr er sich auch Mühe gab, die größte Unhöflichkeit gegen mich und die Mitglieder meiner Familie an den Tag zu legen, die Bolschewiken fuhren fort, ihn zu beschuldigen, daß er Verschwörungen zur Flucht Großfürst Nikolaus', des ehemaligen Oberkommandierenden der Armee, anzettele, der kurz nach uns in Begleitung seiner Gattin (Großfürstin Stana) und seines Bruders (Großfürst Peter) in der Krim angekommen war.

Nie verließ ein sorgenvoller, ängstlicher Ausdruck das Gesicht des Bevollmächtigten. Verstohlene Blicke auf seine gefürchteten Gehilfen werfend, pflegte er uns in einem Ton anzureden, der ihre revolutionäre Grobheit nachzuahmen versuchte. Im April noch „ehemaliger Großfürst Alexander", wurde ich im Mai „Admiral Romanow". Am 1. Juni war ich einfach „Bürger Romanow" geworden. Ein Wort des Widerspruchs meinerseits hätte ihn überglücklich gemacht. Meine Gleichgültigkeit machte alle seine Absichten zunichte. Er war verzweifelt. Er starrte die alte Zarin an und hoffte vergebens, daß wenigstens sie Einspruch erheben werde. Ich bezweifle, daß sie ihn je beachtet hat. Von früh bis abends saß sie auf der Veranda und las in ihrer alten Familienbibel, die sie auf allen Reisen begleitet hatte, seit sie zu Beginn der sechziger Jahre des vorigen Jahrhunderts Dänemark verließ.

Der Sonderbevollmächtigte einer Regierung, die Freiheit, Gleichheit und Brüderlichkeit für alle versprach, versuchte schließlich sein Glück bei meinem jüngsten Sohn. Er mußte wohl irgendwo gehört haben, daß in der französischen Revolution ähnliche Methoden angewendet wurden. Er redete den Knaben in der Sprache Robespierres an, um in jeder Weise sein Vorbild nachzuahmen. Mein Sohn verbesserte seine Fehler in der französischen Ausdrucksweise. Das war der ganze Erfolg.

Meine Frau lachte, ich aber hatte eine gewisse Vorahnung der Gefahr. Beunruhigende Nachrichten aus dem Norden kündeten die bevorstehende Machtergreifung durch die Sowjet an. Um sich bei ihnen in Gunst zu erhalten, wäre unserem Wächter kein Preis zu hoch gewesen.

4

Ich fuhr aus dem Schlaf auf. Etwas Kaltes berührte meine Stirn. Ich hob die Hand, um festzustellen, was es sei, aber eine rauhe Stimme sagte in drohendem Ton: „Nicht gerührt, oder ich schieße auf der Stelle!"

Ich öffnete die Augen und sah die Umrisse zweier über unser Bett gebeugter Gestalten. Nach dem durch die Fenster sikkernden grauen Licht zu urteilen, mußte es ungefähr vier Uhr sein.

„Was wollt ihr von uns?" fragte meine Frau. „Wenn ihr auf meinen Schmuck aus seid, den findet ihr auf dem kleinen Tischchen dort im Winkel."

„Der kümmert uns nicht", antwortete die gleiche Stimme. „Es geht um euch Aristokraten. Mit euch ist's aus. Das ganze Haus ist umstellt. Wir sind die Vertreter des Sowjet von Sebastopol. Ich möchte euch raten, unseren Befehlen zu gehorchen!"

So war das Unvermeidliche gekommen! Ich bemühte mich, kühl und zurückhaltend zu bleiben, und versicherte dem kaum sichtbaren Sprecher, daß wir mit Vergnügen seinen Befehlen nachkämen, aber er möge die Güte haben, das Licht anzudrehen und seine Vollmacht vorzuweisen.

„Heda, ihr!" rief er jemand zu, „macht Licht! Bürger Romanow wünscht die Unterschrift des siegreichen Proletariats zu sehen."

Man hörte derbes Lachen, und noch einige Gestalten traten aus der Finsternis des angrenzenden Ganges hervor.

Das Licht flammte auf. Das Zimmer war voll von Matrosen, deren Bewaffnung von einer Art war, wie man sie sonst nur in komischen Filmen zu sehen bekommt.

Die Vollmacht gestattete eine „gründliche Durchsuchung der Ay-Todor genannten Örtlichkeit, die von dem gefangenen Bürger Alexander Romanow, dessen Gattin Xenia und ihren Kindern bewohnt ist."

„Könntet ihr nicht diese Pistolenmündungen von unseren Stirnen entfernen und uns gestatten, Toilette zu machen?" schlug ich vor, denn ich dachte, seine Zustimmung zu meinem Verlangen werde erkennen lassen, daß man uns ins Gefängnis überführen wolle.

Er erriet meine Gedanken und lächelte boshaft:

„Du brauchst dich nicht anzukleiden, Bürger Romanow. Wir schaffen dich noch nicht weg. Steh ganz still auf und führe uns im Haus umher!"

Er winkte seinem Genossen und entfernte den Lauf seiner Pistole um einige Zoll von meiner Stirn.

Ich mußte lachen: „Habt ihr solche Angst vor zwei unbewaffneten Menschen?"

„Wir dürfen bei den Feinden des Volks keine Gefahr laufen", sagte er ernsthaft, „falls ihr verborgene Wandöffnungen oder Klingelknöpfe oder dergleichen habt."

„Darf ich rauchen?"

„Meinetwegen. Aber weißt du, versuche nicht, Zeit zu gewinnen! Wir müssen an die Arbeit. Zuerst wollen wir den großen Schreibtisch in der Bibliothek sehen. Gib mir die Schlüssel! Es wäre schade, das Möbel aufzubrechen, es ist Eigentum des Volkes."

Diese Bemerkung gab mir die Erklärung für den Beutezug. Das kriecherische Gesicht des Bevollmächtigten der Provisorischen Regierung kam mir in den Sinn. Sooft ich meine Briefe und Dokumente ordnete, kam er ohne besonderen Anlaß in die Bibliothek und warf einen zögernden Blick auf die offenen Schubladen des Schreibtisches.

Ich zog die Schlüssel unter dem Kopfkissen hervor.

„Hier sind sie, aber wo ist der Bevollmächtigte der Provisorischen Regierung?"

„Der ist nicht nötig. Wir werden auch ohne ihn fertig. Zeig uns jetzt den Weg!"

Umringt von Matrosen, die noch immer nach meinem Kopf zielten, führte ich die Schar den Korridor entlang. Es müssen mindestens fünfzig Matrosen im Haus gewesen sein. Wir begegneten an jeder Tür einer Gruppe von ihnen.

„Eine gute Leistung", lobte ich den Anführer. „Sogar die alte Zarin und die Kinder werden mindestens durch sechs zu eins überwältigt."

Er beachtete den Spott nicht und wies zum Fenster: drei Lastautos voll Mannschaft, mit auf eigenen Plattformen angebrachten Maschinengewehren, standen auf dem Rasen.

Ich war ihm beim Öffnen des Schreibtisches behilflich. Er ergriff ein Päckchen Briefe mit ausländischen Marken.

„Verkehr mit dem Feind? Kein schlechter Anfang!"

„Leider irrst du dich. Dies alles sind zufällig Briefe von der Hand meiner englischen Anverwandten."

„Und dieser hier?"

„Der ist aus Frankreich."

„Frankreich oder England, das ist uns einerlei. Kapitalistische Feinde der arbeitenden Klasse!"

Als er zehn Minuten lang gesucht hatte, gelang es ihm endlich, das Schubfach zu erreichen, das Briefe in einer für ihn verständlichen Sprache enthielt. Er las sie langsam.

„Briefwechsel mit dem ehemaligen Zaren", urteilte er. „Verschwörung gegen die Revolution."

„Warum siehst du nicht auf das Datum? Dies wurde vor der Revolution geschrieben."

„So ist es! Nun, ich denke, ich werde lieber den Genossen in Sebastopol die Entscheidung überlassen."

„Willst du damit sagen, daß ihr meine persönliche Korrespondenz wegnehmen wollt?"

„Das will ich wahrhaftig. Wir haben Spezialisten in derlei Dingen. Was mich interessiert, ist die Munition. Wo hast du die Maschinengewehre?"

„Soll das ein Witz sein?"

„In vollem Ernst. Ich verspreche dir hier vor den Kameraden, niemand etwas zuleide zu tun, wenn du die Maschinengewehre friedlich auslieferst. Wir finden sie früher oder später doch, aber dann wird es für dich und deine Familie viel schlimmer sein."

Es war zwecklos, das Gespräch weiterzuführen. Ich zündete eine Zigarette an und machte es mir in einem Stuhl bequem.

„Eins – zwei – drei" –, er stand drohend auf – „suchen wir oder suchen wir nicht?"

„Das mußt du besser wissen."

„Mir auch recht. Kommt, Genossen, an die Arbeit!"

Um sechs Uhr abends machten sie sich auf den Heimweg nach Sebastopol; sie ließen das Haus völlig verwüstet zurück und nahmen meine Privatkorrespondenz und die Bibel meiner Schwiegermutter mit. Die alte Zarin bat, ihr doch nicht dies teure Andenken aus ihrer Jugendzeit zu rauben, und bot ihren Schmuck zum Tausch dafür.

„Wir sind keine Diebe", sagte der Anführer, sehr verärgert über den Mißerfolg des Beutezuges. „Das da ist ein antirevolutionäres Buch, und eine alte Frau wie du sollte sich etwas Besseres wissen, als ihren Verstand mit solchem Zeug zu vergiften."

Zehn Jahre später bekam meine Schwiegermutter in Kopenhagen ein Paket, das ihre Bibel enthielt: ein dänischer Diplomat, der Moskau besuchte, hatte sie bei einem Raritätenhändler erstanden. Sie starb, das Buch in den Händen.

5

Im Frühherbst hatte der Auflösungsprozeß seinen Höhepunkt erreicht. Die Divisionen, Brigaden und Regimenter des

Vorjahres hörten auf zu bestehen, und Scharen plündernder Deserteure überschwemmten das Hinterland.

Der Oberkommandierende der Schwarzen-Meer-Flotte in Sebastopol, Admiral Koltschak, reiste nach St. Petersburg, auf dem Weg nach den Vereinigten Staaten, wo er freiwillig in der amerikanischen Marine dienen wollte. Bis zum letzten Augenblick war er bestrebt, die Disziplin aufrechtzuerhalten, aber die Sowjet lockten seine Untergebenen mit anziehenderen Schätzen. Ihr Versprechen, alles in den Banken der Stadt Krim liegende Geld den Matrosen als Beute zu lassen, war nicht zu überbieten. So zerbrach denn Koltschak das ihm für besondere Tapferkeit verliehene goldene Schwert, warf es mit theatralischer Geste ins Meer und reiste ab.

Bei meinen täglichen Spaziergängen im Park sah ich häufig den Großfürsten Nikolaus Nikolajewitsch. Früher hatten politische Meinungsverschiedenheiten unseren Verkehr gespannt gestaltet, doch die Tiefe unseres gemeinsamen Kummers hätte jeden Wortwechsel überflüssig gemacht, aber ich glaube auch, der ehemalige Oberkommandierende der russischen Armeen begann zu diesem späten Zeitpunkt die Richtigkeit meiner unbeachtet gelassenen Warnungen einzusehen.

Jeden Tag erwarteten wir die Nachricht vom Sturz der Provisorischen Regierung, und unsere Gedanken weilten bei unseren Angehörigen. Mit Ausnahme des Zaren und seiner Familie, die nach Tobolsk in Sibirien verschickt waren, befanden sich alle in St. Petersburg. Meine Brüder Nikolaus, Sergej und Georg wären heute noch am Leben, wenn sie zu uns nach Ay-Todor gekommen wären. Von Oktober 1917 an bekam ich keine Nachrichten mehr aus dem Norden und hörte erst in Paris im Jahre 1919 von ihrem tragischen Schicksal.

Es kam ein Morgen, an dem der Bevollmächtigte nicht wie gewöhnlich erschien. Das konnte nur eine einzige Bedeutung haben. Wir begannen uns auf die peinliche Begegnung mit den neuen Beherrschern Rußlands vorzubereiten. Gegen Mittag hielt ein staubbedecktes Automobil vor unserem Tor, und ein schwerbewaffneter Riese in Seemannsuniform entstieg ihm. Nach kurzem Gespräch mit der Wache trat er unangemeldet ein.

„Ich bin von der Sowjetregierung beauftragt", sagte er mit einem gewissen Stolz, „die Aufsicht über diesen Besitz zu übernehmen."

Ich forderte ihn zum Sitzen auf.

„Ich kenne dich", fuhr er fort, „du bist der ehemalige Großfürst Alexander. Erinnerst du dich meiner nicht mehr? Ich diente im Jahre 1916 in deiner Fliegerschule."

Ich hatte zweitausend Fliegerschüler unter meinem Kommando gehabt und natürlich seine Gesichtszüge nicht im Gedächtnis behalten, aber es machte das Bekanntwerden mit diesem neuen Gefängniswärter viel leichter.

Er erklärte, daß „strategische Gründe" unsere sofortige Übersiedlung nach dem benachbarten Gut „Dulber" erforderten, das meinem Vetter, dem Großfürsten Peter, gehörte.

Es war schon recht lange her, daß ich diesen militärischen Ausdruck vernommen hatte. Was hatten „strategische Gründe" mit der Gefangennahme unserer Familie zu tun? Bereitete man sich auf eine Landung der Türken vor?

Er grinste. „Viel Schlimmeres als das. Die Genossen des Sowjet von Yalta bestehen auf deiner sofortigen Hinrichtung, aber der Sowjet von Sebastopol versprach mir, dein Leben zu schonen, bis wir Befehl vom Genossen Lenin hätten. Ohne Zweifel wird das Volk von Yalta versuchen, dich mit Gewalt zu entführen, und ich muß auf einen Angriff gefaßt sein. Dulber mit seinen hohen Mauern ist viel leichter zu verteidigen als Ay-Todor. Dein Besitz hier ist nach allen Seiten offen."

Er wies eine sorgfältig gezeichnete Planskizze von Dulber vor, auf der in roter Tinte die zur Aufstellung von Maschinengewehren geeigneten Stellen mit Kreuzchen bezeichnet waren. Nie hätte ich gedacht, daß Großfürst Peters schöne Villa vom streng militärischen Standpunkt solche Vorzüge besitze. Als er vor Jahren mit dem Bau begann, spotteten wir über die unangemessene Höhe der festen Mauern und fragten ihn, ob er sich dem Berufe Blaubarts zu widmen gedächte. Unsere Witze erschütterten ihn nicht in seinen Entschlüssen. Er pflegte zu sagen, man könne nie voraussehen, was sich in ferner Zukunft ereignen werde. Dank dieser außergewöhnlichen Vorsorge verfügte der Sowjet von Sebastopol im November 1917 über ein wohlbefestigtes Gefängnis.

6

Die Ereignisse der folgenden fünf Monate rechtfertigten die weisen Vorsichtsmaßregeln unseres neuen Gefängniswärters. Jede zweite Woche sandte der Sowjet von Yalta Vertreter nach Dulber, um Unterhandlungen mit unseren unfreiwilligen Verteidigern anzuknüpfen.

Schwere Lastautos voll Mannschaft mit Maschinengewehren hielten vor den Mauern, und ihre Kommandanten verlangten eine Unterredung mit Genosse Zadorojni, dem Bevollmächtigten des Sebastopoler Sowjet. Der wackere Genosse Zadorojni – er maß in Strümpfen seine 195 cm – näherte sich dann wohl dem Tor und fragte nach dem Zweck des freundschaftlichen Besuchs. Die Gefangenen, die bei solchen Anlässen den Befehl hatten, innerhalb des Hauses zu bleiben, horchten durch die offenen Fenster und konnten bald das folgende Zwiegespräch auswendig:

„Zadorojni, wir haben deine Redensarten satt. Der Sowjet von Yalta beansprucht sein Recht auf die Romanow, das ihnen von den Sebastopolern ungesetzlich vorenthalten wird. Wir geben dir fünf Minuten Bedenkzeit."

„Ihr Kerle bringt mir die Galle zum Steigen. Sagt dem Sowjet von Yalta, er soll sich zum Teufel scheren! Ich habe gute Lust, euch Blei aus Sebastopol kosten zu lassen."

„Wieviel hast du von den Aristokraten bekommen, Genosse Zadorojni?"

„Genug, um für euer Begräbnis zu bezahlen."

„Der Vorstand des Sowjet von Yalta wird über eure antirevolutionäre Tätigkeit an Genosse Lenin Bericht erstatten. Wir werden dich lehren, die Regierung der arbeitenden Klasse nicht zum Narren zu halten!"

„Bringt mir den Befehl Genosse Lenins, und die Gefangenen gehören euch. Und sprecht mir nicht von der arbeitenden Klasse. Ich bin ein alter Bolschewik. Ich gehörte schon zur Partei, als du noch wegen Diebstahls im Gefängnis warst."

„Das Wort sollst du bereuen, Genosse Zadorojni!"

„Ach, halt's Maul, und mach, daß du wegkommst!"

Der Sprecher des Sowjet von Yalta, ein junger Mensch, der lederne Hosen und einen Lederrock trug, versuchte häufig, die Bedienungsmannschaft der Maschinengewehre, die er zwar nicht von Angesicht sehen konnte, deren Anwesenheit er aber irgendwo auf der anderen Seite der von Efeu bekleideten Mauer vermutete, durch Reden zu gewinnen. Er sprach ihnen von der historischen Notwendigkeit, die Gegenrevolutionäre zu enthaupten, er appellierte an den Geist „proletarischer Gerechtigkeit" und erwähnte, wie unabwendbar der Galgen für alle Verräter sei. Sie blieben stumm. Von Zeit zu Zeit warfen sie nach ihm mit kleinen Steinchen oder mit Zigarettenenden.

Wie Zadorojni sich in seiner farbigen Sprache ausdrückte: jeder seiner Jungens würde mit Vergnügen einen Großfürsten erschießen, aber nicht eher, als bis er den Befehl des Sowjet von Sebastopol dazu hätte. Zadorojnis Ansicht von revolutionärer Disziplin war auf der Annahme aufgebaut, daß die bolschewistische Regierung nur durch den Sowjet von Sebastopol über die Halbinsel Krim herrsche und der Sowjet von Yalta aus unverläßlichen Leuten bestehe, die für Kommunisten gälten.

Großfürst Nikolaus wollte nicht begreifen, warum ich Zadorojni gestattete, mich in längere Gespräche zu verwickeln.

„Bilde dir nicht ein", sagte er, „daß du diesen Menschen zu deiner Denkweise bekehrst! Ein Wort von seinen Vorgesetzten, und er wird dich kaltlächelnd erschießen."

Es ist wohl überflüssig, zu erwähnen, daß mir dies ebenso klar war wie ihm. Aber es lag etwas eigenartig Anziehendes in der rauhen Art und der offenkundigen Absicht unseres Hüters. Jedenfalls zog ich seine Aufrichtigkeit der Heuchelei des Bevollmächtigten der Provisorischen Regierung vor. Jeden

Abend, vor dem Zubettgehen, pflegte ich Zadorojni halb im Scherz zu fragen: „Nun, besteht Aussicht, daß wir in den nächsten acht Stunden erschossen werden?" Sein Versprechen, „nichts Endgültiges zu unternehmen", falls nicht während der Nacht eine Depesche aus dem Norden käme, gewährte mir so viel Beruhigung, als unter den Umständen möglich war.

Mein Vertrauen machte offenbar Eindruck auf ihn, und er holte sich oft in den geheimsten Angelegenheiten bei mir Rat. Ich half ihm, eine neue Reihe von Befestigungen an die Linie der Maschinengewehre anzufügen, sowie seinen täglichen Bericht an den Sowjet von Sebastopol über das Benehmen der gefangenen ehemaligen Großfürsten und ihrer Familien zu verfassen.

Endlich wandte er sich in einer Angelegenheit außerordentlich delikater Natur an mich. „Denk nur", begann er verlegen, „die Burschen in Sebastopol haben Angst, die gegenrevolutionären Generäle könnten ein Unterseeboot für euch alle hierher schicken!"

„Aber, Zadorojni, wie kannst du so unklug sein? Weißt du nach all den Jahren, die du in der Marine gedient hast, wirklich noch nicht, daß ein Unterseeboot hier unmöglich landen kann? Sieh dir doch die Felsen am Ufer entlang an! Bedenke die Flut und die Tiefe der Bucht! Ein Unterseeboot kann wohl in Yalta oder in Sebastopol landen, aber niemals hier in Ay-Todor."

„Das habe ich ihnen auch gesagt, aber was zum Teufel verstehen die von Unterseebooten? Heute nacht schicken sie ein paar Scheinwerfer her, und das Dumme ist, keiner meiner Leute kann damit umgehen. Möchtest du uns aus der Verlegenheit helfen?"

Ich willigte sofort ein, zu tun, was in meiner Macht stünde, um das sagenhafte Unterseeboot zu stören, das angeblich mich und meine Familie in Sicherheit bringen sollte. Meine Angehörigen waren völlig verblüfft über mein wiederholtes Kommen und Gehen mit Zadorojni. Als die Scheinwerfer sachgemäß aufgestellt waren, luden wir alle ein, sie in Tätigkeit zu sehen.

Meine Gattin meinte, Zadorojni werde mich vielleicht sogar ersuchen, die Gewehre der Schützenabteilung zu laden.

7

Das Fehlen jeglicher Nachricht bildete die größte Entbehrung, der wir durch unsere Gefangenschaft ausgesetzt waren. An die Knappheit der Nahrung hatten wir uns gewöhnt. Wir lachten über das hundertprozentig vegetarische Rezept, um ein Wiener Schnitzel aus Kohl und gelben Rüben zu bereiten. Aber bei allem Sinn für Humor konnten wir den Trübsinn nicht bannen, den die Lektüre der Sowjetzeitungen verbreitete. Da standen spaltenlange Berichte über Hetzreden Trotzkis und Lenins, doch, ob der Vertrag von Brest-Litowsk wirklich von der Einstellung der Feindseligkeiten gefolgt war, blieb unerwähnt, und die ausweichende Art, wie die Zeitungschreiber die Ereignisse im Südwesten behandelten, ließ uns vermuten, daß die Sowjet in Kiew und Odessa auf irgendeinen geheimnisvollen Feind gestoßen sein mußten. Zadorojni schützte völlige Unkenntnis vor, aber seine häufigen Telephongespräche mit Sebastopol ließen auf seine Besorgnisse schließen.

Der Sowjet von Yalta fand ein neues Verdachtsmoment während seines Briefwechsels mit der Zentralregierung. Man beschuldigte uns, General Orlow, den Unterdrücker des revolutionären Aufstands in Estland vom Jahre 1907, zu verbergen; aus Moskau kam ein Befehl zur Hausdurchsuchung unter Aufsicht unseres ständigen Besuchers, der Zadorojnis Feind war.

Tatsache war, daß bei uns ein ehemaliger Adjutant des Zaren namens Orlow lebte, der aber nichts mit jenem General Orlow gemein hatte. Sogar der feurige Redner aus Yalta mußte zugeben, daß unser Orlow in Anbetracht seines Alters im Jahre 1907 nicht General gewesen sein konnte. Trotzdem wollte er ihn zur gründlichen Feststellung der Identität durch die estländischen Kameraden mitnehmen.

„Das wirst du nicht tun!" schrie Zadorojni, durch diese Einmischung wütend gemacht. „Der Befehl aus Moskau lautet auf General Orlow, aber er gibt dir kein Recht, den ehemaligen Fürsten Orlow festzunehmen. Mir dürft ihr nichts weismachen. Ich kenne euch. Ihr würdet ihn draußen niederschießen und nachher behaupten, er sei General Orlow gewesen und ich hätte ihn verbergen wollen. Macht, daß ihr hinauskommt!"

Der junge Mann in der Lederjacke erblaßte.

„Genosse Zadorojni", bettelte er mit zitternder Stimme, „bitte, laß es zu, oder es wird mir etwas Fürchterliches zustoßen. Meine Jungens sind so erbost über die fortwährenden Abstecher nach Dulber, daß es mir schlecht gehen wird, wenn ich nicht irgendeinen Gefangenen mitbringe."

„Das ist deine Sache", höhnte Zadorojni. „Du hast mich umbringen wollen und dir selbst das Grab gegraben. Hinaus mit dir!"

Er öffnete das schwere Tor und warf seinen Feind hinaus.

Gegen Mitternacht klopfte Zadorojni an unsere Schlafzimmertür und rief mich heraus. Er flüsterte heiser: „Wir sitzen in der Patsche. Ich muß scharf nachdenken. Diese Schurken aus Yalta haben ihn erschossen."

„Erschossen? Wen? Orlow?"

„Nein, Orlow liegt in seinem Bett. Er ist wohlauf. Sie haben die plappernde Vogelscheuche erschossen. Genau, wie er es vorausgesagt hat, wurden sie wütend, weil er mit leeren Händen kam, und haben ihn auf dem Weg nach Yalta erschossen. Jetzt ist der Teufel los. Sebastopol hat mich eben angerufen, ich soll mich auf einen großen Angriff gefaßt machen. Sie schicken mir sofort fünf Lastautos mit Mannschaft, aber Yalta ist näher als Sebastopol. Ich fürchte keine Maschinengewehre, doch wenn Yalta Artillerie schickt? Geh nicht zu Bett! Bleib hier in der Nähe! Wenn es zum Schlimmsten kommt, kannst du den Jungens die Gewehre frisch laden."

Ich konnte ein Lächeln nicht unterdrücken. Meine Frau hatte recht gehabt.

„Ich weiß, es klingt wunderlich", gab Zadorojni zu, „aber es handelt sich darum, dich bis zum Morgen am Leben zu erhalten. Wenn mir das gelingt, dann bist du überhaupt gerettet."

„Was soll das heißen? Hat sich die Regierung entschlossen, uns in Freiheit zu setzen?"

„Frage mich nicht weiter! Bleib nur hier!" Er ging rasch weg und ließ mich in Verwirrung zurück.

Ich saß auf der Veranda. Die Aprilnacht war warm, und der starke Duft des Flieders erfüllte die Luft. Ich wußte, daß die Dinge ungünstig für uns standen. Nie würden die Mauern von Dulber einer Beschießung durch Artillerie standhalten. Die Verstärkungen aus Sebastopol konnten im besten Fall gegen vier Uhr morgens eintreffen, während die langsamsten Lastautos die Entfernung zwischen Yalta und Dulber in wenig mehr als einer Stunde zurücklegten.

Meine Frau trat in die Tür und fragte, was los sei.

„Ach, nichts Besonderes. Zadorojni hat mich nur ersucht, nach den Scheinwerfern zu sehen. Sie sind wieder in Unordnung geraten."

Ich fuhr zusammen, denn ich glaubte, in der Ferne das Geräusch eines Autos zu vernehmen.

„Sag mir die Wahrheit", bat sie. „Ich sehe, du bist besorgt. Was ist los? Ist es etwas wegen Nicki? Hast du schlimme Nachrichten aus dem Norden bekommen?"

Ich wiederholte ihr Wort für Wort, was mir Zadorojni erklärt hatte. Sie atmete erleichtert auf. Sie glaubte nicht, daß uns diese Nacht Gefahr drohe. Sie hatte das Vorgefühl, unsere Leiden würden bald enden. Ich widersprach ihr nicht. Ich bewunderte ihren Glauben und ihren Mut.

Die Zeit schlich träge dahin. Die Uhr im Eßzimmer schlug eins. Zadorojni ging an der Veranda vorbei und sagte, man könne sie jetzt jeden Augenblick erwarten.

„Es tut mir leid", sagte meine Frau, „daß sie Mutters Bibel weggenommen haben. Ich hätte gern eine Seite willkürlich aufgeschlagen, wie wir als Kinder zu tun pflegten, und den Vers gelesen, auf den das Schicksal meinen Finger legt."

Ich ging in die Bibliothek und brachte ihr eine Taschenausgabe der Bibel, die von den Plünderern übersehen worden war. Sie schlug das Buch auf, und ich zündete ein Streichholz an. Es war die Offenbarung Johannis, 2. Kapi-

tel, Vers 28: „Und ich will ihm geben den Morgenstern."
Ihr Vertrauen übertrug sich auf mich, ich schlummerte in dem Lehnstuhl ein. Als ich die Augen öffnete, sah ich Zadorojni vor mir. Er rüttelte mich an der Schulter. Ein freundliches Lächeln erhellte sein Gesicht.

„Wie spät ist es, Zadorojni? Ich muß ein paar Augenblicke geschlummert haben."

„Ein paar Augenblicke?" Er lachte hell auf. „Du meinst wohl, drei Stunden. Es ist vier Uhr. Die Lastautos aus Sebastopol sind soeben eingetroffen, mit Waffen und allem."

„Was ist's mit Yalta?"

„Das kann ich mir nicht erklären. Sie hätten schon längst hier sein sollen. Wenn nicht ..."

„Wenn was?"

Er schüttelte den Kopf und ging zurück zum Tor.

Um sechs Uhr klingelte das Telephon. Ich hörte Zadorojnis Stimme, die laut und aufgeregt wiederholte: „Ja, ja, ja. Ich werde bestimmt tun, was Sie wünschen."

Wieder erschien er auf der Veranda. Zum erstenmal während der ganzen fünf Monate sah ich ihn fassungslos.

„Kaiserliche Hoheit", sagte er mit niedergeschlagenen Augen, „der deutsche General wird in einer Stunde hier sein."

„Der deutsche General? Du bist verrückt, Zadorojni! Was ist dir geschehen?"

„Bis jetzt ist mir nichts geschehen", antwortete er, „aber es sieht so aus, als werde mir etwas geschehen, wenn Sie mich nicht schützen."

„Wie kann ich dich schützen? Ich bin ein Gefangener."

„Nicht mehr. Die Deutschen haben vor zwei Stunden Yalta besetzt. Sie haben soeben telephoniert und gedroht, mich aufzuknüpfen, wenn Ihnen innerhalb der nächsten Stunde etwas zustoßen sollte."

Meine Frau sah ihn scharf an. Sie dachte, der Mann sei verrückt geworden.

„Nun, nun, schon gut, Zadorojni! Sprich keinen Unsinn! Die Deutschen sind mehr als fünfzehnhundert Kilometer von der Krim entfernt."

„Ja, wenigstens dieses Geheimnis habe ich vor Eurer Kaiserlichen Hoheit hüten können. Die Deutschen haben vorigen Monat Kiew besetzt und seither täglich dreißig bis vierzig Kilometer zurückgelegt. Ich bitte aber, daran zu denken, Kaiserliche Hoheit, daß ich Ihnen nie unnötige Leiden verursacht habe. Ich hatte meinen Befehlen nachzukommen."

Mit Worten läßt sich der Eindruck nicht schildern, den der Riese bot, der beim Gedanken an die anmarschierenden Deutschen zitterte und mich mit meinem vollen Titel ansprach.

„Mach dir keine Sorgen, Zadorojni!" sagte ich, ihm auf die Schultern klopfend. „Du warst ungemein gut zu uns. Ich habe nichts gegen dich."

„Wie ist's aber mit den Großfürsten Nikolaus und Peter?"

Wir lachten beide, und meine Frau beruhigte Zadorojni durch die Versicherung, sie werde selber dafür sorgen, daß keiner der älteren Großfürsten eine Klage gegen unseren gewesenen Gefängniswärter erhebe.

Nie werde ich die Verblüffung des deutschen Generals, der Punkt sieben Uhr eintraf, vergessen, als ich ihn ersuchte, die unter Zadorojnis Kommando stehende Matrosenabteilung als Wache in Ay-Todor und Dulber zurückzulassen. Im ersten Augenblick glaubte er, die lange Gefangenschaft habe meinen Verstand getrübt.

„Aber, das ist ganz unmöglich!" rief er mit dem Ärger eines preußischen Offiziers, der sich einem unlogischen Vorschlag gegenüber sieht. Ich solle bedenken, daß Kaiser Wilhelm und mein kaiserlicher Neffe, der deutsche Kronprinz, ihm nie verzeihen würden, wenn er diese „blutigen Mörder" in nächster Nähe der Anverwandten seiner Kaiserlichen Majestät frei herumlaufen ließe!

Ich mußte ihm schwören, seinem Herrscher schriftlich meine Bereitwilligkeit zu bestätigen, die Verantwortung für diese „verrückte Idee" zu übernehmen. Auch dann noch murmelte er mit halber Stimme etwas über „diese phantastischen Russen".

8

Nach den Bestimmungen des Waffenstillstands mußten die Deutschen die Halbinsel Krim und alle anderen im Frühjahr 1918 von ihnen besetzten Teile des ehemaligen russischen Reiches räumen.

Die englische Flotte erschien vor Sebastopol, und ihr Oberkommandierender, Admiral Calthorpe, übermittelte uns das Anerbieten Seiner Britannischen Majestät, uns ein Schiff für die Reise nach England zur Verfügung zu stellen. Meine Schwiegermutter dankte ihrem königlichen Neffen für die freundliche Aufmerksamkeit, wollte jedoch die Krim nicht verlassen, wenn ihr nicht gestattet würde, einige Dutzend Freunde mitzunehmen, die auf der sogenannten „schwarzen Liste" der Bolschewiken standen. König Georg erklärte sich in gewohnter Liebenswürdigkeit damit einverstanden, und alles bereitete sich zur Reise.

Mich drängte es, die leitenden Persönlichkeiten der verbündeten Regierungen, die gerade in Paris versammelt waren, zu sprechen und ihnen einen Bericht über die Lage in Rußland zu geben. Ich schrieb einen Brief an Admiral Calthorpe und bat ihn, meine Abreise vor der unserer Gesellschaft zu ermöglichen, die Anfang März 1919 stattfinden sollte. Er schickte einen Zerstörer nach Yalta, um mich nach Sebastopol zu bringen, und es war vereinbart worden, daß ich noch denselben Abend an Bord S.M.S. „Forsythe" abreisen sollte.

Es war seltsam, die Stadt Sebastopol lustig in den amerikanischen, englischen, französischen und italienischen Farben beflaggt zu sehen. Vergebens spähte ich nach einer russischen Flagge oder einem russischen Kriegsschiff aus. Beim Anblick der Stechpalmen, die meine Kabine schmückten, erinnerte ich mich, daß am russischen 11. Dezember europäischer Weihnachtsabend ist. Es wäre entschieden geschmacklos gewesen, die Festfreude meiner Gastgeber durch den Anblick meines Kummers zu stören, daher bat ich, mich von der Teilnahme an der Mahlzeit zu entschuldigen, und ging auf Deck.

Wir beschleunigten unsere Fahrt, und die Lichter des Festlands wurden undeutlicher. Als ich mich dem offenen Meer zuwenden wollte, erblickte ich das Leuchtfeuer von Ay-Todor. Es war auf dem Land aufgerichtet, das meine Eltern und ich fünfundvierzig Jahre hindurch bebaut hatten. Wir hatten die Gärten angelegt und die Reben gepflanzt. Meine Mutter war stolz auf ihre Blumen und Früchte. Als Knaben mußten wir unsere Hemden durch eine Serviette schützen, wenn wir die riesengroßen saftigen Birnen verzehrten. Seltsam, daß ich so viele Menschen und Ereignisse vergessen habe und die Erinnerung an das Aroma und die Süße dieser Birnen bewahre. Noch seltsamer aber, daß ich nach fünfzig Jahren vergeblicher Versuche, mich von der Lebensführung eines Großfürsten zu befreien, nun die Freiheit an Bord eines britischen Kriegsschiffes gewann.

Neunzehntes Kapitel

DIE NACHWEHEN

I

Paris roch nach Winter, nach gebratenen Kastanien und Holzkohlenfeuern.

Vor dem Café de la Paix stand ein blinder Musikant und sang mit tremolierender Stimme die fröhlichen Verse von „Madelon de la Victoire":

> Oh, Madelon, remplis les verres,
> Et chante avec les poilus,
> Nous avons gagné la guerre,
> Hein, crois-tu qu'on les a eust[1]

---

[1] Komm, Madelon, füll uns die Kannen
Und sing mit uns, den braven Blauen,
Wir sind's, die diesen Krieg gewannen,
Was meinst Du, wurden sie verhauen?

Die Schlußzeile, die in scharfem Stakkato den Tritt marschierender Soldaten nachahmt, verlangte nach der Begleitung auf die Marmortischchen hämmernder Fäuste – aber die himmelblauen Franzosen und die in Khaki gekleideten Engländer und Amerikaner saßen unbeweglich. Der Waffenstillstand dauerte schon zwei Monate, und sie fühlten sich alle ärmer in Erkenntnis der Schwierigkeiten, die der Rückkehr in das Leben entgegenstanden, das mit dem 1. August 1914 aufgehört hatte. Sie wußten sich um ihre Jugend betrogen und wollten alles vergessen, was an den Krieg erinnerte.

Ich fuhr nach Versailles und nahm den Bericht über die Lage in Rußland mit, den ich während der Fahrt nach Frankreich an Bord des englischen Kriegsschiffes „Forsythe" ausgearbeitet hatte. Gern hätte ich vor Eröffnung der Friedenskonferenz mit Georges Clemenceau gesprochen, obwohl die hochgestellten Vertreter der verbündeten Mächte, die ich in Konstantinopel und Rom aufgesucht, der Tätigkeit Lenins, Trotzkis und anderer Inhaber fremdklingender Namen nur bescheidenes Interesse zugewendet hatten.

„Machen Sie sich keine Sorgen, Kaiserliche Hoheit", sagte mir ein französischer General, der auf seine Siege im Orient stolz war, „wir stehen im Begriff, eine oder zwei Divisionen in Odessa zu landen, mit dem strikten Befehl, geradewegs nach Moskau zu marschieren. Sehr bald werden Sie wieder in ihrem Palast in St. Petersburg wohnen."

Ich dankte dem Herrn für seine freundlichen Worte, da ich nicht ganz allein die Riesenaufgabe übernehmen wollte, die Unwissenheit des offiziellen Europa auszurotten. Im Grunde genommen konnte er wohl keine sehr hohe Meinung von den Führern eines Regimes haben, das Donquichoterie genug besaß, um der Sicherung der militärischen Vormachtstellung Frankreichs Millionen von Russen zu opfern.

Ich erhoffte mir bei Clemenceau ein etwas besseres Ergebnis. Der allgemein bekannte Zynismus des alten Mannes half ihm anscheinend, die wirklichen Tatsachen in dem dichten Gewirr volltönender Phrasen und törichter Theorien zu erkennen. Ich konnte nicht einen Augenblick glauben, daß er nicht imstande sein werde, die weltenweiten Ausmaße der bolschewistischen Gefahr zu erkennen.

In einigen Tagen sollte die Friedenskonferenz beginnen. In den Gängen des historischen Palasts der französischen Könige summte es bereits von Gerüchten und Intrigen. Rumänen, Tschechoslowaken, Portugiesen und andere zweifelhafte Teilhaber des Sieges balgten sich um die Leichen der drei gefallenen Reiche. Ich gedachte der berühmten Worte Bismarcks: „Die Rumänen sind keine Nation, sie sind ein Beruf."

Niemand wollte daran denken, daß das frühere russische Reich auf Seiten der Verbündeten gekämpft hatte; zahlreiche russische Provinzen wurden im voraus an Rumänien, an die neugeschaffenen Staaten Polen, Finnland, Estland, Lettland, Litauen, Georgien und Aserbeidschan vergeben, welche in Versailles durch ehemalige russische Kleinstadtadvokaten vertreten waren, die sich jetzt als außerordentliche Gesandte gebärdeten.

Die Vertreter der siebenundzwanzig in Versailles versammelten Nationen schworen auf den Präsidenten Wilson, aber in Wirklichkeit wurde das ganze Theater von den sogenannten Großen Vier – den Pranzosen, Engländern, Italienern und Japanern – geleitet. Angesichts der wohlbekannten Züge ihrer Vertreter begriff ich, daß der Kanonenschuß des Waffenstillstands das Wiedererwachen der Kräfte blinder Selbstsucht bedeutete: die Bedingungen des Ewigen Friedens sollten durch dieselben Staatsmänner ausgearbeitet werden, die den Krieg verschuldet hatten! Der Scherz schien zu ungeheuerlich, sogar für die Diplomaten der alten Schule, aber dort, an eine Säule gelehnt, stand händedrückend und Witzworte prägend Arthur Balfour, der viele Jahre seines Lebens der Aufgabe gewidmet hatte, Zwietracht zwischen Berlin und London zu säen.

„Hier bin ich", schien sein seltsames Lächeln zu sagen, „bereit, meine Beine unter den Konferenztisch zu strecken in Gesellschaft eines Rudels alter Füchse, die sich verflucht anstrengten, die Menschenschlächterei zu veranstalten. Alle großen Leitartikel mögen noch so sehr das Gegenteil behaupten, aber die ganzen vier Kriegsjahre haben an der Rollenbesetzung unseres kleinen Dramas nichts ändern können."

Abgesehen von der amerikanischen Abordnung, die aus unerfahrenen, leidlich unschuldigen Männern bestand und stark von Oberst House, dieser Sphinx ohne Rätsel, beeinflußt wurde, hätte jeder zweite Bevollmächtigte in Versailles leicht als Teilnehmer an dem Verbrechen des Jahres 1914 angeklagt werden können.

Keinem der allwissenden Zeitungskorrespondenten schien es angezeigt, das Vorleben der Friedensstifter nachzuschlagen. Es war das Los des Obersten T. E. Lawrence[1], beim Anblick der gepriesenen Diplomaten wohlgewählte Flüche zu murmeln. Ein wenig theatralisch aussehend in den flatternden, weißen Gewändern eines Beduinenkriegers, erkannte der jugendliche Held Arabiens vom ersten Verhandlungstag an, daß die Großen Vier vorhatten, das Versprechen zu brechen, das er im Jahre 1915 den Häuptlingen der Wüstenstämme als Gegenleistung für ihre sehr nötige Hilfe gegen die Türken gegeben hatte. Als lebendige Verkörperung eines ewigen Einspruchs wandelte der arme Lawrence durch die zierlichen Gärten von Versailles und blickte voll Haß auf die feinen, aristokratischen Züge und die schlotternde Kleidung Arthur Balfours. Ich empfand Mitgefühl für ihn. Wir beide redeten von der Vergangenheit zu Leuten, die nur die Gegenwart anerkannten. Wir beide kamen, um Staatsmänner, die niemals ihren Verpflichtungen nachgekommen waren, an geleistete Dienste zu erinnern. Beide versuchten wir, an die Ehre von Menschen zu appellieren, für die das Wort „Ehre" nichts anderes bedeutete als irgendein im Lexikon unter „E" zu findendes Wort.

„Monsieur le Président möchte Sie sehr gern sehen und sprechen", sagte mir der Sekretär Georges Clemenceaus, „aber er ist augenblicklich so sehr mit Arbeit überhäuft, daß er mich beauftragt hat, Sie an seiner statt zu empfangen."

Im ursprünglichen Französisch klang der Satz vorzüglich. Jetzt darober nachdenkend, erkenne ich die sorgfältige Wahl des Ausdrucks und die tadellose Satzstellung an. Im Januar

---

[1] Seine Werke: Aufstand in der Wüste. Die Sieben Säulen der Weisheit. Beide im Paul List Verlag Leipzig.

1919 besagte er, daß der Ministerpräsident Frankreichs und Vorsitzende der Friedenskonferenz, Georges Clemenceau, nicht von Rußland belästigt werden wollte, da eine gerechte Behandlung Rußlands seinen Plänen zur Belohnung Polens und Rumäniens hinderlich gewesen wäre.

„Welches sind Herrn Clemenceaus Absichten gegenüber dem früheren Verbündeten Frankreichs?" fragte ich und bemühte mich, meinen Ärger zu unterdrücken.

Der junge Mann lächelte verbindlich. Er genoß die Gelegenheit, sich als Haupt der französischen Regierung aufzuspielen. Er begann mit großem Genuß zu sprechen. Er sprach eine ganze Weile. Ich unterbrach ihn nicht. Ich saß ganz still, ich dachte an etwas anderes, das sich im Jahre 1902, während Präsident Loubets Besuch in St. Petersburg, ereignet hatte. Monsieur Loubet sprach genau so gut wie dieser junge Vertreter Georges Clemenceaus, nur der Gegenstand seiner in Gegenwart des russischen Zaren gehaltenen Rede war ein wenig verschieden. Jetzt erklärte man mir, warum Frankreich sich nicht in die Angelegenheiten Osteuropas einmischen könne, während man damals Nikolaus II. das feierliche Versprechen gab, daß „kein ungünstiger Wind je imstande sein werde, die Flamme der traditionellen russisch-französischen Freundschaft zu verlöschen". Der offizielle Sprecher des siegreichen Frankreich bot mir einen bequemen Stuhl an und ersuchte mich, nach Belieben zu rauchen, während Herr Loubet so weit gegangen war, ein wundervolles Schwert aus Gold und Elfenbein, das auf dem edelsteingeschmückten Griff die Worte „Foederis Memor" graviert trug, am Grabe Zar Alexanders III. niederzulegen.

„Foederis Memor!" „Ich werde stets unseres Bündnisses eingedenk sein."

Siebzehn vergangene Jahre hatten über die lateinische Inschrift gesiegt. Im Jahre 1919 beauftragte der Premierminister Frankreichs seinen Sekretär damit, einem Vetter desselben Zaren Alexanders III. mitzuteilen, daß er viel zu beschäftigt sei, um sich der von seinem Vorgänger unterzeichneten Verträge zu erinnern. Allerdings zahlte im Jahre 1902 die russische Regierung noch die jährlichen Zinsen der von französischen Kapitalisten gezeichneten russischen Anleihe, und die Russische Armee war noch gewillt, ihr Blut für die Sache Frankreichs zu vergießen.

„Sie sehen also", schloß der Sekretär Georges Clemenceaus, „wie die Umstände die Sachlage ändern. Wären die unglücklichen Ereignisse in Rußland nicht eingetreten, so wären wir natürlich nur allzugern bereit, unseren Vertrag wortgetreu zu erfüllen."

„Natürlich", sagte ich.

„Aber wie die Dinge jetzt liegen, muß Frankreich an die Zukunft denken. Wir sind es unseren Kindern schuldig, die Möglichkeit einer deutschen Revanche in Betracht zu ziehen. Daher müssen wir einfach eine Kette von Staaten längs der deutschen Ostgrenze schaffen, die stark genug sein werden, die früher von Rußland erfüllten Pflichten auf sich zu nehmen."

„Bei alledem bin ich mir noch nicht klar darüber, was Ihre Regierung gegen den Bolschewismus zu unternehmen gedenkt."

„Oh, das ist ganz einfach", und der junge Diplomat zuckte die Achseln. „Bolschewismus, Kaiserliche Hoheit, ist nur die Krankheit besiegter Nationen. Herr Clemenceau hat dem russischen Problem größte Aufmerksamkeit gewidmet. Er meint, es wäre nützlich, gegen die Sowjetregierung die Blockade zu erklären."

„Was zu erklären?"

„Die Blockade, einen sanitären Grenzkordon, wie sich Monsieur Clemenceau ausdrückt. Die Sowjetregierung könnte keine Waren kaufen oder verkaufen. Eine Art ungeheurer Umzäunung wird um Rußland errichtet. In wenigen Monaten werden die Bolschewiken gezwungen sein, sich zu ergeben, und die Wiederaufrichtung einer legitimen Regierung ist ermöglicht."

„Ist Ihr Vorgesetzter gewillt, die Verantwortung für die namenlosen Leiden zu tragen, die sein Plan über das unschuldige russische Volk bringen muß? Bedenkt er, daß Millionen von Kindern dem Hungertod entgegensehen?"

Der junge Mann verzog das Gesicht: „Kaiserliche Hoheit,

dem russischen Volk wird dadurch ein kräftiger Anstoß zur Erhebung gegeben."

„Da irren Sie sehr. Ich bin überzeugt, daß Monsieur Clemenceaus sanitärer Grenzkordon den Bolschewiken eine willkommene Waffe der Propaganda liefern wird. Ein Jahr der Blockade wird genügen, um die große Masse der russischen Bevölkerung um die Moskauer Regierung zu scharen. Es kann ja nicht anders sein. Setzen Sie sich an die Stelle eines Durchschnittsrussen, der nichts von Politik versteht, der aber entdeckt, daß Frankreich versucht, eine Hungersnot in seinem Lande zu verursachen! Bei aller Hochachtung vor den Erfolgen Monsieur Clemenceaus halte ich diese Idee für zugleich lächerlich und äußerst gefährlich."

„Was würden Sie vorschlagen?"

„Dasselbe, was ich dem französischen Oberkommandierenden im Orient vorgeschlagen habe. Kein Blutvergießen, keine Blockade! Tun Sie, was Deutschland im vorigen Sommer mit Erfolg in Südwestrußland getan hat. Schicken Sie eine Armee, die in unzweideutiger Weise erklärt, daß sie Frieden, Ordnung und Sicherheit für die Vornahme von Neuwahlen bringt!"

„Unsere Regierung kann es nicht verantworten, jetzt, nach Abschluß des Waffenstillstands, das Leben französischer Soldaten aufs Spiel zu setzen."

Ich sah ihn scharf an. Ich wünschte, Georges Clemenceau säße an seiner Stelle. Ich hätte ihn gern gefragt, ob er die Schlacht bei Tannenberg im August 1914 vergessen habe, in der 150000 russische Soldaten vorsätzlich in die von Ludendorff in Ostpreußen vorbereitete Falle getrieben wurden, um den Druck der deutschen Armeen gegen Paris zu vermindern. Ich hätte ihn auch daran erinnert, daß der wirkliche Name des Siegers an der Marne nicht Joffre, sondern Samsonow lautet –, Samsonow, der unglückliche Märtyrer von Tannenberg, der im voraus um sein Verderben und um das seiner Truppen wußte. Aber all das betraf die Vergangenheit, und nie noch hat man die Diplomaten beschuldigt, der Vergangenheit Einfluß auf die Zukunft zu gestatten. Also stand ich auf und ging.

Soviel von Monsieur Clemenceau und den Franzosen. Blieben Engländer, Amerikaner, Italiener und Japaner. Signor Orlando, der sehr liebenswürdige Premierminister Italiens, gestand ganz vergnügt seine Unfähigkeit, das russische Problem zu erfassen. Er hätte es gern gesehen, wenn seine Landsleute ihre von den Bolschewiken beschlagnahmten Besitztümer zurückerhalten hätten; doch kam dies nicht einer Bereitwilligkeit gleich, italienische Soldaten zur Durchführung dieser Aufgabe zu entsenden. Die innerpolitische Lage in Italien verschlimmerte sich immer mehr; eine um sechs Monate längere Dauer des Krieges hätte den zukünftigen „Idealstaat" Mussolinis zu einer Revolution nach russischem Muster geführt.

Die Japaner waren geneigt, um den Preis wichtiger territorialer Zugeständnisse in der Mandschurei und im asiatischen Rußland, Hilfe zu leisten. Ihre Forderungen reizten die Wut der amerikanischen Delegation. Präsident Wilson war ohne Zweifel ein großer Staatsmann und ein weitblickender Amerikaner in seinem kräftigen Widerstand gegen eine zukünftige Ausbreitung des japanischen Reichs, aber leider blieb er, was die russische Krise betraf, Kriegsschultheoretiker. Im Februar 1919 hielt Winston Churchill in der Geheimsitzung in Versailles eine flammende Rede und drängte den Präsidenten, sofortige Maßregeln gegen die Bolschewiken zu beschließen. Clemenceau lehnte sich in seinen Stuhl zurück und schloß die Augen, wie er zu tun pflegte, wenn das Gespräch sich um Dinge drehte, die nicht Frankreich betrafen. Signor Orlando sah Churchill verwundert an; da er kein Wort englisch verstand, wunderte er sich über Winstons Aufgeregtheit. Der kluge alte Japaner lächelte verbindlich und blinzelte schlau zu Wilson hinüber.

„Ich bedaure unendlich", sagte der Präsident aufstehend, eine Hand auf Clemenceaus Stuhllehne gestützt, „aber ich reise heute abend nach Amerika ab. Ich muß reichlich Zeit haben, um Churchills Antrag zu studieren. Rußland ist ein Problem, dessen Lösung zu kennen ich mir nicht anmaße."

Es verdient festgestellt zu werden, daß zur Zeit der Friedensverhandlungen Winston Churchill der einzige europäische

Staatsmann war, der die große Gefahr des Bolschewismus erfaßte. Seine alten Instinkte als „Kopfjäger" und die immer rege Einbildungskraft eines Glücksritters ließen ihn Maßnahmen in Betracht ziehen, die Raschheit und Zielsicherheit gewährleistet hätten. Heute wäre das Britische Reich der Sorge wegen des „Fünfjahrplans" enthoben, wenn die letzte Entscheidung der russischen Frage dem flammenden Winston zugekommen wäre. Wie die Dinge lagen, empfing die britische Delegation ihre Weisungen von Lloyd George und Arthur Balfour. Ersterer wußte nichts von Rußland; letzterer besaß alle typischen Eigenschaften eines „Kleinengländers". Lloyd George sprach des längeren über die vermutlichen Erfolge des „weißrussischen Generals Charkow", während Charkow der Name einer großen Industriestadt Südrußlands war und ist! Er überließ die ganze Sache Arthur Balfour, der die britische Anschauung auf folgende Art zusammenfaßte:

„Wir müßten uns gewiß weigern", erklärte der wegen seiner glänzenden Fähigkeiten und seines tiefen Verständnisses für auswärtige Politik berühmte Staatsmann, „unsere Streitkräfte nach vier Jahren angestrengten Kampfes über die ausgedehnten Gefilde Rußlands verstreut zu sehen, um politische Reformen in einem Staate durchzuführen, der nicht mehr unser kriegführender Verbündeter ist."

Weitere Bemühungen meinerseits wären entschieden wirkungslos gewesen. Wenn der größte Denker des modernen England den Kampf gegen die Sowjet als einen Versuch zur „Durchführung politischer Reformen in einem fremden Lande" bezeichnete, was konnte ich da von Menschen geringerer Bedeutung erwarten?

3

Der Vorfrühling des Jahres 1919 war Zeuge des Beginns einer Reihe kostspieliger Abenteuer der Verbündeten in Rußland, die nur den Bolschewiken dazu verhalfen, ihre Stellung als Verfechter der nationalen Unabhängigkeit Rußlands zu befestigen.

Um diese Zeit gab es in Rußland drei verschiedene Weiße Armeen, denen es gelungen wäre, die Sowjet zu schlagen, wenn ihnen von England und Frankreich die nötige Unterstützung geworden wäre.

General Denikin – dem früheren Oberkommandierenden der russischen Armeen im Jahre 1917 – gelang es, im nördlichen Kaukasus Fuß zu fassen, wo er auf die Hilfe der Kosaken der Provinzen Don, Kuban und Terek rechnete.

Admiral Koltschak – der frühere Oberkommandierende der Schwarzen-Meer-Flotte – hatte Sibirien für seine gegen die Roten gerichtete Tätigkeit ausersehen, weil er dachte, die Nähe Japans werde ihm reichliche Munitionszufuhr sichern.

General Judenitsch – der frühere Kommandant der Kaukasischen Armee – hatte vorzügliche Aussichten, sich St. Petersburgs zu bemächtigen: tatsächlich näherten sich im Spätsommer 1919 seine Kavalleriepatrouillen der Hauptstadt bis auf fünfzehn Kilometer.

So waren die Boleschewiken im Nordwesten, Südosten und im fernen Osten des Reichs bedroht. Die Rote Armee steckte noch in den Kinderschuhen, und sogar Trotzki selbst war geneigt, ihre Gefechtstüchtigkeit anzuzweifeln. Es kann mit Bestimmtheit angenommen werden, daß das Erscheinen von tausend schweren Geschützen und einigen hundert Tankwagen an einer dieser drei Fronten der Welt allerlei zukünftige Sorgen erspart hätte. Die zahlreichen militärischen Sachverständigen, die zur Besichtigung der Armeen Denikins, Koltschaks und Judenitschs abgingen, waren einig in ihrem Urteil. „Es handelt sich nur darum, die Leute genügend mit Munition zu versorgen", sagten sie nach ihrer Rückkehr zu Clemenceau und Lloyd George.

Und dann geschah etwas ganz Seltsames. Anstatt dem Rat ihrer eigenen Berichterstatter zu folgen, entschieden sich die Führer der Alliierten für ein Vorgehen, das Trotzki die Sympathien der meisten russischen Offiziere und Soldaten zuwendete.

Von Persien kommend, landeten die Engländer im Hafen von Baku und gründeten den unabhängigen Staat Aserbeidschan in diesem fabelhaft reichen Erdölgebiet Rußlands. Der

Hafen von Batum am Schwarzen Meer wurde als „Freie Stadt" unter britischem Protektorat gestellt und erhielt zum Zivilgouverneur einen ehemaligen Petroleumhändler aus Manchester, der das Verfrachten des Erdöls und der Rohstoffe nach England überwachte.

Die bescheidenen Italiener erschienen in Tiflis und unterstützten die Errichtung des unabhängigen Staates Georgien im südlichen Kaukasus, der wegen seiner Mangangruben berühmt war.

Die Franzosen besetzten den Hafen von Odessa, den wichtigsten Knotenpunkt des russischen Außenhandels, und liehen den Vorschlägen der Führer der „Unabhängigen Ukraine" ein williges Ohr, die kaum ein Jahr vorher als General Ludendorffs Geheimagenten gearbeitet hatten. Die französischen Streitkräfte bestanden aus mehreren, mit ihrer eigenen Marineinfanterie bemannten Schlachtschiffen und zwei Divisionen griechischer Infanterie. Sie behandelten die russische Zivilbevölkerung als Eroberer, und es brach eine allgemeine Panik aus, als nach Verlauf einiger Wochen der Ausbruch einer Revolte an Bord der französischen Kriegsschiffe und die schmähliche Niederlage der Griechen gegenüber einer kleinen Bande bolschewistischer Freischärler den französischen Befehlshaber dazu veranlaßten, die Räumung Odessas zu befehlen.

Um ungefähr dieselbe Zeit landete eine kleine Truppe Amerikaner und Japaner in Wladiwostok am Stillen Ozean, und die Britische Flotte ging im Ostseehafen Reval vor Anker, wo sie die Entstehung zweier unabhängiger Staaten, Lettland und Estland, im Rücken der Weißen Armee General Judenitschs verkündete.

Alles in allem wurden im Frühling 1919 neun unabhängige Staaten auf dem Boden des früheren russischen Reiches errichtet, während die Rumänen, lange vor der endgültigen Entscheidung der Friedenskonferenz, die russische Provinz Bessarabien besetzten.

Die Russen waren bestürzt. Die Haltung der Alliierten machte besonders darum einen sehr ungünstigen Eindruck, weil die neu errichteten unabhängigen Staaten sich den Weißen Armeen verschlossen; dies ging so weit, daß sie den Transport antibolschewistischer Freiwilliger durch ihr Gebiet untersagten und die Werber Denikins und Judenitschs gefangennahmen.

„Die Alliierten beabsichtigen offenbar, Rußland in ein gewinnbringendes Gebiet der englischen Interessensphäre umzuwandeln", bemerkte Trotzki in einer seiner Anreden an die Rote Armee. Und dies eine Mal in seinem Leben war er der Wahrheit nahegekommen. Sei es infolge von Einflüsterung seitens Sir Henry Deterdings, des mächtigen Vorsitzenden des Royal-Dutch-Shell-Erdöl-Konzerns, oder nur in Befolgung der klassischen Grundsätze des ehemaligen Programms Disraelis, jedenfalls zeigte das englische Auswärtige Amt den kühnen Wunsch, durch Verteilung der reichsten Provinzen an die Alliierten und deren Mietlinge dem russischen Reich den Todesstoß zu versetzen. Als endlich die erforderliche Munition – Gewehre, Tanks und Flugzeuge – zur Versendung bereit waren, wurden sie nach Polen abgeschickt, und Pilsudskis Armee brach in Rußland ein, wo sie die alten russischen Städte Kiew und Smolensk besetzte. Die großen Staatsmänner in Paris und London mußten wahrhaftig von der eigenen Klugheit ergriffen sein: mit einem Schlage sollten die Bolschewiken vernichtet und zugleich die Anbahnung einer Wiederkehr des alten Zustandes unmöglich gemacht werden.

Die Stellung der antibolschewistischen Führer war unhaltbar geworden. Da waren sie nun angeblich in Unkenntnis der Winkelzüge der Alliierten und predigten ihren barfüßigen Freiwilligen den heiligen Krieg gegen die Sowjets, während Lenin über die Interessen der russischen Nation wachte und in seinen täglichen Rundfunkreden an die Proletarier der ganzen Welt gegen die Zertrümmerung des russischen Reiches heftig Verwahrung einlegte.

General Brussilow, der gefeierte Held der russischen Offensive des Jahrs 1916, brachte die Gedanken tausender russischer Offiziere zum Ausdruck, als er anläßlich seines Übergangs zu den Bolschewiken im Ton unzweifelhafter Überzeugung ausrief: „Wenn die Polen, unsere alten Feinde, die russischen Festungen mit Hilfe jener Nationen belagern, die wir zu Beginn des Kriegs vor sicherer Niederlage errettet haben, dann wünsche ich mit jedem Blutstropfen den Sieg der Roten Armee, so wahr mir Gott helfe!"

Die geistige Auswirkung der Erklärung Brussilows hatte für die Sowjetregierung größeren Wert als ein Dutzend Armeekorps. „Wofür kämpfen wir?" fragten sich die müden Offiziere und Soldaten der Weißen Armeen, die geduldig auf die von den Alliierten versprochene Munition und Bekleidung gewartet hatten. „Setzen wir unser Leben aufs Spiel, um England zu helfen, damit es das russische Petroleum beiseitebringt? Sollen wir von den Bolschewiken gehängt werden, um den Sieg des anmaßenden Polen Pilsudski zu sichern, der während des Kriegs auf österreichischer Seite gekämpft hat? Unter welchem Rechtstitel verherrlichen die Alliierten ihre früheren Feinde und vernachlässigen die früheren Freunde? Wo sind die Tanks und Luftfahrzeuge, die wir schon vor einem Jahr erhalten sollten?"

Nichts beweist deutlicher die engherzige Selbstsucht der Alliierten als die sogenannten „Bedingungen, unter welchen Frankreich die Unterstützung der Weißen Armeen in Betracht zu ziehen geneigt wäre", Bedingungen, die durch General Fouquet, den Vorsitzenden der französischen Mission in Südrußland, dem General Krassnow, dem damaligen Führer der antirevolutionären Donkosaken, überreicht wurden. Krassnow, ein ehemaliger Gardeoffizier und ein Mann von hervorragender Begabung, befreite die Provinz Don von den Bolschewiken und bereitete eine antirevolutionäre Offensive großen Stils vor. Wie allen anderen Weißen Generalen, fehlte es auch ihm an Munition. Er schrieb mehrere Briefe an den Oberkommandierenden der alliierten Armeen im Orient, General Franchet-d'Esprey. Endlich erschien am 27. Januar 1919 Kapitän Fouquet in der Hauptstadt der Donprovinz und überbrachte General Krassnow ein langes Dokument zur Unterzeichnung. „Die Donkosaken", so lautete die wichtigste Klausel dieses denkwürdigen Schriftstückes, „verpfänden hiermit ihr ganzes persönliches Eigentum als Sicherheit dafür, daß den Franzosen, die durch die ungeordneten Zustände in Rußland schwere materielle Verluste erlitten haben, in vollem Ausmaße Entschädigung gewährt werde. Die Donkosaken verpflichten sich, jene französischen Bürger schadlos zu halten, die durch die Bolschewiken körperlichen Schaden erlitten haben, und den Familien der von den Bolschewiken Getöteten angemessene Entschädigungen zu zahlen. Die Donkosaken versprechen ferner, die Ansprüche jener mit französischem Kapital unterhaltenen Unternehmen zu berücksichtigen, die wegen der ungeordneten Zustände im Lande ihre Betriebe schließen mußten. Letztere Klausel bezieht sich nicht nur auf die durch die Revolution lahmgelegten Betriebe, sondern auch auf jene, die gezwungen waren, während des Krieges 1914–1917 auf die willkürlichen, niedrigen Preisansätze der Regierung einzugehen. Darunter wird eine Entschädigung in der Höhe des Gesamtbetrages der seit August 1914 nicht eingegangenen Dividenden und Gewinnanteile der französischen Eigentümer und Aktionäre verstanden, welche Entschädigung nach den Durchschnittseinnahmen der Vorkriegsjahre zu errechnen wäre. Eine Vergütung von fünf Prozent Zinseszinsen ab 1. August 1914 bis zum Datum der zukünftigen Regelung ist zu diesen Dividenden und Gewinnen hinzuzurechnen. Es wird eine Spezialkommission aus den Vertretern der französischen Eigentümer und Aktionäre unter Vorsitz des französischen Generalkonsuls gebildet werden, um alle etwaigen Ansprüche französischer Bürger in Erwägung zu ziehen."

Mit anderen Worten, die Donkosaken, die von 1914 bis 1917 gegen die Deutschen und von 1917 bis 1919 gegen die Bolschewiken gekämpft hatten, sollten für den Schaden aufkommen, den dieselben Deutschen und Bolschewiken den Franzosen verursacht hatten!

„Ist das alles?" fragte General Krassnow, der nur mit Mühe seine Empörung bemeisterte.

„Das ist alles", bestätigte Kapitän Fouquet, „aber, lieber Freund, um Zeit zu sparen, will ich Ihnen noch eines sagen. Wenn Sie dieses Schriftstück nicht ohne irgendwelche Abänderungen (tel quel) unterzeichnen, wird nicht ein einziger französischer Soldat nach Rußland eingeschifft und die Weißen Armeen erhalten nicht einen Schuß Munition von den Alliierten. Bettler dürfen nicht wählerisch sein, lieber Freund, also machen wir rasch Schluß!"

„Genug!" rief General Krassnow aus. „Ich halte es für meine Pflicht, meine Kosaken wissen zu lassen, unter welchen Bedingungen ihr edler und großer Verbündeter geneigt ist, ihnen zu helfen. Ich habe die Ehre, Ihnen einen guten Abend zu wünschen, Kapitän Fouquet. Sie werden Ihr Pfund Menschenfleisch nicht bekommen, wenn ich noch länger der Führer der Donkosaken bin."

4

„Frankreich hat den gröbsten Fehler in seiner Geschichte begangen." So schrieb im November 1920 Charles Rivet, der französische Kriegskorrespondent, der die Weiße Armee während des Vormarsches auf Moskau und auch während des Rückzuges begleitet hatte. „Wir erkannten nicht, daß eine Unterstützung der Weißen Armeen gleichbedeutend gewesen wäre mit dem Eingehen einer Versicherung gegen eine die ganze zivilisierte Welt bedrohende Gefahr. In Anbetracht der Größe und der drohenden Nähe der Gefahr wurde eine ziemlich angemessene Prämie gefordert: nur ein paar Tausend Gewehre und ein paar Schiffsladungen Kriegsausrüstung, die wir den Deutschen weggenommen hatten, und für die wir keine praktische Verwertung haben konnten. Wir sind so klug und so vorsichtig in kleinen Dingen, aber in der Behandlung der russischen Frage haben wir uns als eine Schar von Schwachköpfen erwiesen. Wir versichern unser Leben; wir versichern unsere Wohnhäuser; wir versichern unsere Arbeiter gegen Unfall und Arbeitslosigkeit, aber wir haben uns geweigert, unsere Kinder und Kindeskinder gegen den roten Aussatz zu versichern! Die kommenden Generationen von Franzosen werden der verbrecherischen Nachlässigkeit unserer gegenwärtigen Führer fluchen."

Dieses feurige Schlußwort erschien in der Pariser Zeitung ,

Le Temps' einige Tage, nachdem die hungernde und frierende Armee General Wrangels die Halbinsel Krim verlassen und sich nach Konstantinopel eingeschifft hatte und somit die antibolschewistische Bewegung in Rußland zu Ende war. In den Konzentrationslagern in Gallipoli untergebracht, in denen die Türken in der Zeit von 1914-1918 ihre Kriegsgefangenen hielten, hatten die Offiziere und Soldaten Wrangels Muße, über das ewige Thema der menschlichen Undankbarkeit nachzusinnen. Dasselbe Europa, das diese abgehärteten jungen Leute unbewaffnet und unausgerüstet gegen Trotzkis Regimenter ausgeschickt hatte, weigerte sich, sie aufzunehmen, da sie geschlagen waren. Drei lange Jahre verweilten sie in den schmutzstarrenden türkischen Lagern, ehe ihnen der Völkerbund die Wahl freistellte zwischen dem Eintritt in die französische Fremdenlegion und der Niederlassung auf Kleinsiedlungen in den Balkanländern. Und doch konnten sie noch von Glück sagen, denn die Verbündeten hatten Admiral Koltschak, dem Oberbefehlshaber der sibirischen Weißen Armee, ein viel härteres Los bestimmt: er wurde durch General Janin, den Vorsitzenden der französischen Militärmission im fernen Osten, in die Hände der Bolschewiken ausgeliefert.

Koltschaks Schicksal bildet das traurigste Blatt in der Geschichte der russischen Revolution. Dieser frühere Admiral der kaiserlichen Schwarzen-Meer-Flotte, der wegen seiner Tapferkeit ausgezeichnet war und als einer der hervorragendsten Helden des Großen Krieges galt, hatte im Jahre 1918 das Angebot der alliierten Regierungen angenommen, aus den ehemaligen österreichischen Soldaten tschechischer Abstammung, die von den Russen gefangengenommen waren und in Sibirien lebten, eine reguläre Armee zu bilden. Marschall Foch hatte gehofft, es werde Koltschak gelingen, im äußersten Osten Rußlands die antideutsche Front wiederherzustellen. Mit dem Waffenstillstand verloren die Verbündeten natürlich alles Interesse an dem Schicksal ihres sibirischen Sendlings, obgleich er mittlerweile eine scharfe Aktion gegen die Bolschewiken begonnen hatte. Ohne Nachrichten aus Paris und dabei mit allen Mitteln bestrebt, die Tschechoslowaken am Desertieren zu hindern, bombardierte Koltschak Winston Churchill mit Kabeldepeschen. Er verpflichtete sich, Moskau einzunehmen, wenn man ihm Tanks, Luftfahrzeuge und Winterausrüstung für das sibirische Klima zukommen ließe. Die Sache wurde von Clemenceau, Lloyd George und Balfour „in Erwägung gezogen", und am 26. Mai 1919, sieben Monate nach Erhalt des ersten Berichtes Koltschaks, entwarf der Oberste Rat in Versailles einen langen Kontrakt, den der verzweifelte Admiral „im Namen der zukünftigen russischen Regierung" unterzeichnen sollte. Der Text entsprach genau dem Inhalt des Schriftstückes, das von Kapitän Fouquet dem General Krassnow übergeben worden war. Diesmal war das Verlangen nach schweren Geldentschädigungen seitens Rußlands noch von einer Klausel begleitet, in welcher das Bestehen der von den Verbündeten an allen vier Enden des gestürzten Reiches so großmütig errichteten „unabhängigen Staaten" bestätigt wurde.

Admiral Koltschak gedachte seiner rasch dahinschmelzenden Armee und entschloß sich, den Vertrag von Versailles zu unterschreiben. Er wurde sofort von England, Frankreich und Japan als oberster Herrscher Rußlands anerkannt, aber die versprochenen Tanks und Wintermäntel kamen nie an! Die Kavallerie der Bolschewiken fuhr fort, seine hungernden sibirischen Freiwilligen durch die endlose asiatische Ebene gegen die Stadt Irkutsk hin zu verfolgen.

Die Tschechoslowaken, einige achtzigtausend Mann stark, weigerten sich glattweg, zu kämpfen. Sie verlangten, nach der Tschechoslowakei heimzukehren, und die Sowjet waren geneigt, ihnen das Erreichen des Hafens Wladiwostok und die Einschiffung nach Europa unter der Bedingung zu gestatten, daß Admiral Koltschak in die Hände der Roten Genossen ausgeliefert werde. Es braucht nicht erst gesagt zu werden, daß diese von dem französischen General Janin geführten Unterhandlungen vor dem nichtsahnenden Obersten Herrscher Rußlands geheimgehalten wurden. Janin hatte ihm wiederholt sein „Ehrenwort als Soldat" gegeben, daß ihm, was auch geschehen möge, zur Flucht verholfen würde.

Am Morgen des 14. Januar 1920 krochen zwei schwerbeladene Züge in die Vorstadt von Irkutsk: in dem einen reiste der Admiral unter dem Schutze des von Janin wegen seiner Tapferkeit ausgesuchten „Sturmbataillons" der Tschechoslowaken. 650 Millionen Goldrubel aus dem Russischen Staatsschatz, die von Koltschaks Armee in Kasan erbeutet worden waren, wurden in dem zweiten Zug befördert.

Der Befehlshaber des „Sturmbataillons" betrat unangemeldet den Waggon Koltschaks.

„Ich habe von General Janin eine wichtige Depesche erhalten, Admiral", sagte er trocken.

„Was gibt's?" fragte Koltschak, der fortfuhr, eine Landkarte zu studieren. „Bringen Sie gute Nachrichten?"

„Im Gegenteil, Admiral, ich bin von General Janin beauftragt, Sie fest zu nehmen und den Ortsbehörden von Irkutsk zu übergeben."

Koltschak sah seinen Adjutanten Malinowski an, den einzigen Überlebenden der Tragödie, dem die grausige Szene in den kleinsten Einzelheiten in Erinnerung blieb. Beide verstanden die unheilvolle Bedeutung der Worte: „Ortsbehörden von Irkutsk".

„Nun gut", sagte der Admiral ruhig, „das ist, glaube ich, die schauderhafteste Tat internationalen Verrats. Erst gestern gab mir General Janin die Zusicherung seiner Regierung für ungehinderte Überfahrt nach Osten. Wer erhält die sechshundertfünfzig Millionen Goldrubel?"

Der Tschechoslowake wurde rot:

„Wir werden das Geld der Sowjetregierung ausliefern. So lautet der Befehl General Janins."

Koltschak lächelte. Er wußte, daß dies eine Lüge war. Er drückte den Offizieren seines Stabes die Hand und ging hinaus, den wartenden Soldaten entgegen.

General Janin, die Herren der fremden Missionen und die tapferen Tschechoslowaken setzten ihren Weg gegen Osten fort. Admiral Koltschak wurde in Irkutsk ins Gefängnis geworfen und drei Wochen später, am 7. Februar 1920, erschossen.

Die Soldaten des Exekutionskommandos zitterten, als sie

seine aufrechte Gestalt und sein napoleonisches Profil im Schattenriß auf der Mauer des Gefängnishofes sich abzeichnen sahen. Koltschak öffnete die schwere goldene, diamantenbesetzte Zigarettendose – ein Geschenk des Zaren als Dank für die Seesiege des Jahres 1916 – und zählte die Zigaretten.

„Gerade genug für jeden von uns", bemerkte er beiläufig. „Aber ich wollte, ihr Leute wärt ein wenig gefaßter. Ihr habt viele andere gute Russen erschossen, warum zittert ihr also? Wer will meine Zigarettendose? In meinem Leichentuch werde ich keine Tasche haben."

Die verbündeten Regierungen bestellten eine eigene Kommission zur Untersuchung der Handlungsweise des Generals Janin. Sie kam jedoch nicht weit, denn Janin begegnete allen Fragen mit der gleichen, äußerst unbequemen Bemerkung: „Je suis obligé de répéter, messieurs, que pour Sa Majesté Nicholas II on a fait moins de cérémonies." Das stimmte: Die verbündeten Regierungen hatten tatsächlich weniger Umstände wegen des Schicksals Zar Nikolaus' II. gemacht.

Bis zum heutigen Tag versuchen die Teilnehmer des sibirischen Epos, Bolschewiken wie auch ihre Gegner, die Identität jener Personen festzustellen, die einen Teil der sechshundertfünfzig Millionen Goldrubel Koltschaks beiseite brachten. Die Sowjetführer behaupten, um ungefähr neunzig Millionen betrogen worden zu sein. Winston Churchill glaubt, daß in einer Bank San Franciscos während des Sommers 1920 durch eine Gruppe mit stark fremdländischem Akzent Englisch sprechender Leute ein geheimnisvolles Depot errichtet wurde. Einige französische Sachverständige erheben ähnliche Zweifel an der Herkunft des in Prag aufgetauchten russischen Goldes. Jedenfalls sind alle darin einig, daß die dreißig Silberlinge in Gold ausbezahlt wurden.

5

All dies ereignete sich Tausende von Kilometern weit von Paris, wo ich mit zweiundfünfzig Jahren ein Einwanderer geworden war, ein Heimatloser, ein „ehemaliger russischer

Großfürst". Ich war nicht nur außerstande, irgend etwas zu tun, um den Armeen Koltschaks und Denikins zu helfen, sondern eine öffentliche Bekundung meiner Sympathie hätte ihrer Sache geschadet und sie den Angriffen der französischen Sozialisten ausgesetzt, die über die Anwesenheit „so vieler Romanow" in Paris beunruhigt waren. In Wirklichkeit ist es nur einem kleinen Teil der Mitglieder der russischen Zarenfamilie gelungen, den Bolschewiken zu entkommen. Außer unserer „Krimgruppe" – die aus meiner Schwiegermutter, der Zarinwitwe Marie, meiner Schwägerin, Großfürstin Olga, meiner Gattin, Großfürstin Xenia, meinen Vettern, den Großfürsten Nikolaus und Peter, meinen sechs Söhnen und einer Tochter bestand – waren nur vier andere Großfürsten und zwei Großfürstinnen so glücklich, noch zu den Lebenden zu zählen.

Großfürst Cyrill – der rechtmäßige Thronfolger Rußlands und älteste Sohn meines Vetters Wladimir – hatte vielleicht die aufregendste Geschichte zu berichten: Er überschritt zu Fuß den eisbedeckten Finnischen Golf, seine schwangere Gemahlin Großfürstin Viktoria (Schwester der Königin Marie von Rumänien) auf den Armen tragend und hart von bolschewistischen Patrouillen verfolgt.

Seine beiden Brüder, Großfürst Boris und Großfürst Andreas, verdankten ihr Leben einem jener überraschenden Zufälle, die, von einem Romanschriftsteller geschildert, bei blasierten Lesern ungläubiges Lächeln erwecken. Der mit ihrer Hinrichtung betraute Bolschewikenanführer war durch Zufall ein ehemaliger, schwer um seine Existenz kämpfender Künstler, der den größten Teil seines Lebens in Paris zugebracht hatte, wo er vergebens versuchte, Käufer für seine Bilder zu finden. Ein Jahr vor dem Krieg geriet Großfürst Boris, als er im Quartier Latin umherschlenderte, zufällig in eine Ausstellung sehr künstlerisch bemalter Kissen. Ihre Originalität gefiel ihm, und er kaufte eine Anzahl. Das war alles. Der Bolschewikenanführer konnte es nicht übers Herz bringen, den Mann zu erschießen, der seine Kunst gewürdigt hatte! Er setzte die Großfürsten Boris und Andreas in einen Wagen, der die Abzeichen der kommunistischen Partei trug, und brachte sie in die von der Weißen Armee besetzte Zone.

Mein Neffe, Großfürst Dimitri, wäre heute tot, wenn er nicht an der Ermordung Rasputins teilgenommen hätte. Vom Zaren nach Persien verbannt, gelang es ihm, das in Mesopotamien operierende englische Expeditionskorps ZN erreichen.

Seine Schwester, Großfürstin Marie (die Autorin von „Die Erziehung einer Prinzessin") hatte während der Revolution einen Unebenbürtigen, den Fürsten Sergej Putjatin, geheiratet, und die Bolschewikenabteilung, die in den gesellschaftlichen Ereignissen nicht bewandert war, erkannte in der Besitzerin eines auf den Namen Marie Putjatin lautenden Passes die Großfürstin nicht.

Alle anderen Mitglieder der russischen Zarenfamilie wurden während des Sommers 1918 und des Winters 1918–19 auf Befehl der Sowjetregierung erschossen.

Meine Brüder, Großfürst Nikolaus Michailowitsch und Großfürst Georg Michailowitsch, ereilte das Schicksal in St. Petersburg, in der Peter-und-Pauls-Festung, wo alle russischen Zaren seit der Regierung Peters des Großen begraben liegen. Der bolschewistische Schriftsteller Maxim Gorki bat Lenin um das Leben Nikolaus Michailowitsch', den sogar die bolschewistischen Kreise wegen seiner wertvollen historischen Forschungen und seiner anerkannt liberalen Gesinnung schätzten.

„Die Revolution braucht keine Geschichtsschreiber", antwortete der Führer der Sowjetregierung und unterzeichnete das Todesurteil.

Großfürst Paul – der Vater der Großfürstin Marie – und Großfürst Dimitri Konstantinowitsch wurden zugleich mit meinen beiden Brüdern am Morgen des 18. Januar 1919 erschossen. Der Oberaufseher des Gefängnisses, eingewisser Gordienko, der jedes Jahr zum Weihnachtsfest wertvolle Geschenke vom Zaren erhalten hatte, befehligte das Exekutionskommando. Nach den Berichten der Sowjetblätter hielt Nikolaus Michailowitsch bis zum letzten Augenblick seine Angorakatze, seinen Liebling, auf dem Schoß. Dimitri Konstantinowitsch, ein fanatisch religiöser Mann, betete laut für das Seelenheil seiner Mörder.

Mein dritter Bruder, Großfürst Sergej Michailowitsch, wurde einige Monate später, zusammen mit der Großfürstin Elisabeth – der älteren Schwester der Zarin –, mit drei jüngeren Söhnen des Großfürsten Konstantin und mit dem Fürsten Pali, dem morganatischen Sohn des Großfürsten Paul und Stiefbruder der Großfürstin Marie, ermordet. Sie wurden alle sechs lebend in den Schacht einer Kohlengrube in der Nähe der Stadt Alapaewsk in Sibirien geworfen. Ihre Körper, die von der Armee des Admirals Koltschak aufgefunden wurden, zeigten, daß sie unter entsetzlichen Schmerzen gestorben waren. Sie wurden am 18. Juli 1918 ermordet, also zwei Tage nach dem Meuchelmord an dem Zaren, der Zarin und ihren fünf Kindern in der Stadt Jekaterinenburg in Sibirien.

Das genaue Datum der Hinrichtung des Großfürsten Michael Alexandrowitsch, des jüngeren Bruders des Zaren, ist nie festgestellt worden. Zugleich mit seinem englischen Sekretär Johnson in einer Julinacht des Jahres 1918 aus seinem Hause in der Stadt Perm von fünf fremden Männern geholt, die vorgaben, von Admiral Koltschak zu seiner Rettung gesendet zu sein, wurde er wahrscheinlich in den nahen Wäldern getötet. Seine morganatische Gattin, Gräfin Brassowa, kam im Jahre 1919 nach London und weigerte sich auch da noch, zu glauben, daß ihr Gatte tot sei. Übrigens traute die Zarinwitwe Marie ebensowenig den Mitteilungen der Sowjet, in denen die Verbrennung der Leichen des Zaren und seiner Familie geschildert wurde. Sie starb in der Erwartung, früher oder später die Nachricht von der wunderbaren Errettung ihres armen Nicki zu hören. Auch meine eigene Frau und meine Schwägerin schienen die Ansicht ihrer Mutter zu teilen. Ich achtete ihre Gefühle, kannte aber die Bolschewiken gut genug, um die glatte Unmöglichkeit eines „happy end" einzusehen.

Einige Jahre später kam ein seltsames, aus dem seelischen Gleichgewicht geratenes Mädchen nach Amerika und stellte sich als Großfürstin Anastasia, die jüngste Tochter des Zaren, vor. Sie gab vor, durch einen Soldaten des Exekutionskommandos gerettet worden zu sein. Sie behauptete, der Nervenchok habe sie der geläufigen Beherrschung der englischen und französischen Sprache beraubt, die meine verstorbene Nichte besaß. Das klang wahrscheinlich genug. Mir wäre nichts lieber gewesen, als mich davon überzeugen zu können, daß ein Lieblingskind des Zaren sich lebend hier in New York aufhalte. Ich war sogar geneigt, die auffallenden Unterschiede zwischen den Gesichtszügen der wirklichen Anastasia und denen der aufgeregten Prätendentin zu übersehen. Leider aber erklären die Ärzte, daß selbst die stärkste Nervenerschütterung einem Russen nicht einen ausgesprochen polnischen Akzent beizubringen vermag.

Ich erinnere mich der endlosen Besuche, die mir in Verbindung mit dieser Geschichte von eifrigen New Yorker Berichterstattern gemacht wurden. Sie verlangten eine Erklärung: Erkannte ich die Ansprüche Fräulein Tschaikowskis für richtig an oder nicht? War sie Großfürstin Anastasia oder nicht? Ich fühlte mich in der Person meiner Gattin und meiner Schwägerin verletzt. „Nun, meine Herren", sagte ich den Neuigkeitsjägern, „wollen wir für den Augenblick von mir selbst absehen. Aber glauben Sie, daß Großfürstin Xenia und Großfürstin Olga ruhig in Europa sitzen und die flehentlichen Bitten einer Tochter ihres Bruders überhören würden? Meinen Sie, daß der König von England zuließe, daß seine Cousine in amerikanischen Zeitungen für ihre Sache kämpfe?"

Die Herren von der Presse waren scheinbar überzeugt, und der Name der Prätendentin verschwand von den ersten Seiten der Tagesblätter. Aber ich bin überzeugt, daß in den kommenden Jahren besser vorbereitete Betrüger auftauchen und Märchen von wunderbarer Errettung erzählen werden, um Vorteil aus der grausigen Legende der Familie Romanow zu ziehen.

Zwanzigstes Kapitel

DIE RELIGION DER LIEBE

Dreizehn Jahre lebe ich nun das Leben eines Verbannten. Eines Tages will ich ein zweites Buch schreiben: über die Offenbarungen, die frohen wie die traurigen, die mich auf dem Wege erwarteten, der nicht mehr durch die Strahlen des Leuchtfeuers von Ay-Todor erhellt war.

Meine angeborene Rastlosigkeit, zugleich mit einem Verlangen nach geistigem Fortschritt, hinderte mich daran, in Paris zu bleiben, in einer Atmosphäre sinnloser Nachtrauer und ständiger Seufzer. Bin ich in Europa, dann empfinde ich stets das eigenartige Gefühl, durch die schönen Alleen eines Riesenfriedhofes zu wandeln, in dem jeder Stein mich an eine Zivilisation erinnert, die am 1. August 1914 Selbstmord beging.

Im Jahre 1927 unternahm ich eine Reise nach Abessinien. Im Dezember 1928 kam ich zum drittenmal nach den Vereinigten Staaten, um nun ein neues Leben zu beginnen. Meine gegenwärtige Tätigkeit in Amerika, meine ersten zehn Jahre bei der Marine und die Zeit, die ich mit meiner Familie verbrachte, das sind die einzigen drei Abschnitte meines Lebenslaufs, die mir Befriedigung gewährten. Der Rest brachte eine Menge Sorgen, Schmerz und Leid. Könnte ich mein Lehen von neuem beginnen, ich legte gleich anfangs meinen kaiserlichen Rang ab und predigte die Notwendigkeit einer seelischen Revolution. Diese Tätigkeit hätte ich in Rußland nicht ausüben können. Unter dem Zarismus wäre ich im Namen Gottes durch die griechisch-orthodoxe Geistlichkeit verfolgt worden; unter den Bolschewiken wäre ich im Namen Marxens durch die proletarischen Hohenpriester der geistigen Sklaverei erschossen worden.

Ich beklage nichts. Ich bin nicht entmutigt. Die Hände meiner Enkelkinder – ich habe deren vier – werden weiter reichen und können vielleicht in eine bessere Welt hinüberlangen. Die gegenwärtige halte ich nicht für zivilisiert, und ich bin überzeugt, daß sie keine christliche ist. Wenn ich von Millionen Menschen höre, die in Europa, Asien und Amerika Hunger leiden, während ungezählte Säcke Weizen in Vorratshäusern verderben, dann erkenne ich die Notwendigkeit einer grundlegenden Änderung. Das Schicksal der drei europäischen Kaiserreiche hat meinen Glauben an den Begriff der Großmächte erschüttert. Dreizehn Jahre des kommunistischen Experiments ertöteten meine Illusionen über die Macht großer Ideen. Es bleibt der Menschheit kein dritter Weg, solange sie in ihrem Zustand seelischer Unwissenheit verharrt.

Das behördliche Christentum, das im Jahre 1914 bankrott wurde, fährt fort, Sklaven Gottes aus uns zu machen und uns so zu einem Fatalismus zu führen, ähnlich dem, der für das tragische Ende Rußlands und seines Zaren die Verantwortung trägt. Die Religion der Liebe, gestützt auf das Gesetz der Liebe, sollte an die Stelle aller Glaubensbekenntnisse und Sekten treten, und der jetzige Sklave Gottes sollte die Möglichkeit haben, sein tätiger Mitarbeiter zu werden. Wenn wir aus unseren Leiden keinen Nutzen ziehen dürfen, dann war sein Opfertod nutzlos, und dann ist es wahr, daß der letzte Christ vor neunzehnhundert Jahren gekreuzigt wurde.

Es wäre sinnlos von mir gewesen, dies Buch zu schreiben, wenn seine Schlußmoral nicht wenigstens für einige Leser ein Gewinn sein könnte. Für mich war es eine Lehre voll tiefer Bedeutung und reich an Warnung. Wieder gedenke ich der Genossen meiner Jugend und versuche, sie mir in die Erinnerung zurückzurufen, nicht so, wie sie in den letzten Tagen des Trauerspiels waren, sondern wie ich sie in den sonnigeren Tagen unseres Daseins kannte. In meinen Träumen sehe ich uns oft, Nicki, Georgi, Sergej und mich, wie wir in dem hohen, taunassen Gras des kaiserlichen Parks bei Moskau liegen und müßig und vergnügt über jene geheimnisvolle, unglaublich schöne Zukunft sprechen, die ihr Leuchtfeuer über den Himmel auszusenden pflegt.

Noch eine Spanne Geduld – und wir alle gelangen dahin.

New York – Paris, 1931